¡A

Los TOROS!

Anales de la plaza de toros NUEVO PROGRESO de Guadalajara 1967/2017

Ramón Macías Mora

CONTENIDO

Fotografías de. Roberto Zamora, Guillermo Flores, Ernesto Castellón, Guillermo Sierra, Juan Torres, David Serrato TOREROS MEXICANOS BLOGSPOT. Y, del archivo particular de Ramón Macías Mora.
Anales de la plaza de toros Nuevo Progreso de Guadalajara.

Explicación

La presente historia, tiene la particularidad de ser una historia reciente, un relato que tendrá seguramente un severo fiscal. Sus actores. A diferencia de otras historias, la de esta plaza, es una historia fresca, una historia que se ha reseñado cuando muchos de sus protagonistas y testigos viven para contarla. No por ello, por ser reciente, fue "miel sobre hojuelas", armar cada una de las piezas de este complicado rompecabezas. Se buscó para corroborar la veracidad de cada uno de los episodios, consultar una a una, las reseñas periodísticas del suceso en turno; lo que lleva sin duda, a una extenuante labor de trabajo en archivos y hemerotecas. Sin embargo. No se recurrió, como en otras indagaciones, a una extensa bibliografía y si, para acceder a información de primera mano, al Archivo Histórico del Ayuntamiento de Guadalajara, a la hemeroteca de la Universidad de Guadalajara en donde se consultaron los periódicos *El Occidental* y *El Informador*, el *Ocho Columnas*, el *Siglo 21*, el *Mural* y recientemente, el *Público*. Asimismo consulté, el archivo de la Plaza de Toros Nuevo Progreso, gracias a las facilidades otorgadas por el señor Jorge de los Reyes y por supuesto, eché mano de la colección particular de mí propiedad, de algunos ejemplares como *El Castoreño*, *La Temporada*, *Cartel*, *De Luces, A Los Toros* y *El Programa* de la ciudad de México principalmente como importante fuente de datos gráficos y biográficos. En un 90% de los festejos, fui testigo presencial, colaborador de algunos medios informativos y del propio portal informático de la Plaza de Toros. De la antigua etapa, cuando fue *Monumental de Jalisco*, guardo recuerdos que aparecen en mi memoria de manera borrosa, pues era aún un niño cuando asistí, entre otras cosas, por ser vecino de ese edificio. Algunos actores, como Ricardo Neri, excelente amigo y vecino; o Pepe Orozco, padre de los actuales punteros, Aldo y *El Jalisco*, enriquecieron mi visión con su testimonio y sus fotografías. La estructura del texto, muestra la era en que la plaza fue construida y regenteada por Leodegario Hernández, primeramente, y enseguida, cada una de las temporadas a partir de su reapertura, el año de 1979, consignándose un comentario a manera de nota introductoria al inicio de cada una de ellas. Complementa este trabajo, una separata con los retratos de algunos de los matadores y novilleros que escribieron, a veces con sangre, algunos de los episodios de la tauromaquia reciente. Además, se incluye, el diccionario de matadores, en donde se presentan en orden alfabético, los datos biográficos y fechas de alternativa de los diestros que actuaron como tales, indistintamente en ambas épocas. ¡Va por ustedes!

A los Toros. Anales de la Plaza de Toros Nuevo Progreso, es una investigación de difusión elaborada sin fines de lucro y su costo es totalmente simbólico.

La Plaza de Toros Nuevo Progreso
Antecedentes

Es difícil ubicar con precisión histórica, el momento y el sitio exacto en donde en alguna parte de nuestro mundo, se dieron por iniciadas, las lides taurinas. Como antecedente, tenemos que hallazgos arqueológicos en Europa y Asia, nos muestran la relación hombre/toro, como parte de rituales de caza, rituales religiosos y rituales de juego. La fiesta de los toros, como un ejercicio muy similar al que persiste hasta nuestros días, parece ser que se gestó durante la edad media en España. A ello se debe la permanencia de todo un universo de signos, emblemas y simbologías, en donde se advierte una singular analogía entre la misa católica (ritual sagrado) y la corrida (ritual pagano). Con la conquista española, arribaron a América los eventos taurinos; manifestándose esa expresión, de manera simbólica y de manera real. Aún en nuestros días, se aprecia en las diversas celebraciones, correspondientes a casi la mayoría de los grupos étnicos de ascendente indígena, la evidencia de aquella primigenia evangelización. Es muy común observar en ciertas épocas, fiestas patronales y carnavales, la quema de toritos de cohetes, confeccionados con cartón y carrizo como parte de las celebraciones, en donde se efectúan procesiones acompañadas de música de banda cuyo género primordial, son las piezas llamadas toritos. En algunos grupos, va más allá esa presencia llegándose a sacrificar incluso, una res y escenificándose toda una pantomima de corrida. Es muy frecuente, encontrar también bebidas fermentadas con el nombre de "Toritos". Sin embargo, la corrida como tal, dentro de un esquema muy próximo al que persiste en la actualidad, se comenzó a dar, el mismo día de la caída de México Tenochtitlan, el día de San Hipólito. Más tarde, en lo que hoy se conoce como Guadalajara, ya concluido el sometimiento de la población indígena, fue común, la realización de eventos taurinos, aunque en esa primera época, atendiendo siempre, a un esquema de devoción religiosa y regocijo, ya fuera por la llegada de algún personaje, virrey, clérigo o para señalar una fecha importante dentro del calendario eclesiástico. Pronto se arraigó dentro del contexto de una nueva sociedad, el suceso taurino, llegando a formar parte de la propia cultura y extendiéndose con el paso de los siglos como una tradición. A principios del siglo XVIII es observable ya, un cambio sustancial en la organización y la finalidad específica de las corridas. La corrida transformada en espectáculo, propició que con el paso de los años, se requiriera de un organismo rector que se encargara de encausar el desorden reinante hasta entonces y la proliferación de espacios destinados a la lidia. Así, la real Audiencia, que fue durante el virreinato, el órgano de gobierno, se encargó de fomentar las corridas de toros buscando atraerse fondos, ~ esencialmente con la finalidad de solventar los cuantiosos gastos que ocasionaba la obra pública y el aparato burocrático. Surgieron entonces, empresarios o asentistas, dispuestos a pujar en las distintas subastas que para celebrar el espectáculo, se convocaban a través de pregones y carteles fijos. En esa época, los eventos taurinos, se escenificaban en plazas fabricadas con madera, de manera tal, que podían ser desmontables. Algunos lugares en donde se sabe, se instalaron por muchos años esas plazas, fueron: La Plaza de San Agustín, en el lugar que hoy ocupa el teatro Degollado, La plaza de Santo Domingo, frente al hoy templo de San José de Gracia, un solar detrás del colegio de niñas de San Diego, en lo que actualmente se conoce como las calles de Garibaldi y González Ortega. Ya avanzado el siglo XIX, las corridas de toros, se daban en la plaza de La Independencia, actual mercado Corona, en el solar que hoy ocupa el mercado Alcalde, y en otros barrios de la ciudad, como el de Mexicaltzingo, el de la Capilla de Jesús, el barrio de las Bolsas y otros de menor importancia. Para mediados de aquel siglo, existió una plaza llamada Circo de la Unión, ubicada en lo que desde entonces se conocía como El Rincón del Diablo, detrás del teatro Degollado. Los empresarios de esa plaza, competían con otro coso que fue construido en tiempos de la ocupación francesa y se llamó del Porvenir. Más tarde hacia 1865 ó 66, se inauguró la que permanecería en pie y después de haber sido restaurada hasta en dos ocasiones, hasta su desaparición en 1979, la plaza del Progreso. Los empresarios que se ocupaban de regentear esa plaza localizada frente al Hospicio Cabañas, durante la década de los veinte, en el siglo XX, tuvieron que competir con la empresa de la plaza de La Lidia, la misma que se construyó sobre los cimientos de la antigua plaza del Porvenir. Hacia 1888 se inauguró en Guadalajara, una nueva plaza de toros en los terrenos que hoy ocupa el Seguro Social, frente al parque Agua Azul. La plaza de la Estación del Ferrocarril. Su existencia fue efímera. Un poco más tarde, surgió la plaza llamada de Las Barranquitas de Alonso, incendiada el mismo día de su inauguración. .El año de 1967, nuevamente la empresa de la plaza del Progreso encabezada entonces por Ignacio García Aceves, enfrentó la competencia de un nuevo empresario originario de Arandas, Jalisco, Leodegario Hernández, quien mandó construir una nueva plaza y dar festejos a la par de los que se daban en San Juan de Dios. Sin embargo, Leodegario Hernández, sin reunir el perfil del empresario frío y la astucia mercantil del negociador, hacía mayor caso a la pasión que sentía por la fiesta de los toros que a la razón del pragmatismo económico bien razonado, lo que aunado a su afición al juego y al derroche, le llevó a la ruina. Algunos aficionados que asistieron a las corridas organizadas por Hernández, opinan que al espectáculo se le restaba seriedad, ya que era usual, la lidia de reses de poca presencia. Sin embargo, nadie se atrevería a negar, que fue precisamente esa empresa, la que brindó el mayor número de oportunidades a los matadores de nuevo cuño y reivindicó a otros que ya estaban en franca decadencia.

Una mala administración y las cuantiosas pérdidas, le llevaron a tomar la determinación de ofertar la plaza de sus amores, La Monumental de Jalisco, a su archirrival, García Aceves.

Don Nacho, como se le conocía en el medio, no tuvo el menor empacho en adquirir el inmueble, manteniéndolo cerrado durante diez años, hasta que fiel a su instinto negociador, se deshizo del viejo coso del Progreso, vendiéndolo para su demolición, restaurando a la vez, la plaza comprada a Hernández y rebautizándola con el nombre de Nuevo Progreso.

El Actual propietario del inmueble, es el empresario regiomontano, Alberto Bailleres.

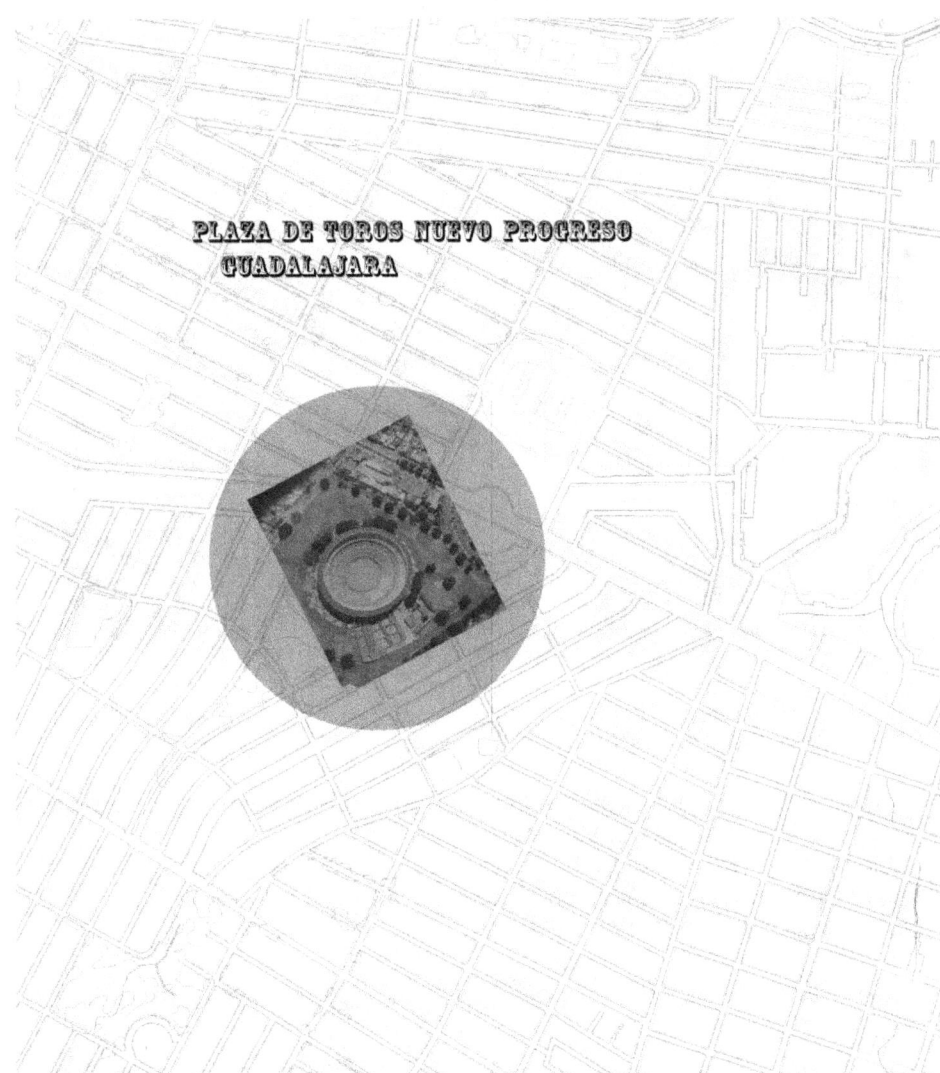

Plano de la ubicación

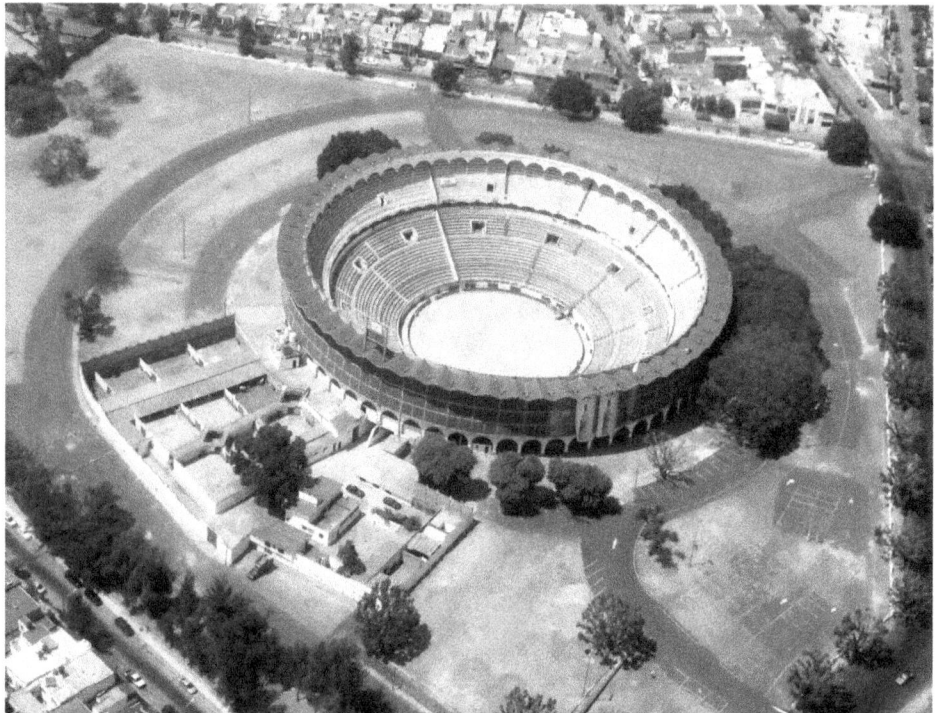

Vista aérea (foto por cortesía del Dr. Capitán piloto aviador José Manuel Córdova C.

Descripción del proyecto original.

La plaza fue concebida para albergar a 16 000 aficionados, y se edificó sobre una superficie de 60 000 metros cuadrados.

Consta de cinco filas de barreras, siete de primer tendido y seis de segundo. El diámetro del redondel, es de 46 metros.

El callejón mide cuatro metros de ancho.

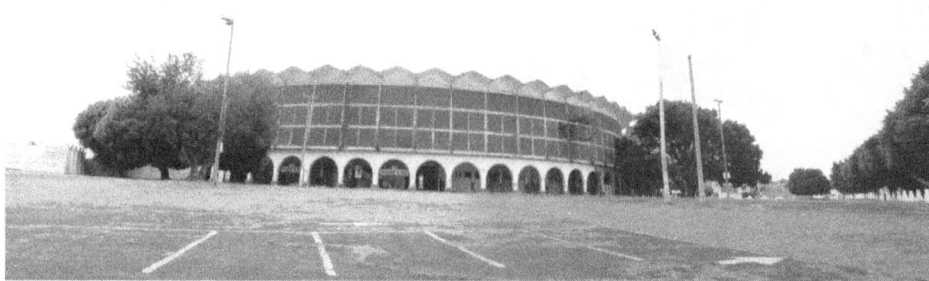

Vista de la fachada poniente

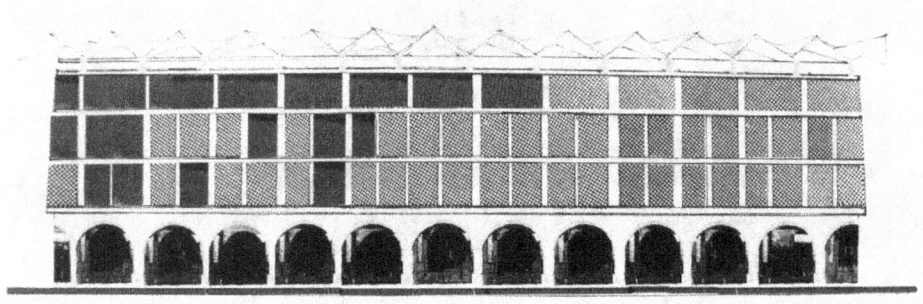

Fachada

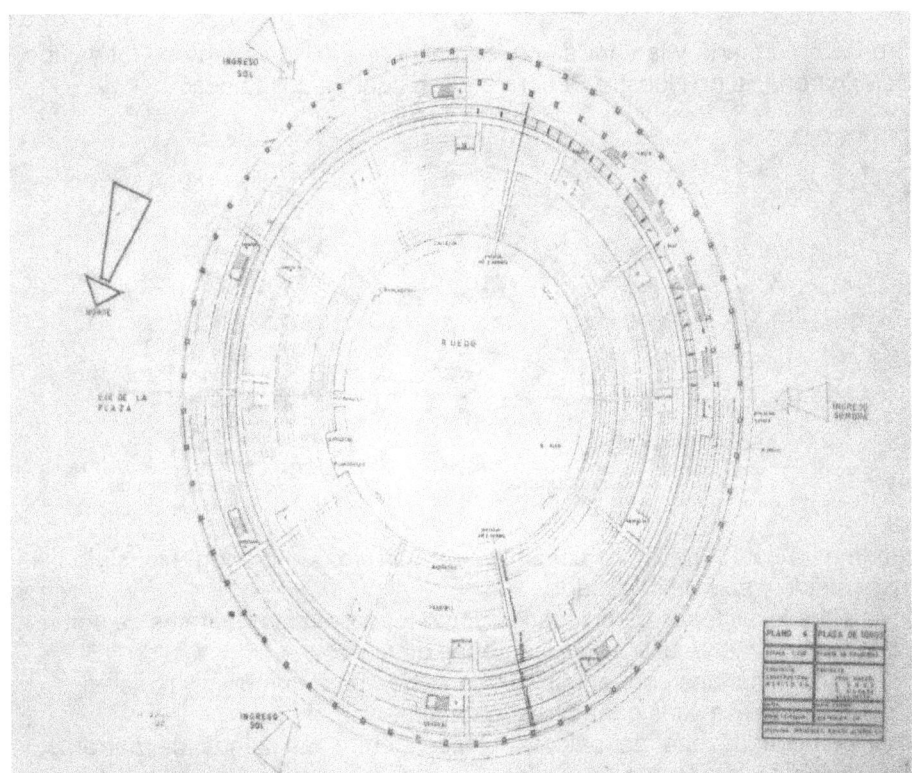

Planta de gradas. (Proyecto original)

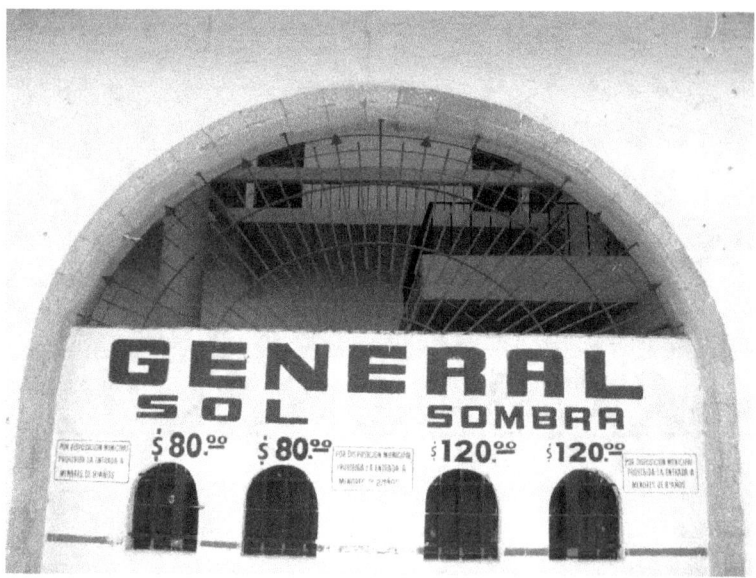

Posee enfermería y la capilla con las imágenes de la virgen de Guadalupe, la de La Macarena, la de Nuestra Señora de San Juan de los Lagos.

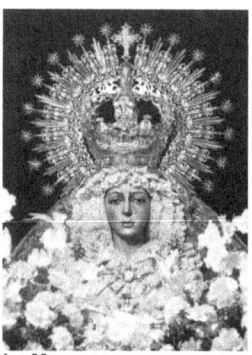
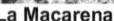
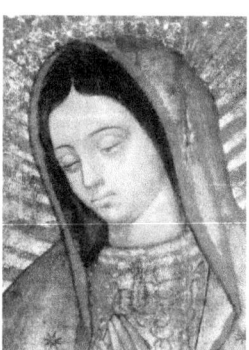
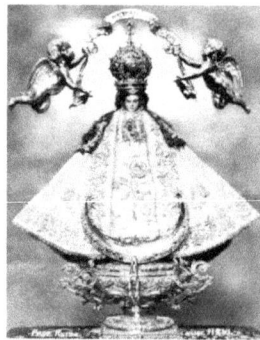

La Macarena   La Guadalupana   Nuestra señora de
                   San Juan de los Lagos.

La gradería está conformada por cinco filas de barreras de primera fila, siete filas de primer tendido y seis de segundo.

Tanto las localidades mencionadas como los asientos generales de sombra y sol están perfectamente divididos con grapas de fierro.

Servicios generales para el público, sanitarios para hombres y mujeres. Palcos para la empresa y los ganaderos visitantes.

Así como una zona de palcos ubicados entre las zonas de barreras y tendido preferente y las gradas generales.

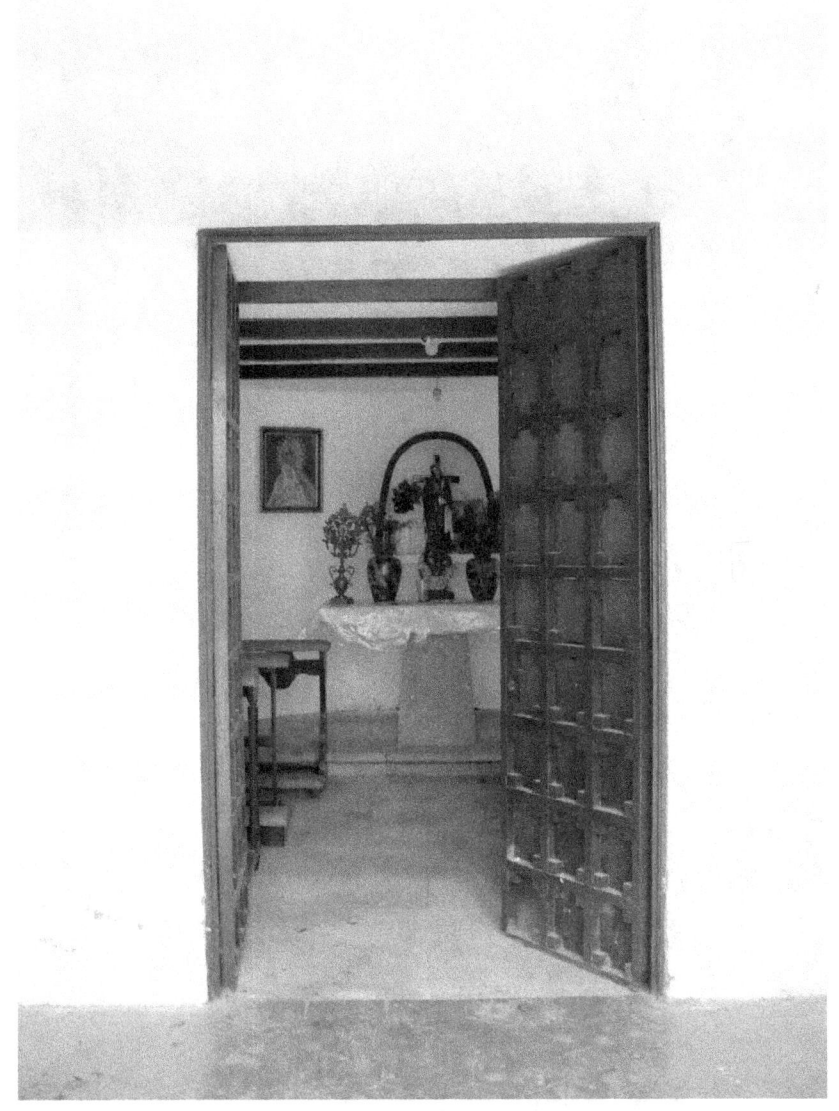

La plaza tiene seis corrales, diez cajones de toriles, caballerizas y vestidores para las cuadrillas, palcos para la empresa y ganaderos, oficinas y sanitarios. El proyecto fue idea original del arquitecto J. Manuel Vázquez Aldana.

La obra fue ejecutada por la Constructora México S.A. La dirección arquitectónica la realizó el arquitecto Leopoldo Torres Águila mientras que el director de la obra fue el ingeniero Mario Quiñones. Supervisaron el ingeniero

Alfonso Ortega Pérez, coordinó el arquitecto Gorka Güido Bayardo bajo la asesoría del arquitecto Manuel Párraga e ingeniero Mario Fernández.

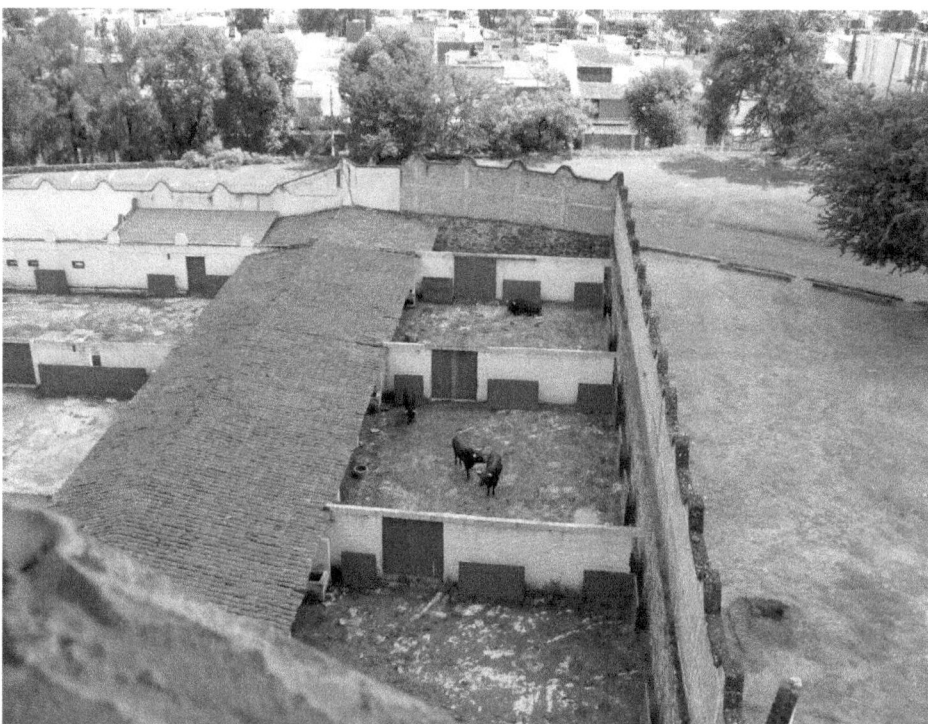

Corrales vistos desde la parte superior de la plaza.

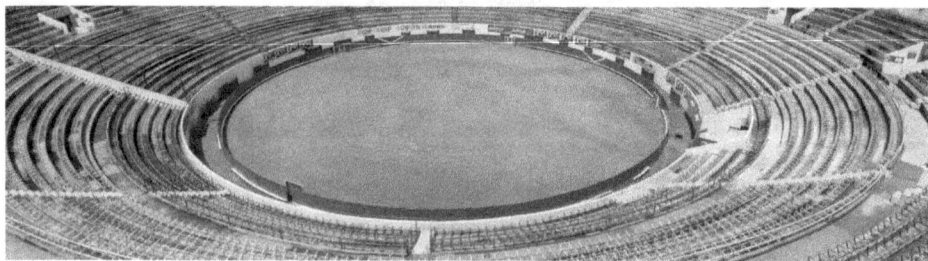

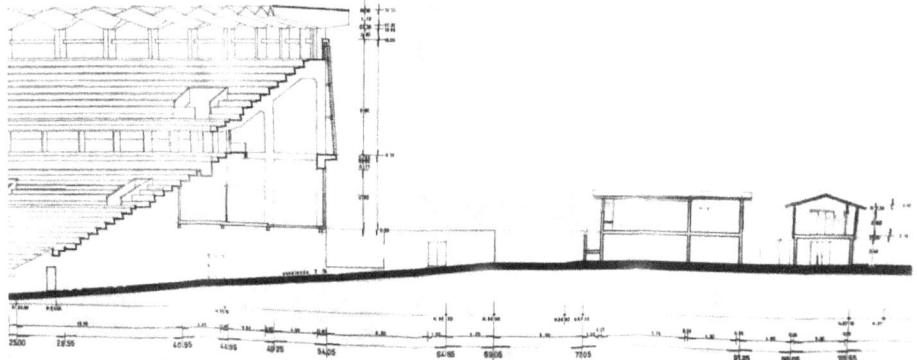

Sección paraboloides gradería

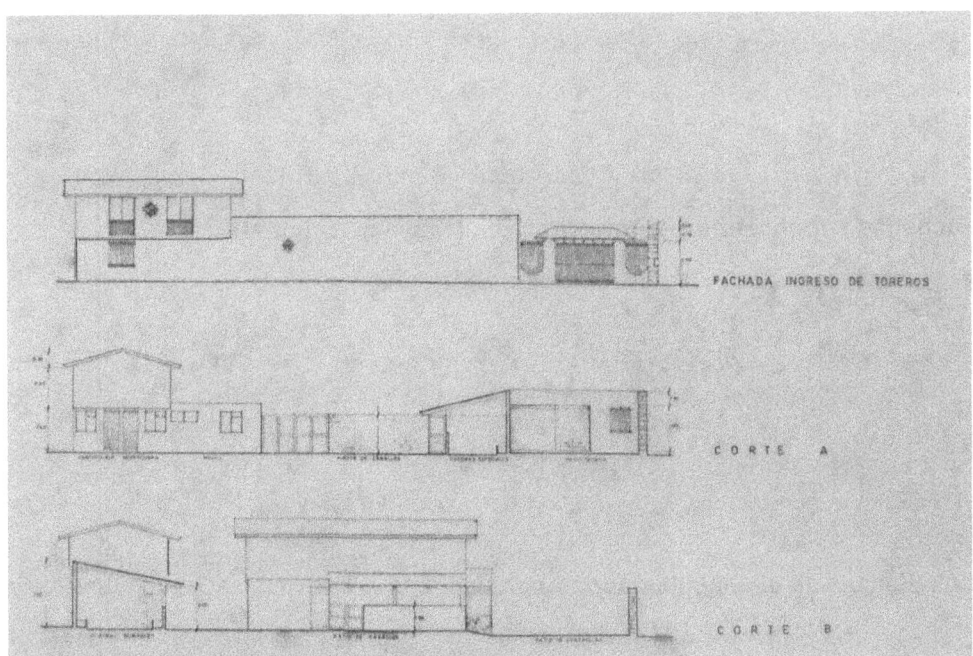

Fachada ingreso de toreros. (Proyecto original).

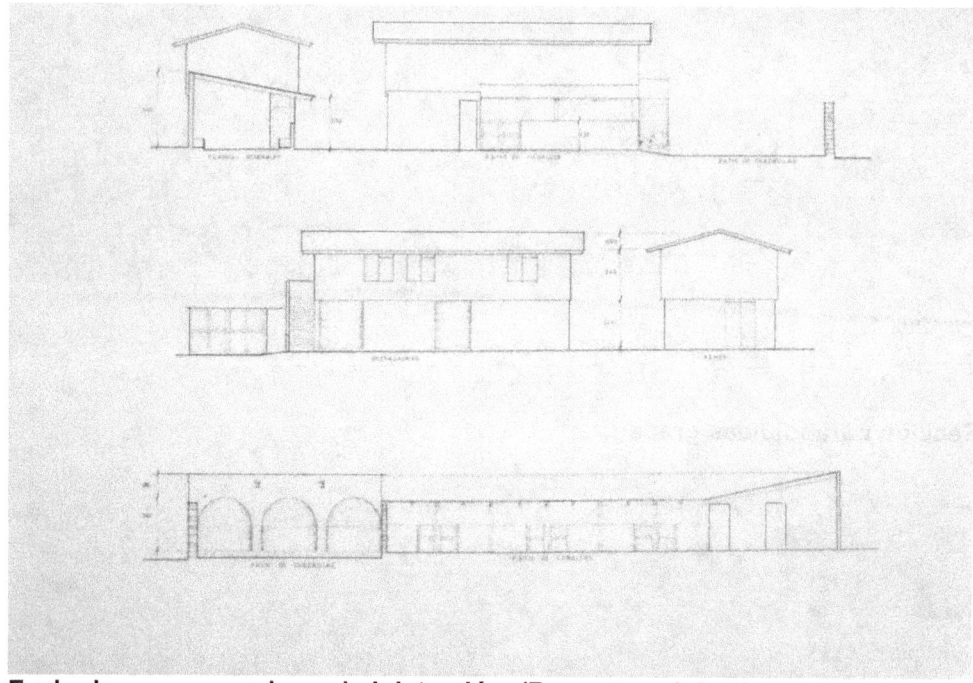

Fachadas sur conserje y administración. (Proyecto original).

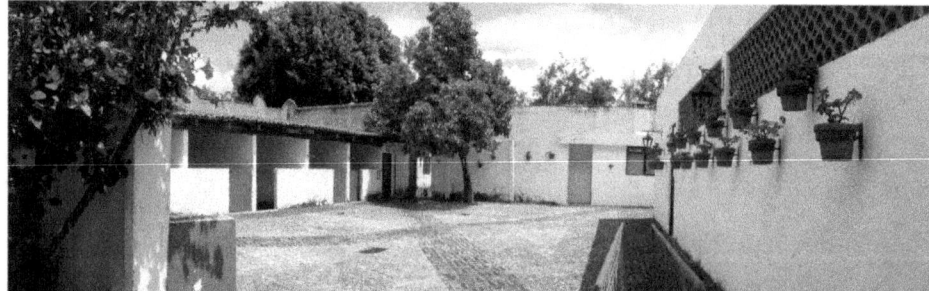

Caballerizas en el patio llamado "Andaluz"

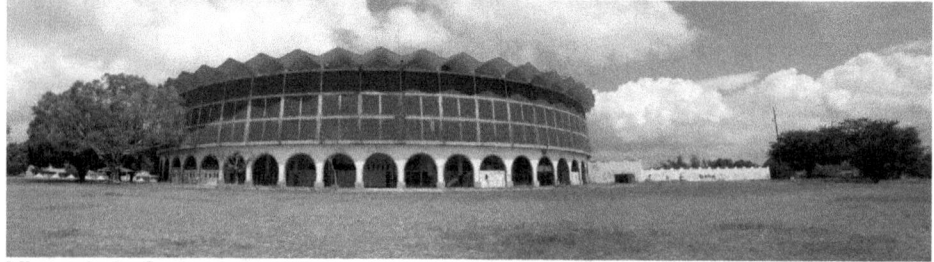

Vista de la fachada sur.

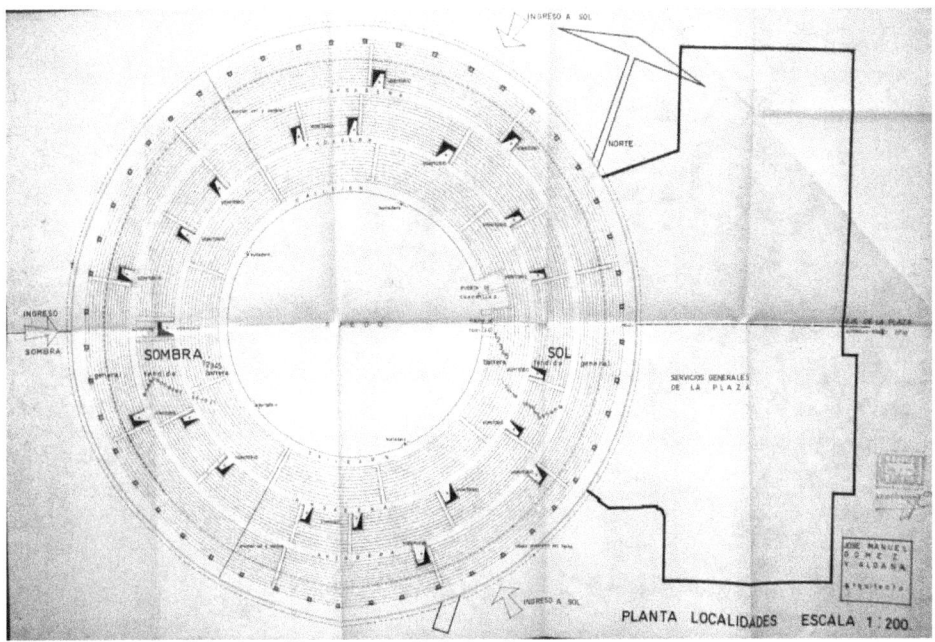

Planta de localidades (Proyecto Original).

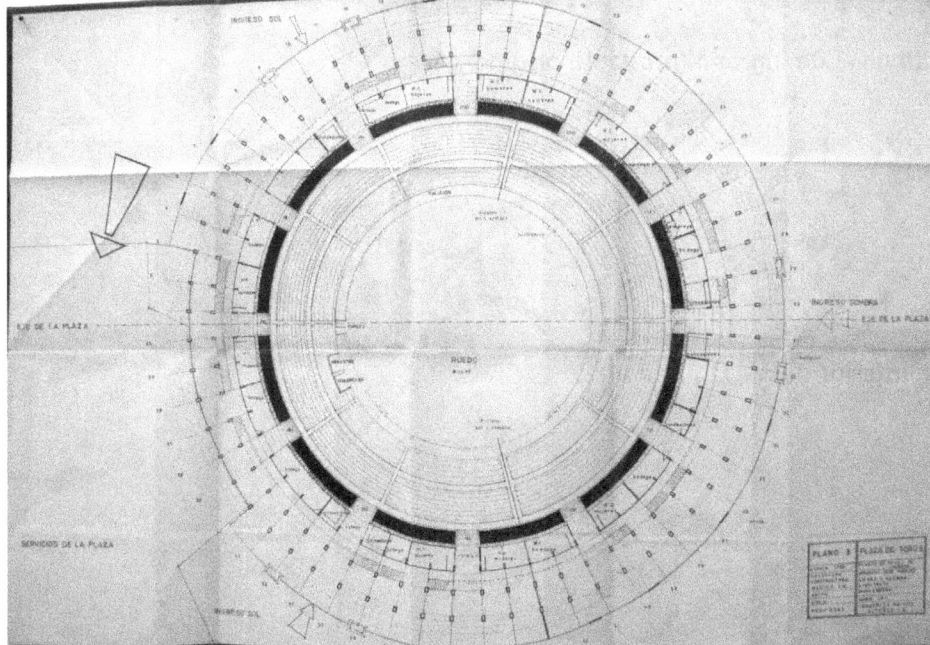

Planta de servicios (Proyecto original).

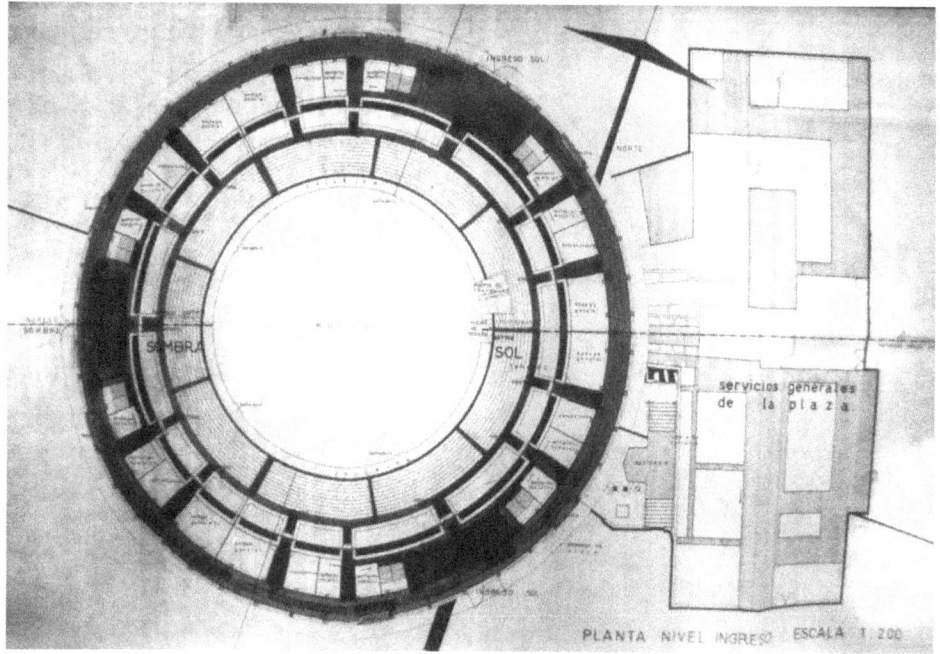

Planta nivel de ingreso (proyecto original).

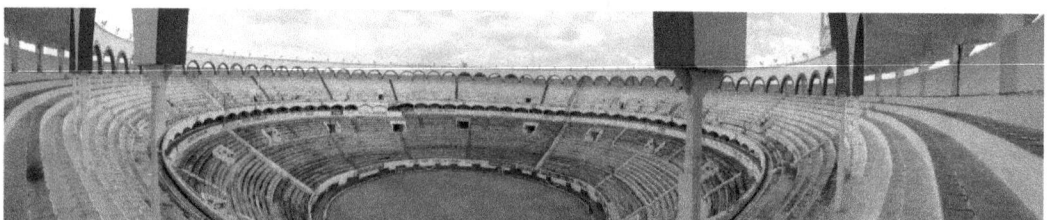

Vista interior desde la parte alta.

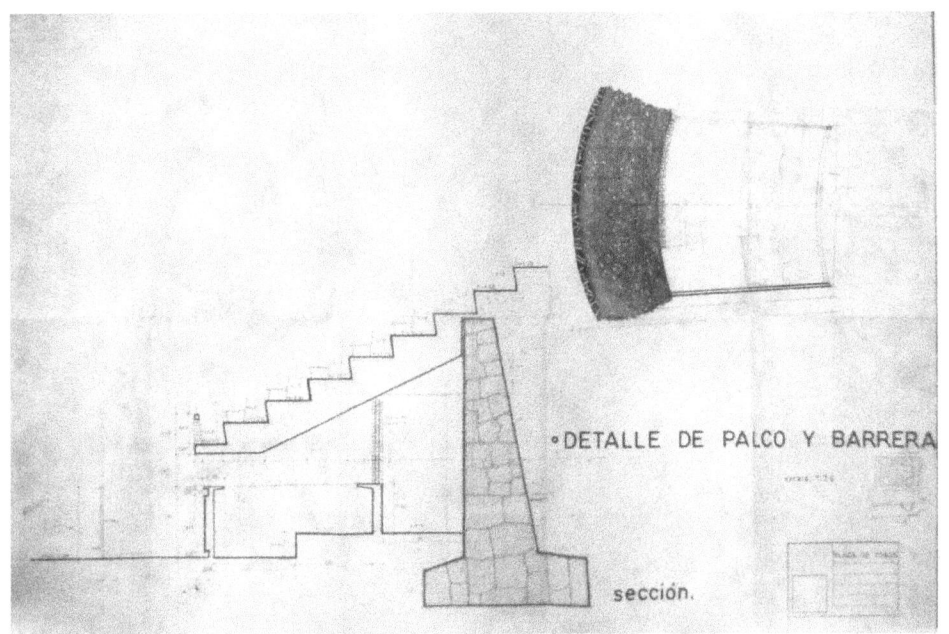

Plano de detalle de palco y barrera (Proyecto original)

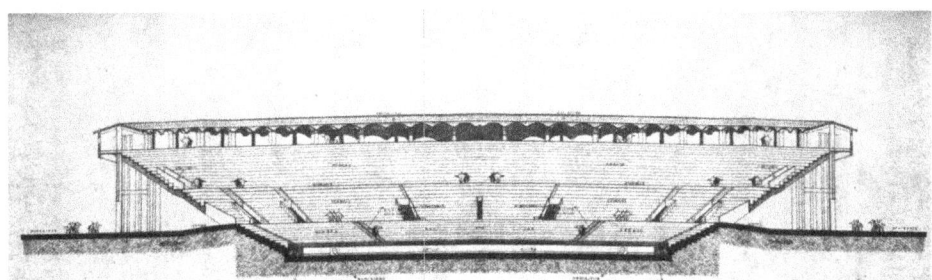

Sección. (Proyecto original). Obsérvese la ausencia de las localidades de palco. Así como la idea inicial, del remate superior con una cubierta a dos aguas.

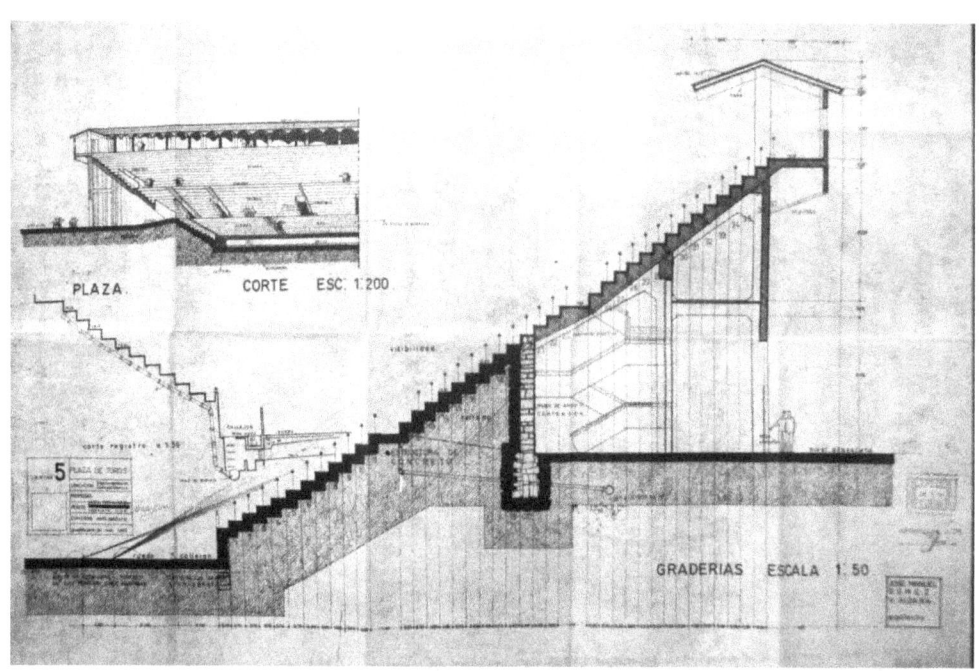

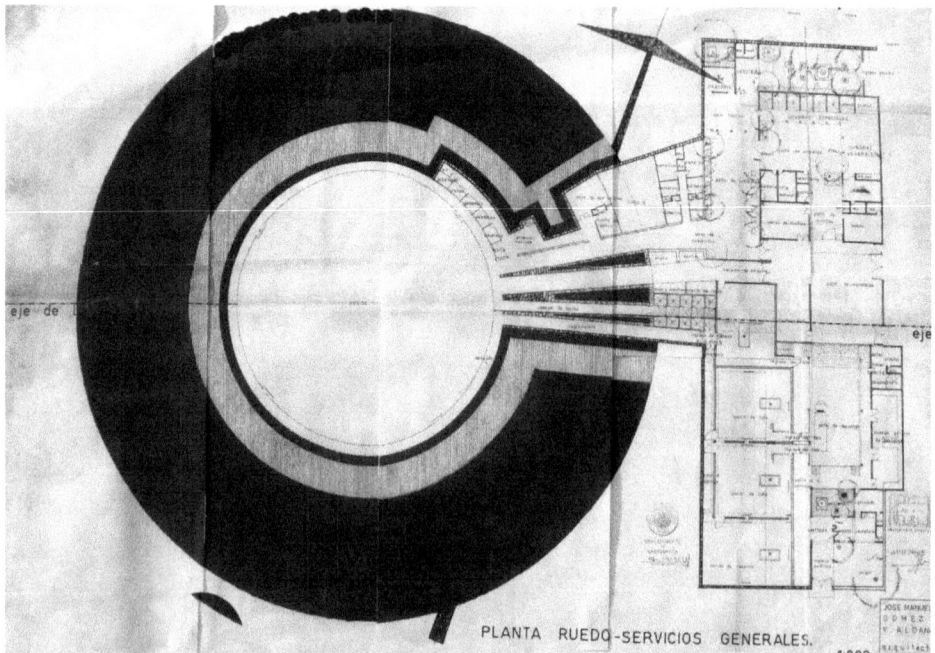

Planta del ruedo y servicios generales (Proyecto original).

Placas

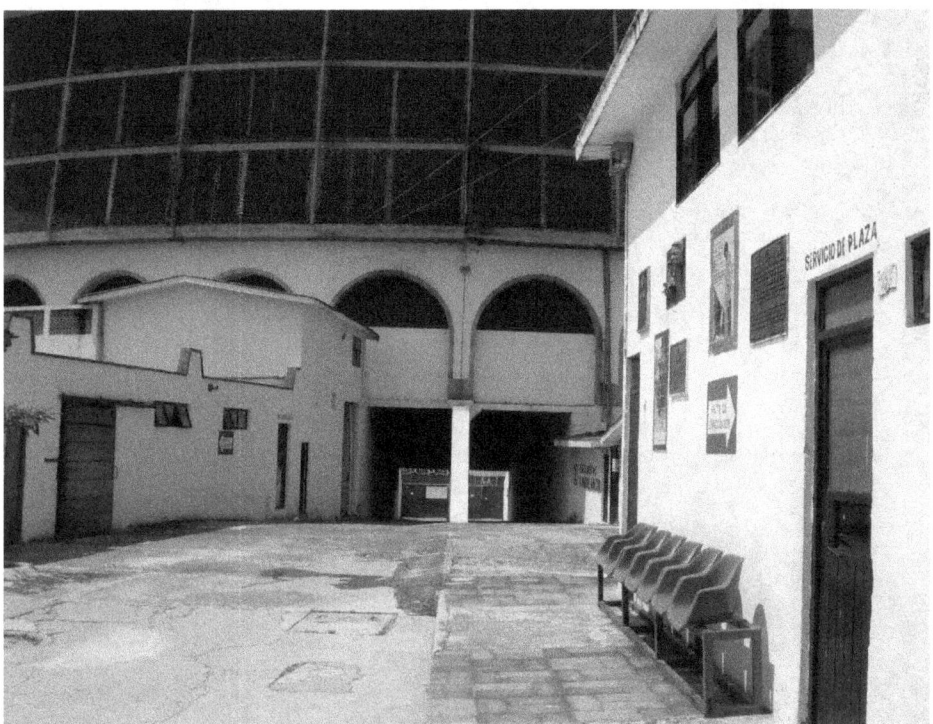

Patio de cuadrillas

En uno de los muros que se encuentran en el patio de cuadrillas, existen varias placas y mosaicos conmemorativos, que hacen alusión a diversas gestas taurinas y en homenaje a trayectorias brillantes.

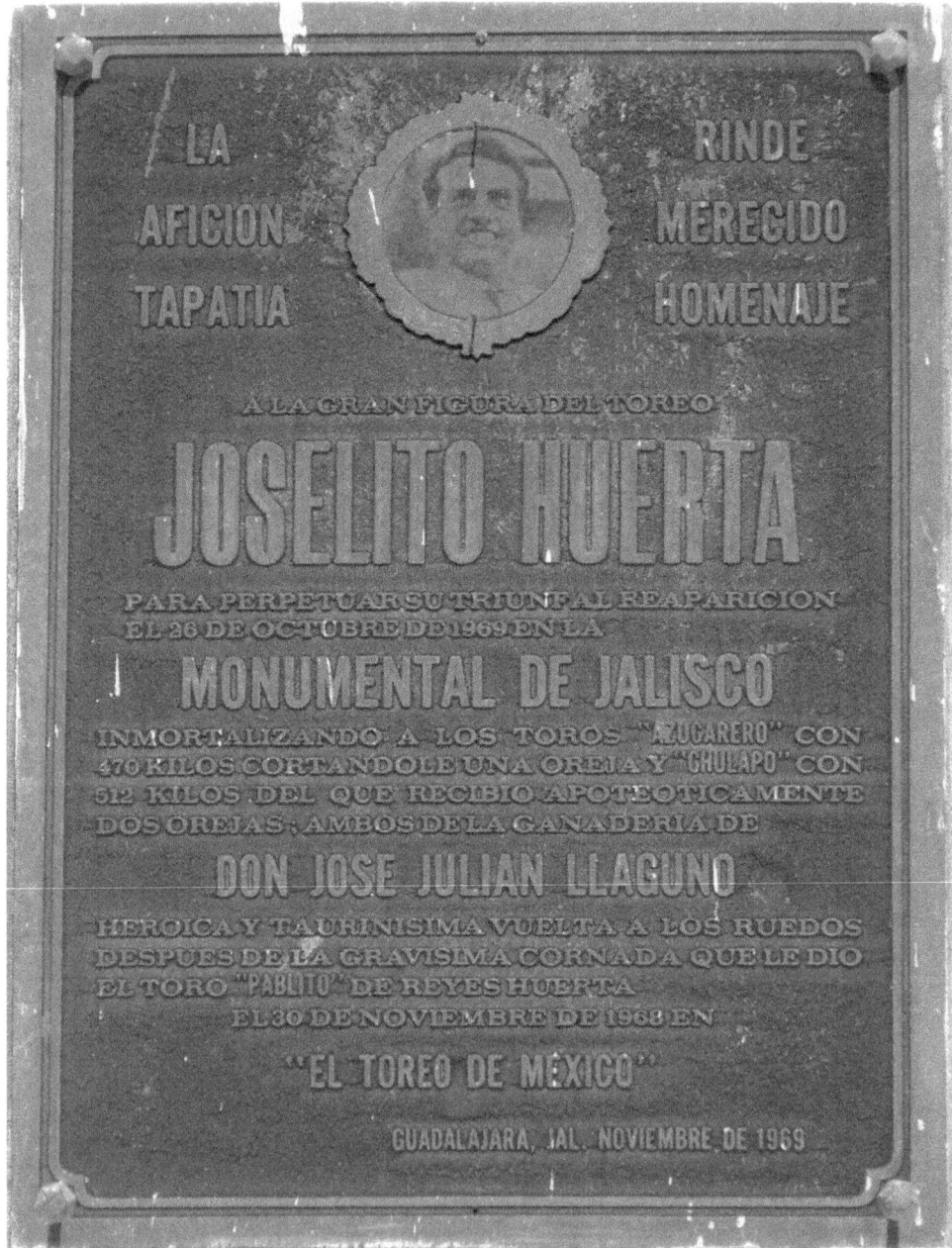

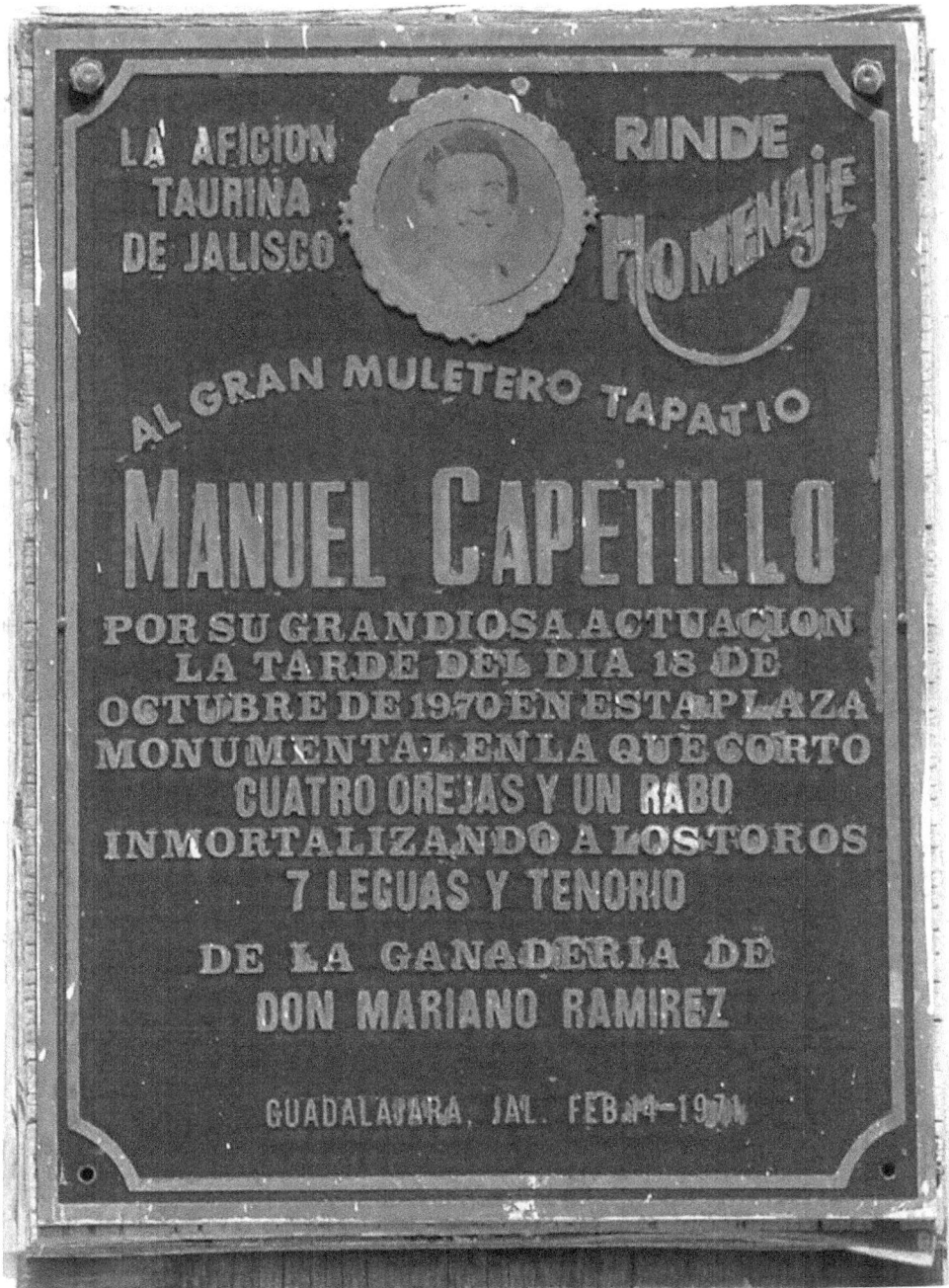

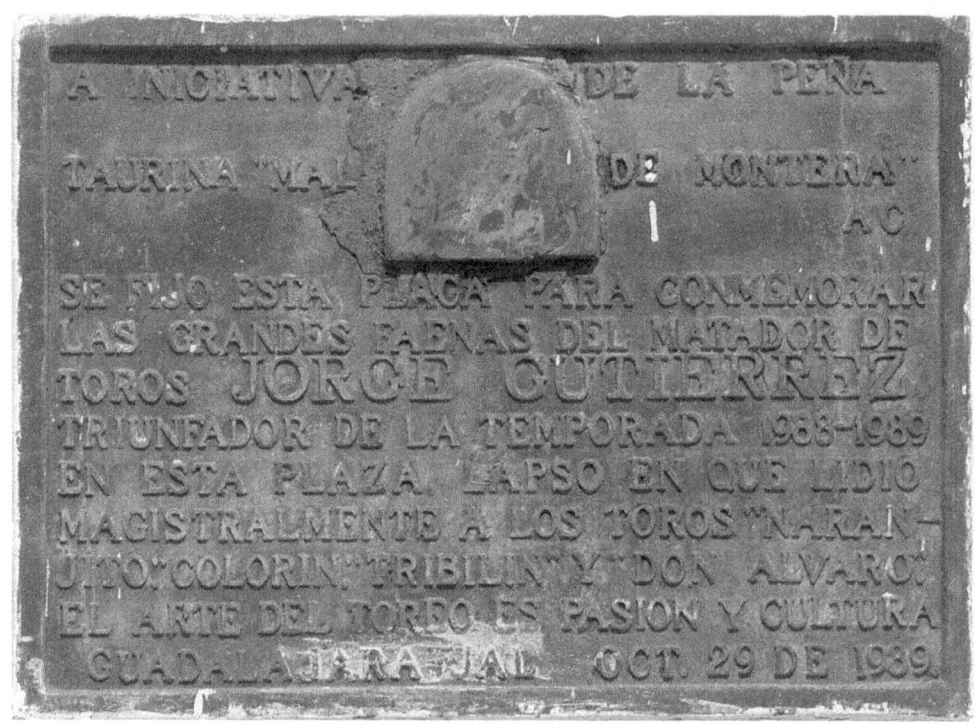

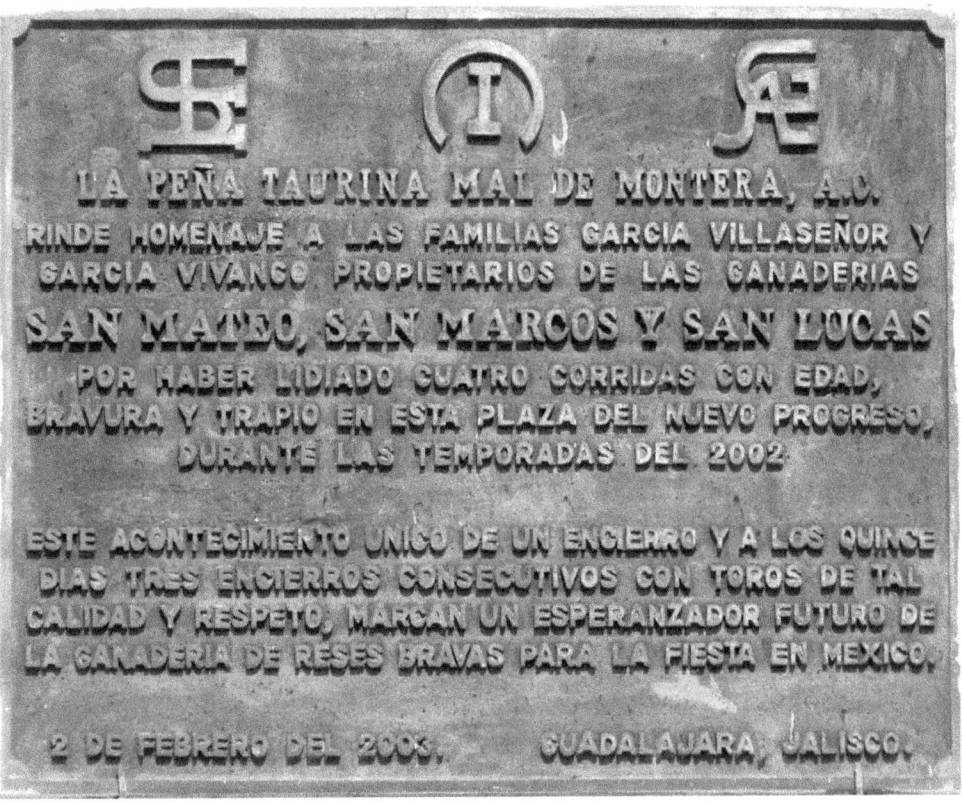

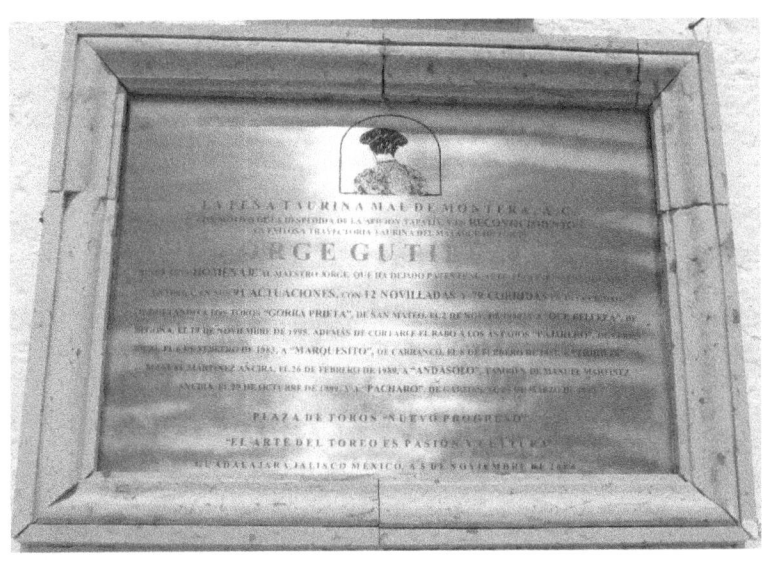

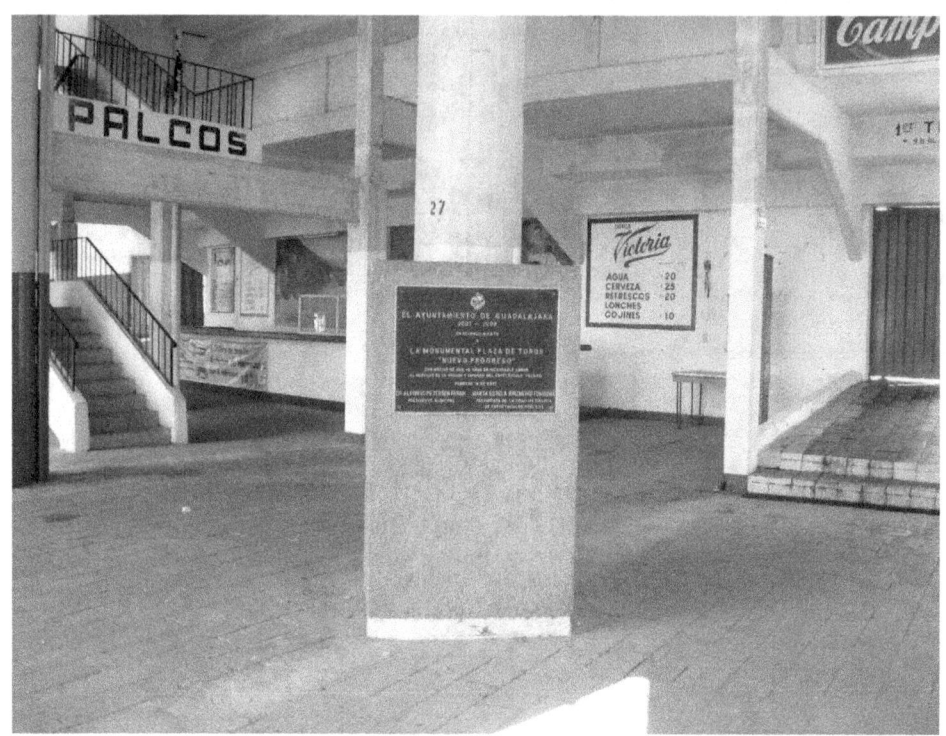

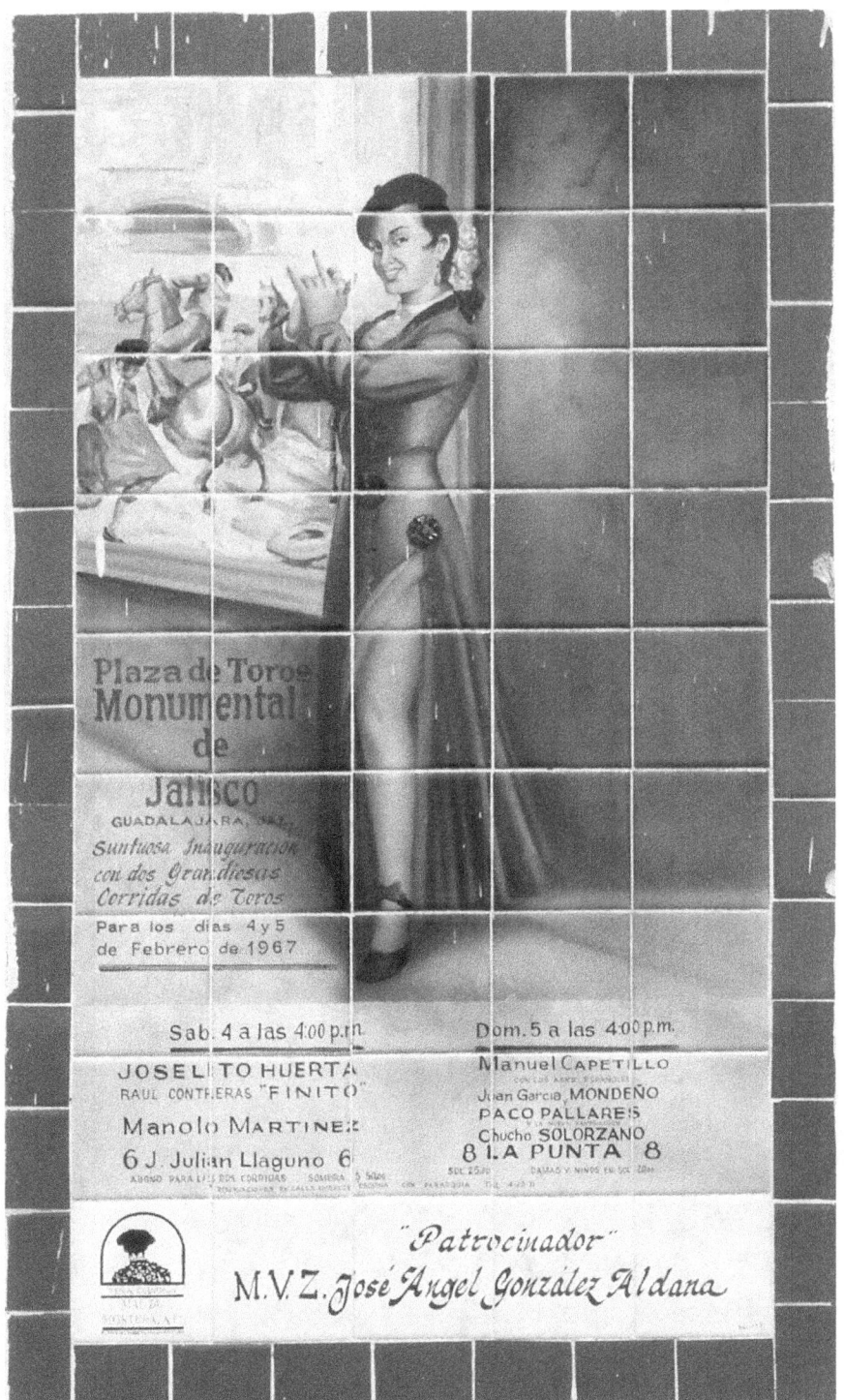

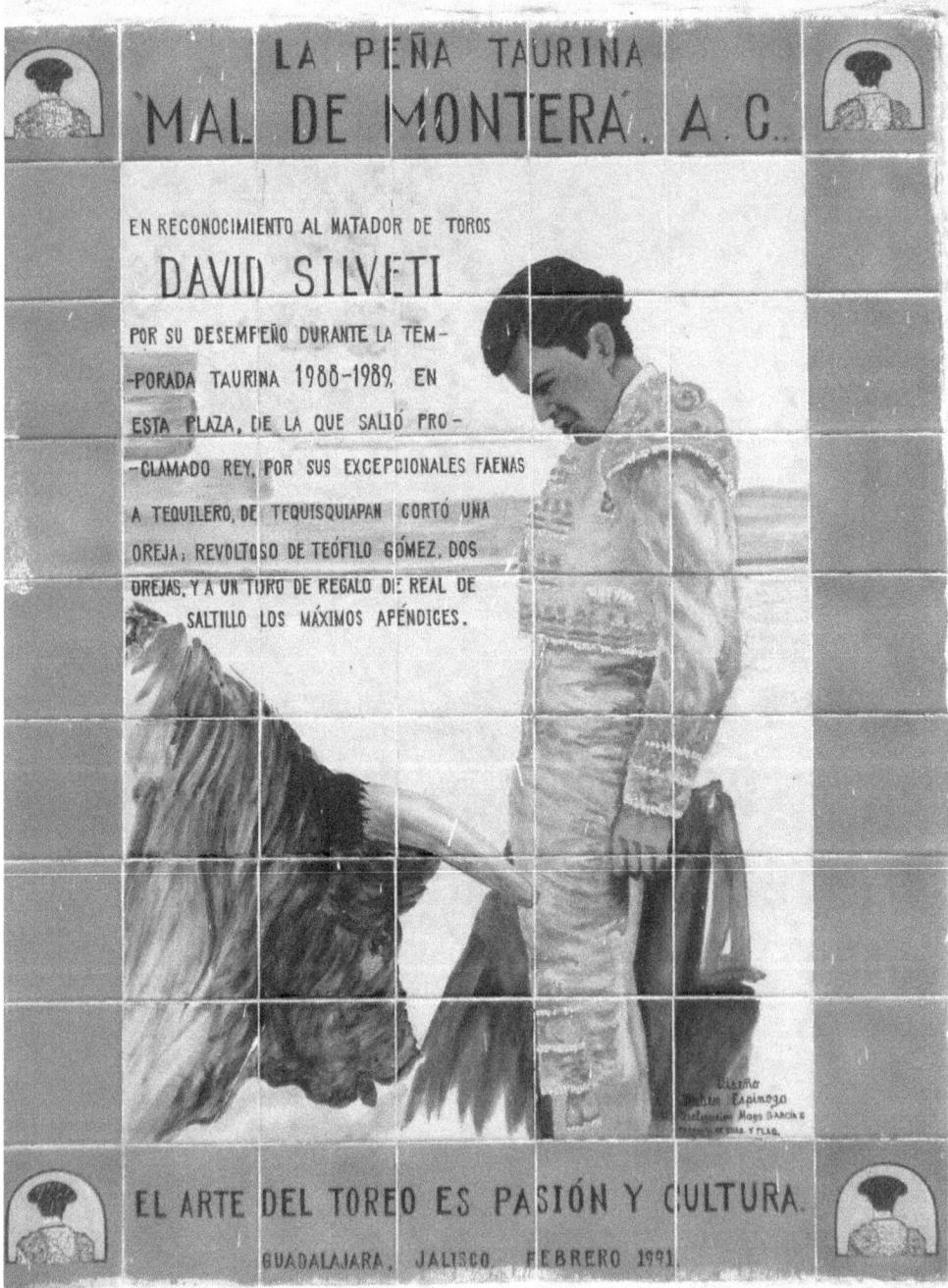

LA PEÑA TAURINA
'MAL DE MONTERA'. A. C.

EN RECONOCIMIENTO AL MATADOR DE TOROS
DAVID SILVETI
POR SU DESEMPEÑO DURANTE LA TEM-
-PORADA TAURINA 1988-1989, EN
ESTA PLAZA, DE LA QUE SALIÓ PRO-
-CLAMADO REY, POR SUS EXCEPCIONALES FAENAS
A TEQUILERO, DE TEQUISQUIAPAN CORTÓ UNA
OREJA, REVOLTOSO DE TEÓFILO GÓMEZ, DOS
OREJAS, Y A UN TORO DE REGALO DE REAL DE
SALTILLO LOS MÁXIMOS APÉNDICES.

EL ARTE DEL TOREO ES PASIÓN Y CULTURA.

GUADALAJARA, JALISCO. FEBRERO 1991.

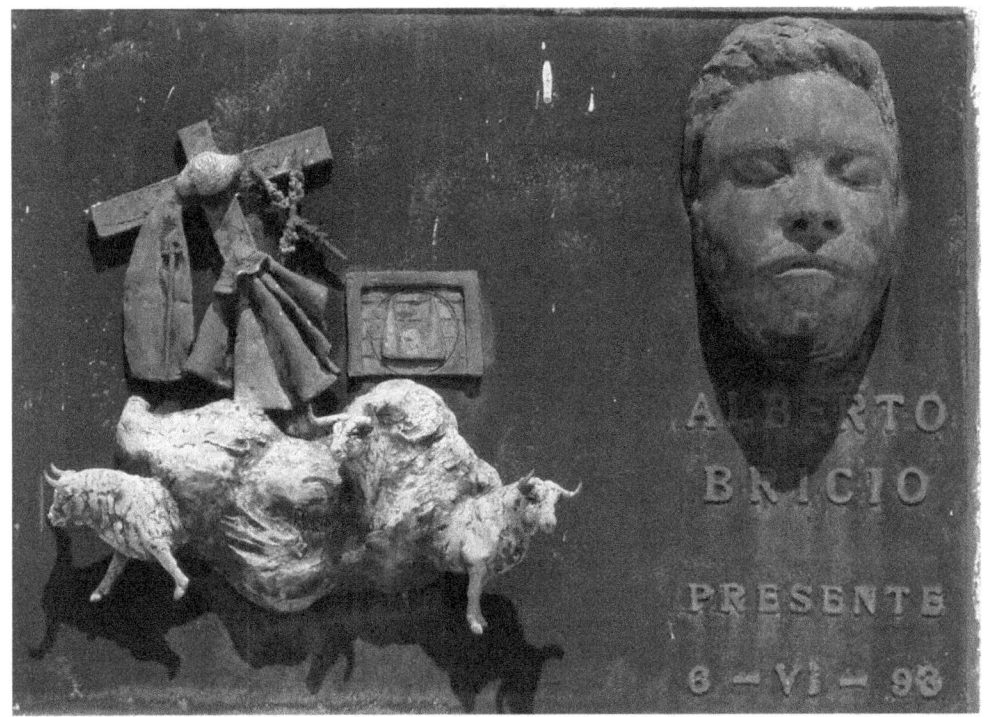

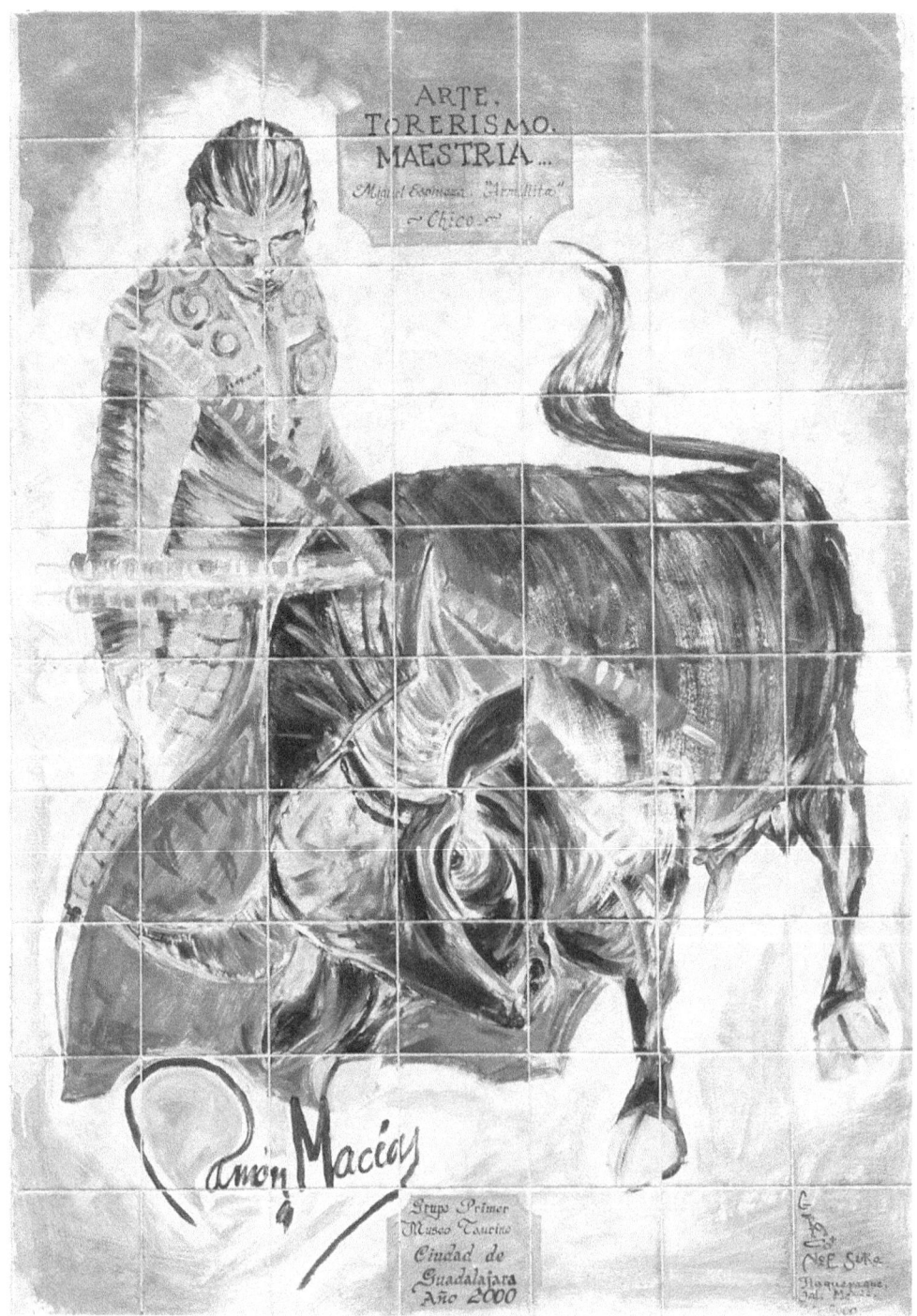

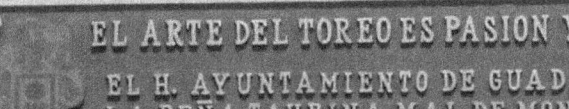

EL ARTE DEL TOREO ES PASION Y CULTURA

EL H. AYUNTAMIENTO DE GUADALAJARA,
LA PEÑA TAURINA MAL DE MONTERA A.C.

EN RECONOCIMIENTO A LOS TOREROS DE JALISCO
CON ALTERNATIVA QUE CON VALOR, ARTE
Y ENTREGA PUSIERON EN ALTO EL NOMBRE
DE NUESTRO ESTADO.

PRIMERA SEMANA CULTURAL TAURINA

ALDO OROZCO
ALFONSO HERNANDEZ "EL ALGABEÑO"
ALFONSO LOMELI
ALFONSO HERNANDEZ "PALI"
ALFREDO LOMELI
ALFREDO RIOS "EL CONDE"
ANTONIO DUARTE "EL NAYARIT"
ANTONIO TOSCANO
ANTONIO BRICIO
ARTURO DIAZ "EL COYO"
ARTURO SALDIVAR
CARLOS VIDAL
CARLOS BARRON
CARLOS ALBERTO BARBOSA
CARMELO TORRES
CHANO RAMOS
CHUCHO DE ANDA
EDGAR BEJARANO
ELISEO GOMEZ "EL CHARRO"
ERNESTO CASTELLON
FERMIN BERNALDEZ
FIDEL DIAZ
GUILLERMO MARTINEZ
HUMBERTO FLORES
JAVIER OCAMPO
JAVIER GOMEZ
JESUS TENES
JESUS JIMENEZ "CHICUELIN"
JORGE GARCIA "MARAVILLA"
JORGE CARRILLO "CHAVALILLO"
JORGE BLANDO

JOSE GONZALEZ "CARNICERITO"
JOSE HERNANDEZ "SIETE LUCHAS"
JOSE GOMEZ "BALDERITAS"
JOSE SANCHEZ "JOSETE"
JOSELITO ALONSO
JOSELITO MENDEZ
JOSELITO FLORES
JUAN ESTRADA
JUDAS TADEO
LUIS BARAJAS
LUIS SOLANO
MANOLO LIZARDO
MANUEL CAPETILLO V.
MAURO LIZARDO
MIGUEL ANGEL MARTINEZ "EL ZAPOPAN"
OLIVER GODOY
OSCAR RODRIGUEZ
PACO HUERTA
PEDRO JIMENEZ "PEDRIN"
PEDRO LOPEZ
PEPE MURILLO
PEPE ORTIZ
PEPE OROZCO JR.
PEPE MURILLO (HIJO)
RAFAEL LIMON
RAUL GOMEZ "CAMPERO"
ROBERTO MIGUEL
ROSA DE ALBA "LA SOLANA"
SALVADOR VILLALVAZO
SILVANO GONZALEZ "GALLITO"
SILVESTRE GAYTAN

GUADALAJARA, JALISCO, SEPTIEMBRE 2011

LIC. J. ARISTOTELES SANDOVAL DIAZ
PRESIDENTE MUNICIPAL

C. RAUL OCHOA ANAYA
PRESIDENTE DE LA PEÑA TAURINA
MAL DE MONTERA A.C.

Las Cuatro Temporadas de la Monumental de Jalisco.
Empresa Leodegario Hernández

Efímera fue la vida de aquella primera etapa taurina de la entonces llamada Plaza *Monumental de Jalisco.*

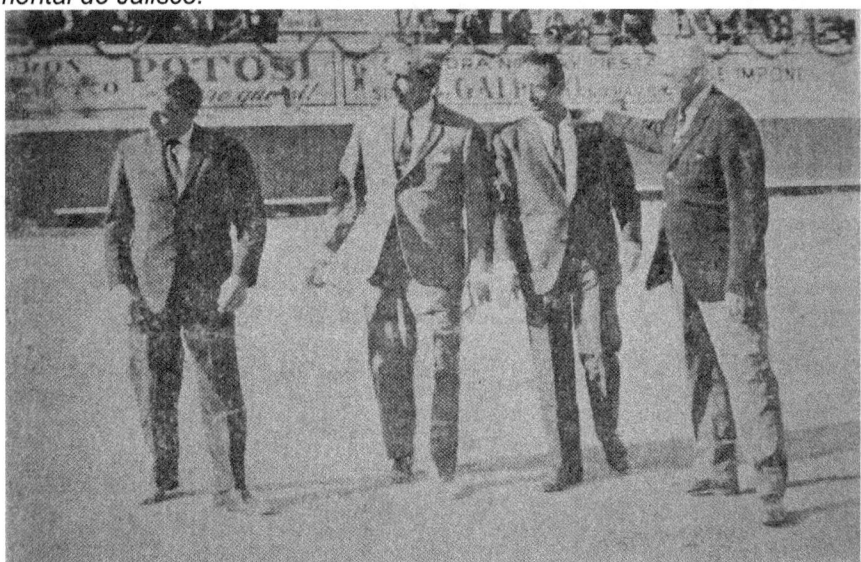

Lorenzo Garza, Fermín Espinosa, Luís Castro y Jesús Solórzano

El primer festejo que se dio, fue el mismo día de su inauguración. Ese día a las once de la mañana, se dieron cita en el inmueble, el entonces arzobispo de Guadalajara, José Gariby Rivera, quien bendijo el edificio, estuvo además, el obispo coadjutor, monseñor Francisco Javier Nuño, el licenciado Francisco Medina Ascencio, quien era gobernador del Estado, el presidente municipal, licenciado Eduardo Aviña Batiz y por supuesto, el dueño del coso, Leodegario Hernández.

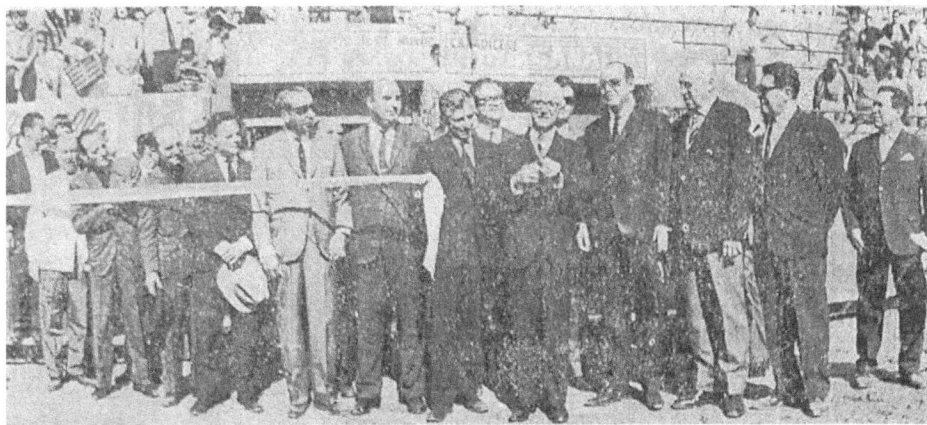

El gobernador Francisco Medina Ascencio inauguró el coso-

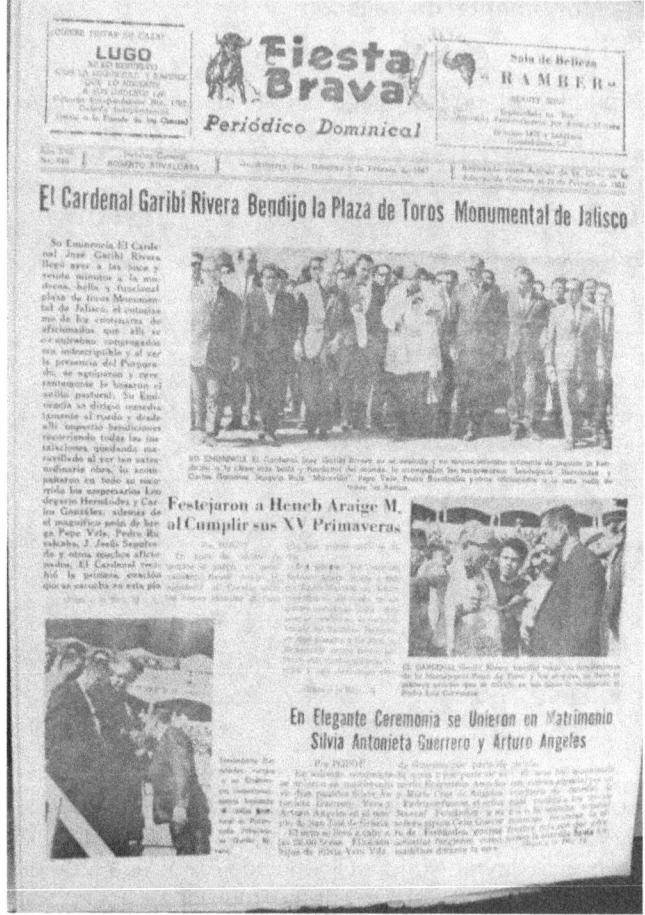

Primera temporada

Febrero 4 de 1967.-

Corrida inaugural. Seis toros de José Julián Llaguno para *Joselito Huerta*, Raúl Contreras *Finito* y *Manolo Martínez*.

El toro corrido en primer lugar, se llamó "¿No que no?" en franca alusión al escepticismo de algunos sectores de la población que ponían en tela de duda que se concretara el proyecto. El toro correspondió al poblano Huerta quien cortó la oreja y dio la primera vuelta de la historia de ese ruedo. *Finito* insultó a la concurrencia por lo que fue abroncado y Martínez obsequió un séptimo.

Febrero 5 de 1967.-

Capetillo con los ases: *Mondeño* y *Paco Pallares* con la revelación Jesús *Chucho Solórzano* y ocho toros de La Punta.

Febrero 26 de 1967.-

"JUMENTOS CON ASTAS MANDÓ CANTINFLAS" Decía la crónica. Seis de Moreno Reyes hermanos para *Manolo Martínez* que salvó la corrida cortando oreja al quinto. Diego Puerta y Eloy Cavazos fueron los otros alternantes.

Marzo 12 de 1967.-

Finito se reivindicó ante la afición tapatía. Oreja a Gastón Santos en un toro de regalo. Se lidiaron siete toros de Torrecilla por *Joselito Huerta*, Raúl Contreras *Finito*, *Manolo Martínez* y Gastón Santos.

Abril 2 de 1967.-

PRIMERA GRAN NOVILLADA DE LA TEMPORADA. Seis de Montecillo, fracción de Mariano Ramírez, para el novillero tapatío *Pepe Orozco*, Fernando Sepúlveda y Fabián Ruiz.

Magnífico encierro mandó el ganadero. *Pepe Orozco* consiguió un apéndice.

Abril 9 de 1967.-

(Domingo) Seis toros de Guayabé para Antonio Lomelín, *Pepe Orozco* y Fabián Ruiz. Los diestros mostraron sólo detalles. Extraordinario el corrido en tercer turno. Entrada regular.

Abril 16 de 1967.-

(Domingo) Seis de don Rafael Obregón para los matadores Raúl García, Raúl Contreras *Finito* y Manuel Capetillo. Tanto Capetillo como *Finito*, se llevaron una oreja a su espuerta. Dos buenas faenas a sendos toros de regalo.

Abril 23 de 1967.-

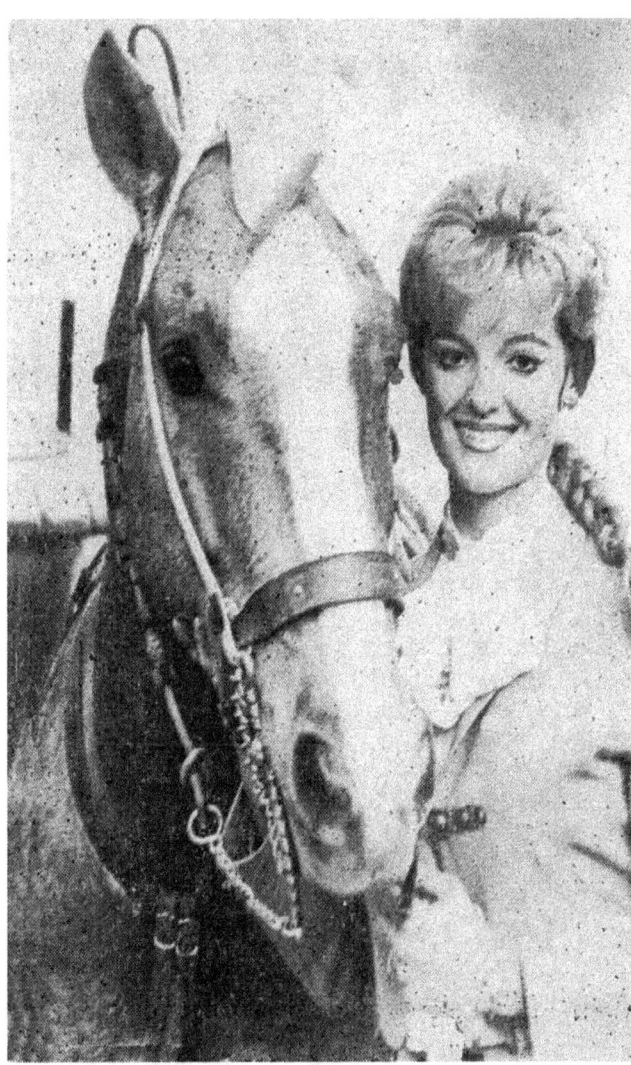

(Domingo) La rejoneadora Edith Evans, Leonardo Manzano, Roberto Ortiz *El Fotógrafo* y Armando Monroy con siete de Gustavo Álvarez y hermanos. Destacada actuación tuvo la amazona rubia.

Mayo 7 de 1967.-

(Domingo) Cuarta novillada de la temporada con siete de Chinampas para Edith Evans, Fabián Ruiz, Mario Sevilla y José Luis Medina. Orejas y cojinazos se llevó Fabián Ruiz. Sevilla se mostró muy verde y Evans no tuvo tela de donde cortar.

Mayo 14 de 1967.-

(Domingo) Quinta gran novillada de la temporada. Fabián Ruiz quien brindó a Lorenzo Garza, Manuel Aguilera quien también brindó al *Ave de las Tempestades* e Ignacio Bonilla quienes se las vieron con seis de Guayabé.

Edith Evans

Mayo 21 de 1967.-

(Domingo) FERNANDO SEPÚLVEDA SE LLEVÓ UN CORNADÓN. Fueron seis novillos de Montecillo, fracción de Mariano Ramírez.

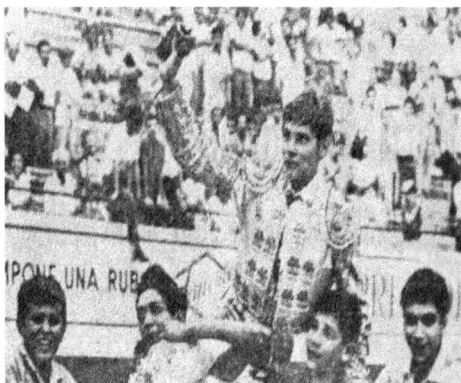

Miguel Ángel Núñez fue el triunfador remontando la humildad de su puesto, (el séptimo) hasta conseguir salir a hombros de la concurrencia. Los otros espadas fueron: Fabián Ruiz y Mario Sevilla.

Mayo 28 de 1967.-

(Domingo) Séptima novillada de la temporada con siete de Golondrinas para Miguel Ángel Núñez, Luis Reyes, Ricardo Castro (de La Laguna) y Ricardo Hernández quien lidió el séptimo.

Ahijado Campos

Junio 5 de 1967.-

(Domingo). "FRACASO DE LOS NUEVOS TOREROS EN LA MONUMENTAL" –según la crónica- Miguel Ángel Núñez, Alfredo Bustamante, Luis Montes y Guillermo Montes Sotibrán se entendieron con siete de La Punta.

Junio 11 de 1967.-

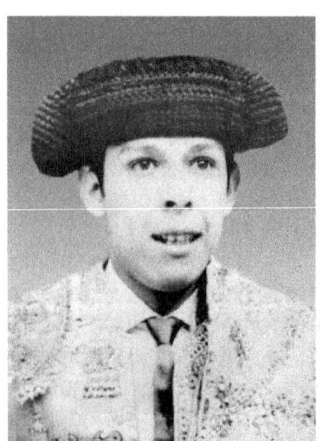

Daniel Vilchis

(Domingo) Siete de Garabato para Miguel Ángel Núñez, José Luis Solórzano, José Luis Núñez y un séptimo para *El Ahijado Campos.*

Dos orejas se cortaron esa tarde mientras que Núñez se llevó una cornada leve en su segundo y mostró adelantos

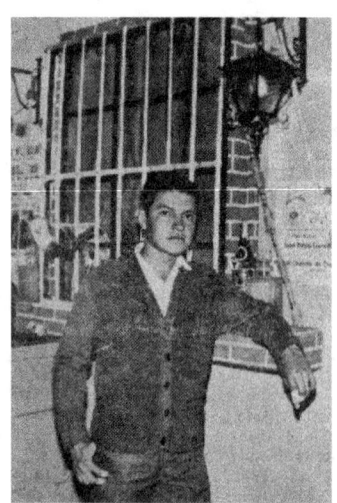

Miguel Ángel Núñez

Junio 18 de 1967.-

(Domingo) Décima novillada. Presentación en Guadalajara del triunfador de Monterrey, el hidrocálido, Raúl Rodríguez, Luis Montes, *Ahijado Campos* y el séptimo para Enrique Gutiérrez. Los novillos fueron de Gustavo Álvarez y hermanos. Fue una tarde de maromas. Raúl Rodríguez mostró detalles toreros y según la reseña, estuvo en figura, con valor consciente, auténtico y puro.

Junio 25 de 1967.-

(Domingo) Siete novillos de Venadero y uno de Garabato para Daniel Vilchis, *Pepe Orozco*, Salvador Godínez y Miguel Ángel Núñez.

Julio 2 de 1967.-

(Domingo) El festejo se suspendió a causa de la lluvia.

Julio 9 de 1967.-

(Domingo) Leonardo Manzano cortó dos orejas aprovechando las excelentes condiciones de un extraordinario novillo. Magnífica novillada mandó Tequisquiapan.

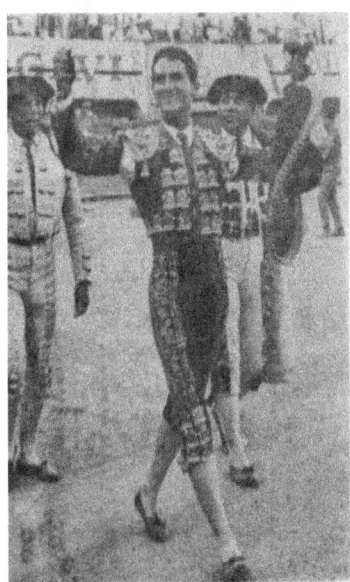

Leonardo Manzano

Julio 16 de 1967.- (Domingo) Seis de La Punta para Leonardo Manzano, Daniel Vilchis y Miguel Ángel Núñez.

Octubre 15 de 1967.-

(Domingo).- Por primera vez en la historia de México y en honor de las H. Asociaciones de Charros, 6 rejoneadores juntos, con 30 caballos educados a la alta escuela y con un valor de más de 4 millones. Era la publicidad del festejo. Disputándose el rejón de oro : Don Juan Cañedo. Joao Brilla Do Matos de Portugal, Jorge Hernández Espinoza, Felipe Zambrano, Humberto Conde y Evaristo Zambrano. Seis de Armilla Hermanos. Zambrano obtuvo el rejón de oro y el éxito artístico fue muy importante.

Octubre 21 de 1967.-

(Sábado). Capetillo, *Manolo Martínez* y *Caleserito* con seis toros de Torrecilla. La

mansedumbre de los toros deslució el festejo. Estuvieron valientes los tres diestros.

Octubre 22 de 1967.-

(Domingo). Huerta *Finito* y Cavazos con seis de José Julián Llaguno. *Joselito Huerta* cortó orejas y rabo, *Finito* se llevó dos cornadas del segundo que lo hirió al entrar a matar. El ganado resultó malo.

Octubre 29 de 1967.-

(Domingo). MANO A MANO DE MANUEL CAPETILLO y MANOLO MARTINEZ. Se lidiaron seis toros de Garfias. Inolvidable tarde de toros dieron los Manueles. Dos orejas y rabo a Capetillo, a Martínez le dieron dos apéndices. La autoridad tuvo la pifia de sólo otorgarle dos orejas del toro que cerró plaza cuando merecía algo más esto lo razonaba fácilmente la crónica de la época, anotando que a un toro que tenía ocho pases Manolo le pegó ochenta y, todos extraordinarios. Capetillo obtuvo el escapulario en disputa.

Noviembre 6 de 1967.-

(Domingo). BRAVA NOVILLADA ENVIO LA PUNTA. Sobresalió "Martinete" al que le cortó una oreja *El Sol*. Carlos Málaga *El Sol*, Leonardo Manzano, Mario Sevilla que sufrió grave cornada, la misma que lesionó la vena safena al hacer un quite al primero de *El Sol*.

Noviembre 13 de 1967.-

(Domingo). VOLVIO CARLOS MALAGA *EL SOL* A SER PREMIADO CON UN APENDICE. [Nota de Prensa]. Fea cornada se llevó en la cara Rodríguez; le entregaron el trofeo a Manuel Capetillo.

Los novillos del Romeral, fueron para *El Sol*, José Luis Núñez y Raúl Rodríguez.

Noviembre 20 de 1967.-

(Domingo). En Curro Rivera se avistaba una figura del toreo. *El Sol* y Fabián Ruiz se hicieron aplaudir mucho. Toros de Santiago.

Noviembre 27 de 1967.-

(Domingo). Volvió Curro Rivera a triunfar. Fabián Ruiz y Raúl Rodríguez derrocharon voluntad y valor. Novillos de Arroyo Hondo.

Diciembre 10 de 1967.-

(Domingo). Manuel Capetillo, *Joselito Huerta* y *Manolo Martínez* . Con seis de Garfías. Su valor y empeño hicieron triunfar a *Joselito Huerta*. Cortó oreja y dio vueltas al ruedo. "Sólo la carreta no mandó el ganadero" decía la crónica; Capetillo apático.

Diciembre 18 de 1967.-

(Domingo). Sevilla y Rivera torearon muy bien. A Vilchis le tocó lo peor que salió por los toriles; "Extraño 'brinco' al reglamento"- Decía la crónica-. Seis de Campo Alegre.

Diciembre 25 de 1967.-

Cerrojazo de la temporada con la novillada del estoque de plata. Carlos Málaga *El Sol,* Mario Sevilla, Fabián Ruiz Curro Rivera con ocho de la Punta. Con gran faena al octavo, Curro Rivera obtuvo estoque de plata. Envió bravo encierro la Punta;

y

el

Fabián Ruiz derrochó voluntad y escuchó muchas ovaciones.

Febrero 4 de 1968.-

GRAN CORRIDA DE ANIVERSARIO. Seis toros de Torrecilla para Capetillo, Huerta y *Finito*. *Joselito Huerta* el gran triunfador. A su segundo enemigo le cortó una oreja. La gente se entregó a *Finito*, su faena fue de escándalo. Terminó con el sexto de media y dos golpes de descabello.

Marzo 3 de 1968.-

DESPEDIDA DEL MEJOR MULETERO DEL MUNDO, Manuel Capetillo. Se suspendió a causa de la lluvia el festejo programado.

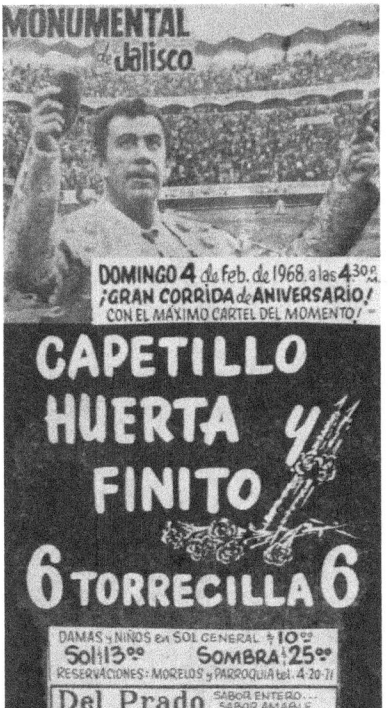

Marzo 10 de 1968.-

DESPEDIDA y TRIUNFO DE CAPETILLO. Orejas y rabo para *Caleserito* quien realizó soberbia faena a un segundo regalo que le hizo Leodegario Hernández, bordando una verdadera obra de arte.

Febrero 4 de 1968.-

GRAN CORRIDA DE ANIVERSARIO. Seis toros de Torrecilla para Capetillo, Huerta y *Finito*. *Joselito Huerta* el gran triunfador. A su segundo enemigo le cortó una oreja. La gente se entregó a *Finito*, su faena fue de escándalo. Terminó con el sexto de media y dos golpes de descabello.

Marzo 3 de 1968.-

DESPEDIDA DEL MEJOR MULETERO DEL MUNDO, Manuel Capetillo. Se suspendió a causa de la lluvia el festejo programado.

Marzo 10 de 1968.-

DESPEDIDA y TRIUNFO DE CAPETILLO. Orejas y rabo para *Caleserito* quien realizó soberbia faena a un segundo regalo que le hizo Leodegario Hernández,
bordando una verdadera obra de arte.

Marzo 21 de 1968.-

Primera novillada de la temporada.

Seis de Montecillos para Fabián Ruiz, Daniel Vilchis y *Curro Rivera*.

Marzo 31 de 1968.-

(Domingo). *Manolo Martínez, Finito* y *Caleserito,* con seis de José Julián Llaguno.

Manolo Martínez cortó orejas en La Monumental. Fallaron los toros de José Julián Llaguno. Caleserito cargó con el peor lote.

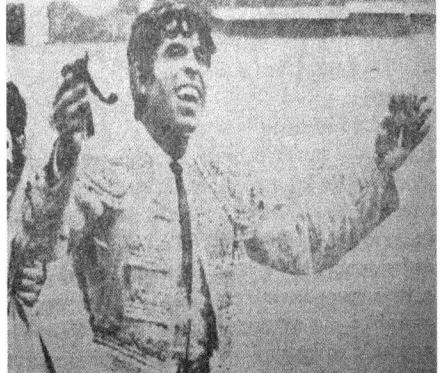

Oscar Rosamano

Mayo 19 de 1968.-

Domingo. Siete de Piedras Negras para Gastón Santos, Jaime Rangel, *Finito* y *Manolo Martínez.*

Mayo 27 de 1968.-

(Domingo). *Curro Rivera* seguía interesando a los aficionados. *Manolo Rangel* y *Curro Rivera* despacharon astados de Garfias de los cuales solamente el segundo fue bueno y desperdiciado.

Junio 2 de 1968

(Domingo).- Ángel García *El Chaval*, aplaudido en la novillada. Pérez fue ovacionado; Sevilla un provocador. Toros de La Punta para el portugués, Oscar Rosmano, Mario Sevilla y Ángel García *El Chaval* y un séptimo para Miguel Páez.

Junio 16 de 1968

(Domingo).- Ricardo Corey el mejor librado de la novillada. Novillos de *Chucho Cabrera* para Ángel García, *El ahijado Campos* y Ricardo Corey.

Noviembre 3 de 1968

(Domingo).- Reinicio de la temporada. Arturo Ruiz Loredo, Enrique Fernández de Monterrey y Jorge Blando, tapatío, con seis toros del Sauz fracción

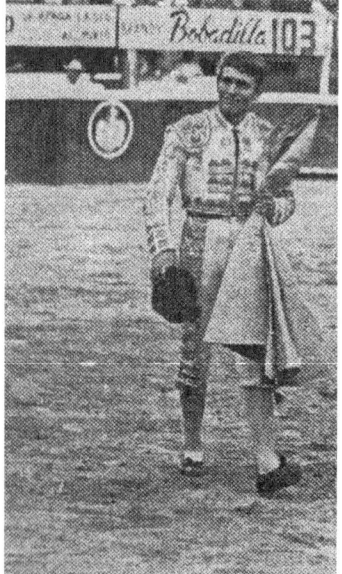

de Torrecilla. Ruiz Loredo, Blando y Fernández, aplaudidos. Tres toros buenos de El Sauz.

Noviembre 10 de 1968.-

(Domingo) 2ª novillada. Arturo Ruiz Loredo, Alfredo Alonso y Carlos Reyes con seis de Garabato.

Noviembre 18 de 1968.-

(Domingo). Armando Mora cortó una oreja en La Monumental. Daniel Vilchis empitonado por el 2º. Tercera novillada de la temporada. El otro espada fue Carlos Reyes y los astados, de Peñuelas.

Ignacio Bonillas

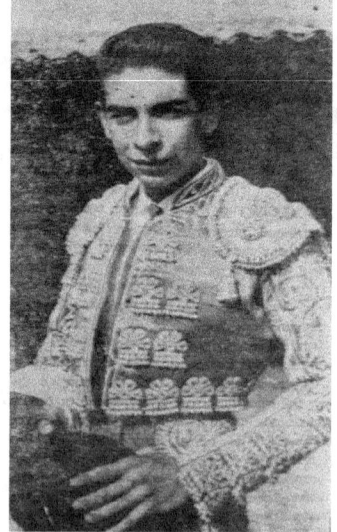

Noviembre 25 de 1968

(Domingo).- VALENTIA DE ALONSO y BRAVURA DE LOS TOROS DE PASTEJE [según crónica]. Mora confirmó sitio; García oyó aviso, los espadas fueron Armando Mora, Ricardo García y Alfredo Alonso.

Diciembre 1 de 1968

Jorge Blando

Ramón Macías Mora | **[ANALES DE LA PLAZA DE TOROS NUEVO PROGRESO DE GUADALAJARA 1967/2017]**

(Domingo).- Arturo Ruiz Loredo, Julio Romero y Alfredo Alonso con un séptimo para Enrique Cortés *El Juchi*. Alfredo Alonso cortó oreja a su segundo.

Diciembre 8 de 1968

(Domingo).- COREY REALIZO UNA GRAN FAENA. Novillos de La Punta para Cesar Osuna, Armando Mora y Ricardo Corey.

Diciembre 15 de 1968

(Domingo).- Seis de Pastejé para Alfredo Alonso, Oscar Rosmano y Ricardo Corey.

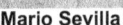

Derroche de pundonor y de arte dejó ver Rosmano, en La Monumental. Soberbio encierro envió Pastejé. Los espadas fueron: Oscar Rosmano quien fue corneado en la cara, Ricardo Corey y Alfredo Alonso.

Diciembre 22 de 1968

(Domingo).- 138va. Novillada de la temporada. Seis de Guayabé para Oscar Rosmano, Alfredo Alonso y Jorge Blando.

Diciembre 25 de 1968

(Jueves).-" PARA COREY EL ESTOQUE DE PLATA. Toros de Guayabé para: Armando Mora, Arturo Ruiz Loredo, Jorge Blando, Oscar Rosmano, Alfredo

Mario Sevilla

Alonso y Ricardo Corey quien cortó dos orejas.

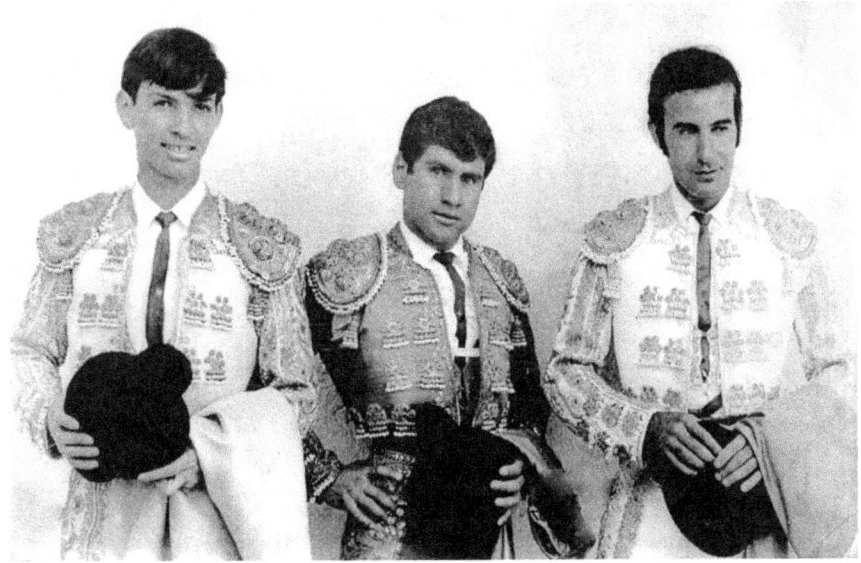

Raúl Ponce de León, Ricardo Neri y Richard Corey

Enero 1 de 1969

(Miércoles).- Seis de Jesús Cabrera para *Manolo Martínez*, Raúl Contreras *Finito* y Eloy Cavazos. GRIS TARDE DE ELOY Y *FINITO*, cabeceó el periódico.

41

Manolo Martínez cortó dos orejas en la corrida de año nuevo. Para el domingo 19 de enero se anunció a dos monstruos del toreo mano a mano: *Manolo Martínez* y *Palomo Linares* sin embargo, la corrida hubo de suspenderse y el empresario Leodegario Hernández, publicó el mismo domingo 19 una inserción pagada aclarando que la suspensión de la corrida anunciada, fue debido a causas ajenas e intereses ajenos a la fiesta.

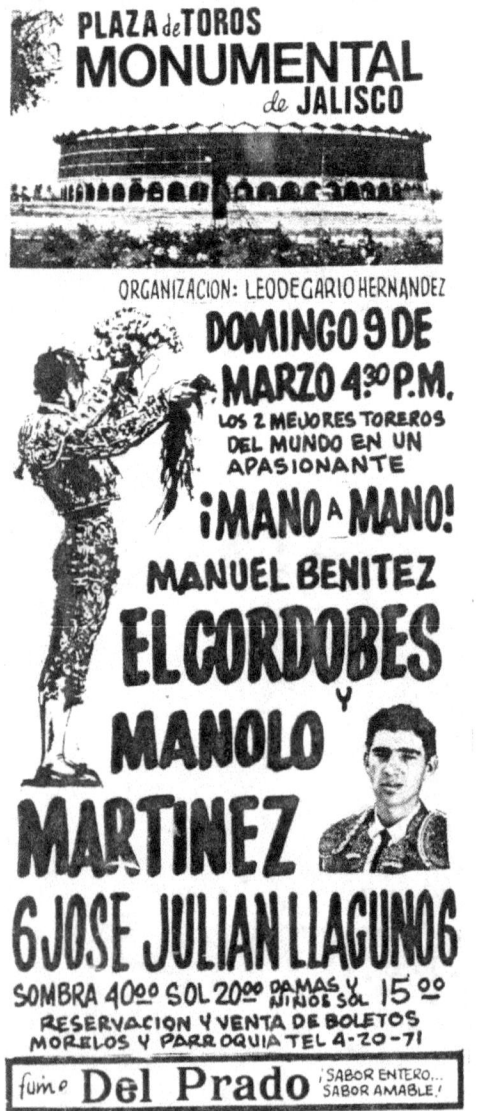

Garabato sobre todo 3º, 5º y 6º.

Enero 26 de 1969

(Domingo).- 14ava novillada RICARDO COREY, RAUL PONCE DE LEON Y RICARDO NERI DE ARANDAS, JALISCO. Seis novillos de La Punta. El arandense Nerí, debutó cortando 2 orejas. Bravo encierro de La Punta en La Monumental de Jalisco. Raúl Ponce de León, se clavó el arponcillo de una banderilla en un pie.

Febrero 2 de 1969.-

(Domingo).- 15 ava. Novillada. Ricardo Nery, Carlos Reyes, novillero de Tlaquepaque y Rolando Valle, nuevo en la plaza con seis de La Punta. Rolando Valle cortó oreja, a Neri se le fueron vivos los dos punteños.

Febrero 9 de 1969.-

(Domingo). Toros de La Playa para José Moreno, Jorge Blando, Rolando Valle y José Romero. Jorge Blando triunfó con uno de regalo de El Sauz, La playa mandó novillos sin fuerza.

Febrero 16 de 1969.-

(Domingo). José Luis Meza, Jorge Blando y Daniel Vilchis. Arroyo Hondo mandó una novillada terciada. Blando, Medina y Vilchis cortaron oreja.

Febrero 23 de 1969.-

(Domingo). JORGE BLANDO, DOS OREJAS Y SALIDA A HOMBROS. Medina valiente y Vilchis sin enemigos. Buen encierro de

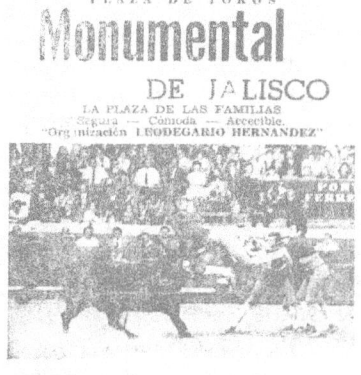

PLAZA DE TOROS

Monumental

DE JALISCO
LA PLAZA DE LAS FAMILIAS
Segura — Cómoda — Accesible.
"Organización LEODEGARIO HERNANDEZ"

DOMINGO 15 DE FEBRERO DE 1970
A LAS 4:30 P. M.
POR PETICION UNANIME DE LA AFICION Y
POR SU TRIUNFO ANTERIOR EN ESTA PLAZA,
VUELVEN LOS MARAVILLOSOS

FORCADOS
DE PORTUGAL
QUE ACTUARAN EN LOS TOROS DE LOS
REJONEADORES

Dn. Pedro LOUCEIRO
CON SUS MARAVILLOSOS CABALLOS Y EL
VALIENTISIMO REGIOMONTANO

Evaristo ZAMBRANO
- ADEMAS EL TAMBIEN TRIUNFADOR,
MATADOR HISPANO QUE CORTO OREJA
EN SU PRESENTACION

PAQUIRO
Y LA REAPARICION DEL EXTRAORDINARIO

Mauro LICEAGA
CON LA PRESENTACION DEL FINO TORERO

Jaime RANGEL

Toros de la afamada ganadería de

8 EL ROCIO 8
Propiedad del Sr. Don Manuel Buah Vecino de Itzta-
huaca, Edo. de México.
DIVISA: ROJO y AMARILLO
Siendo 2 Toros de PASTEJE para los Rejoneadores

Juez de Plaza, Coordinador de Suertes y Servicio Médico los que designe la H. Autoridad

PRECIOS DE ENTRADA:

SOMBRA		SOL	
BARRERA		BARRERA	
1a. Fila	$ 110.00	1a. Fila	$ 80.00
2a. Fila	100.00	2a. Fila	60.00
3a. Fila	100.00	3a. Fila	55.00
4a. Fila	95.00	4a. Fila	50.00
5a. Fila	90.00	5a. Fila	45.00
PRIMER TENDIDO		PRIMER TENDIDO	
1a. Fila	85.00	1a. Fila	25.00
2a. Fila	80.00	2a. Fila	24.00
3a. Fila	75.00	3a. Fila	23.00
4a. Fila	70.00	4a. Fila	22.00
5a. Fila	65.00	5a. Fila	21.00
6a. Fila	60.00	6a. Fila	20.00
7a. Fila	55.00	7a. Fila	20.00
SEGUNDO TENDIDO		SEGUNDO TENDIDO	
1a. Fila	50.00	1a. Fila	$ 18.00
2a. Fila	45.00	2a. Fila	18.00
3a. Fila	40.00	3a. Fila	28.00
4a. Fila	35.00	4a. Fila	16.00
5a. Fila	30.00	5a. Fila	22.00
6a. Fila	25.00	6a. Fila	21.00
7a. Fila		7a. Fila	22.00
PALCOS $ 80.08 c/u			

Sombra Gral. $ 20.00
Som. Gral. Damas | Sol General $ 12.00
$ 15.00 | Sol Gral. Niños $ 5.00
Sem. Gral. Niños | Sol Gral. Damas $ 10.00
$ 10.00
Boletos y Reservaciones: Parroquia y Morelos
Tels. 14-20-71 y 13-98-66.

NOTAS: Si después de muerto el primer toro se suspende
la corrida por fuerza mayor o darán los graduados y el
público no tendrá derecho a reclamación alguna. Se con-
sidera estrictamente permanecer en el callejón o barreras
además al orden de la plaza. El toro que se lastimara en la
lidia no será repuesto por otro.

Señor
Entero DEL PRADO Señor
Amplio

Marzo 2 de 1969.-
(Domingo). Seis de Piedras Negras para Manuel Benítez *El Cordobés*, *Manolo Martínez* y Mauro Liceaga.

Marzo 9 de 1969.-
(Domingo). EL PESIMO GANADO DESLUCIO EL MANO A MANO. *Manolo Martínez*, salió al tercio; El Cordobés en decadencia. Benítez de rosa y oro, *Manolo* violeta y oro. Toros de Julián Llaguno.

Abril 26 de 1969.-
(Sábado). Gran corrida del estoque de oro a beneficio de las asociaciones de toreros. Antonio del Olivar, Raúl García, Jaime Rangel, Mauro Liceaga, *Manolo Matínez* y Antonio Lomelín. Seis de De Haro, fracción de La Laguna. Todos fallaron al matar; Mauro favorecido con el trofeo. "Pero que nos quede la satisfacción de haber visto que *Manolo* continúa siendo el mejor torero mexicano" Decía la crónica de *Pepe Moreno*.

Noviembre 20 de 1969.-
(Jueves). OTRO CARTEL CON CATEGORÍA MUNDIAL. Por primera vez en Guadalajara se presentó el maletilla, y gran figura del toreo español SEBASTIÁN *PALOMO LINARES*. Decía el promocional. Manuel Capetillo, *Joselito Huerta* y seis toros de Jesús Cabrera. Dos orejas para *Joselito*, *Palomo* y Capetillo sin suerte.

Noviembre 30 de 1969.-
(Domingo).
Seis de Tequisquiapan para *Palomo Linares*, Mauro Liceaga y *Joselito Huerta*. Liceaga cortó la única oreja.

Enero 1 de 1970.- Jueves.
Gastón Santos, don Pedro Luceiro a caballo y Manuel Capetillo y *Joselito Huerta* a pie lidiaron ocho toros de Jesús Cabrera. TOROS MANSOS Y TOREROS VOLUNTARIOSOS. (Según la crónica).
Manuel Capetillo y *Joselito Huerta* se enfrentaron a una corrida mansa y difícil de Jesús Cabrera. Capetillo oyó pitos en su primero y palmas en los otros dos. Huerta fue

ovacionado en sus tres toros. Muy lucidos los rejoneadores.

Febrero 1 de 1970.-

PIDIO EL PUBLICO OTRA PEGA A *LOS FORCADOS*. (Según la crónica). Adolfo Avila *Paquiro* se ganó su repetición cortando apéndice. Tercer aniversario de la plaza. Los Forçados de Portugal, Pedro Luceiro, Felipe Zambrano y a pie: Manuel Capetillo, *Paquiro* de Chiclana, España y *Finito* con ocho de Piedras Negras.

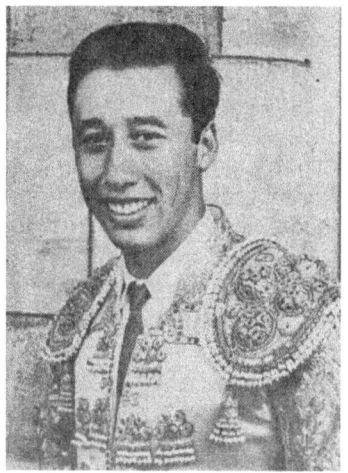
Fabián Ruiz

Febrero 15 de 1970.-

CORRIDA INTERNACIONAL.- Forçados de Portugal con los rejoneadores Pedro Luceiro y Evaristo Zambrano, a pie: Jaime Rangel, *El Paquiro* y Mauro Liceaga con ocho toros Del Rocío y dos de Pastejé para los rejoneadores y los forçados.

Febrero 16 de 1970.-

TRIUNFO DE LUCEIRO, ZAMBRANO Y LOS FORÇADOS EN LA MONUMENTAL. MAURO HERIDO DE GRAVEDAD. (Fue la nota de prensa).

Febrero 22 de 1970.-

FESTEJO COMICO TAURINO.- Presentación de la extraordinaria promesa, Raymundo Alcalá, *Copo Yiyo* torero y la fabulosa cuadrilla de *Los hombres globos*.

Marzo 15 de 1970.-

NUEVO TRIUNFO DE *PAQUIRO* EN LA MONUMENTAL.- Fuertes ovaciones se llevaron, Gastón Santos, *Joselito Huerta* y Eloy Cavazos. Bastante buena resultó la corrida celebrada. Los cuatro alternantes lucieron bastante en sus respectivos enemigos. Aunque ninguno pudo cortar cuando menos una oreja a causa de fallas con el estoque. Los toros fueron de San José de Mimiahuapam.

FESTIVAL DEL RECUERDO.-

Con lo ofrecido en La Monumental los ídolos de hoy enrojecerán de vergüenza, decía la crónica. Silverio Pérez, hizo asomar a Carmelo que está en el cielo. *El Soldado* aplaudido, Andrés Blando, valiente, Garza *El Magnífico*, su faena valió la primera oreja del festejo.

Calesero y su poesía. Rodolfo Gaona presidió desde el palco de la Autoridad.

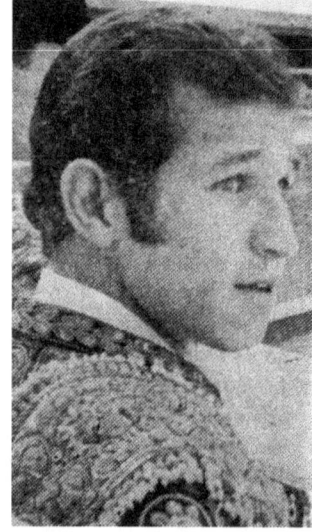
Enrique Fernández El Fotógrafo

Octubre 11 de 1970.-

HUBO TOROS Y TOREROS.

Cátedra de *Manolo*. José Huerta, Eloy Cavazos y *Manolo Martínez* con J.J. Llaguno.

Octubre 18 de 1970.-

OTRA TARDE EXTRAORDINARIA.-

Joselito indultó a un noble toro de José Julián Llaguno. Huerta, Capetillo y *Curro Rivera* quien cortó una oreja. El público pedía dos.

Octubre 25 de 1970.-

TERCERA GRAN CORRIDA DE FERIA.-

Seis toros de Las Huertas para Manuel Capetillo, *Manolo Martínez* y *Curro Rivera*. La ineptitud del juez privó a *Manolo* del triunfo. Con su arte innegable cortó la única oreja del festejo. Inundó con su arte el coso tapatío.

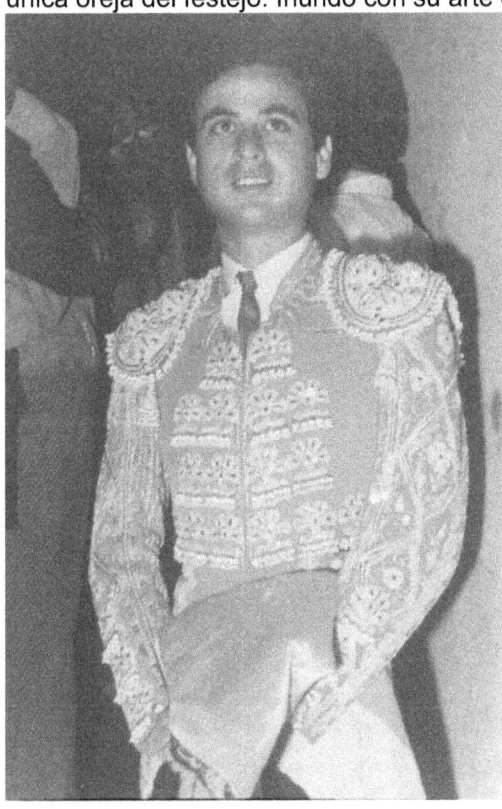

Eloy Américo Cavazos [Foto. Zamora]

Noviembre 15 de 1970.-

TARDE DE GRANDES FAENAS.- Ocho orejas y cuatro rabos; indulto a un manso. José Huerta cortó seis orejas y tres rabos y *Manolo* dos y un rabo. Toros de Torrecilla.

Noviembre 22 de 1970.-

DESTACO EL TOREO DE CARLOS REYES.-

Oreja.

Astados de Peñuelas para el tlaquepaquense Carlos Reyes, José García *El Charro* y el hispano Segura Suero.

Noviembre 29 de 1970.-

BREVE HISTORIA DE BUEN TOREO BORDO *EL INSPIRADO*. Era la cabeza del periódico. Miguel Munguía *El Inspirado*, Carlos Reyes y José Ángel Adame con toros de La Escondida.

Diciembre 14 de 1970.-

José Luis Velásquez cortó tres orejas. Toros de La Escondida, fracción de Valparaíso para José Luis

Velásquez, Fernando Ramírez y Miguel Munguía *El Inspirado*.

Enero 1 de 1971.-

MANO A MANO. *Manolo Martínez* y *Curro Rivera* con seis de Jesús Cabrera.

Hubo un substituto de José Julián Llaguno que fue devuelto por manso, saliendo en su lugar uno de Torrecilla. Martínez cortó una oreja a su segundo.

Enero 31 de 1971.-
MANO A MANO DE *MANOLO MARTINEZ* Y ELOY CAVAZOS.-
Cavazos desorejó a su segundo enemigo. Seis de Mariano Ramírez.
Febrero 14 de 1971.-
Mansa corrida de Tequisquiapan para Manuel Capetillo, *Joselito Huerta* y *Curro Rivera.*
Marzo 7 de 1971.-
LA MONUMENTAL DIO CERROJAZO A SU TEMPORADA 1970-1971.-
Bravos toros de Piedras Negras para *Manolo Martínez*, *Joselito Huerta*, Eloy Cavazos y Manuel Capetillo.

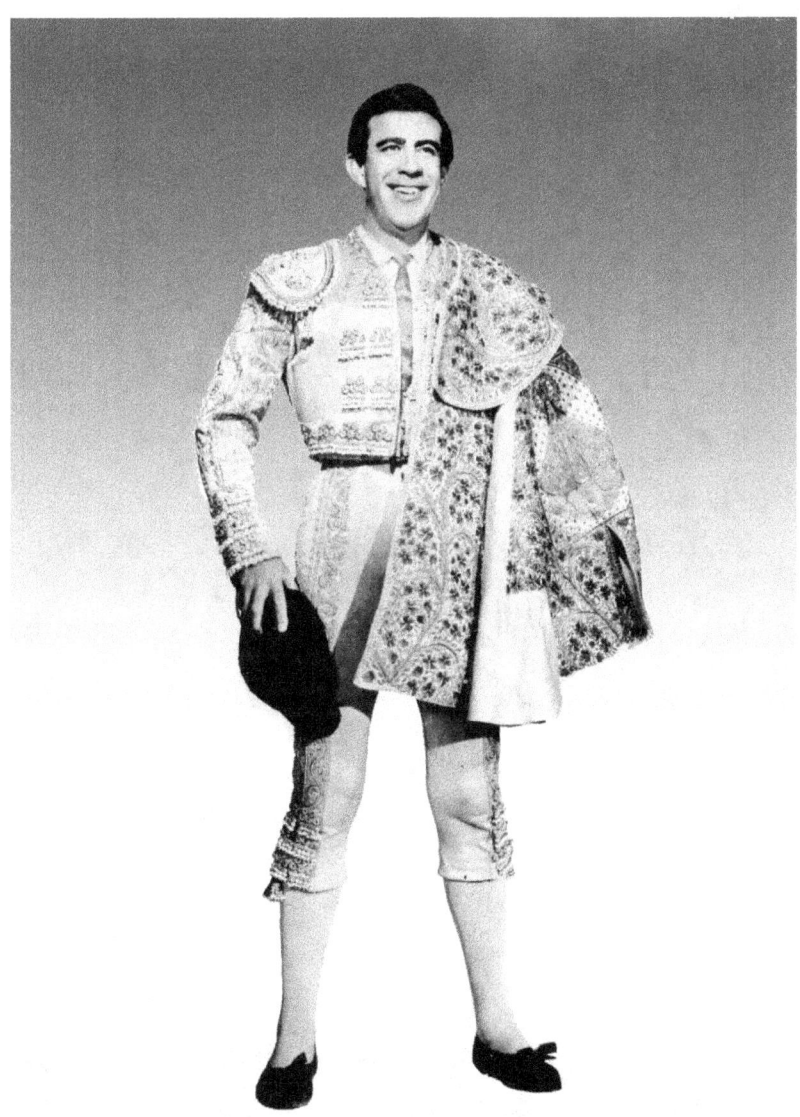

Manuel Capetillo Villaseñor

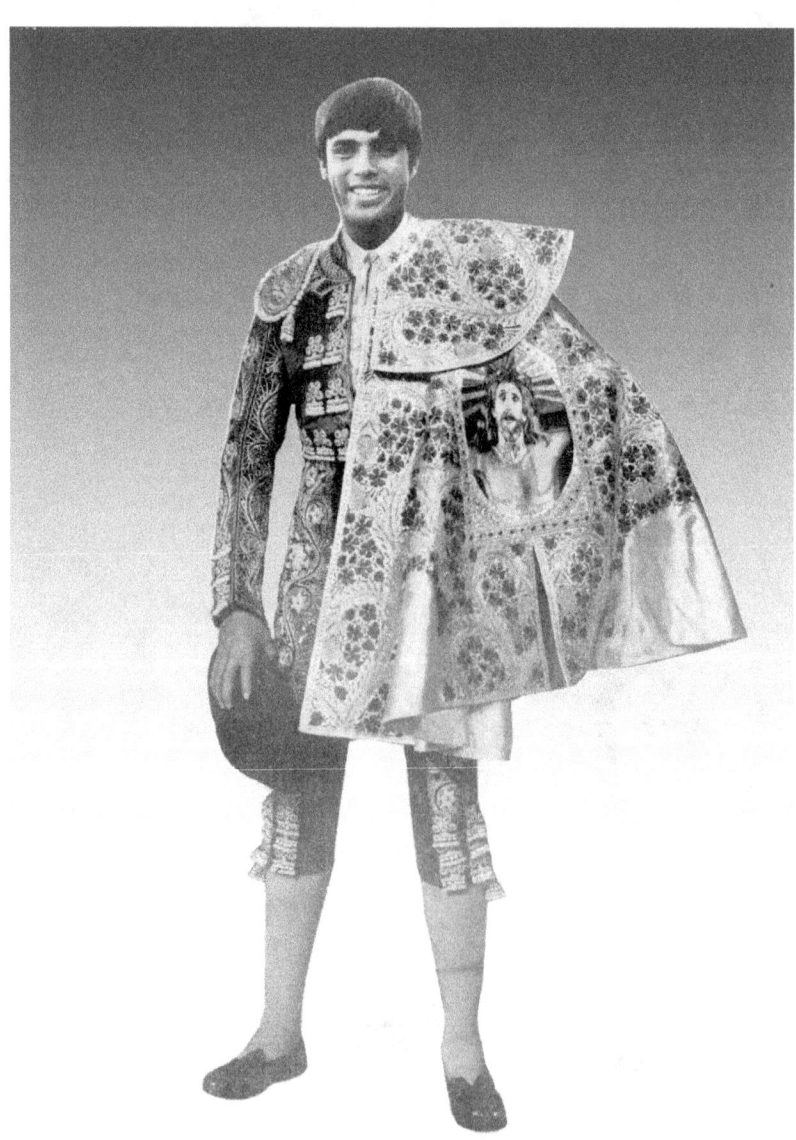

Francisco Rivera Agüero. *Curro Rivera*

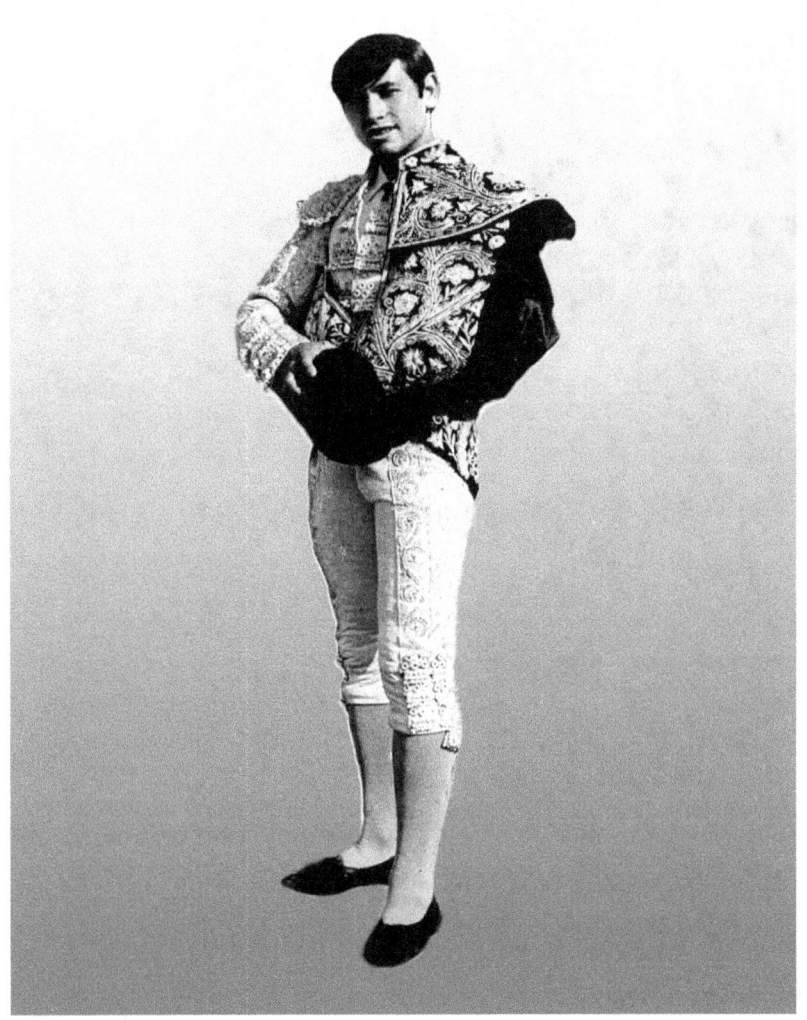

Sebastián *Palomo Linares*

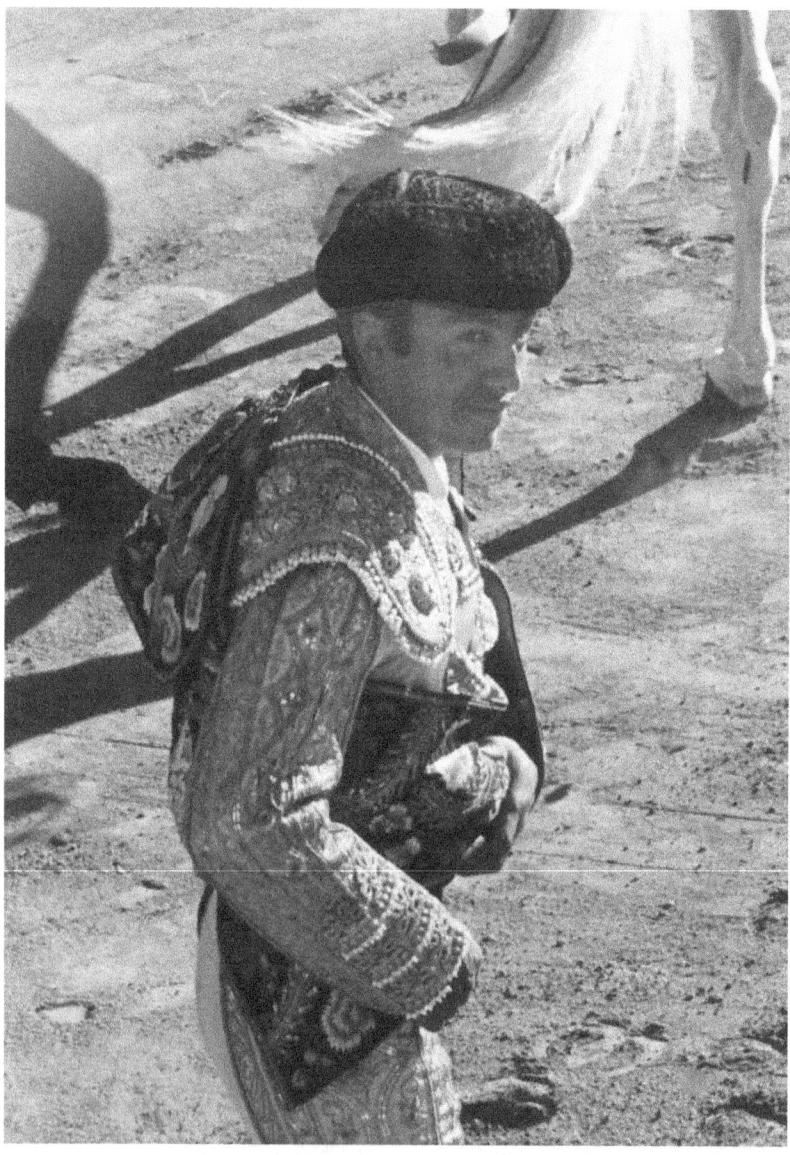

Joselito **Huerta** *León de Tetela*

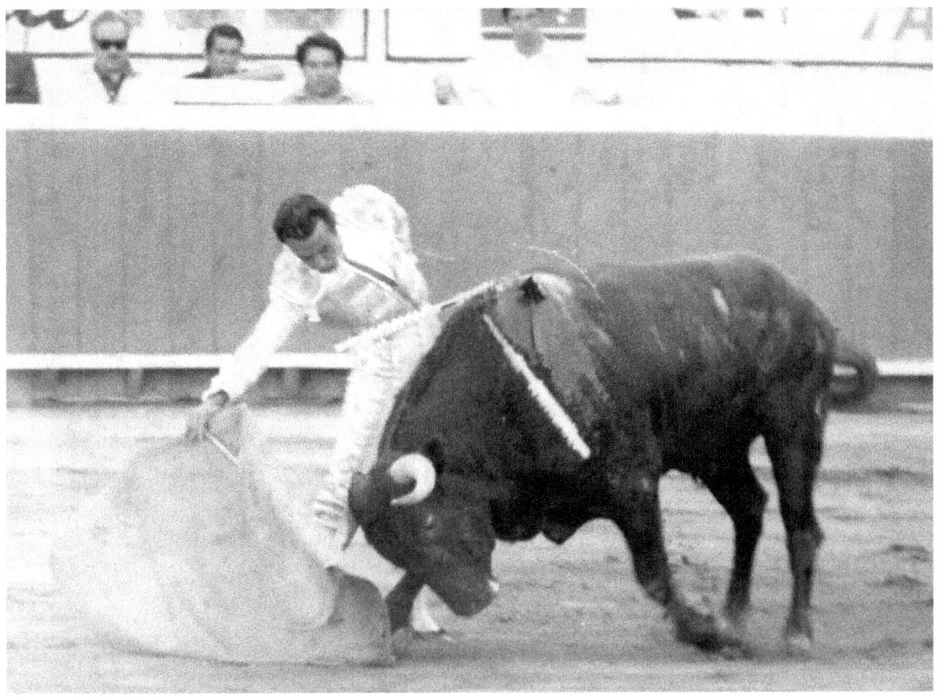

El León de Tetela Joselito **Huerta**

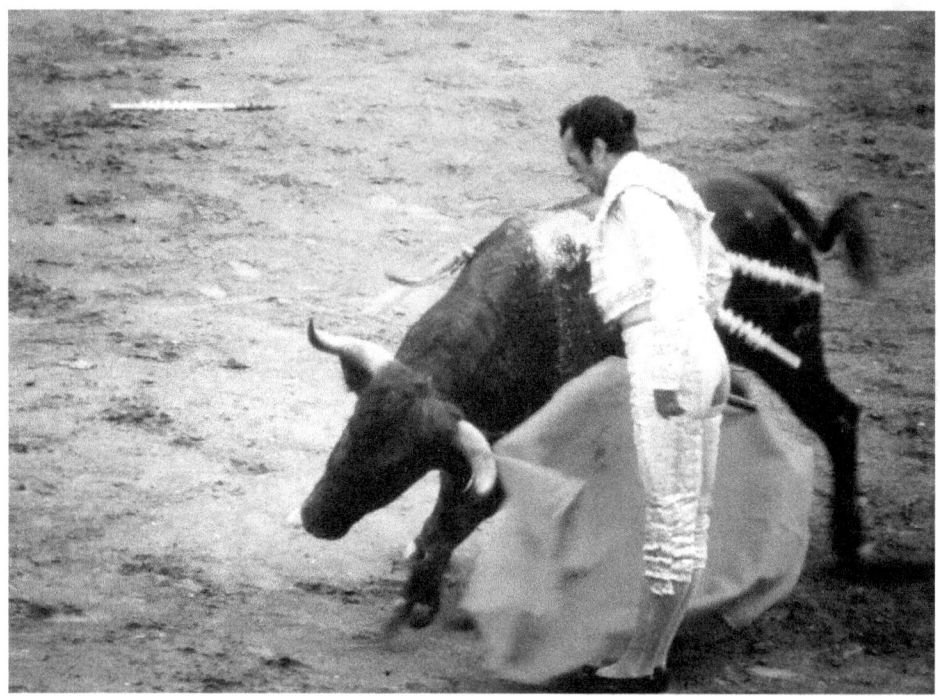

Huerta

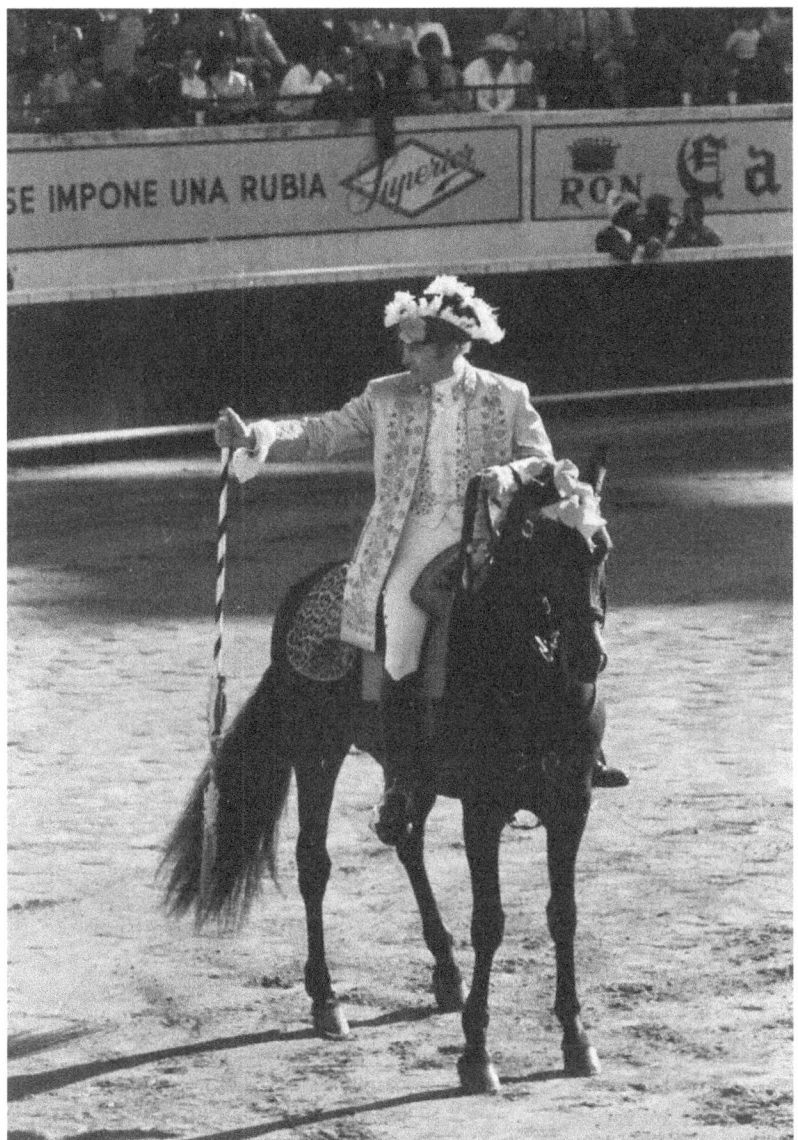

El Centauro Potosino Gastón Santos

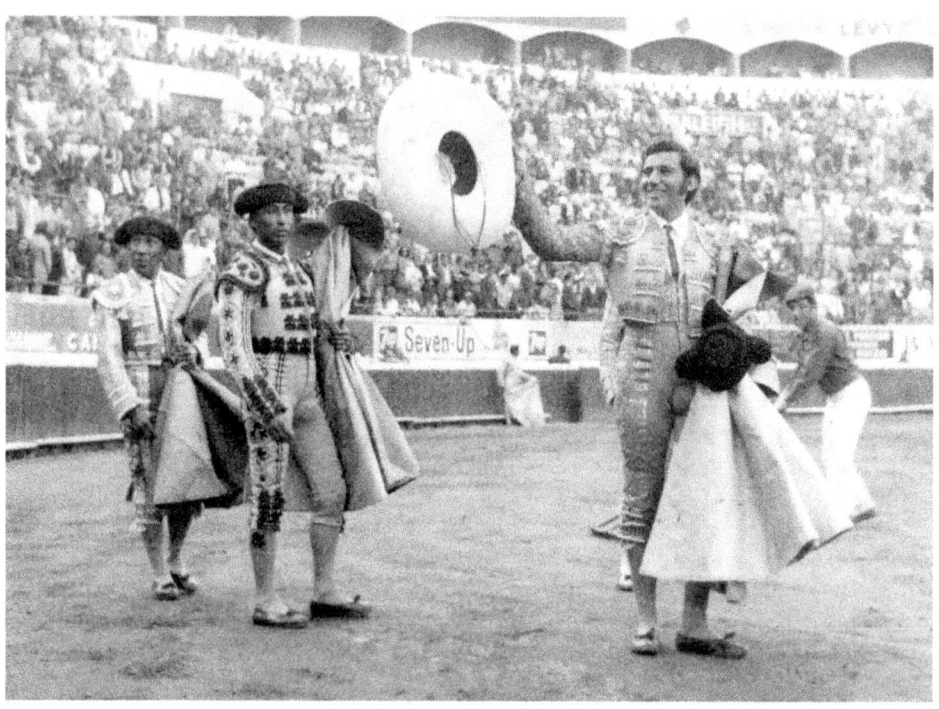

Manuel Martínez Ancira *Manolo Martínez*

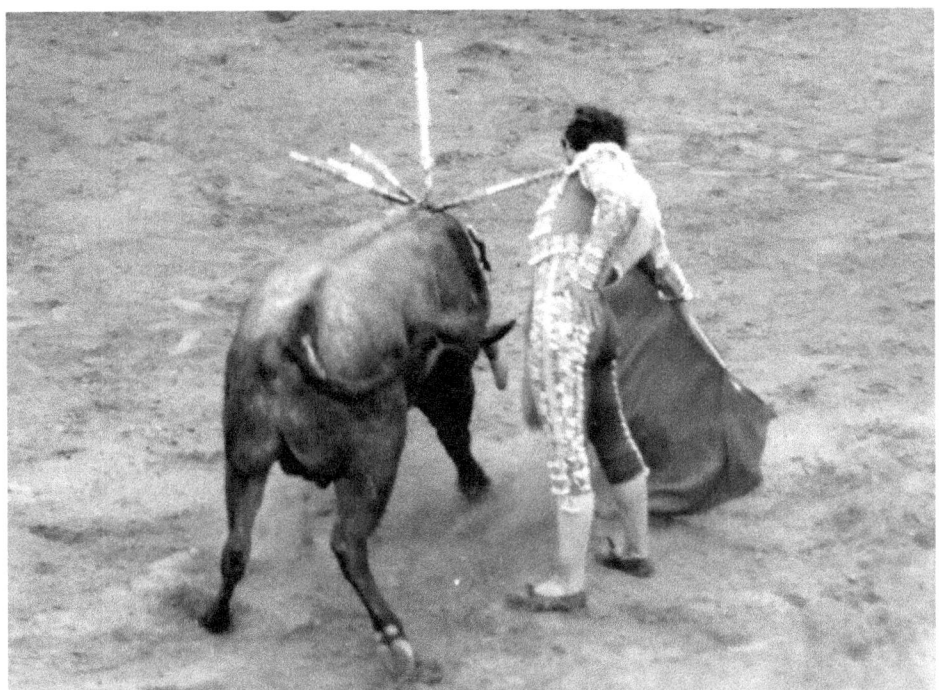

Manolo Martínez

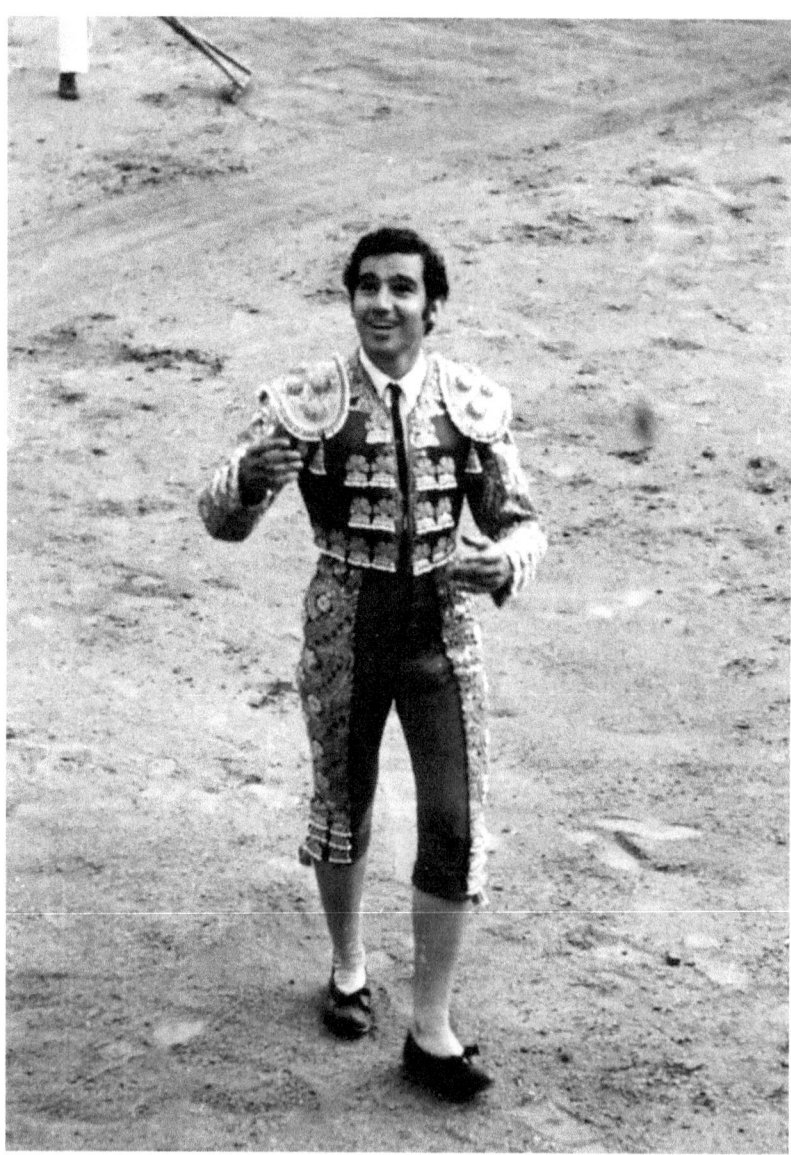

Manolo Martínez

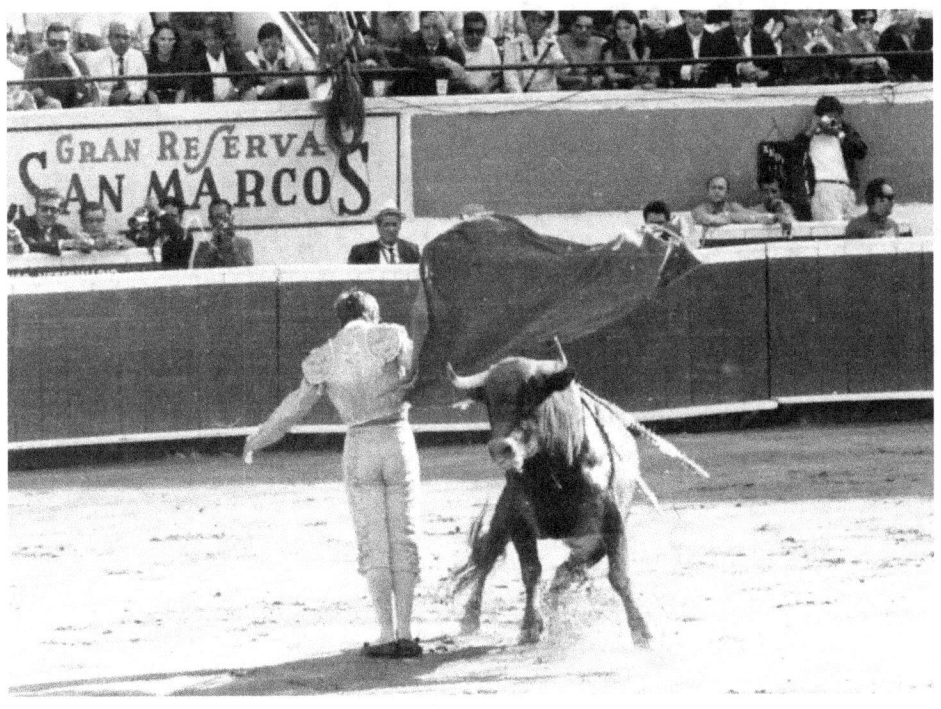

Manuel Benitez *El Cordobés*

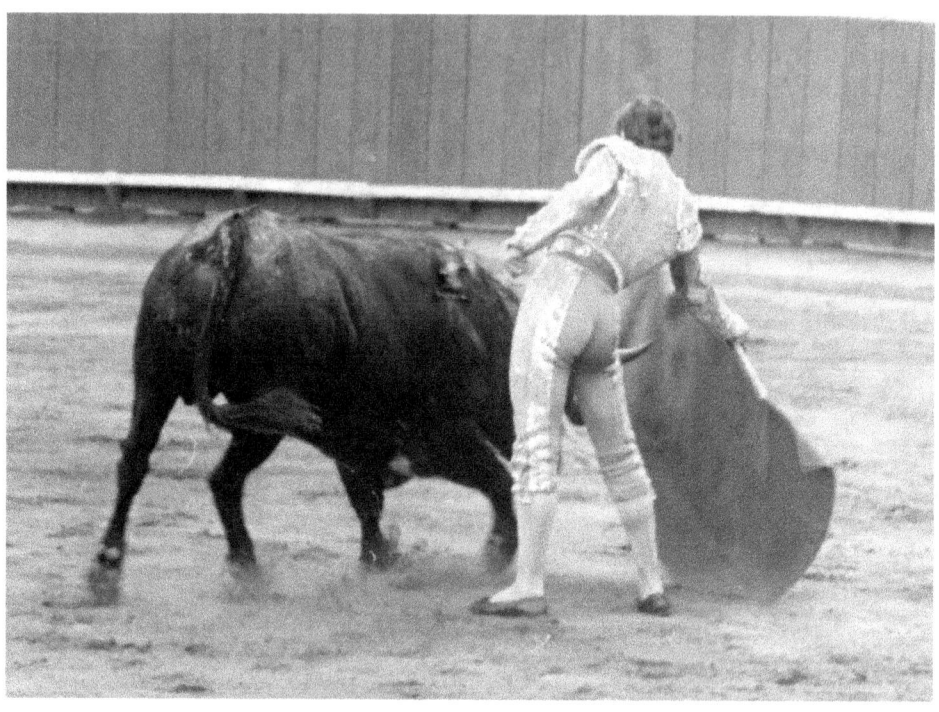

El Cordobés

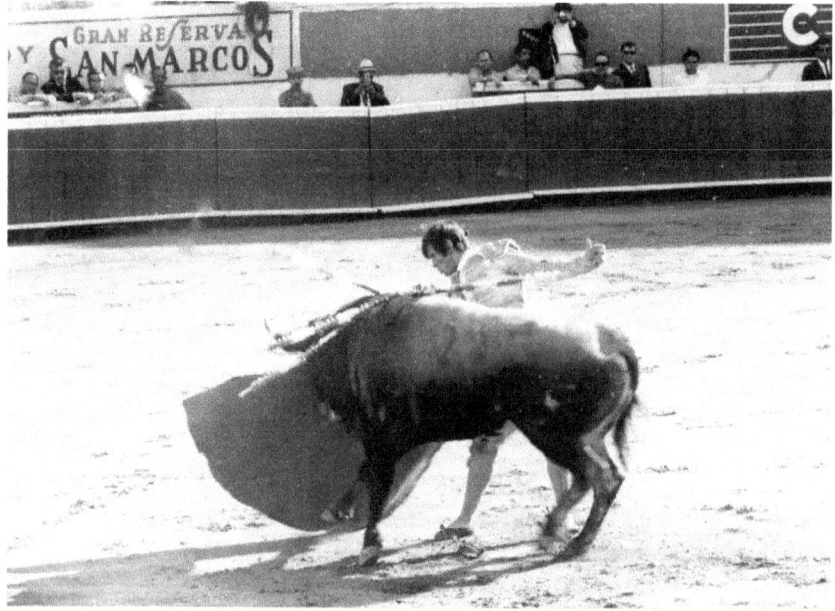

El Cordobés

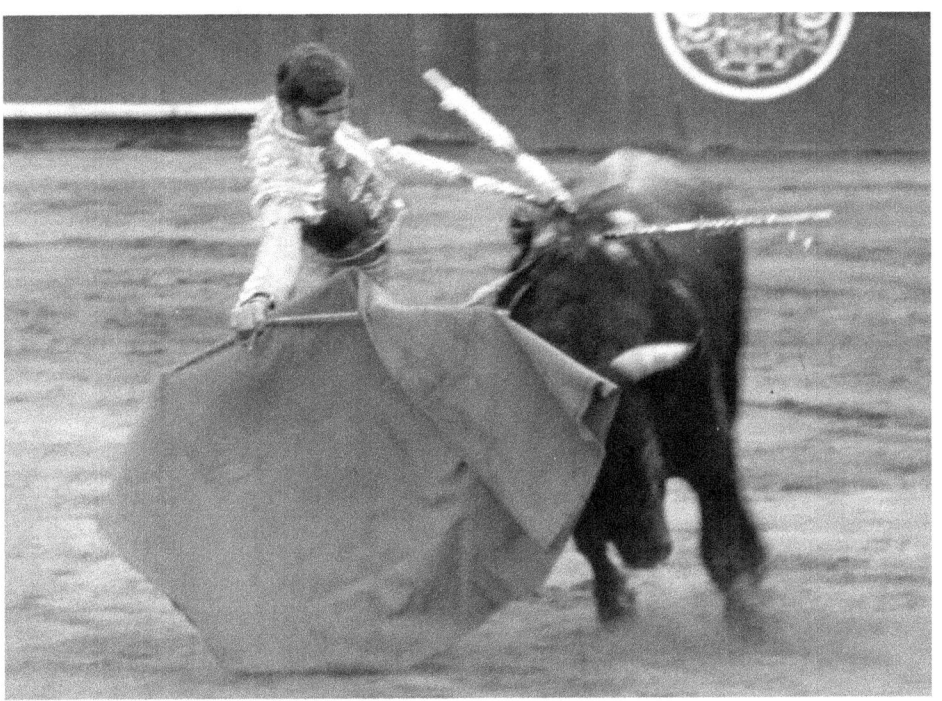

Manuel Benitez *El Cordobés*

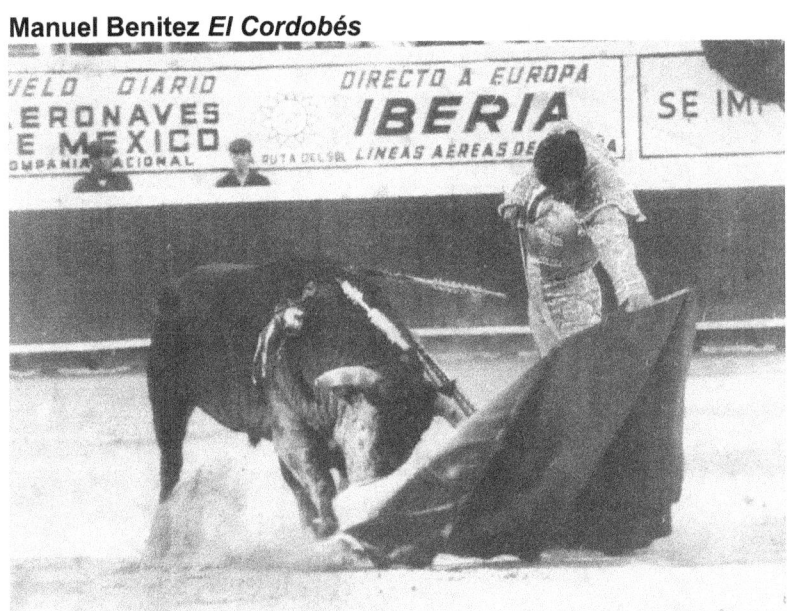

Adolfo Ávila *El Paquiro*

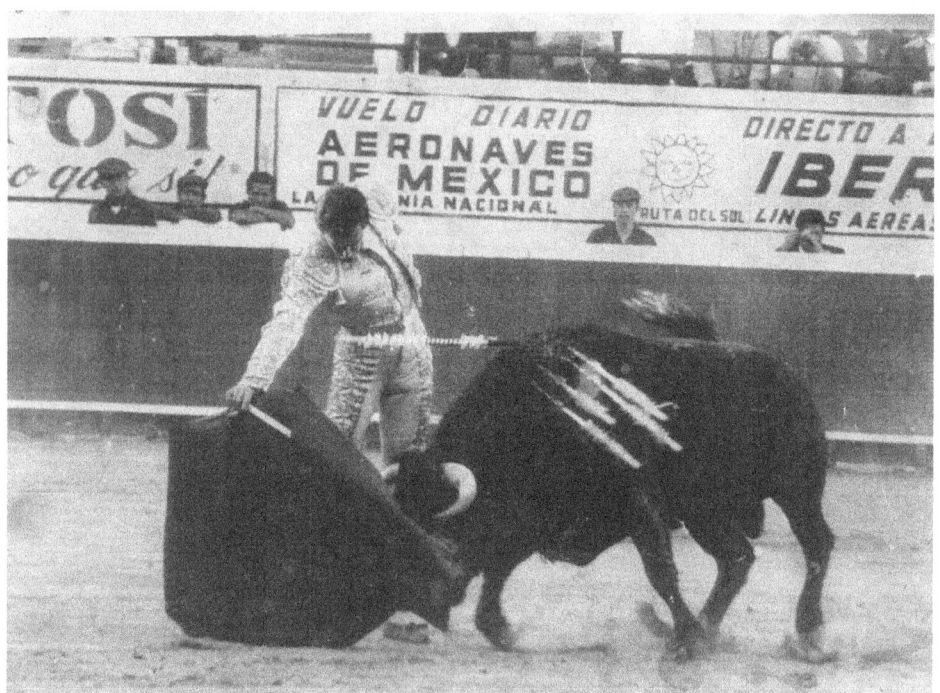

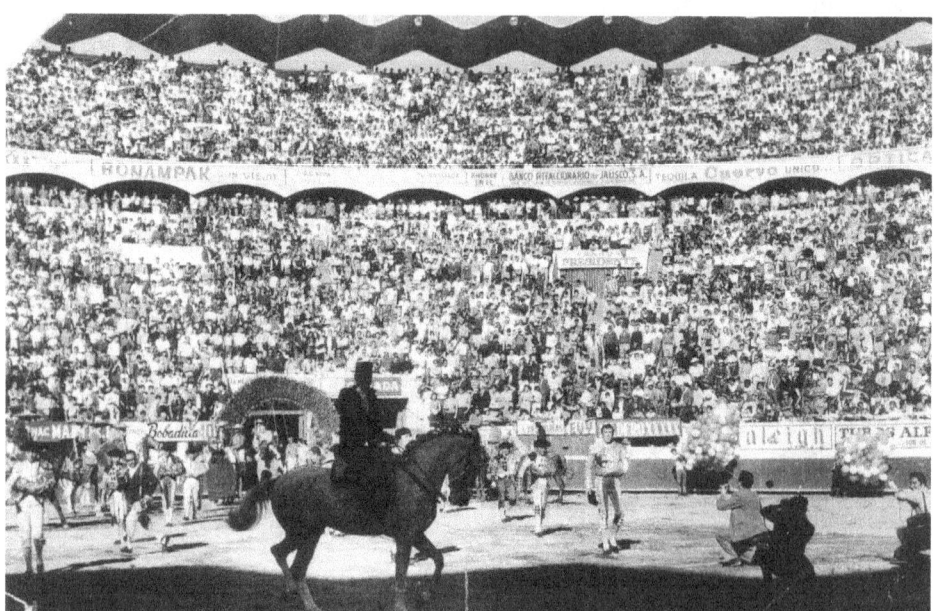

Despedida del mejor muletero del mundo. Manuel Capetillo

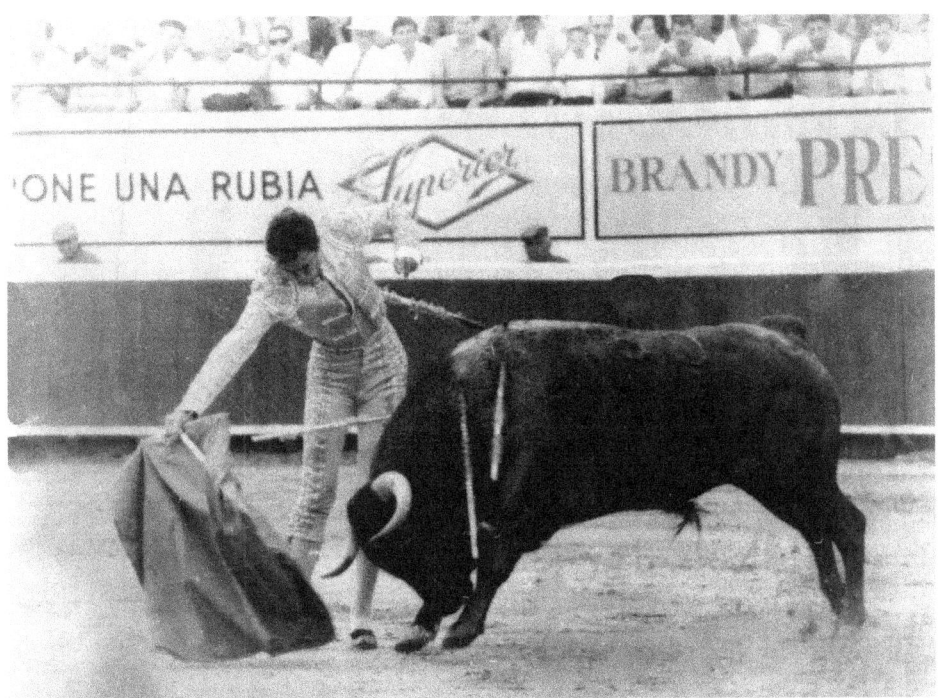

Capetillo

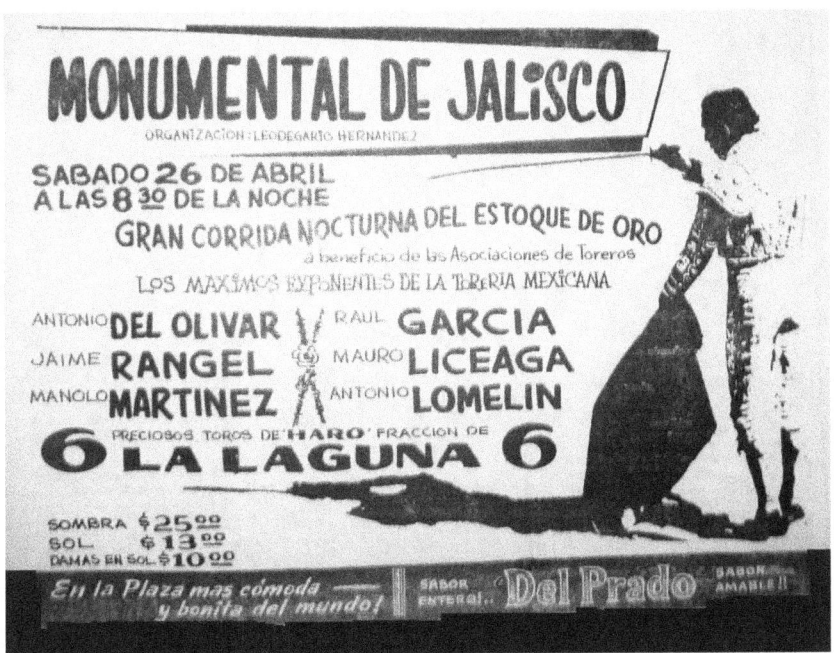

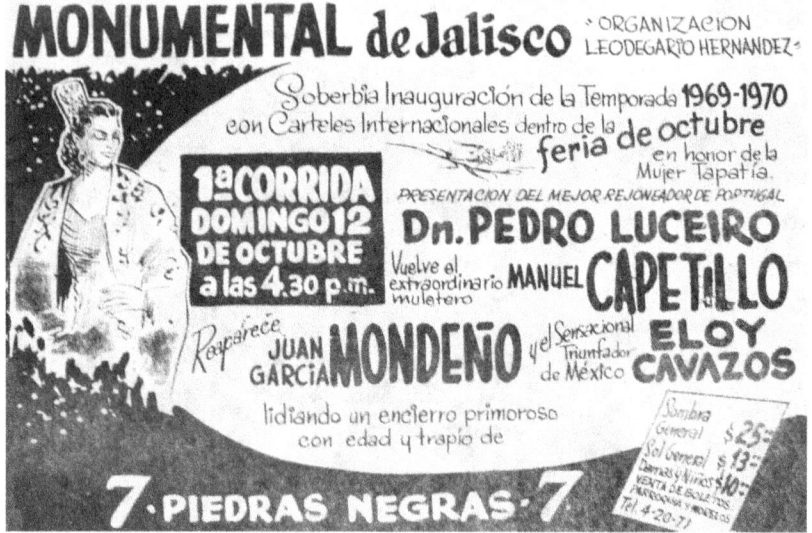

Treinta y cinco años de corridas de toros en Guadalajara 1979-2016

El año de 1979 comenzó a funcionar nuevamente la plaza de toros construida por don Leodegario Hernández.

La plaza se reinauguró con el nombre de Plaza de Toros del *Nuevo Progreso* dando cabida en sus localidades a centenares de viejos aficionados y otros de nuevo cuño quienes mostraban un doble sentimiento, por una parte, nostalgia por el viejo coso del Hospicio recientemente derruido y por la otra, la satisfacción de disfrutar de las corridas de toros en un escenario moderno cuya comodidad y funcionalidad estuvo siempre fuera de toda duda.

Las primeras temporadas estuvieron a cargo de la vieja empresa que encabezaba don Ignacio García Aceves. Posteriormente se hizo cargo de la organización, una gerencia asumida por el ingeniero Álvaro Preciado siendo sucedido éste, por Ignacio Dávila Alanís y luego por Alfredo Sahagún, al venderse en su totalidad a Alberto Bailleres las acciones del inmueble.

Las temporadas iniciales, estuvieron a cargo de las figuras consolidadas quienes dejaban ver su pronto retiro al alternar con los matadores de la nueva hornada quienes ocuparon el sitio de los veteranos.

Como ha sido característico en la historia del espectáculo taurino en Guadalajara, los toreros Españoles no estuvieron ausentes en Guadalajara; actuando en las primeras corridas Antonio Ruiz *Espartaco*, Emilio Muñoz, Joaquín Bernadó, *Paco Camino* y posteriormente, Vicente Ruiz *El Soro*, José Miguel Arroyo *Joselito*, Lázaro Carmona, el rejoneador sensación el portugués Joao Moura.

Vivió también la plaza de Guadalajara; sucesos como el retorno de *Manolo Martínez* quien se había despedido cinco años antes; el retorno del diestro hispano Antonio Chenel *Antoñete*; la presentación triunfal de Valente Arellano quien desapareció trágicamente al estrellar su motocicleta en su natal Coahuila; la trágica muerte de Alberto Bricio el año de 1993 y el surgimiento de nuevas figuras españolas como Enrique Ponce; *Finito de Córdoba*; Vicente Barrera, el lusitano *Pedrito de Portugal*, Julián López *El Juli* , *Morante de la Puebla, José Tomás* y el peruano sensación Andrés Roca Rey.

Guadalajara en las postrimerías del siglo XXI, siguió manteniendo su afición por las corridas de toros, se comunica por Internet y obtiene toda la información - producto de la globalización- en tiempos asombrosamente cortos. Las figuras del futuro inmediato, han surgido y no se ve como la modernidad pueda hacer desaparecer la tradición de las corridas de toros.

En cuanto a la transformación estética del toreo, la tendencia es torear en espacios más reducidos enmendando únicamente lo necesario y ligando la mayor cantidad de muletazos posibles. Ahora los toreros realizan un toreo de más acercamiento al burel dibujando los trazos de cada pase sin vaciar la suerte, como se hacía apenas hacía una década, hacia afuera.

Ahora los toreros que logran escalar la cumbre del éxito, suelen cobrar sus actuaciones por miles y en dólares. El espectáculo se escenifica en la plaza de un país y al mismo tiempo es posible que el público de todo el mundo sea testigo de lo que está sucediendo a través de su receptor televisivo, las noticias corren a través de INTERNET. La hora de la tauromaquia en Guadalajara, es la hora de la modernidad.

Temporada 1979- 1980

Sábado 20 de octubre de 1979.-
Corrida inaugural de la temporada y del reinicio de actividad en la ahora Plaza Nuevo Progreso de Guadalajara. Después del paseíllo, se regó arena del antiguo coso de San Juan de Dios.

Seis toros de San Mateo para *Manolo Martínez*, *Manolo Arruza* y Miguel Espinosa *Armillita Chico.*

Dos orejas para *Manolo Arruza*, una del toro "Cocotero" y otra más del toro "Charro".

Domingo 21 de octubre de 1979.-
Seis de Santo Domingo para Mariano Ramos, Víctor *Curro Leal* y Cruz Flores.

Oreja para Mariano; del toro "Camposolo" lidiado en cuarto lugar.

Domingo 26 de octubre de 1979.-
Seis de Mimiahuapam para los diestros *Manolo Martínez*; Eloy Cavazos y Miguel Espinosa *Armillita*. Los tres alternantes consiguieron extraordinarios trasteos los mismos que malograron con la espada.

Sábado 27 de octubre de 1979.-
Toros de Mariano Ramírez para *Manolo Arruza*, Cruz Flores y David Silveti. La mansedumbre del ganado no permitió el lucimiento de los coletas.

Domingo 28 de octubre de 1979.-
Seis de José Julián Llaguno para Eloy Cavazos; Mariano Ramos y David Silveti. Eloy se llevó a su espuerta una oreja del toro de nombre "General".

Domingo 26 de noviembre de 1979.-
Seis de Fermín Rivera para Alfonso Hernández *El Algabeño*; Ricardo Sánchez y Rafael Carmona. *El Algabeño* se despidió de Guadalajara como novillero.

Domingo 2 de diciembre de 1979.-
Seis de Villalpando para Félix Briones; Ricardo Sánchez y Pedro Jiménez *Pedrín* hijo. La novillada tuvo que ser suspendida a causa de la lluvia.

Domingo 9 de diciembre de 1979.-
Seis de Santa Rosa de Lima para los diestros Mauro Liceaga quien se despidió de los ruedos; Fermín Espinosa *Armillita* y Humberto Moro. Liceaga cortó oreja del toro "Compadre" Mauro lució un terno en azabache y oro y, como en sus buenos tiempos, colocó banderillas, esta vez con más deseos y exposición que suerte. El que esto escribe observó desde la gradería, como un emocionado aficionado, suplicaba a Mauro Liceaga quien era sacado del ruedo a hombros y la banda entonando las nostálgicas "Golondrinas", con estentóreos gritos, a que voltease. Al detener la marcha y mirar hacia el sujeto, éste gritó "No te vayas..." y el torero, se fue...

Domingo 16 de diciembre de 1979.-
Seis de Villalpando para Félix Briones; Ricardo Sánchez y Pedro Jiménez *Pedrín* hijo, quien lució aquella tarde un terno rosa y plata que en sus tiempos vestía su progenitor del mismo nombre y apodo. El tercero se llamó "Flamenco" y

Pedrín estuvo bien.

Martes 25 de diciembre de 1979.-

Seis de don Jorge Barbachano para *Manolo Arruza* y Miguel Espinosa *Armillita*. Ambos toreros estuvieron enormes llevándose los auriculares de los toros "Farolito" y "Caminante".

Martes 1 de enero de 1980.-

Corrida de Año Nuevo. Seis del arquitecto Sordo Madaleno (Xajay) para *Manolo Martínez*; Mariano Ramos y Jorge Gutiérrez. Los tres alternantes bordaron el toreo llevándose Manolo la oreja de "Voy de Nuevo"; Mariano tres de "Cielito" y "Buena Suerte" y Jorge una de "Año Nuevo".

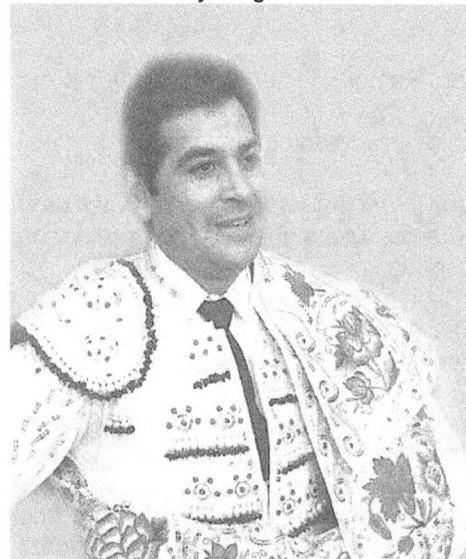

Rafael Sandoval

Domingo 20 de enero de 1980.-

Seis de San José de Buenavista para Rafael Sandoval; Gerardo Montejano y Pedro Jiménez *Pedrín*. No regresó Montejano a Guadalajara ya que la espeluznante cogida que le infirió un toro en México le retiró de la fiesta para siempre.

Domingo 27 de enero de 1980.-

Seis de San Martín para Ricardo Sánchez; *José de Jesús* y Juan Carlos Contreras *Zacatecas*. *Zacatecas* militó por años en las filas de los subalternos, siendo varilarguero de *Manolo Martínez* durante varios años.

José de Jesús hijo de *El Azteca*, probó suerte en los ruedos sin conseguir mayores resultados. Ricardo por su parte, se retiró prematuramente para atender sus compromisos familiares.

Domingo 3 de febrero de 1980.-

Seis de don Rafael Obregón, para los espadas Mariano Ramos; Jorge Gutiérrez y David Silveti. Oreja a Mariano Ramos del toro "Milagroso", otra para Jorge Gutiérrez del toro " Chatito". Silveti sin suerte...

Domingo 2 de marzo de 1980.-

Seis de San Martín para *Manolo Martínez*; *Curro Rivera* y David Silveti. *Curro Rivera* se llevó las dos orejas del toro "Piropo" que dio gran lidia realizando extraordinaria faena.

Domingo 16 de marzo de 1980.-

Seis de Tepetzala, para los de a pie Marcos Ortega; Lázaro Carmona de Linares, España y Alfonso Hernández *El Algabeño*. A Lázaro Carmona diestro de envaselinada cabellera y peinado hacia atrás, le gritaron "levántate Lázaro" en alusión a los días de cuaresma que se aproximaban. Alfonso estuvo a la altura del toro "Gitano".

Domingo 23 de marzo de 1980.-

Seis de San José de Buena vista para Juan Carlos Contreras *El Zacatecas*; Eduardo Flores y Carlos Vidal. Tanto Flores como Vidal, surgieron de los festejos que se organizaban en la placita de "La Calesa" de don Raúl Barbosa. A la postre, actuaron en un sinnúmero de ocasiones en la plaza del Centenario de San Pedro, Tlaquepaque y ya en Guadalajara en el festejo de debut, solamente Carlitos Vidal, cortó apéndice del novillo "Porteño".

Domingo 13 de abril de 1980.-

Seis de Tepetzala, para Eduardo Flores, Carlos Vidal y Antonio Urrutia. No hubo nada relevante.

Domingo 20 de abril de 1980.-

Seis de San José de Buenavista para los coletas de a pie, el español Lázaro Carmona, Rafael Gil *Rafelillo* y el *caballeiro* en plaza, don Pedro Luceiro. *Rafaelillo* se llevó la única oreja del festejo por faena al toro "Relámpago" mientras que el picador apodado *El Piedras* Manuel Tavera se llevó fea cornada.

Domingo 27 de abril de 1980.-

Seis de Santo Domingo para los novilleros Eduardo Flores y Carlos Vidal. Oreja del novillo "Costurero" para Vidal.

Domingo 11 de mayo de 1980.-

Seis de Santín para los diestros Ricardo Sánchez de Aguascalientes, Juan Carlos Contreras *Zacatecas*, Eduardo Flores y Carlos Vidal. La novillada del estoque de plata, resultó mansa por lo que el festejo fue deslucido.

Domingo 18 de mayo de 1980.-

Seis arrogantes toros de Valparaíso para los matadores de alternativa: *Manolo Martínez*; Curro Rivera y Miguel Espinosa *Armillita Chico*. Al cortar un apéndice del toro "Plateado", Curro Rivera se convirtió en el triunfador del festejo. Hubo tres substituciones de astados.

Domingo 25 de mayo de 1980.-

Seis de Santoyo para Rafael Gil *Rafaelillo*; Víctor *Curro Leal* y *Paco Santoyo*. Leal se llevó la oreja del toro "Napoleón".

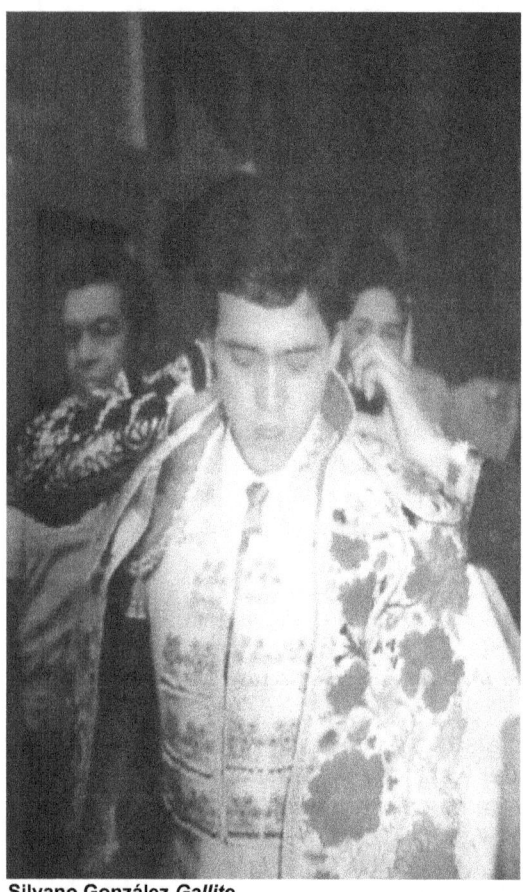

Silvano González *Gallito*

Temporada 1980-1981

Recuerdo que fue en una corrida nocturna, en la que toreó *Curro Rivera* al lado de Eloy Cavazos y Silvano González *Gallito* quien venía precedido de una triunfal temporada en la Plaza México, la misma que lo había llevado a la alternativa. Esa ocasión los toros fueron de Javier Garfias y el ganadero emocionado, alentó desde el callejón a *Gallito* quien se jugó el físico, iniciando una de sus faenas, con pases por alto y de rodillas. El terno de Silvano en aquella ocasión era azul cielo.

Jueves 23 de octubre de 1980.-

Seis toros de Xajay para *Manolo Martínez*; Miguel Espinosa *Armillita* y José Nelo *Morenito de Maracay*. El venezolano de tez morena mostró toda su afición enseñando sus dotes de buen rehiletero y toreando aseadamente con el percal.

Viernes 24 de octubre de 1980.-

Seis de Jesús Cabrera, para Eloy Cavazos; *Curro Rivera* y Silvano González *Gallito*. Silvano venía enrachado después de realizar triunfal campaña novilleril en México la misma que le llevó a recibir el doctorado y realizó excelente trasteo a uno de regalo, llevándose por ello, un apéndice.

Sábado 25 de octubre de 1980.-

Seis de Santo Domingo para Mariano Ramos; *Manolo Arruza* y José Nelo *Morenito de Maracay*. El triunfador fue Arruza al cortar la oreja de cada uno de sus pupilos.

Domingo 26 de octubre de 1980.-

Seis de Carranco para *Curro Rivera*; Bernardo Valencia y Jorge Gutiérrez. Gran faena de Gutiérrez al toro "Armero" corrido en tercer lugar, Curro estuvo en Curro y le cortó dos orejas al mejor toro del encierro de nombre "Turroncito". Bernardo Valencia, realizó la suerte antigua de poner banderillas sentado en una silla.

Jueves 30 de octubre de 1980.-

Seis de San Marcos para *Manolo Martínez*; *Curro Rivera*; *Manolo Arruza*; Miguel Espinosa; Bernardo Valencia; Jorge Gutiérrez y *Cesar Pastor*. La corrida se suspendió debido a la lluvia.

Viernes 31 de octubre de 1980.-

Seis de Mimiahuapam para *Manolo Martínez*; Eloy Cavazos y *Cesar Pastor*. El triunfador fue Eloy Cavazos al realizar enorme faena al toro, "Pensamiento" y cortarle las dos orejas.

Sábado 1 de noviembre de 1980.-

Seis de Jorge Barbachano para, *Manolo Arruza*; Fermín Espinosa *Armillita* y Miguel Espinosa. Miguel estuvo excepcional aquella tarde con "Celoso" y "Macareno" toros de su lote. Arruza por su parte, ligó al toro "Capricho".

Domingo 2 de noviembre de 1980.-

Seis de San Mateo para Mariano Ramos; Bernardo Valencia y Jorge Gutiérrez. Jorge, indultó al bravo "Gorra Prieta". Valencia trató de agradar, sin conseguirlo viéndose a merced de los astados, sobre todo, de "Goliat" que era tal vez, de mayor calidad que el indultado por Gutiérrez.

Lunes 3 de noviembre de 1980.-

Seis de San Marcos para *Curro Rivera*; *Manolo Arruza*; Bernardo Valencia; Miguel Espinosa; Jorge Gutiérrez; *Cesar Pastor* y Alfonso Hernández *El Algabeño*.

Domingo 16 de noviembre de 1980.-

Seis de Humberto Vega para los novilleros: Humberto Vega; Luis Fernando Sánchez y *Curro Calesero*. Los espadas se mostraron deseosos de agradar mostrando cualidades.

Domingo 7 de diciembre de 1980.-

Seis de Santoyo para Bernardo Valencia; Silvano González y Alfonso Hernández *El Algabeño*. *Gallito* se llevó la oreja del toro "Aguilillo".

Domingo 14 de diciembre de 1980.-

Seis de Peñuelas para José Luis Herros; Napoleón Peña y Carlos Vidal. Herros cortó la oreja de "Palomo" mientras que Peña, resultó ser un "chalao".

Jueves 25 de diciembre de 1980.-

Seis de Begoña para Manolo Arruza y Jorge Gutiérrez. Arruza se llevó el triunfo al cortar una oreja de "Redentor" y otra más de "Mensajero".

Jueves 1 de enero de 1981.- Tradicional corrida de año nuevo.

Seis de Santiago para Antonio Lomelín; Mariano Ramos y David Silveti. Lomelín resultó el triunfador de la tarde al despachar de un extraordinario volapié a "Vecino" y llevarse la oreja.

Domingo 11 de enero de 1981.-

Seis toros de Peñuelas para don Pedro Luceiro; Jorge Hernández Andrés; Rafael Gil *Rafaelillo* y Alfonso Hernández *El Algabeño*. Hernández Andrés realizó gran faena al bajarse
del caballo y *Rafaelillo* cortó una oreja del toro "Milagroso".

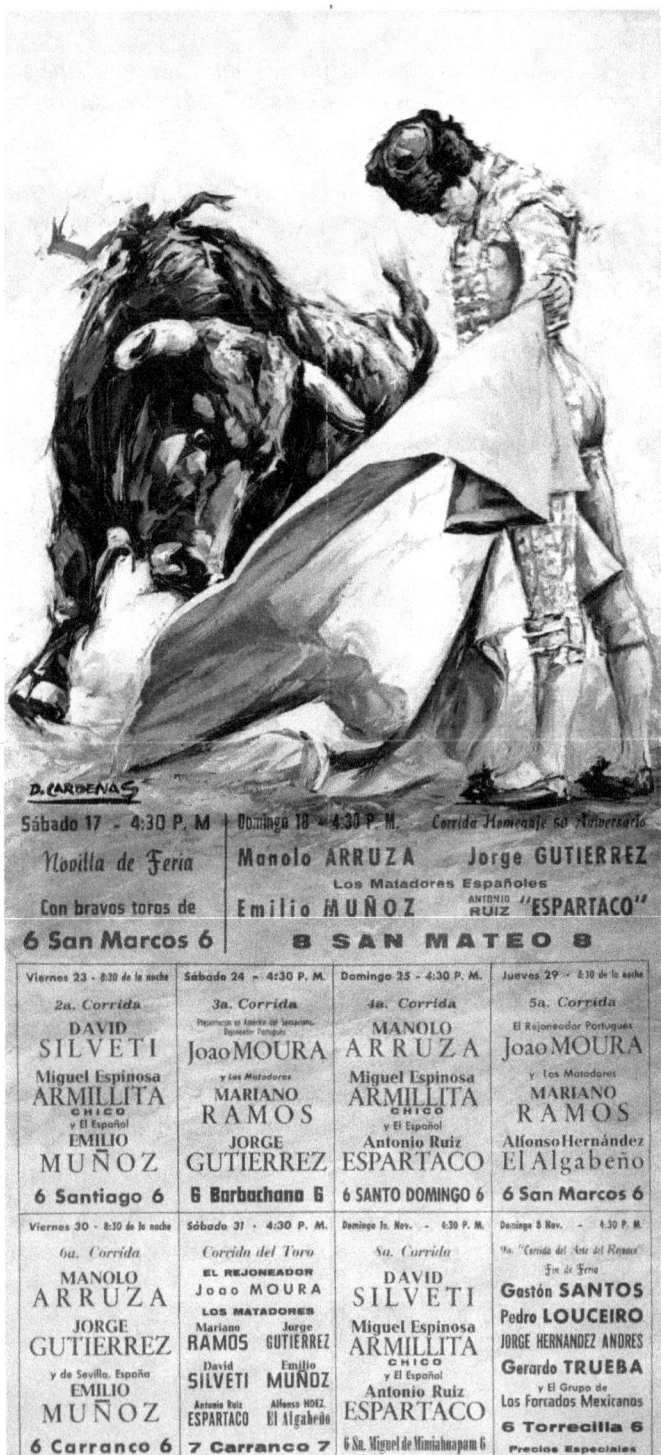

D. CARDENAS

| Sábado 17 - 4:30 P. M | Domingo 18 - 4:30 P. M. | *Corrida Homenaje 50 Aniversario* |

Novilla de Feria

Con bravos toros de

6 San Marcos 6

Manolo **ARRUZA**   Jorge **GUTIERREZ**

Los Matadores Españoles

Emilio **MUÑOZ**   ANTONIO RUIZ **"ESPARTACO"**

8 SAN MATEO 8

Viernes 23 - 8:20 de la noche	Sábado 24 - 4:30 P. M.	Domingo 25 - 4:30 P. M.	Jueves 29 - 8:30 de la noche
2a. Corrida	3a. Corrida	4a. Corrida	5a. Corrida
	Presentación en América del Sensacional Rejoneador Portugués		El Rejoneador Portugués
DAVID SILVETI	Joao **MOURA**	MANOLO **ARRUZA**	Joao **MOURA**
Miguel Espinosa **ARMILLITA** CHICO	y los Matadores **MARIANO RAMOS**	Miguel Espinosa **ARMILLITA** CHICO	y los Matadores **MARIANO RAMOS**
y El Español **EMILIO MUÑOZ**	JORGE **GUTIERREZ**	Antonio Ruiz **ESPARTACO**	Alfonso Hernández **El Algabeño**
6 Santiago 6	**6 Barbachano 6**	**6 SANTO DOMINGO 6**	**6 San Marcos 6**
Viernes 30 - 8:30 de la noche	Sábado 31 - 4:30 P. M.	Domingo 1o. Nov. - 4:30 P. M.	Domingo 8 Nov. - 4:30 P. M.
6a. Corrida	Corrida del Toro	8a. Corrida	9a. "Corrida del Arte del Rejoneo" Fin de Feria
MANOLO ARRUZA	EL REJONEADOR Joao **MOURA**	**DAVID SILVETI**	Gastón **SANTOS** Pedro **LOUCEIRO**
JORGE **GUTIERREZ**	LOS MATADORES Mariano **RAMOS** Jorge **GUTIERREZ**	Miguel Espinosa **ARMILLITA** CHICO	JORGE HERNANDEZ ANDRES Gerardo **TRUEBA**
y de Sevilla, España **EMILIO MUÑOZ**	David **SILVETI** Emilio **MUÑOZ** Antonio Ruiz **ESPARTACO** Alfonso HDEZ. **El Algabeño**	y El Español Antonio Ruiz **ESPARTACO**	y El Grupo de **Los Forcados Mexicanos**
6 Carranco 6	**7 Carranco 7**	6 Sn. Miguel de Mimiahuapam 6	**6 Torrecilla 6** Precios Especiales

Domingo 18 de enero de 1981.-
Seis de San José de Buanavista para *José Luis Herros*; Carlos Vidal y Sergio González. Vidal se llevó la oreja de "Clarasol".

Domingo 1 de febrero de 1981.-
Seis de don Rafael Obregón, para Antonio Lomelín; *Manolo Arruza* y Jorge Gutiérrez. No pasó nada.

Domingo 22 de febrero de 1981.-
Tres de Santo Domingo y tres de Carranco para Carlos Vidal; Sergio González y Javier Bernaldo. Nada para nadie.

Domingo 15 de marzo de 1981.-
Tres de San Marcos y tres de Rafael Obregón para don Pedro Luceiro; Jorge Hernández Andrés; Humberto Moro y *Pepe Luis Vargas*. Oreja al sevillano Vargas del toro "Manguito".

Domingo 17 de mayo de 1981.-
Seis de Santiago para Antonio Lomelín; *Curro Rivera*; *Manolo Arruza* y Jorge Gutiérrez. Lomelín y Gutiérrez desorejaron

a "Cominito" y "Revistero".

Domingo 24 de mayo de 1981.-

Seis de San José de Buenavista para Rafael Gil; *Curro Leal* y Marcos Ortega. No aconteció nada digno de ser documentado.

Temporada 1981-1982

*Joao Moura fenómeno
portugués del arte de Marialva*

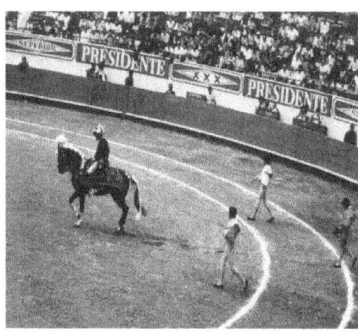

Se había anunciado con gran pompa y platillo, la inauguración de la temporada en la que se había contratado a las máximas promesas del toreo hispano y mexicano.

La atracción principal, sin duda, estaba representada por los españoles Emilio Muñoz y Antonio Ruiz *Espartaco* y la presentación del caballista fenómeno del rejoneo, el portugués Joao Moura.

El elenco novilleril, estaba conformado por jóvenes toreros en los que las empresas habían depositado su confianza y se destacaba la dupla conformada por los tapatíos Carlos Vidal y Eduardo Flores, estos habían realizado exitosas presentaciones en la plaza del Centenario de Tlaquepaque y en el interior del país. La baraja mexicana, estaba transformándose y ya comenzaba a brillar la estrella de Jorge Gutiérrez, la de David Silveti y la de Miguel Espinosa *Armillita Chico*. Los carteles estuvieron

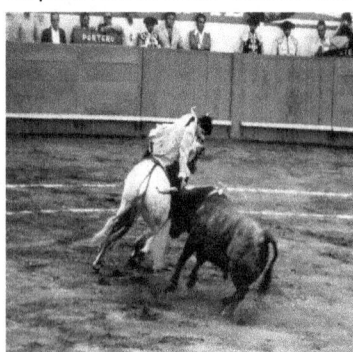

encabezados por los matadores de la anterior camada que estaban por ese momento en esplendor: Mariano Ramos, Curro Rivera, y el retorno del diestro de Camas, *Paco*

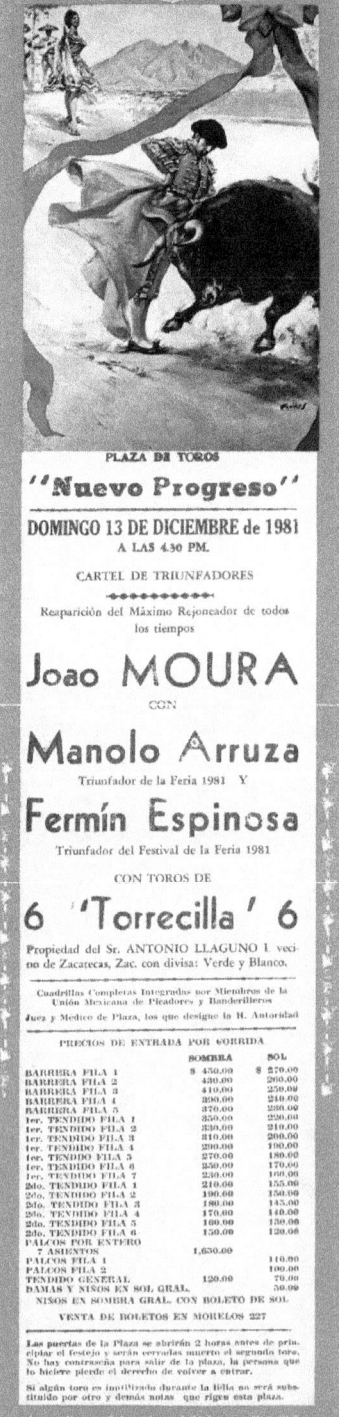

PLAZA DE TOROS
"Nuevo Progreso"

DOMINGO 13 DE DICIEMBRE de 1981
A LAS 4.30 PM.

CARTEL DE TRIUNFADORES

Reaparición del Máximo Rejoneador de todos los tiempos

Joao MOURA
CON

Manolo Arruza
Triunfador de la Feria 1981 Y

Fermín Espinosa
Triunfador del Festival de la Feria 1981

CON TOROS DE

6 'Torrecilla' 6

Propiedad del Sr. ANTONIO LLAGUNO 1. vecino de Zacatecas, Zac. con divisa: Verde y Blanco.

Cuadrillas Completas integradas por Miembros de la Unión Mexicana de Picadores y Banderilleros
Juez y Médico de Plaza, los que designe la H. Autoridad

PRECIOS DE ENTRADA POR CORRIDA

	SOMBRA	SOL
BARRERA FILA 1	$ 450.00	$ 270.00
BARRERA FILA 2	430.00	260.00
BARRERA FILA 3	410.00	250.00
BARRERA FILA 4	390.00	240.00
BARRERA FILA 5	370.00	230.00
1er. TENDIDO FILA 1	350.00	220.00
1er. TENDIDO FILA 2	330.00	210.00
1er. TENDIDO FILA 3	310.00	200.00
1er. TENDIDO FILA 4	290.00	190.00
1er. TENDIDO FILA 5	270.00	180.00
1er. TENDIDO FILA 6	250.00	170.00
1er. TENDIDO FILA 7	230.00	160.00
2do. TENDIDO FILA 1	210.00	155.00
2do. TENDIDO FILA 2	190.00	150.00
2do. TENDIDO FILA 3	180.00	145.00
2do. TENDIDO FILA 4	170.00	140.00
2do. TENDIDO FILA 5	160.00	130.00
2do. TENDIDO FILA 6	150.00	120.00
PALCOS POR ENTERO 7 ASIENTOS	1,650.00	
PALCOS FILA 1		110.00
PALCOS FILA 2		100.00
TENDIDO GENERAL	120.00	70.00
DAMAS Y NIÑOS EN SOL GRAL.		50.00

NIÑOS EN SOMBRA GRAL. CON BOLETO DE SOL

VENTA DE BOLETOS EN MORELOS 227

Las puertas de la Plaza se abrirán 2 horas antes de principiar el festejo y serán cerradas muerto el segundo toro. No hay contraseña para salir de la plaza, la persona que lo hiciere pierde el derecho de volver a entrar.

Si algún toro es inutilizado durante la lidia no será substituido por otro y demás notas que rigen esta plaza.

Camino quien reapareció luciendo encanecidas sus sienes al lado de los hijos de Manuel Capetillo; Guillermo y Manuel. Recuerdo perfectamente la tarde de la novillada inaugural en la que actuaron Carlos Vidal, Luis Fernando Sánchez y *Curro Calesero*. El mejor novillo un cárdeno claro, le correspondió al hijo del Calesero desperdiciándolo lamentablemente ante el disgusto de su padre que le acompañaba en el callejón. También recuerdo los enormes pares al quiebro ejecutados por Moura desde los lomos de sus bien educados caballos y el deseo de Alfonso Hernández *El Algabeño* por figurar. Los diestros hispanos mostraron deseos aunque sin suerte.

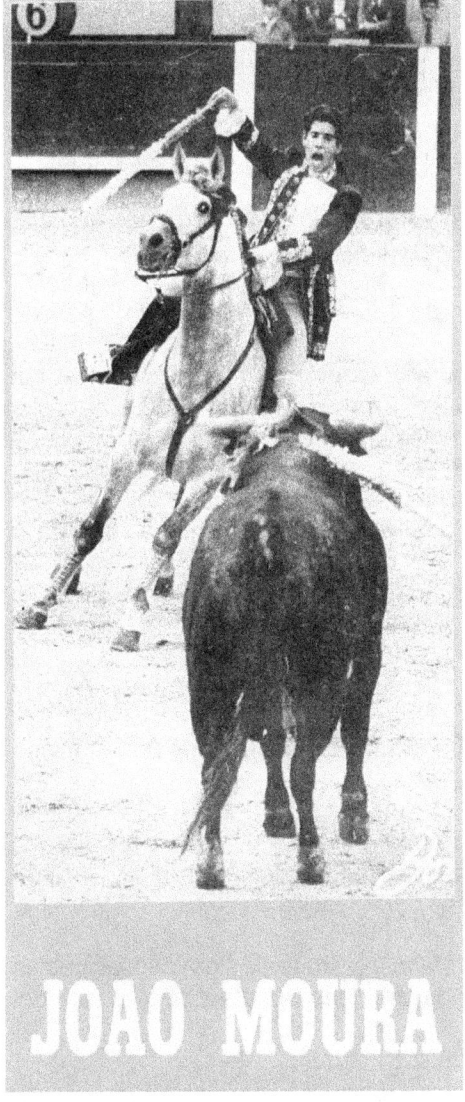

JOAO MOURA

Viernes 23 de Octubre de 1981.-

Un novillero de nombre Abel Solano, partió plaza como sobresaliente, en las actuaciones de Joao Moura habiendo tenido la oportunidad de despachar a uno de los toros del rejoneador con una de las más bellas estocadas de que se tenga memoria en Guadalajara tanto por su ejecución como por sus efectos fulminantes. Moura como el gran caballero en plaza y fuera de ella, sacó a Solano a saludar al tercio. Solano se eternizó en las filas novilleriles debido a lo escaso de oportunidades que se le brindaron y ahí quedó, como otra de las promesas que hubiesen podido de haber tenido toros, mostrar al público sus deseos de ser torero.

Sábado 17 de Octubre de 1981.-
Seis de San Marcos para Carlos Vidal, *Curro Calesero* y Luis Fernando Sánchez. Luis Fernando Sánchez triunfó en toda la línea, "Curro Calesero" dejó ir el mejor del encierro, un cárdeno con mucho cuajo y trapío.
Domingo 18 de Oct. de 1981.-
Manolo Arruza, Emilio Muñoz, Jorge Gutiérrez y *Espartaco*. "Buen Amigo" de San Mateo fue indultado en el Nuevo Progreso. *Manolo Arruza*, Emilio Muñoz, Jorge Gutiérrez y Antonio Ruiz *Espartaco*. Ocho de San Mateo. Emilio Muñoz apenas tuvo detalles a Gutiérrez lo caracterizaron la entrega y el valor necesario.

Emilio Muñoz, David Silveti y Miguel Espinosa *Armilita*. Segunda corrida. Emilio Muñoz triunfó llevándose una oreja. Salvó la noche. Garfias para dormir.

Sábado 24 de Octubre de 1981.-

Joao Moura, Mariano Ramos, Jorge Gutiérrez. Corrida aburrida en la que sólo el rejoneador Moura cortó orejas. Moura puso a flote el festejo. De certero rejón despachó Moura al primero, Mariano Ramos tuvo detalles en sus enemigos, el hidalguense Jorge Gutiérrez también tuvo buenos momentos.

Domingo 25 de Octubre de 1981.-

Manolo Arruza, Miguel Espinosa *Armillita* y Antonio Ruiz *Espartaco*. *Manolo Arruza* el máximo triunfador. Arruza cortó oreja, recorrió el anillo con la oreja del cuarto de la tarde al que le cuajó meritorio trasteo. Toros de Santo Domingo.

Jueves 29 de Octubre de 1981.- Joao Moura, Mariano Ramos, Alfonso Hernández *El Algabeño*.

Quinta corrida de feria nocturna. Fuerte encierro el que envió San Marcos. Moura, el mejor, Mariano Ramos tuvo una tarde de detalles. *El Algabeño* bien.

Viernes 30 de Octubre de 1981.-

Jorge Gutiérrez, Emilio Muñoz y *Manolo Arruza*. Jorge Gutiérrez cortó oreja, Emilio Muñoz dio vuelta.

Sábado 31 de Octubre de 1981.- Joao Moura, Alfonso Hernández *El Algabeño*, David Silveti, Mariano Ramos, Jorge Gutiérrez, Antonio Ruiz *Espartaco* y seis de Mimiahuapam.

El Algabeño se llevó el trofeo, Moura Excepcional. Triunfo grande del *Algabeño* en la corrida del toro en el Nuevo Progreso. Cortó orejas al bravo "Caminito" de San Mateo ganando "La Crónica de Oro", Joao Moura tuvo una actuación de apoteosis pegando banderillas al quiebro, Silveti elegante, Mariano decidido, Jorge también oreja, *Espartaco* decidido.

Domingo1 de Noviembre de 1981.- David Silveti, Miguel Espinosa *Armillita* y *Espartaco*.

Magníficos los de Mimiahuapan, *Espartaco* se llevó dos orejas, David el mejor pero mal con el estoque.

Sábado 7 de Noviembre de 1981.-

Festival taurino homenaje a don Ignacio García Aceves.- actuaron Alfredo Leal, Fernando de los Reyes *El Callao*, *El Gitano de Utrera Juanito* Gálvez. *El Calesero*, Alfonso Ramírez, *El Caleserito*, y Fermín Espinosa *Armillita*. Terciado encierro de Santa Rosa de Lima.

Domingo 8 de Noviembre de 1981.-

Para Hernández Andrés fue la única oreja, estuvo muy bien a caballo y a pie. Pedro Luceiro muy bien. Los otros alternantes fueron Gastón Santos, Gerardo Trueba, los forcados mexicanos y seis astados de Torrecilla.

12 de Noviembre de 1981.-

El Bombero torero, con *Arévalo*, *Manolín*, *Rogelín*, los sensacionales enanitos toreros con el becerrista de 12 años Enrique Garza y cinco toretes del Cuadrado.

El becerrista Garza, dejó constancia de sus hechuras.

Domingo 29 de Noviembre de 1981.-

Corrida de promoción navideña con Carlos Vidal, *Lalo Flores* y Luis

Fernando Sánchez. Seis de Peñuelas. *Lalo Flores* elegante, Luis Fernando con los huesos.

Domingo 6 de Diciembre de 1981.-

Corrida de promoción navideña. Presentación de *José Luis Herros*, Sergio González y Luis Fernando Sánchez con seis de Venadero. Triunfaron los tres alternantes, se afirmó como máximo triunfador, Luis Fernando Sánchez. Sergio González se reveló nuevamente como un extraordinario novillero de gran futuro.

Domingo 13 de Diciembre de 1981.-

Joao Moura, *Manolo Arruza* y Fermín Espinosa *Armillita* con seis de Torrecilla. Accidentada corrida por la desvergüenza de Fermín quien salió de la plaza en medio de fenomenal cojiniza.

25 de Diciembre de 1981.-

Corrida histórica. *Paco Camino* con Manuel y Guillermo Capetillo con seis de Torrecilla. Les salió lo verde a los Capetillo. Camino dio la expresión estética del buen torear.

Guillermo tuvo el gusto de salir al tercio en el quinto.

Ese mismo día se anunció a *Pipiolo* con *Yadira*, Los Hombres Gordos y los prospectos Edgar Bejarano y Hugo Gutiérrez con seis de Guadalupe.

1 de Enero de 1982.-

Manolo Arruza, David Silveti y *El Algabeño*. Concurso de ganaderías. Uno de San Mateo, uno de San Marcos, uno de Cerro Viejo, uno de Carranco, uno de Jorge Barbachano y uno de Jesús Cabrera, disputándose un premio de 100,000 pesos en efectivo para el toro triunfador que al final fue para el de Carranco los toreros por su parte, cortaron una oreja cada uno.

Domingo 3 de Enero de 1982 .-

Pipiolo y *Los Hombres Gordos* en la parte seria *Chamaquito del Puerto* y Miguel Sánchez. Seis de Guadalupe.

Domingo 8 de Enero de 1982.-

El Bombero torero.- La parte seria con Ernesto Belmont y Guillermo Ibarra. Toretes de El Cuadrado.

Domingo 17 de Enero de 1982.-

El Rejoneador Gerardo Trueba y un mano a mano de Alfonso Hernández *El Algabeño* y Rafael Gil *Rafaelillo*. Seis de Peñuelas. Una tarde redonda de *El Algabeño* y reconocimiento a *Los Forcados*.

Domingo 24 de Enero de 1982.-

Novillada con Carlos Vidal, *Lalo Flores* y Sergio González, dos de Carranco, dos de Barbachano y dos de Santo Domingo. Sergio para figurón del toreo, Gran faena para consagrarse máximo triunfador de la temporada.

Domingo 31 de Enero de 1982 .-

Guillermo y Manuel Capetillo con el triunfador David Silveti y seis toros de Barbachano. Manolo cortó una oreja. Silveti muy torero.

Domingo 4 de Febrero de 1982 .-

El Bombero torero y en la parte seria, Alfredo Galindo *El Geno* y Enrique Garza.

7 de Marzo de 1982.-

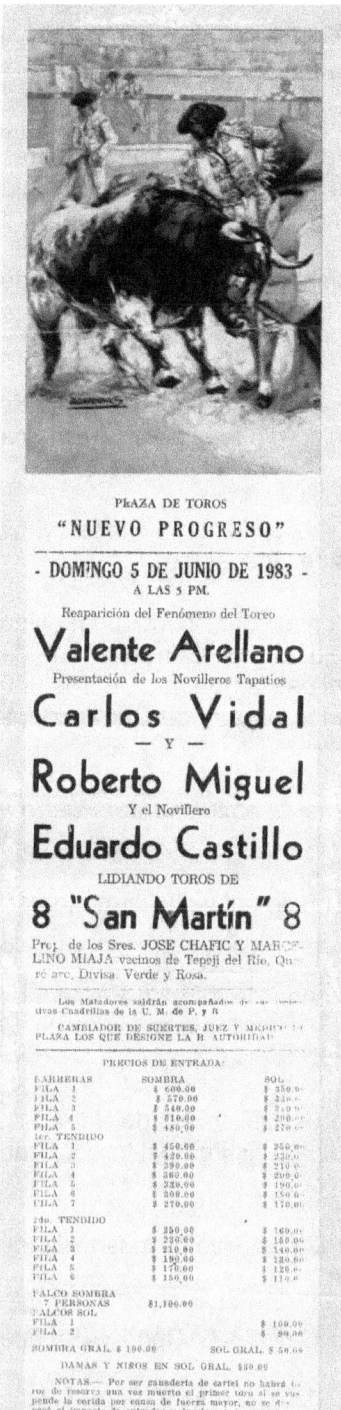

PLAZA DE TOROS
"NUEVO PROGRESO"

- DOMINGO 5 DE JUNIO DE 1983 -
A LAS 5 PM.

Reaparición del Fenómeno del Toreo

Valente Arellano

Presentación de los Novilleros Tapatíos

Carlos Vidal
— Y —
Roberto Miguel

Y el Novillero

Eduardo Castillo

LIDIANDO TOROS DE

8 "San Martín" 8

Prop. de los Sres. JOSE CHAFIC Y MARCE-
LINO MIAJA vecinos de Tepeji del Río, Qué-
ró aro. Divisa. Verde y Rosa.

Los Churumbeles y Los Hombres Gordos.-
Chamaquito del Puerto y Luis Vidal. Seis de
Guadalupe.

11 de Marzo de 1982.-

Jorge Gutiérrez y Curro Rivera con dos de
San Mateo y cuatro de Carranco. Rivera una
oreja de "Nogalero".

18 de Abril de 1982.-

Antonio Lomelín, Jorge Gutiérrez, El
Algabeño. Lomelín y Jorge cortaron apéndices, El
Algabeño se hizo aplaudir tal como lo había
hecho en otras ocasiones. Seis de Cerro Viejo.

25 de Abril de 1982.-

Los Hombres Gordos. Luis Vidal y Luis
Ledezma con seis de Guadalupe.

16 de Mayo de 1982.-

Siete de Golondrinas para Chamaquito del
Puerto, Víctor Ledezma y Los Hombres Gordos.

23 de Mayo de 1982.-

Curro Rivera, David Silveti y El Algabeño
con seis toros de San Marcos. El Algabeño un
ídolo, Silveti y Rivera artistas.

30 de Mayo de 1982.-

Guillermo España y Carlos Villaseñor con
Los Hombres Gordos y 7 de Golondrinas.

Temporada 1982-1983

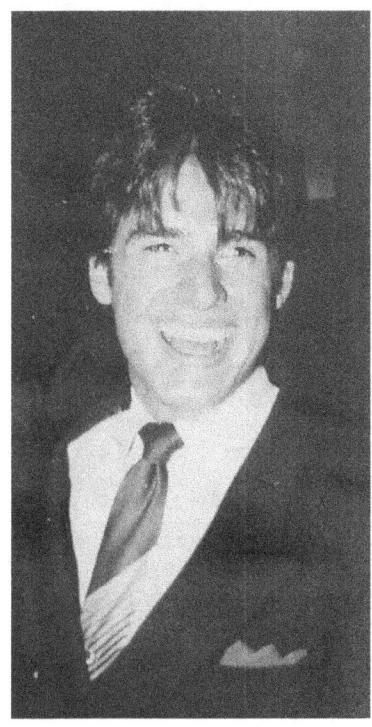

Valente Arellano

Manolo Arruza, ídolo de Guadalajara

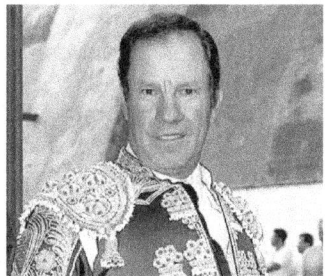

Tardó un poco en dar inicio a la temporada 82-83 y no tardó en convertirse la plaza de Guadalajara, en el reino de Manolo Arruza, quien permaneció en el gusto del público tapatío como un auténtico ídolo.

Tarde a tarde, le pelearon las palmas, el llamado *Coloso de Tula* Jorge Gutiérrez y los matadores que ya gozaban de cierto renombre como Antonio Lomelín, *El Charro de la Viga* Mariano Ramos y en lo sucesivo, David Silveti y Miguel Espinosa.

Aquella temporada, surgió un nuevo fenómeno de la tauromaquia en México, el Coahuilense Valente Arellano quien era poseedor, de una singular personalidad y arrojo capaz de llenar los tendidos, como aconteció en la fecha de su presentación en Guadalajara. Recuerdo muy particularmente, la tarde en que alternó con Sergio González y *Lalo Flores*, Como era evidente, el peso que ejercía sobre sus alternantes desde que aparecía en la puerta de cuadrillas para hacer el paseo.

Posteriormente, Arellano quedó como una promesa frustrada al matarse en un absurdo accidente de tránsito al estrellar la motocicleta que tripulaba.

Esa temporada marcó también la despedida del diestro catalán Joaquín Bernadó quien se mostró en pleno declive y sin facultades para el buen toreo que en otros tiempos realizara.

Fue la temporada en que se comenzaron a escuchar los nombres de toreros como *Pepe Murillo*, Eulalio López *El Zotoluco* y Arturo Díaz *El Coyo* que con el tiempo, llegarían a brillar en la historia de la tauromaquia tapatía

Recuerdo perfectamente una novillada en la que actuó Ramón González *Zapaterito* un muchacho todo entrega que por esos avatares del destino, nunca llegó a figurar como verdaderamente lo merecía. González tenía que lidiar el último de los novillos cuando se soltó tremendo aguacero lo que no hizo mella en el ánimo del torero ni del público que no se movió de sus asientos, para ver a aquel joven jugándose la vida.

Sábado 30 de Octubre de 1982.-

Antonio Lomelín, Mariano Ramos y Manuel Capetillo Jr. Mariano Ramos dejó sin orejas a "Rey Moro", buen encierro de Cerro Viejo.

.Domingo 31 de Octubre 1982.-

Curro Rivera, *Manolo Arruza* y Alfonso Hernández *El Algabeño* con seis de San Mateo. *Manolo Arruza* estuvo inmenso con "Aladino" al que le cortó orejas y rabo. *Curro Rivera* decidido a no ofrecer nada a los aficionados.

Sábado 6 de Noviembre de 1982.-

Corrida del toro.- Antonio Lomelín, *Curro Rivera*, Mariano Ramos, *Manolo Arruza*, *El Algabeño*, Manuel Capetillo con seis de Barbachano. Muletazos mandones y con buen temple imprimió el *Torero Charro* Mariano Ramos llevándose la oreja de "Hechicero".

Domingo 7 de Noviembre de 1982.-

Antonio Lomelín, *Curro Rivera* y *Manolo Arruza* con cuatro de José Julián Llaguno y dos de Cerro Viejo. *Manolo Arruza* se convirtió en el triunfador de la feria, realizó una gran faena a "Avellano" y cerró cortando oreja a "Polisonte". Arruza salió a hombros.

Domingo 28 de Noviembre de 1982.-

Los Hombres Gordos, Juan Mora y *Los Churumbeles*. En la parte seria Cesar Arroyo y Alfonso López. Siete de Guadalupe.

1 de Enero de 1983.-

Manolo Arruza y Miguel Espinosa *Armillita* con seis toros de Tequisquiapan. Los de Tequisquiapan fallaron mientras que *Manolo Arruza* seguía triunfando.

Domingo 23 de Enero de 1983.-

Los Hombres Gordos. Los novilleros

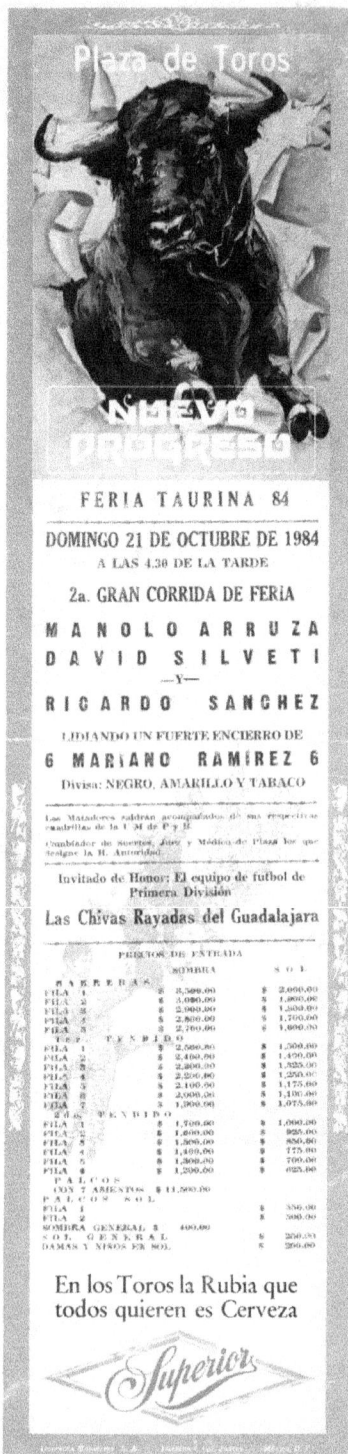

Fermín Quiroz y Jesús Rea. Siete de Guadalupe.

Domingo 6 de Febrero de 1983.-

Manolo Arruza, Jorge Gutiérrez y Miguel Espinosa *Armillita* con seis de Cerro Viejo. Orejas y rabo de "Pajarero" para Jorge Gutiérrez.

Domingo 13 de Marzo de 1983. -

Despedida del catalán Joaquín Bernadó, Jorge Gutiérrez y *Manolito Mejía*. Seis de San Mateo. Gutiérrez cortó oreja.

20 de Marzo de 1983. -

Los Hombres Gordos y los niños toreros de Celaya, Fernando Medina *El Gallego* y *Chamaquito del Puerto* con seis de Guadalupe.

Abril 10 de 1983.-

Mano a mano de Alfonso Hernández *El Algabeño* y Silvano González *Gallito* con seis de Santo Domingo. *El Algabeño* cortó la única oreja.

Domingo 17 de Abril de 1983.-

Presentación del fenómeno del toreo mexicano Valente Arellano con seis de "Los Martinez" y los novilleros Sergio González y Eduardo Flores. A Flores le pesaron los alternantes, mientras que el toreo fino lo hizo González sobre todo, una serie de naturales con los que deleitó a los conocedores del tendido de sombra. Arellano indultó a su segundo.

Junio 5 de 1983.-

Valente Arellano, *Roberto Miguel*, Carlos Vidal y Eduardo Castillo con ocho toros de San Martín. Valente Arellano fue el triunfador al cortar una oreja.

Julio 10 de 1983.-

Novillada de selección. Alberto Iñiguez. Luis Vidal, Julián Cortés, de Veracruz, Marco Antonio Morán de San Luis Potosí, Alfonso López del Estado de México y Ángel Bravo de

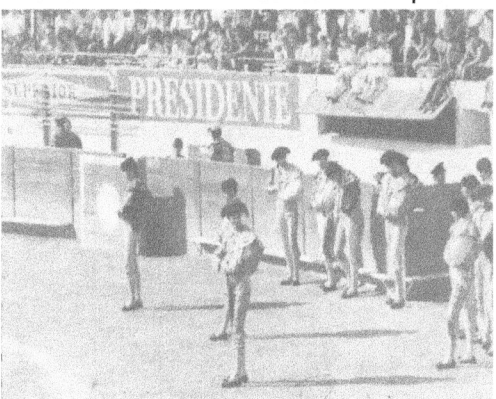
Joaquín Bernadó

Nuevo León lidiando un encierro de Santacilia. Hubo buenos detalles. Cortés, cortó oreja.

17 de julio de 1983.-

Segunda de selección. Alfonso López, Marco A. Morín con Arturo Díaz *El Coyo*, Arturo Montaño de Pachuca, Hidalgo, *Manolo Sánchez* de Tacuba, México y Raúl Gómez de Guadalajara con vacas de Santacilia.

Domingo 24 de Julio de 1983.-

Vacas de Santacilia para Eulalio López *El Zotoluco* quien cortó dos apéndices, Raúl Gómez *El Aguilita* quien cortó una oreja, Marco Antonio Morín quien escuchó un aviso, Mauricio Portillo que tuvo detalles, Sergio Aguilar y Juan Valiente muy verdes.

Domingo 31 de Julio de 1983.-

Seis de Santacilia para Ramón González, Hugo Mercado, Alberto Cagide,

Víctor Ledesma y las novilleras; Patricia Murillo y Luisa Jardón.

Domingo 7 de Agosto de 1983.-

Ramón González *Zapaterito*, Marco Antonio Morín, Alfonso López, Arturo Díaz *El Coyo*, Raúl Gómez *El Aguilita* y Eulalio López *El Zotoluco*. Ramón González se llevó el triunfo y los diez mil pesos que se disputaron.

Domingo 14 de Agosto de 1983.-

Seis vacas de Santacilia para *Pepe Murillo*, Jorge Carmona, José María Rodríguez, Eulalio López *El Zotoluco*, Ramón González *Zapaterito* y Jesús González. Ramón González voluntariosos hasta para dar la vuelta al ruedo.

Domingo 21 de Agosto de 1983.-

Vacas de Santacilia para *El Coyo*, Alejandro Rodríguez, Luis Vidal, Jesús González, Ricardo Enríquez y *Pepe Murillo* que cortó la única oreja del festejo.

Domingo 28 de Agosto de 1983.-

Julián Cartas, Arturo Montaño, Pablo Vélez, *Paco Caro*, Carlos Aguirre y Pepe Carroblanco que cortó la única oreja. Vacas de Santacilia.

Temporada 1983-1984

Una temporada corta que dio inicio con una novillada en la que alternaron los triunfadores de la feria del novillero.

No hubo muchas novedades en los carteles ya que en los festejos no se incluyeron diestros españoles.

Con el tiempo Eulalio López *El Zotoluco* llegó a escalar la envidiable posición de figura del toreo.

Domingo 16 de Octubre de 1983.-

Novillada con los triunfadores de la feria del novillero.- Eulalio López *El Zotoluco* novillo de "El Cuadrado", José Murillo, novillo de Paco Terán, Arturo Díaz *El Coyo*, novillo de San Marcos, Ramón González *Zapaterito*, novillo de Sierra Hermosa, Marco Antonio Morín, novillo de San Fernando y Alfonso López. *Zapaterito* le echó valor toreando en medio de torrencial aguacero.

Domingo 23 de Octubre de 1983.-

Seis de Jaral de Peñas para *Curro Rivera*, Jorge Gutiérrez y David Silveti. Los Toros, mostraron poca presencia lo que provocó que el festejo fuera deslucido.

Domingo 30 de Octubre de 1983.-

Disparejo encierro de San Marcos para Mariano Ramos, *Manolo Arruza* y Ricardo Sánchez. Arruza cortó dos orejas.

Domingo 6 de Noviembre de 1983.-

Manso encierro de San Mateo para Ricardo Sánchez, *Manolo Arruza* y David Silveti. Dos orejas para Sánchez, una para Arruza y una para Silveti.

1 de Enero de 1984.-

Seis de Santacilia para *Manolo Arruza*, David Silveti y Jorge Gutiérrez. Todo fue negativo en la corrida de año nuevo. Majadería de Arruza a un aficionado.

Domingo 12 de Febrero de 1984.-

Los Hombres Gordos con *Las Churumbelas*, Juan Mora y su bicicleta torera, Yolanda Jiménez *La Charra* y el niño torero de 12 años, Alfredo Padilla con siete de Guadalupe.

Domingo 13 de Mayo de 1984.-

Toros de Carranco para Jorge Gutiérrez, Ricardo Sánchez y Javier Bernaldo. Fueron sustituidos dos toros por dos de San Marcos en tarde de solamente dos vueltas al ruedo. Los tendidos solos y Javier Bernaldo que había sido merecedor del trofeo a la mejor faena en México, no se dejó ver, mostrando un toreo mediocre. Los toros Mansos.

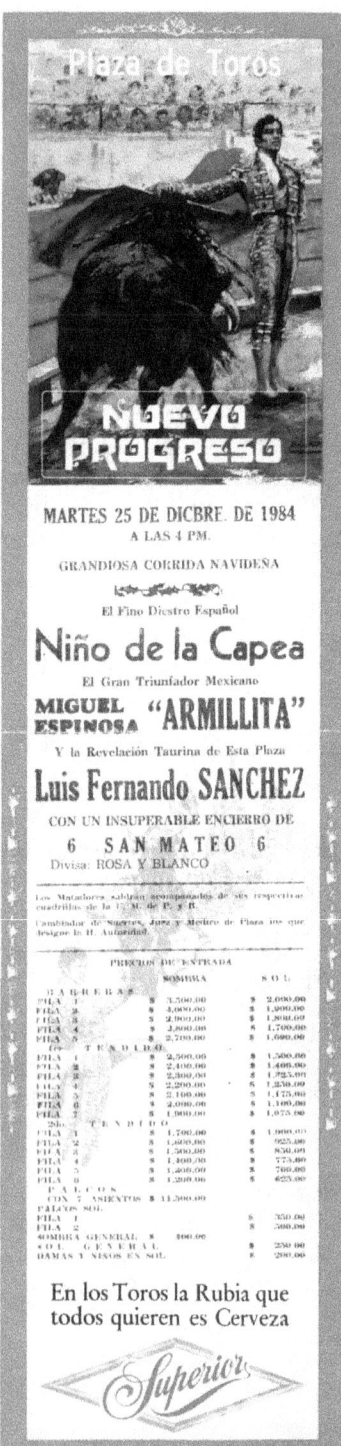

Temporada 1984- 1985

Fernando Corral "Corralito" un novillero de 54 años

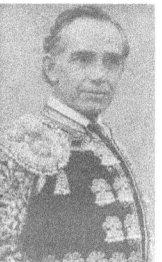

De aquella temporada, rescato de mi memoria algunos acontecimientos que le dieron realce. Particularmente recuerdo con emoción, una faena realizada por el diestro español *Curro Durán*, a un toro cárdeno de San Mateo que ofreció una lidia desigual y con peligro. Mostrándose Durán como un profundo conocedor del oficio, curtido en tales lides ante toros encastados en España. La emoción constante del peligro, estuvo presente lo que propició que el público guardara silencio y ni quien se acordara de pedir música.

Regresó a Guadalajara el Maestro Antonio Chenel *Antoñete* y pude ser testigo del proverbio que reza "Quien tuvo retuvo" y en efecto, el maestro *Antoñete* mostró destellos de su torería en cada lance y en cada muletazo sin faltar el detalle chusco que destacó un cronista en uno de los diarios de la época. "Quiso don Antonio dar un doblón de castigo hincándose para ello, sin embargo, resultó más castigado el maestro al no poder recuperarse y salir un tanto atropellado de la suerte".

Eloy Cavazos se fue de los ruedos y para ello anunció su despedida en Guadalajara. Se dijo en ese tiempo que la motivación fue que antes se había ido *Manolo Martínez* por lo que prácticamente se había quedado sin competencia real.

Se recordará aquella temporada, como la de los toreros maduros, ya que apareció en la escena, el novillero de 54 años Fernando Corral *Corralito* quien comenzaba cuando otros ya se habían ido. No escapó *Corralito* al castigo de los bureles que finalmente no distinguen edades.

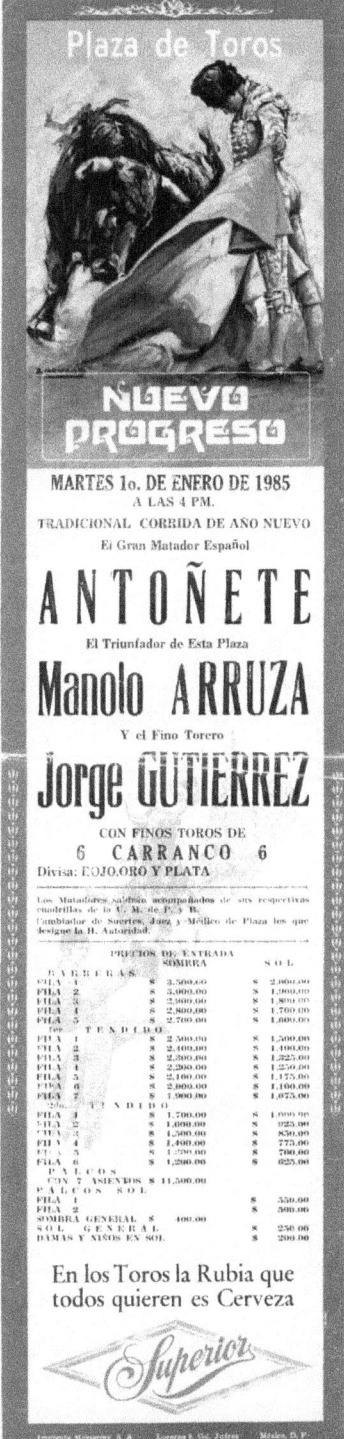

Surgieron nuevas promesas como Hernán Ondarza, Mauricio Portillo y un espectacular novillero que había estado recluido en un monasterio, Javier Escobar *El Fraile* quien colocaba temerarios pares de banderillas cortas, esperando de rodillas. Su temeridad, no le permitió continuar en la profesión ya que sufrió "tremenda cornada" a cargo de una de las enfermeras que le atendía una herida menor, al retirarle una sonda, dejándole casi imposibilitado para sus actividad conyugal. Tiempo después se supo por voz del propio *Fraile* que se había recuperado totalmente sin embargó, ya no tuvo la fuerza suficiente para triunfar en su efímero retorno.

Otro diminuto diestro que surgió en Guadalajara, fue Alfredo Padilla *El Minuto* quien mostró cualidades excepcionales para hacer el toreo, tanto así, que Eloy Cavazos y su apoderado Báez, decidieron llevarle por buen camino, llegando a crear verdadera expectación en las plazas en que se presentó.

Sábado 20 de Octubre de 1984.-
Primera corrida de feria. Eloy Cavazos, David Silveti y el español *Curro Durán* con seis de Mimiahuapan. Durán comenzó bien y terminó mal, Eloy, oreja, Silveti, detalles.
Domingo 21 de Octubre de 1984.-
Segunda corrida de feria. Seis de Mariano Ramírez para *Manolo Arruza*, David Silveti y Ricardo Sánchez. Le pesaron los kilos a los toros. Silveti y Sánchez no entendieron a sus astados, Arruza una oreja a cada uno de sus enemigos.
Sábado 27 de Octubre de 1984.-
Seis de San Mateo Antonio Lomelín, *Curro Durán* y Luis Fernando Sánchez. Sánchez salió a hombros, importante faena de Durán que falló con la espada, Lomelín simuló estar herido y fue pitado.
Domingo 28 de Octubre de 1984.-

Seis de San Marcos para Ricardo Sánchez, Alfonso Hernández *El Algabeño* y *Chucho Solórzano*. Ricardo Sánchez cortó la oreja del toro "Mitotero", *El Algabeño* salida al tercio y vuelta, *Chucho Solórzano* escuchó pitos.

Sábado tres de Noviembre de 1984.-

Apoteótico adiós de Eloy. Despedida de Eloy Cavazos que cortó tres orejas y un rabo, *Manolo Arruza* dos orejas, Gutiérrez cortó una. Los toros fueron de Tequisquiapan.

Domingo 4 de Noviembre de 1984.-

Seis de Torrecilla para Antonio Lomelín, Jorge Gutiérrez y Javier Bernaldo. Jorge perdió la oreja de "Platerito", quinto de la tarde, por pinchar. Arrastre lento al toro.

Domingo 9 de Diciembre de 1984.-

Humberto Moro, *Cesar Pastor* y Ernesto Belmont con seis toros de Humberto Vega, *Cesar Pastor* derrochó arte en gran faena cortando una oreja, Humberto Moro, cortó oreja en uno de regalo.

Diciembre 25 de 1984.-

Seis de San Mateo para Pedro Gutiérrez Moya *El Niño de la Capea*, Luis Fernando Sánchez y Miguel Espinosa *Armillita*. Luis Fernando superó lo realizado por dos figuras al cortar dos orejas del tercero de la tarde en memorable faena. Los San Mateo, resultaron sosos.

Martes 1 de Enero de 1985.-

Corrida de año nuevo.- Antonio Chenel *Antoñete*, *Manolo Arruza* y Jorge Gutiérrez con seis toros de Carranco. Casi se llenó la plaza y *Antoñete* cortó una oreja y *Manolo Arruza* dos a su segundo. Jorge Gutiérrez en gran plan pero perdió un apéndice en el sexto; Toros de Carranco.

Domingo 20 de Enero de 1985.-

Encierro de Riaño, bueno. Hubo dos triunfadores: Iván Ureña y Ramón González *Zapaterito*, los otros espadas fueron; Luis Vidal, Arturo Jamaica, Edgar Bejarano y Alejandro Rodríguez *Pajarito*.

Domingo 27 de Enero de 1985.-

Novillos de Sierra Hermosa para Arturo Díaz *El Coyo*, Iván Ureña y Eulalio López *El*

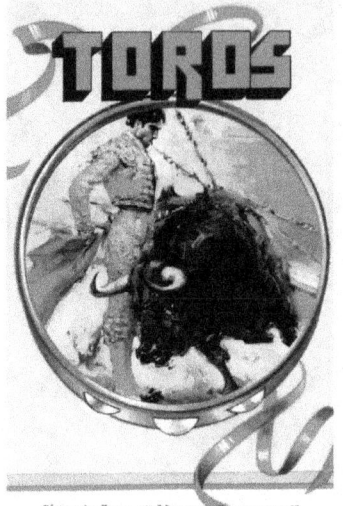

Plaza de Toros "Nuevo Progreso"

GUADALAJARA, JAL.
Sábado 9 de Noviembre de 1985
A LAS 4:30 DE LA TARDE
Festival Taurino Domecq
Pro-Damnificados de Cd. Guzmán Jal.

MANUEL CAPETILLO
ALFREDO LEAL
JESUS SOLORZANO
"CALESERO" HIJO
ELOY CAVAZOS
Fermín Ruíz "VIOQUE"
DE CORDOBA - ESPAÑA
NOVILLOS - TOROS DE DN.
6 MANUEL MACIAS 6
SANGRE PURA DE SALTILLO

Con la participación de los famosos
-:- Caballos de la Casa Domecq -:-

POR SER FESTIVAL BENEFICO QUEDAN
SUSPENDIDOS LOS PASES DE CORTESIA

Zotoluco. Roberto Miguel donó un terno para el triunfador.

Domingo 3 de Febrero de 1985.-

Antonio Chenel *Antoñete*, *Manolo Arruza* y *Cesar Pastor* con toros de Cerro Viejo. *Antoñete* se despidió de la afición tapatía, *Pastor* derrochó arte y *Manolo Arruza* cortó tres apéndices.

Miércoles 5 de Febrero de 1985.-

Pedro Gutiérrez Moya *El Niño de la Capea*, *Manolo Arruza* y Luis Fernando Sánchez con seis de Mariano Ramírez. *El Capea* cortó una oreja, Arruza regaló un toro y Luis Fernando insolente con el público que se metió fuerte con él.

Domingo 3 de marzo de 1985.-

Seis de Castro Urdiales para Germán Garza, Hernán Ondarza, Víctor Ledezma, Marco Antonio Morín y Víctor Ruiz. Les faltó entrega a los novilleros, sólo el sexto presentó problemas en su lidia.

Domingo 17 de Marzo de 1985.-

Cuarta novillada de la temporada con *Curro Cruz*, *Pepe Murillo*, e Ivan Ureña con seis de Covarrubias. Murillo cortó tres orejas realizando gran faena a su segundo.

Jueves 21 de Marzo de 1985.-

Seis de Santacilia para *El Niño de la Capea*, Jorge Gutiérrez y *Cesar Pastor*. *El Capea* estuvo en figura al cortarle tres orejas a los de su lote.

Domingo 24 de Marzo de 1985.-

Seis de Tepetzala para Arturo Díaz *El Coyo*, *Pepe Murillo* y Roberto Garza. Murillo y Díaz una oreja cada uno mientras que a Garza se le fue uno vivo a los corrales.

Domingo 31 de Marzo de 1985.-

Seis de Zotoluca para don Pedro Luceiro, Jorge Hernández Andrés, Gerardo Trueba y Paco Barona que recibió la alternativa siendo testigo de honor la *Diosa Rubia del Toreo, Conchita Cintrón*. Actuaron también, *los forçados* mexicanos.

Sábado 11 de Mayo de 1985.-

Novillada en honor de las madres. Seis de Riaño y uno de Vista Hermosa, para Alejandro del Olivar, Arturo Jamaica, Sergio Aguilar, Rafael Trujillo, David Montaño, Mauricio Portillo y Alfredo Padilla *Minuto*. *Minuto* y Del Olivar, cortaron sendas orejas.

Domingo 12 de Mayo de 1985.-

Seis de Riaño para Arturo Díaz *El Coyo*, Pepe

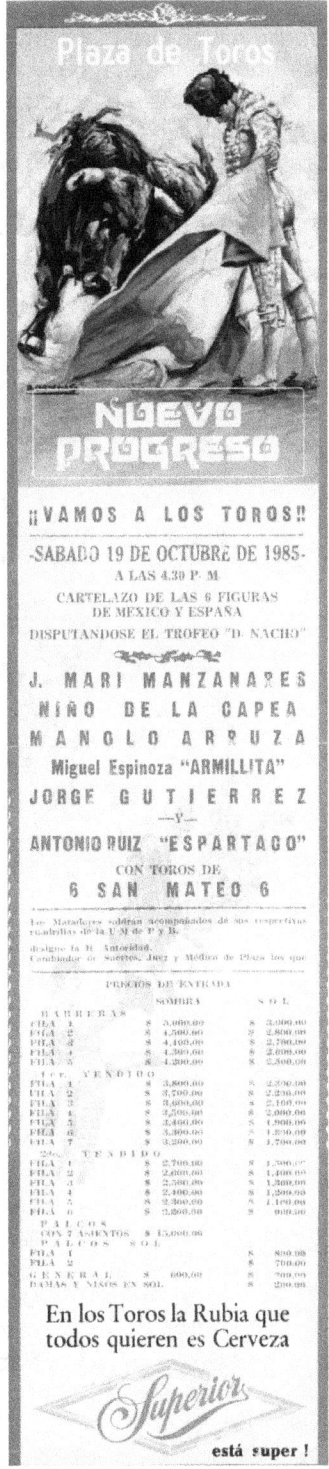

Murillo e Iván Ureña. La única oreja del festejo, la cortó Murillo.

Domingo 26 de Mayo de 1985.-

Novillada del estoque de plata. Actuaron, Hernán Ondarza, Alejandro del Olivar, Ramón González, *Zapaterito*, Arturo Díaz *El Coyo*, *Pepe Murillo* e Iván Ureña. Ondarza fue el triunfador y se hizo acreedor del trofeo Dr. Zaragoza, así como 100, 000 pesos y un viaje para torear en Sevilla, España.

Domingo 2 de Junio de 1985.-

La justicia se pinta calva y se decidió que siempre no iba Ondarza a Sevilla.

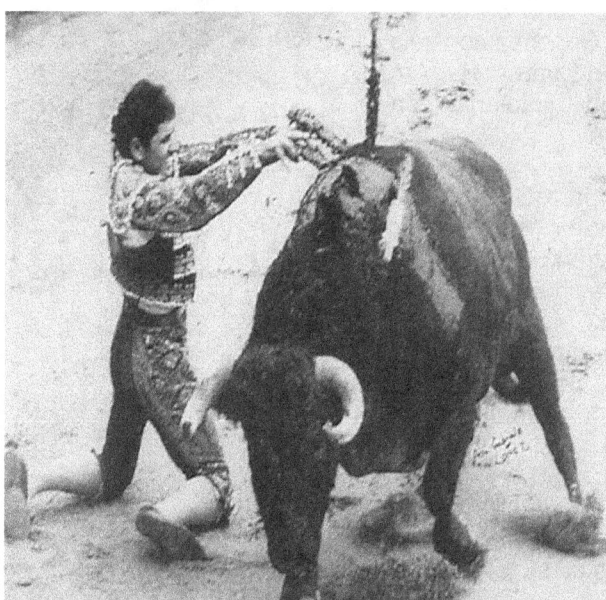

Antes tenía que enfrentarse por ese derecho a *Pepe Murillo*. Se lidiaron para ello, novillos de Mariano Ramírez, volviendo a triunfar Ondarza al cortar una oreja. Murillo no se podía quedar atrás y con la ayuda del juez, también cortó un apéndice que le fue protestado por el público.

Sin embargo, se decidió que el que haría el viaje, sería Murillo así como el traje de torear que obsequió *Manolo Arruza* fue para él. Al término del festejo, se desató un gran chubasco.

Domingo 22 de Septiembre de 1985.-

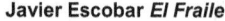

Javier Escobar *El Fraile*

Toros de La Playa para Salvador Villalvazo, Javier Escobar *El Fraile*, Fernando Manuel, Miguel Ángel Martínez, Jorge García *Maravilla* y Guillermo Ibarra. Salvador Villalvazo fue el triunfador al cortar un Apéndice.

Domingo 29 de Septiembre de 1985.-

Cuatro de San Juan, Fracción de San Mateo, dos de Cerro Viejo y uno de El Junco para *Paco Dóddoli*, *Manolo Rangel*, *Manolo Tirado*, *Vito Cavazos* y Silvano González *Gallito*. Oreja para Rangel y dos orejas para Dóddoli tras realizar estupenda faena malograda con el estoque. *Vito* recibió un puntazo en el muslo.

Sábado 5 de Octubre de 1985.-

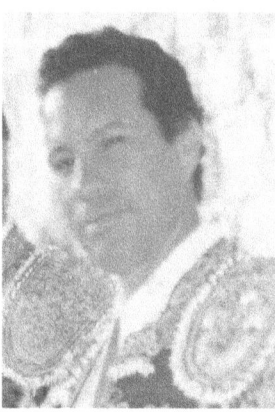

Jorge García *Maravilla*

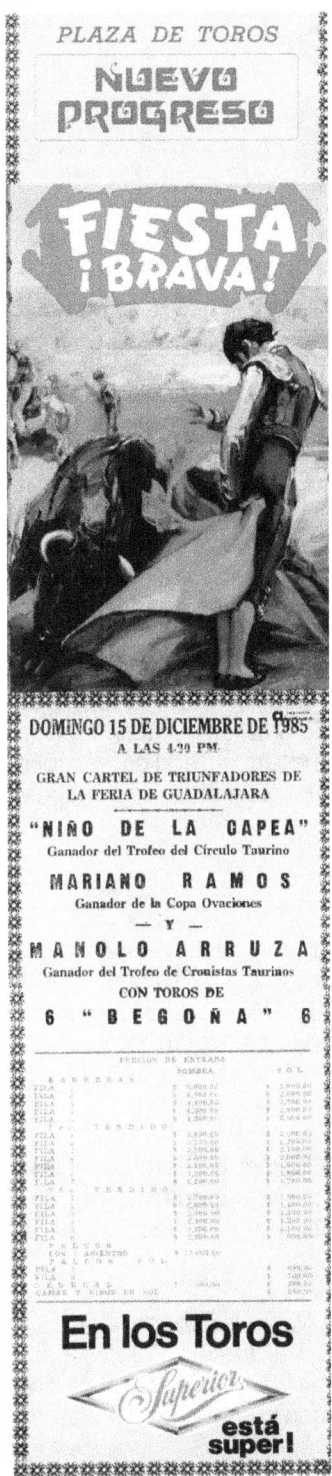

Seis de Golondrinas para *Pepe Murillo*, Hernán Ondarza y la presentación del novillero de 54 años de edad, Fernando Corral *Corralito*. El triunfador del festejo

fue *Corralito* quien dio vuelta en su primero "Suertudo" y cortó la oreja de su segundo, "Saleroso", el sexto de la tarde, saliendo a hombros de la concurrencia. Los otros espadas pecharon con lo malo del encierro.

Domingo 6 de Octubre de 1985.-

Corrida de triunfadores. *Manolo Rangel, Paco Dóddoli*, Javier Escobar *El Fraile* y el sevillano *Manolo Tirado*. *El Fraile* resultó herido en la rodilla y cortó la oreja al realizar riñonuda faena a "Médico" de San Marcos, Dóddoli también resultó herido en el muslo.

Temporada 1985- 1986

Niño de la Capea un profesional del toreo.

En plena madurez artística y humana, se encontraba por esas fechas el salmantino Pedro Gutiérrez Moya *El Niño de la Capea* quien comenzó una larga racha de triunfos en la plaza de Guadalajara.

Como se recordará, se celebró por segunda vez en México un campeonato mundial de balón-pie, lo que motivó a la empresa de toros, a organizar una serie de corridas a las que denominó mundialistas. *El Capea*, fue uno de los actuantes junto con un torero sevillano de nombre *Pepe Luis Vargas* y los nacionales, *Manolo Arruza*, Mariano Ramos, Jorge Gutiérrez y *Cesar Pastor*. Se consolidó por esas fechas, una terna de novilleros compuesta de *Pepe Murillo*, Hernán Ondarza y Alfredo Ferrigno, quien era sobrino de *Manolo Martínez*. La primera fecha de la feria de octubre, sucedió la lamentable pérdida de una joven quien murió en el tendido. En esa tarde actuaban Javier Bernaldo, y Miguel Espinosa con *El Niño de la Capea*.

Foto [Zamora].

Sábado 12 de Octubre de 1985.-

Primera de feria. Corrida de la Hispanidad. Gran faena de *El Capea* al toro "Otra etapa" de Begoña al que cortó las orejas y el rabo, Miguel Espinosa fue el otro alternante junto con Javier Bernaldo. Al finalizar el festejo, una jovencita fue bajada del tendido sin sentido y al llegar a la enfermería, murió su nombre era Claudia Cedidei Aise de 19 años.

Domingo 13 de Octubre de 1985.-

Curro Rivera, Espartaco y Manolo Arruza.
Segunda de feria. Impresionante cornada se llevó *Curro Rivera* del toro "Caracol", primero de la tarde al intentar torear por naturales. La herida fue de dos trayectorias. Arruza cortó una oreja que tiró porque el juez no le dio la otra que el público pedía. *Espartaco* salió sin suerte.

Sábado 19 de Octubre de 1985.-

Manolo Arruza, Miguel Espinosa, Pedro Gutiérrez Moya y *Espartaco*.
Toros de San Mateo que impusieron respeto y seriedad al festejo. Orejas para Mariano Ramos que estuvo en maestro, bronca a *Armillita*. *El Capea* al tercio, *Espartaco* también cortó apéndice. Jorge Gutiérrez y Arruza cumplieron.

Domingo 20 de Octubre de 1985.-

Toros de Los Martínez para Mariano Ramos, *El Capea* y *Curro Rivera*. Gran faena de Pedro Gutiérrez Moya, Mariano Ramos consiguió el triunfo y *Curro* cuajó gran faena y se llevó un puntazo, el encierro resultó de cualidades extraordinarias.

Sábado 26 de Octubre de 1985.-

Astados malos de Jaral de Peñas para *Manolo Arruza* a quien le fue protestada una oreja, vuelta al ruedo de *Nimeño II* quien gustó al público y aviso a Bernaldo quien fue abucheado.

Domingo 27 de Octubre de 1985.-

Toros de Carranco para Mariano Ramos, quien desorejó a sus dos enemigos, Jorge Gutiérrez quien salió al tercio y escuchó pitos y *Espartaco* quien cortó la oreja del sexto y lució un terno en pasamanería negra.

Domingo 3 de noviembre de 1985.-

Toros de José Julián Llaguno para *Cesar Pastor* quien cortó la única oreja y salió a hombros, *El Niño de la Capea* quien dio vuelta al ruedo y *Curro Rivera* quien salió al tercio. El sexto toro saltó al callejón causando momentos de pánico.

Domingo 10 de Noviembre de 1985.-

Encerrona triunfal de *Manolo Arruza*, quien bordó el toreo cortando tres orejas y un rabo a los ejemplares de Tequisquiapan. salió a hombros y pegó 18 pares de banderillas haciendo quites diferentes en todos los toros.

Domingo 27 de Noviembre de 1985.-

Toros de Cerro Viejo para Salvador Villalvazo quien resultó herido de gravedad al ser empitonado por "Ensueño" quien le destrozó la arteria femoral hiriéndolo además en la axila y el vientre, *Nimeño II* quien cortó la única oreja de la tarde y *Cesar Pastor* quien estuvo muy bien en el sexto.

Domingo 1 de Diciembre de 1985.-

Seis de la Playa para Rafael Gil *Rafaelillo*, *Paco Dóddoli* y Javier Escobar *El Fraile*. Solamente *Rafaelillo* cortó oreja.

Domingo 8 de Diciembre de 1985.-

Astados de Riaño para *El Fraile* quien nuevamente se fue al hospital con conmoción cerebral, *El Algabeño* quien resultó, ser el triunfador al cortar la oreja de uno de sus enemigos misma que el público pedía fueran dos, Guillermo Ibarra estuvo voluntarioso y valiente.

Domingo 15 de diciembre de 1985.-

Toros de Begoña para *El Niño de la Capea* quien inmortalizó al noble "Cara Sucia" cortándole las dos orejas y el rabo, Mariano Ramos quien salió al tercio y *Manolo Arruza* quien cortó tres orejas.

1 de Enero de 1986.-

Seis de San Marcos para Rafael Gil *Rafaelillo*, Alfonso Hernández *El Algabeño* y *Cesar Pastor*. *El Algabeño* toreó con cuatro costillas fracturadas al echarle mano su segundo de nombre "Petirrojo" de 549 kilos.

Domingo 12 de Enero de 1986.-

Se anunciaron astados de San Nicolás, encierro que fue parchado con uno de Garfias y otro de La Playa. los espadas fueron: Marcos Ortega, *El Algabeño* y Humberto Moro quien dio vuelta al ruedo.

Domingo 19 de enero de 1986.-

Corrida de rejones en la que actuaron los *forcados* mexicanos, Jorge Hernández Andrés, Gerardo Trueba, *Paco Barona*, Eduardo Funtanet y don Pedro Luceiro quien otorgó la alternativa a su hijo Pedrito. Funtanet cortó una oreja y *Paco Barona* otra.

Domingo 26 de Enero de 1986.-

Ocho de Santacilia para Alfonso Hernández *El Algabeño*, *Roberto Miguel*, *Manolo Tirado* y Fermín Ruiz Vioque de Córdoba, España. *Roberto Miguel* fue llevado a la cárcel por haber insultado al público mentándole la madre y multado con medio millón de pesos. La única oreja de la tarde la cortó el español Vioque.

Domingo 2 de Febrero de 1986.-

Reses de Huichapan para Luis Fernando Sánchez, Manolo Mejía y Ricardo Sánchez. Gran exhibición dio Luis Fernando Sánchez sobre todo, con la muleta negándose a salir a saludar desde el tercio.

Miércoles 5 de Febrero de 1986.-

Seis de Cerro Viejo para Miguel Espinosa *Armillita chico*, Jorge Gutiérrez y *Cesar Pastor* quien resultó el triunfador al cortar cuatro orejas, Miguel abroncado y Gutiérrez saludó desde el tercio.

Domingo 2 de Marzo de 1986.-

Los Forçados Mexicanos, *Paco Barona* y Lalo Funtanet y a pie José Antonio Contreras *El Chatito* y Hugo Gutiérrez con seis novillos de Golondrinas.

Domingo 9 de Marzo de 1986.-

Pedro Jiménez *El Pedrín* quien lidió un novillo de San Marcos, José Manuel Espinosa, uno de Riaño, Marco Antonio Morín, uno de San Francisco de Asís, Alejandro Rodríguez *El Cano*, uno de San Judas Tadeo, Mariano Portillo, uno de Los Martínez, Antonio Sánchez, uno de Covarrubias que fue sustituido por uno de Golondrinas. Morín fue el mejor al dar una vuelta.

Domingo 16 de Marzo de 1986.-

Carlos Vidal, quien toreó un novillo de Sierra Hermosa, *Manolo Rodríguez*, uno de Javier Garfias, Roberto Fernández *El Quitos*, uno de Marcos Garfias, Gustavo Jiménez, uno de Barbachano, Humberto Eguiarte, uno de El Cuadrado, Alfonso López *El Finuras*, uno de Lascurain.

Domingo 23 de Marzo de 1986.-

José Mari Meza cortó oreja y fue sacado a hombros. *Manolo Rodríguez* estoqueó uno de La Playa, *Paco Ramírez*, uno de la Playa, Eduardo Reyes, uno de Covarrubias, Israel Alvarado, uno de Jagüey y José Antonio Reynoso uno de Lascurain. Hubo dos sustituciones con uno de San Jorge y otro de La Playa.

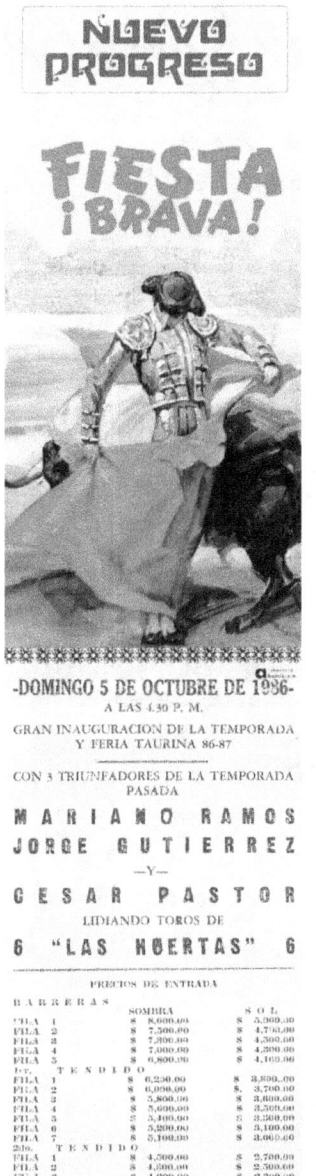

NUEVO PROGRESO

FIESTA ¡BRAVA!

-DOMINGO 5 DE OCTUBRE DE 1986-
A LAS 4.30 P. M.

GRAN INAUGURACION DE LA TEMPORADA
Y FERIA TAURINA 86-87

CON 3 TRIUNFADORES DE LA TEMPORADA
PASADA

MARIANO RAMOS
JORGE GUTIERREZ
—Y—
CESAR PASTOR

LIDIANDO TOROS DE
6 "LAS HUERTAS" 6

PRECIOS DE ENTRADA

En los Toros

Superior

está super!

Domingo 6 de Abril de 1986.-

Novillos de diversas ganaderías para Edgar Bejarano, José Mari Meza, Juan Carlos Díaz, *Manolo Castro*, Héctor Beruña y Alfonso López *Finuras* ,Bejarano fue el triunfador al cortar la única oreja.

Domingo 13 de Abril de 1986.-

Extraordinario encierro de San Martín de Marcelino Miaja y José Chafic para Hernán Ondarza, Alfredo Ferrigno, *Pepe Murillo* y el rejoneador Luis Covalles. Ferrigno indultó al segundo, Murillo estuvo extraordinario con el sexto al que le cortó el rabo y Hernán Ondarza se alzó con tres orejas.

Domingo 20 de Abril de 1986.-

Cuatro de Garfias y cuatro de Covarrubias para Alejandro del Olivar, Hernán Ondarza, Alfredo Ferrigno y *Pepe Murillo*. Faenón de Murillo a "Bermejo" de Covarrubias para cortar una oreja tras pinchar y dos orejas para Murillo de su segundo enemigo. Ambos diestros salieron a hombros de la concurrencia.

Lunes 5 de Mayo de 1986.-

Corrida bufa con el espectáculo del "Torobol" y la presentación del niño torero Arturo Vázquez *Talín* y el torero cómico *Pipiolo*.

Domingo 12 de Mayo de 1986.-

Novillos de Piedras Negras para Ramón González *El Zapaterito*, Mauricio Portillo e Iván Ureña. *Zapaterito* regaló uno y salieron al tercio solamente Ramón y Portillo.

Domingo 18 de Mayo de 1986.-

Novillos de *Manolo Martínez* para Hernán Ondarza quien salió al tercio, Alfredo Ferrigno y *Pepe Murillo* quien cortó la única oreja de la tarde.

Domingo 25 de mayo de 1986.-

Novillos de San Marcos para Alfredo Ferrigno, quien cortó dos orejas, *Pepe Murillo* quien se despidió de novillero y Antonio Vázquez *Talín* quien fue premiado con un apéndice.

Miércoles 4 de Junio de 1986.-

Primera corrida mundialista.- Toros de Mimiahuapan para Pedro Gutiérrez Moya *El Niño de la Capea*, *Manolo Arruza* y David Silveti. Sólo Silveti salió al tercio, *El Capea* gran faena que malogró con la espada y *Manolo Arruza* con quien el público se metió fuerte.

Lunes 9 de Junio de 1986.-

Segunda corrida mundialista .- Toros de José Julián Llaguno para *Curro Rivera*, Mariano Ramos y el español *Pepe Luis Vargas*. Dos estupendas faenas de Mariano Ramos quien cortó una oreja.

Sábado 14 de Junio de 1986.-

Tercera corrida mundialista, Jorge Gutiérrez, *Cesar Pastor* y Javier Bernaldo con seis de Carranco de los cuales cinco fueron magníficos. Gutiérrez cortó dos orejas y *Pastor* una. Se cumplió un año de la muerte de *Raulito Banda* hijo del célebre picador.

Sábado 28 de Junio de 1986.-

Corrida de rejones, cerrojazo de la temporada. Toros de La Playa para *los Forcados* mexicanos, Pedro Luceiro, Gerardo Trueba, *Paco Barona* y *Lalo* Funtanet quien fue el triunfador del festejo.

Domingo 28 de Septiembre de 1986.-

Seis de Salitrillo fracción de Tequisquiapan para el novillero tapatío, *Pepe Murillo* quien se despidió de novillero. Encerrona de *Pepe Murillo*.

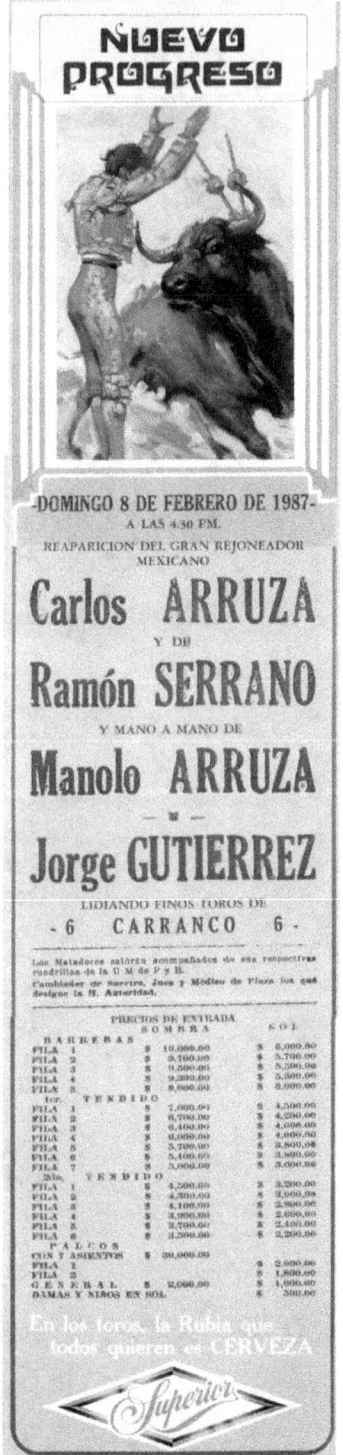

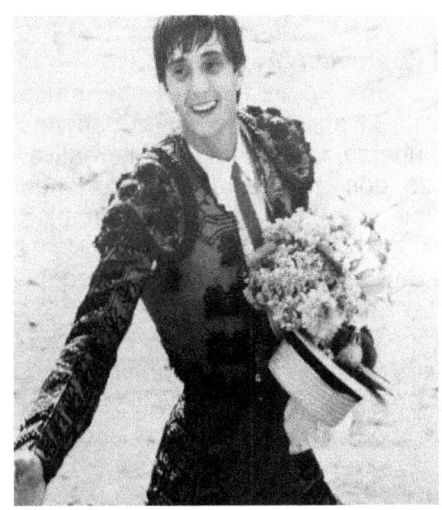

TOROS Zona del mediodía en Lora del Río.
Foto. Marc-Vargas.Fr

Temporada 1986-1987

Expectación por ver a un torero Francés

Dio principio la temporada con la inauguración de la tradicional Feria de Octubre, Fue una temporada, en la que paulatinamente, David Silveti, fue adueñándose del trono del toreo. Su interpretación mística y su valor casi espartano, lo colocaron pronto en el ánimo del público quien le bautizó como *El Rey David*.

Se presentó un torero francés de nombre Christián Montcoquioul apodado *Nimeño II*, torero muy al estilo de la escuela española, gran banderillero y conocedor del oficio, aunque un tanto frío.

Fue una temporada de consolidaciones en las que la atracción principal no aparecía después de la retirada de *Manolo Martínez* y de Eloy Cavazos, parecía como si el hueco que ambos dejaron, nadie lo podría ocupar. Así, hicieron el paseo en Guadalajara. El aguascalentense, Roberto Fernández *El Quitos* quien hizo campaña en Francia logrando uno de sus mayores éxitos en una corrida de Miura y dedicándose a dictar conferencias.

Las filas novilleriles, seguían siendo encabezadas por los Murillo, los Ondarza, Los Ferrigno, Fernando Corral *Corralito* y algunos con algún tiempo de haber tomado los trastos de matador, buscaban un lugar entre los primeros del escalafón. Así, vimos a Alfredo Gómez *El Brillante* entre otros.

Aquella temporada, deberá recordarse, por haberse otorgado en esta plaza, varias alternativas de manera consecutiva la de Hernán Ondarza, la de *Pepe Murillo* y la de Sergio González.

Domingo 5 de Octubre de 1986.-
Toros de Las Huertas para Mariano Ramos, Jorge Gutiérrez y *Cesar Pastor*.- Nada relevante.

Domingo 12 de Octubre de 1986.-
Toros de Tequisquiapan para *Manolo Arruza* y *Cesar Pastor*. El encierro fue parchado con un toro capacho de Cerro Viejo que fue vuelto a los corrales a petición del público y sustituido con uno de Las Huertas.

Domingo 26 de Octubre de 1986.-
Toros de Xajay para *Curro Rivera*, *Nimeño II* y Javier Bernaldo. No hubo

nada relevante.

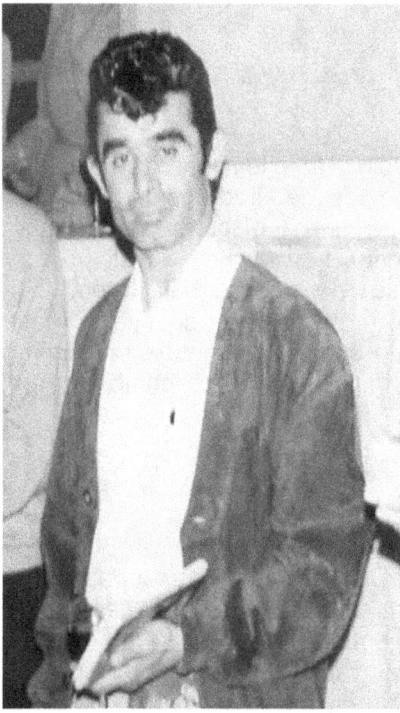

Rafael Gil Rafaelillo

Domingo 2 de Noviembre de 1986.-
Toros de Reyes Huerta para los diestros David Silveti, Luis Fernando Sánchez y Hernán Ondarza quien tomó la alternativa. Silveti realizó dos grandes faenas cortando dos orejas que el público quería que también fueran rabos.

Domingo 9 de Noviembre de 1986.-
Cuatro toros del Junco, uno de Tequisquiapan y otro más de San Francisco de Asís para David Silveti, *Nimeño II* y Francisco Dóddoli. David Silveti estuvo nuevamente superior realizando dos enormes faenas.

Domingo 16 de Noviembre de 1986.-
Toros de Tenexac para Rafael Gil *Rafaelillo*, *Cesar Pastor* y Javier Escobar *El Fraile*. Oreja a *Rafaelillo* por estupenda faena de su segundo enemigo.

Domingo 23 de Noviembre de 1986.-
Toros de Coaxamalucan para Fermín Espinosa *Armillita*, Alfredo Ferrigno y *Pepe Murillo* quien fue elevado a la categoría de

matador de toros. Murillo fue sacado a hombros de la concurrencia.

Jueves 25 de Diciembre de 1986.-
Novillos de Lascurain para Ramón González *Zapaterito*, Alejandro Rodríguez *El Cano* y Mauricio Portillo. "Bandolero" que tocó en suerte a *Zapaterito* fue un novillo excepcional y Ramón lo toreó con buenas maneras por lo que el público pedía la oreja que no se concedió. Ramón González fue otro de esos héroes de la fiesta que nunca alcanzaron la gloria a pesar de la voluntad mostrada tarde a tarde.

Domingo 30 de Diciembre de 1986.-
Toros de Arroyo Zarco para Javier Bernaldo, *Pepe Murillo* y Sergio González quien tomó la alternativa. El doctorado de González fue brillante cortando Sergio la oreja del de la ceremonia.

Domingo 18 de Enero de 1987.-
Corrida parchada para Hernán Ondarza, Alfonso Hernández *El Algabeño* y Rodolfo Rodríguez *El Pana* quien dio vuelta. Sólo Ondarza cortó oreja, *El Algabeño* sin sitio. Las reses fueron de Carranco, El Cuadrado, Tomás Valles y Mariano Ramírez.

1 de Febrero de 1987.-
Toros de San Marcos para Alfredo Ferrigno, *Pepe Murillo*, *José de Jesús* y Sergio González. Oreja a Murillo y salida a hombros, Sergio González vuelta y

Ferrigno al tercio.

Domingo 8 de Febrero de 1987.-

Ocho de Carranco para los rejoneadores, Ramón Serrano, Carlos Arruza hijo y los matadores de a pie, Jorge Gutiérrez y *Manolo Arruza*. Dos excepcionales faenas de Jorge Gutiérrez una al toro "Dominico" al que cortó dos orejas y otra al toro "Marquesito" al que le cortó las orejas y el rabo. *Manolo Arruza* también logró gran faena cortando dos orejas.

Domingo 16 de Febrero de 1987.-

Toros de Amazcala, Zotoluca, Mimiahuapan y uno de regalo de San Marcos. Para los diestros *Cesar Pastor*, Hernán Ondarza y *Nimeño II*. *Nimeño II* resultó herido en el cuello y Hernán Ondarza dio vuelta al ruedo en el de regalo.

Domingo 22 de Febrero de 1987.-

Toros de Tomás Valles para Fernando Corral *Corralito*, Carlos Vidal y Jorge de Jesús *El Glison*. *Corralito* gran faena para dos orejas y herida grave que le interesó el muslo hasta descubrir el fémur y destrozarle la vena safena. Carlos Vidal, se despidió como novillero para tomar la alternativa en Autlán. *El Glison*, estuvo en *El Glison*.

Domingo 1 de Marzo de 1987.-

Toros de La Playa para Aurelio Mora *El Yeyo*, Arturo Díaz *El Coyo* y Alejandro Rodríguez *El Cano*.

Domingo 15 de Marzo de 1987.-

Toros de El Romeral para Mauricio Portillo, Arturo Díaz *El Coyo* y Fernando Corral *Corralito*. Hubo un sustituto de Mimiahuapam.

Domingo 22 de Marzo de 1987.-

Toros de Carranco para Jorge Gutiérrez y *Manolo Arruza*. Jorge cortó una oreja y dio vuelta mientras que Arruza, solamente salió al tercio en uno y dio vuelta en el otro.

Domingo 29 de Marzo de 1987.-

Toros de San Mateo para Sergio González, Hernán Ondarza y *Nimeño II*. El público gritaba "¡Toro, Toro!", ya que cuatro ejemplares de los seis lidiados, fueron extraordinarios.

Domingo 5 de Abril de 1987.-

Toros de Marcos Garfias para *Manolo Sánchez*, Mauricio Portillo y Alejandro Silveti. Portillo realizó dos magníficas faenas, cortando las dos orejas de su primer enemigo.

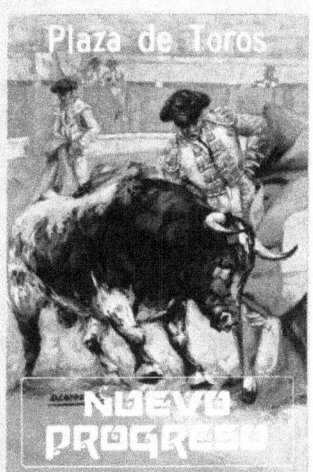

Domingo 1 de Junio de 1987.-

Ganado de San Jorge, fracción de Los Martínez.- Alfredo Padilla *Minuto*, Jorge de Jesús *El Glison* y Carlos Vidal. Cuatro orejas para *Minuto*, dos para *Glison* y gran faena de Vidal quien pechó con lo malo del encierro.

Domingo 17 de Mayo de 1987.-

Toros de Riaño para Carlos Vidal, Humberto Flores e Iván Ureña. Carlos Vidal resultó herido en la parte anterior del muslo. El encierro de Riaño presentó grandes dificultades.

Domingo 24 de Mayo de 1987.-

Novillos de San Martín para Alfredo Padilla *Minuto*, Jorge de Jesús *El Glison* y Mauricio Portillo. Dos orejas a *Minuto* y *El Glison* a la cárcel por mentarle la madre al juez Sahagún. Portillo mal.

Domingo 13 de Septiembre de 1987.-

Ejemplares de Manuel de Haro para Antonio Urrutia, Guillermo Ibarra y Roberto Fernández *El Quitos*. *El Quitos* se convirtió en el triunfador al cortar la única oreja.

Domingo 20 de Septiembre de 1987.-

Seis de Santa Rosa de Lima para Gerardo Vela, Gabriel González, Jesús Salazar, Alfredo Gómez *El Brillante*, Gerardo Ortiz, Rafael Carmona y Rafael González. Vela cortó la única oreja.

Domingo 27 de Septiembre de 1987.-

Toros de San Marcos para Roberto Fernández *El Quitos*, Alfredo Gómez *El Brillante* y Gerardo Vela. La corrida se dio bajo torrencial aguacero.

Temporada 1987-1988

El Retorno a los ruedos de Manolo Martínez

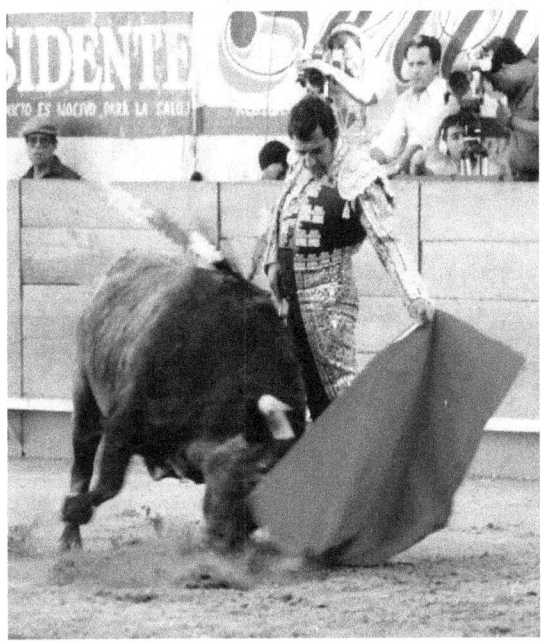

Temporada memorable sin duda, fue aquella, que ante la falta de atractivo real en los carteles, después de cinco años en el retiro, decidió enfundarse nuevamente en el terno de luces el regiomontano *Manolo Martínez*.

Una opinión muy personal, es la de que a *Manolo* le sentó muy bien su ausencia temporal de los ruedos si no en lo físico, ya que mostró una cintura nada envidiable y poca movilidad debido a la gordura, si en lo taurino, ya que evidenció la sapiencia y la represión a que sometió su afición en el retiro.

Hay quien opine, que las mejores campañas de Martínez, fueron durante su primera época, antes del percance de "Borrachón" en México, sin embargo, se había consolidado el de Monterrey, en su regreso, como un verdadero maestro de maestros.

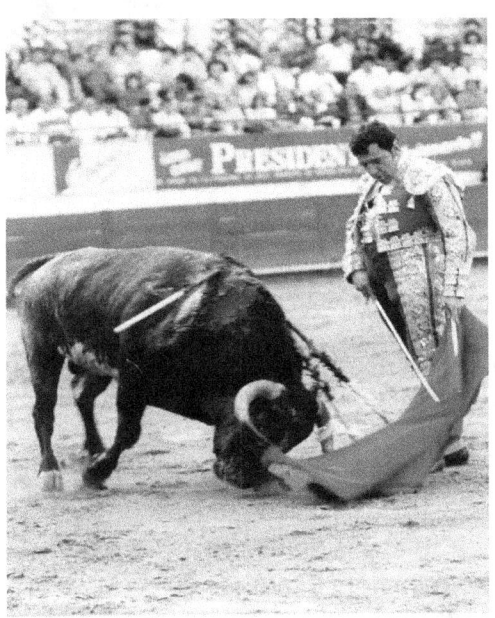

Nuevamente se presentó ante la afición tapatía, Antonio Chenel *Antoñete*. En uno de los festejos, se presentó la ganadería de los hermanos Baruqui, conformando la terna, *Manolo Martínez*, Pedro Gutiérrez Moya y *Curro Rivera*, fue un encierro que presentó dificultad y sosería muy al estilo del toro español. Sin embargo, los diestros estuvieron a la altura y fue realmente interesante observar el desempeño de tres maestros consumados de estilos diferentes y de arte sin límites ante mansos sin crianza.

Domingo 4 de Octubre de 1987.-

Corrida inaugural.- Fuerte encierro de Real de Saltillo, para los espadas

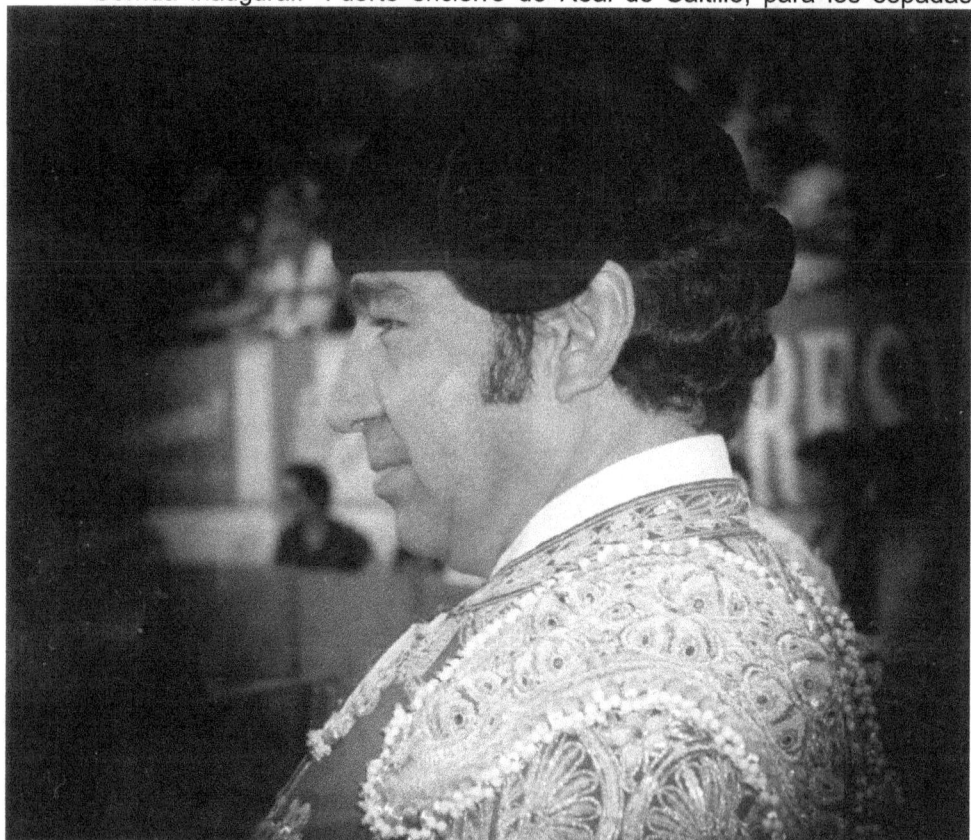

Manolo Martínez quien reaparecía en Guadalajara, Antonio Chenel *Antoñete* y Miguel Espinosa *Armillita chico*. Los astados dieron gran juego y *Manolo Martínez* realizó gran faena a su segundo para cortar dos orejas. Miguel se llevó una.

Domingo 11 de Octubre de 1987.-

Toros de Jorge Barbachano para David Silveti, *Curro Rivera* y *Manolo Arruza*. Dos orejas para *Curro* y una para David Silveti a quien le sustituyeron hasta en tres ocasiones, el sexto de la lidia ordinaria por uno de Tomás Valles, uno de Manuel De Haro y otro de Sierra Hermosa los cuales mostraron la evidencia de ser animales corraleados y el público tapizó con cojines el redondel.

Domingo 18 de Octubre de 1987.-

Toros de Begoña para Eloy Cavazos, Jorge Gutiérrez y Antonio Chenel *Antoñete*. Gutiérrez cortó la oreja de uno de regalo de la divisa de Tequisquiapan. El ganado se cayó constantemente.

Domingo 25 de Octubre de 1987.-

Toros de Las Huertas para *Manolo Martínez*, Pedro Gutiérrez Moya "El Niño de la Capea" y *Manolo Arruza*. *Manolo Martínez* realizó gran faena a

"Robotín" y le cortó las dos orejas. También Arruza y *El Capea* cosecharon un apéndice cada uno.

Domingo 1 de Noviembre de 1987.-

Seis de los Hermanos Baruqui, para *Manolo Martínez, El Niño de la Capea* y *Curro Rivera*. Mejor los toreros que los toros. Lo más relevante del festejo, fue la vuelta al ruedo que dio Carlos Meza *Garnica* después de retirase como subalterno.

Domingo 8 de Noviembre de 1987.-

Toros de San Mateo para Sergio González, *Curro Rivera* y Mariano Ramos. Sergio González realizó superior trasteo a su primero, toreando de capa y muleta para dejar una buena estocada y cosechar un apéndice. *Curro Rivera* acicateado por lo hecho por González, también cortó una oreja. Los de San Mateo, resultaron malos.

Domingo 15 de Noviembre de 1987.-

Toros de San Francisco de Asís para *Cesar Pastor*, Mariano Ramos y David Silveti. *Cesar Pastor* cortó la única oreja del festejo.

Domingo 29 de Noviembre de 1987.-

Toros de El Junco, Barbachano y San Marcos para Pedro Gutiérrez Moya, Jorge Gutiérrez y Manolo Arruza. *El Capea* cortó la oreja a su segundo mostrando gran profesionalismo y calidad.

Domingo 6 de Diciembre de 1987.-

Toros de San Manuel, San Marcos, La Paz y del Junco para Jorge Gutiérrez, Guillermo Capetillo y Sergio González. Jorge cortó oreja, *El Capea* se reportó enfermo por lo que fue sustituido.

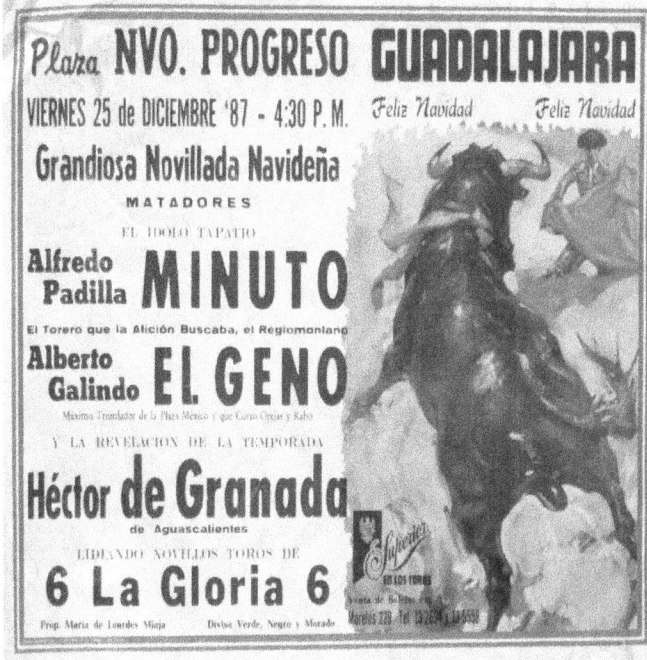

Viernes 25 de Diciembre de 1987.-

Seis novillos de La Gloria, para Alfredo Padilla *El Minuto*, Alberto Galindo *El Geno* y *Héctor de Granada*. Los tres alternantes cortaron sendas orejas cada uno. La ganadería fue multada por mandar becerros en vez de novillos.

Domingo 24 de Enero de 1988.-

Seis de Pepe Garfias y uno más de San Manuel para los rejoneadores don Pedro Luceiro, Gerardo Trueba, *Paco Barona* y la alternativa de Fernando Castello Branco. Atestiguó el acto, *Conchita Cintrón*, madre del toricantano. Castello Branco cortó oreja en el de la ceremonia y los *caballeiros* Barona y Trueba fueron paseados a hombros. Actuaron también, *los Forçados Mexicanos.*

Domingo 21 de Febrero de 1988.-

Novillos de Golondrinas para Alberto Galindo *El Geno*, Arturo Díaz *El Coyo* y *Joselito Ruiz.* Ruiz se llevó cornada de tres trayectorias en el muslo derecho y ganó el trofeo Ciudad de Guadalajara. *El Geno* dio vuelta al ruedo.

Domingo 28 de Febrero de 1988.-

Toros de Garfias para Eloy Cavazas, Joaquín Bernadó y Jorge Gutiérrez. Eloy Cavazos cortó la oreja de "Socorrista" Gutiérrez fue aplaudido y Bernadó pasó desapercibido.

Domingo 20 de Marzo de 1988.-

Toros de Cerro Viejo para *Manolo Martínez*, Miguel Espinosa *Armillita* y Roberto Fernández *El Quitos*. *Manolo Martínez* ofreció un verdadero recital de buen toreo obteniendo meritorio triunfo ante un huidizo manso, su segundo. *El Quitos* mostró su insipiencia y *Armillita* cumplió con los de su lote.

Domingo 1 de Mayo de 1988.-

Toros de Barbachano para *Manolo Martínez* y Miguel Espinosa. *Manolo* recibió un cojinazo en la cabeza.

Domingo 18 de Septiembre de 1988.-

Toros de San Juan, Mariano Ramírez, Corlomé y San Marcos para siete matadores de Jalisco. Silvano González *El Gallito*, Edgar Bejarano, *Pepe Murillo*, Salvador Villalvazo, Jesús de Anda, *Roberto Miguel* y Carlos Vidal. *Gallito* Fue el triunfador al cortar dos apéndices. Murillo cortó una.

Domingo 25 de Septiembre de 1988.-

Seis de Tepayahualco para *Pepe Murillo*, Edgar Bejarano, Eulalio López *El Zotoluco*, Cruz Flores, Julián Villela y José Lorenzo Garza. Garza dejó ir vivo su toro. *El Zotoluco* oreja por valiente y poderosa faena.

Temporada 1988-1989

David Silveti "El Rey David"

Varias son las cosas que se pueden destacar de aquella temporada que dio inicio en octubre durante la feria. La presentación en Guadalajara de dos toreros peninsulares, que darían mucho de que hablar en la historia taurina no tanto de México y si en la de España y en un esquema mundial. Vicente Ruiz *El Soro* que tuvo un debut afortunado y la oportunidad de volver loca a la afición tapatía con su espectacularidad. Con su característico terno *champagne* y oro, se mostró como un banderillero de cualidades excepcionales y en su primer tarde, logró hacerse de cuatro orejas y dos rabos. El otro diestro que pisó por vez primera Guadalajara, fue José Miguel Arrollo *Joselito* quien venía precedido de una fama de promesa importante, cosa que aquí no se le pudo ver y si en México casi diez años después al realizar una de las faenas más sublimes de que se tenga memoria en aquella plaza.

Manolo Martínez, siguió siendo el mandón y ahora comenzaba a destacar como un ganadero exitoso. Una de sus corridas, fue lidiada por él mismo, al lado de Jorge Gutiérrez quien por cierto, realizó una gesta inolvidable de valor y torería ante el toro "Tribilín" que lo corneo de fea manera al intentar torearle de capa. Gutiérrez escapó de la enfermería, con el muslo atravesado y las primeras curaciones, teniendo la hombría de cuajar una meritoria faena que tras un soberbio volapié, hizo rodar al toro y recibir por ello, las orejas y el rabo del burel.

En esa memorable tarde, Alejandro Silveti, hermano de David, indultó a uno de los que le correspondieron y *Manolo* realizó algo nunca visto en él, se hincó de rodillas para lancear de capa ante el asombro del público y el escarnio de algún sector, que comenzó a anunciar, el inminente declive de una figura de

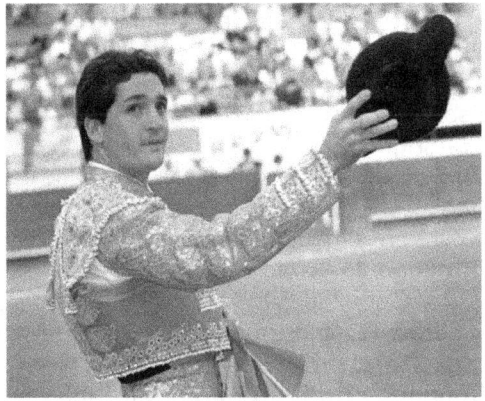

Vicente Ruiz *El Soro*

época y el ungimiento de otro que intempestivamente, comenzó con su nombre a atiborrar las gradas de la plaza Nuevo Progreso. David Silveti, *El Rey*.

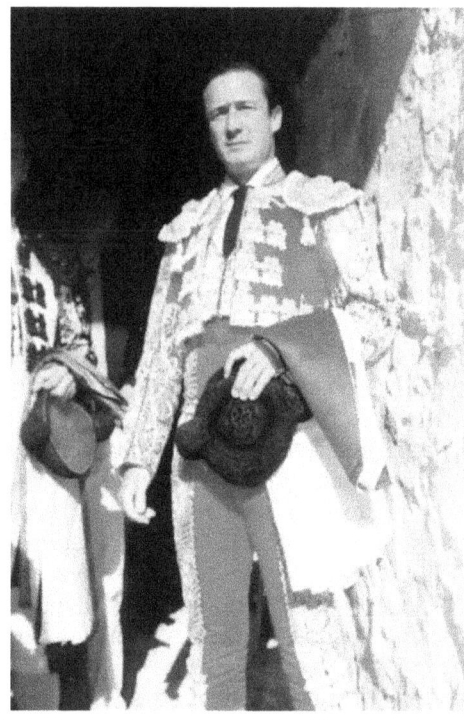
José Mari *Manzanares* Foto [Castellón].

Domingo 9 de Octubre de 1988.-
Toros de Barbachano para los espadas *José Mari Manzanares* de Alicante, España, Jorge Gutiérrez y *Manolo Arruza*. Jorge Gutiérrez se llevó dos apéndices y *Manzanares* una.

Domingo 17 de Octubre de 1988.-
Toros de Xaxay para *Manolo Martínez*, *Curro Rivera* y David Silveti. Silveti estuvo espléndido con capa y muleta, bordando al toro "Tequilero" para cortarle una oreja. El público satisfecho y el juez muy exigente.

Domingo 23 de Octubre de 1988.-
Toros de Teófilo Gómez para *Manolo Martínez*, *Manolo Arruza* y David Silveti. Silveti realizó dos magníficas faenas a los toros "Compadrito" y "Revoltoso". El público exigía el rabo del primero pero todo quedó en dos orejas. Desde entonces a David se le llamó *El Rey*.

Domingo 30 de Octubre de 1988.-

Concurso de ganaderías, se lidiaron reses de Celia Barbabosa, Tequisquiapan, Fernando de la Mora, Carranco, Cerro Viejo, Santiago y Xaxay. Actuaron David Silveti y *José Mari Manzanares* quien fue el triunfador al cortar un apéndice del toro de Tequisquiapan de nombre "Ibero".

Domingo 6 de Noviembre de 1988.-
Astados de La Venta del Refugio para los espadas, Jorge Gutiérrez, Miguel Espinosa *Armillita* y Manuel Capetillo. Jorge cortó las dos orejas del toro "Colorín".

Domingo 13 de Noviembre de 1988.-
Toros de Manuel de Haro para Vicente Ruiz *El Soro*, Rafael Gil *Rafaelillo* y *Pepe Murillo*. *El Soro* se alzó como el nuevo ídolo de la afición tapatía al cortar cuatro orejas y un rabo mostrándose como un extraordinario banderillero.

Domingo 20 de Noviembre de 1988.-
Toros de San Marcos para los espadas Vicente Ruiz *El Soro*, *Paco Dóddoli* y Sergio González. González y Dóddoli se llevaron un apéndice cada uno ante pésimo encierro.

Domingo 27 de Noviembre de 1988.-
Toros de Corlomé para Javier Bernaldo, José Luis Palomar de España y *Cesar Pastor*. Bernaldo se llevó el cántaro al agua al realizar gran faena al toro "Festejado" al que le cortó una oreja.

Domingo 29 de Enero de 1989.-

Seis de Real de Saltillo para Eloy Cavazos, David Silveti y José Miguel Arroyo *Joselito*. La plaza registró espectacular lleno. Tanto Silveti como Cavazos, cortaron entre ambos, cinco orejas y dos rabos, *Joselito* pasó inédito.

David fue sacado a hombros después de haber despachado a "Arrogante" un toro de regalo que lo hirió al entrar a matar.

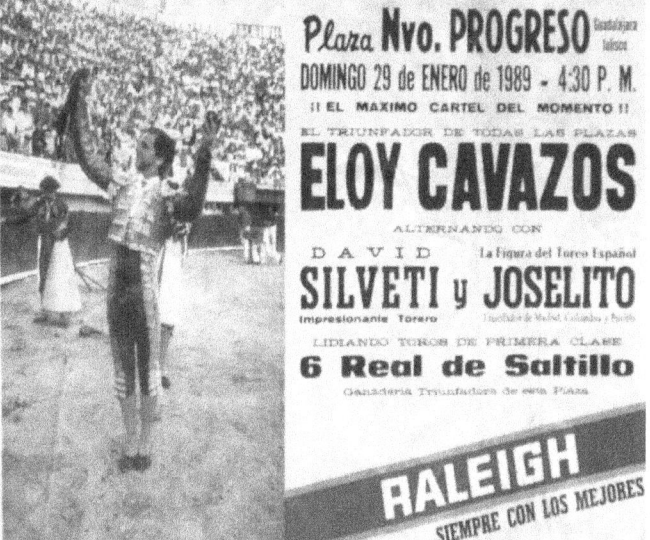

Domingo 19 de Febrero de 1989.-

Ganado de tres dehesas. San Felipe Torres Mochas, Tequisquiapan y *Manolo Martínez* para los matadores, *Curro Rivera*, Miguel Espinosa y Arturo Díaz *El Coyo* quien recibió la alternativa. *Curro* cortó una oreja y el *toricantano* Díaz dos en el sexto y vuelta en el de la ceremonia.

Domingo 26 de Febrero de 1989.-

Toros de *Manolo Martínez* para *Manolo Martínez*, Jorge Gutiérrez y Alejandro Silveti. Corrida memorable en la que Alejandro Silveti a pesar de su insipiencia indultó a "Cumplido", Jorge Gutiérrez, le cortó las orejas y el rabo a "Tribilín" después de haber sido empitonado al intentar realizar un quite por gaoneras y haberse escapado de la enfermería. *Manolo Martínez* inesperadamente y ante lo realizado por sus alternantes, se hinco de rodillas para lancear con un afarolado a uno de regalo de su propia dehesa de nombre "Como bien".

Domingo 5 de Marzo de 1989.-

Toros de *Pepe Garfias* para *Manolo Martínez*, David Silveti y Jorge Gutiérrez. Una oreja a Gutiérrez por gran faena a su segundo, *Manolo* sublime, lo que se puede resumir en una cátedra de un gran maestro del toreo ante dos jóvenes maestros del toreo. Silveti obsequió uno.

Domingo 13 de Marzo de 1989.-

Toros de don Reyes Huerta para Humberto Flores, Alfredo Lomelí y Jorge de Jesús *El Glison*. Solamente Lomelí, cortó apéndice.

Domingo 23 de Abril de 1989.-

Toros de Cerro Viejo para *Manolo Martínez*, David Silveti y José Miguel Arroyo *Joselito*. Triunfo grande de *Manolo* al torear soberbiamente a "Delirio".

Domingo 15 de mayo de 1989.-

Novillos de *Manolo Martínez* para Diego Bricio quien se llevó cornada de tres trayectorias, Carlos Alberto Barbosa *El Peque* y Alfredo Lomelí.

Domingo 21 de Mayo de 1989.-

Toros de La Tienta, para los rejoneadores Carlos Arruza, Jorge Hernández Andrés, Luis Covalles y Gerardo Trueba. Actuó como sobresaliente el novillero veterano Abel Solano *El Solano*. Y realizaron sus pegas, *Los Forçados* de Celaya. Quienes se llevaron la tarde.

Temporada 1989 1990

Gran faena de "El Niño de la Capea" a "Guitarrero" de Tequisquiapan

El atractivo en los carteles, siguieron siendo los toreros peninsulares *El Niño de la Capea*, Y *José Mari Manzanares* y las figuras mexicanas que no cedieron un ápice en el escalafón. Sin embargo, comenzó a despertar el interés de los aficionados un enrachado Miguel Espinosa *Armillita chico*. Recuerdo la tarde en que *El Capea* luciendo uno de sus trajes preferidos, el grana y oro, toreo por nota al noble y bravo "Guitarrero" de Tequisquiapan en una de las faenas de mayor sapiencia torera que se hayan realizado en el Nuevo Progreso de Guadalajara. Jesús Lemus, aficionado, juez de plaza y comentarista taurino opinó:[1]

Fue una cátedra magistral de geometría descriptiva. Trazó sobre la arena líneas rectas, curvas, ángulos, triángulos, circunferencias, parábolas e hipérboles de la más correcta ejecución. Definiendo en relación al tiempo y el espacio una obra de arte difícil de superar. Yendo siempre a más, elevándose como el incienso, moldeó en oro macizo, sin un ápice de bisutería, la faena que cambió la tauromaquia en tauromagia.

Esa tarde antes de comenzar el festejo, el tenor Alejandro Algara, interpretó magistralmente, juntamente con la banda de la plaza, una selección de pasodobles de Agustín Lara.

Jorge Gutiérrez por su parte, seguía cortando rabos y presentándose como indispensable, en la confección de los carteles postineros. Así, Gutiérrez bordó literalmente a "Anda Solo" de *Manolo Martínez* toro al que de inicio lanceó con aseo y quitó por "Orticinas", inició de muleta con las rodillas en tierra para destacar una serie en redondo rematada con pulcritud y sepultar la espada en todo lo alto para hacerse merecedor a los máximos trofeos. Esto, el 29 de octubre.

Domingo 15 de Octubre de 1989.-

Inauguración de la temporada. Seis de Tequisquiapan para Pedro Gutiérrez Moya *El Niño de la Capea*, Manolo Arruza y Jorge Gutiérrez. *El Niño de la Capea* se llevó el gato al agua, al realizar enorme trasteo al toro "Guitarrero" al que inmortalizó cortándole las dos orejas y el rabo. Jorge por su parte, realizó gran faena al toro "Rompelindes" de quien el juez negó los apéndices y Jorge fue obligado a dar dos vueltas al ruedo ante el reclamo popular hacia la autoridad. Arruza bien con la capa y las banderillas. Alejandro Algara, fue invitado a cantar acompañado de la banda e interpretó los más famosos pasodobles del músico poeta Agustín Lara.

Domingo 21 de Octubre de 1989.-

---

[1] Lemus Jesús, "El Capea y Guitarrero de Tequisquiapan", *Pregón Taurino*, Año 1 N° 6 Guadalajara: viernes 27 de octubre de 1989, p. 5

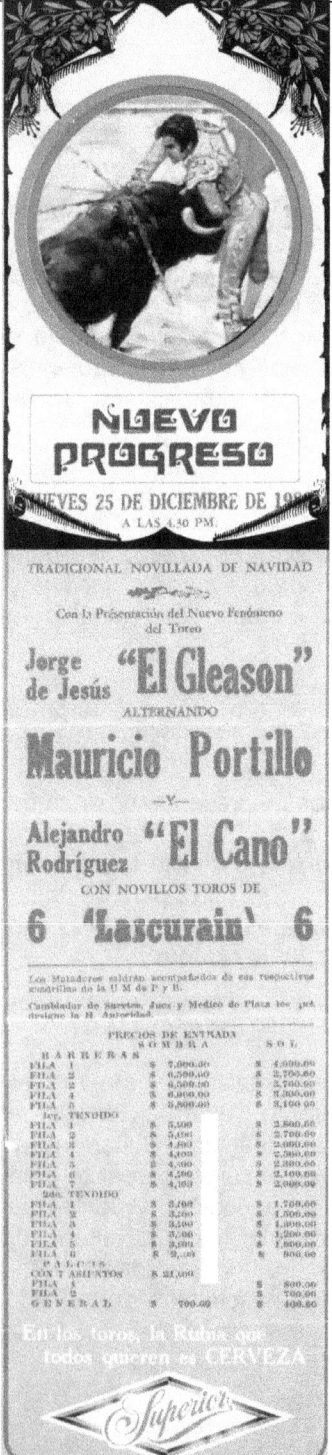

Novillos de Rodrigo Aguirre para los triunfadores de la Plaza México Enrique Garza y Alfredo Lomelí.

Domingo 22 de Octubre de 1989.-

Toros de Real de Saltillo para Eloy Cavazos, *José Mari Manzanares* y Miguel Espinosa *Armillita chico*. Eloy Cavazos cortó dos orejas, Miguel y *Manzanares* pusieron la nota artística.

Domingo 29 de Octubre de 1989.-

Toros de Martínez Ancira para los diestros *Manolo Martínez*, Pedro Gutiérrez Moya *El Niño de la Capea* y Jorge Gutiérrez. Jorge Gutiérrez cortó el rabo de "Andasolo", *Manolo* regaló uno y lo toreó aseadamente y *El Capea* cortó una oreja.

Domingo 5 de Noviembre de 1989.-

El Festejo fue suspendido por no reunir los toros, los requisitos del reglamento. Eran de "Los Martínez" y estaban en el cartel, *Curro Rivera*, *El Niño de la Capea* y *Armillita Chico*.

Domingo 12 de Noviembre de 1989.-

Toros de Carranco para los espadas, *José Mari Manzanares* y Jorge Gutiérrez. Hubo un sustituto de Martínez Ancira. El juez estuvo muy escrupuloso y negó trofeos.

Domingo 19 de Noviembre de 1989.-

Toros de varias ganaderías para *Niño de la Capea*, *Curro Rivera* y Miguel Espinosa *Armillita*. Dos orejas para *El Niño de la Capea* por excelente faena. Se corrieron astados de Salitrillo, Reyes Huerta, Fernando de la Mora, Tequisquiapan, Cerro Viejo y San Martín.

Domingo 26 de Noviembre de 1989.-

Toros de José Julián Llaguno para *Manolo Arruza*, *Miguel Espinosa*, y Jorge Gutiérrez. Jorge cortó la única oreja de la tarde.

Sábado 2 de Diciembre de 1989.-

Festival taurino en el que se lidiaron novillos de Javier Garfias, La Ventilla, Carranco, Golondrinas, Barbachano y *Pepe Garfias*. Torearon: Alfredo Leal, *Joselito Huerta*, Eloy Cavazos, *Manolo Arruza*, Guillermo Capetillo, Alejandro Silveti y *José Mari Manzanares* quien no alcanzó a vestirse con traje de torear y actuó en elegante traje y corbata de calle. Los triunfadores fueron Eloy, *Joselito* y *Manzanares* quienes cortaron dos orejas a sus respectivos toros.

Domingo 3 de Diciembre de 1989.-

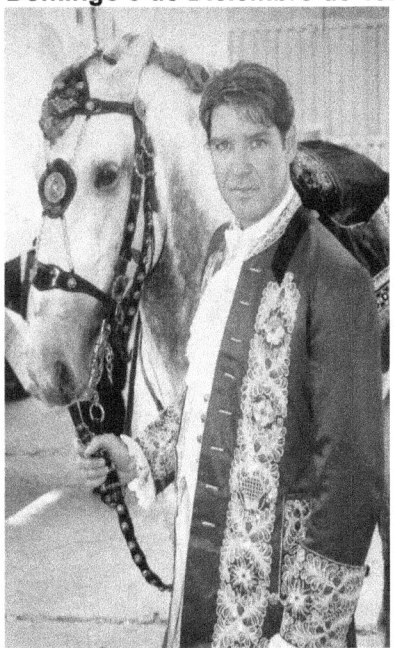

Rodrigo Santos Foto [Zamora].

Seis de Mimiahuapam para *Manolo Martínez*, Pedro Gutiérrez Moya *el Niño de la Capea* y Miguel Espinosa *Armillita*. Manolo cortó las dos orejas de su segundo, *El Capea* dos orejas y Miguel dio una exhibición de buen toreo aunque falló con el acero.

Lunes 25 de Diciembre de 1989.-

Seis de Manuel De Haro para Alfonso Hernández *El Algabeño*, *Cesar Pastor* y el español Vicente Ruiz *El Soro*.

Domingo 21 de Enero de 1990.-

Seis Toros de La Ronda para los rejoneadores Gerardo Trueba, *Paco Barona,* Fernando Castello Branco, Rodrigo Santos y *Los Forçados de Guadalajara* y *México* y a pie, los matadores Silvano González *Gallito* y el portugués Eduardo de Oliveira. La corrida fue en homenaje a *Conchita Cintrón La diosa rubia del toreo*.

Domingo 11 de Febrero de 1990.-

Toros de San Mateo para Pedro Gutiérrez Moya *El Niño de la Capea*, Jorge Gutiérrez y Arturo Díaz *El Coyo. El Coyo* cortó la única oreja.

Domingo 18 de Febrero de 1990.-

Toros de San Marcos para el rejoneador Rodrigo Santos y los matadores Eloy Cavazos, *José Mari Manzanares* y Sergio González. Dos orejas para Cavazos y dos para González.

Domingo 25 de Marzo de 1990.-

Cerrojazo de la temporada. Toros de Garfias para Eloy Cavazos, Jorge Gutiérrez y Arturo Díaz *El Coyo*. Jorge Gutiérrez, cortó las orejas y el rabo del toro "Pachano", *El Coyo* cortó las orejas y el rabo del toro "Golondrino" y Eloy Cavazos cortó las dos orejas del toro "Buena época". La empresa representado por el Ing. Álvaro Preciado se despidió después de dar festejos durante sesenta años.

Temporada 1990-1991

Consternación en el medio tras la muerte de "El Minuto"

A Guillermo Capetillo, comenzaron a promocionarle de manera excesiva, la gran publicidad que le daba aparecer en las telenovelas de moda, llenaron de féminas, la plaza, cada que se anunció para torear.

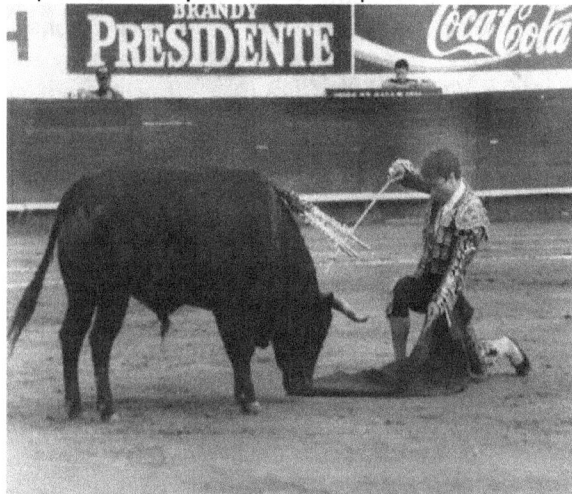

El torero de La Viga, Mariano Ramos, siguió entusiasmando a la concurrencia significándose como un torero mandón ante el toro. Conocedor como ninguno, de las condiciones de los astados y por ello, año con año apareció anunciado en los carteles.

Se presentó en Guadalajara, Fernando Lozano torero de San Luis Potosí avecindado en Madrid, España e hizo su reaparición, después de varias décadas Roberto Domínguez quien asombró a la afición, con su espectacular manera de descabellar a los toros con una rodilla en tierra. La prensa capitalina, sin embargo, le reprochó su toreo efectista, decían.

La tragedia, la marcó la desaparición de *El Minuto*, quien no resistió la operación de riñón que le practicaron, falleciendo finalmente y dejando una incógnita en la mente de los buenos aficionados con respecto a si hubiera logrado figurar como matador.

Domingo 7 de Octubre de 1990.-
Mariano Ramos, Jorge Gutiérrez y Arturo Díaz *El Coyo* con seis de José Julián Llaguno. El Triunfador fue Jorge con oreja, la única de la tarde.
Domingo 14 de Octubre de 1990.-
Manolo Arruza, Guillermo Capetillo y Alejandro Silveti. Seis de Xajay. Silveti con hambre de triunfo y Arruza en busca del reencuentro mientras que Capetillo no convencía a nadie, sólo a un sector de la prensa.
Domingo 21 de Octubre de 1990.-
Eloy Cavazos. Miguel Espinosa *Armillita* y Alfredo Lomelí y seis de Begoña. Los toros de *Manolo* deslucieron. Buena entrada.
Domingo 28 de Octubre de 1990. -

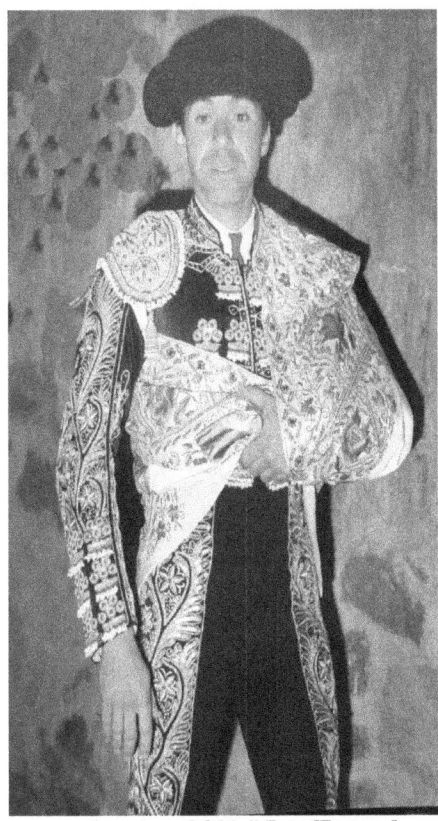

Francisco Dóddoli Foto [Zamora].

Curro Rivera, Jorge Gutiérrez y *Pepe Murillo* con seis de Santiago. Dos faenas de Gutiérrez convirtiéndose en triunfador de la tarde y de la feria.

Domingo 8 de noviembre de 1990. -

Eloy Cavazos, José Ortega Cano y *Armillita chico* con seis de Begoña.

Noviembre 11 de 1990. -

Rafael Gil *Rafaelillo*, *Paco Dóddoli* y *José Luis Herros* lidiando un fuerte encierro de Huichapan. Sólo *Paco Dóddoli* lució cortando la única oreja de la corrida.

Domingo 18 de noviembre de 1990.

Corrida de rejones.- Seis de San Marcos para Jorge Hernández Andrés, *Paco Barona*, Fernando Castello Branco, Rodrigo Santos, *Los Forçados* de Celaya y los de México. Santos triunfó. Toros para los de a pie sacrificados en caballos.

Domingo 25 de noviembre de 1990.

Curro Rivera, Mariano Ramos y Alfredo Lomelí con seis de San Felipe Torres Mochas. Mariano oreja, Lomelí, silbidos y Curro, bronca.

Domingo 2 de diciembre de 1990. -

Octava de la temporada. Miguel

Espinosa y Fernando Lozano. y Enrique Garza con seis de Tequisquiapan. *Armillita* tres orejas, Garza al tercio y Lozano gustó.

Domingo 16 de diciembre de 1990.-

Roberto Domínguez con *Armillita chico* y Alejandro Silveti. Silveti desperdició los dos mejores del encierro. Gustó el toreo de Domínguez y le fue celebrada su manera de descabellar.

Lunes 24 de diciembre de 1990. - Apareció un anuncio que decía:

"La empresa de la plaza de toros de Guadalajara, Jalisco. Con todo respeto, hace del conocimiento del público, que debido a la poca asistencia presentada en las nueve corridas de toros presentadas en la actual temporada, que ha ocasionado además importantes pérdidas, se ve en la necesidad de no celebrar las corridas programadas para complementar el derecho de apartado.

Por lo anterior las personas tenedoras de derecho de apartado, podrán pasar a las taquillas de la plaza a fin de recibir el reembolso correspondiente de las tres corridas no celebradas, a partir del próximo día 26 de diciembre de 11 a.m. a 14 horas. Atentamente: Espectáculos de Occidente."

Corrida extraordinaria.-

Eloy Cavazos, Miguel Espinosa *Armillita chico* y Jorge Gutiérrez con toros de Begoña.- Tarde triunfal de los tres diestros.

Marzo 17 de 1991. -

Mariano Ramos, Miguel Espinosa *Armillita chico* y Jorge Gutiérrez con seis de Cerro Viejo. Mariano fue sustituido por Arturo Díaz *El Coyo. Armillita* fue el triunfador. *El Coyo* una oreja.

"Murió Alfredo Padilla *Minuto.* **Lunes 25 de marzo de 1991.** Sus restos fueron velados en las calles de Industria y cruzamiento con la cuarenta." Así decía uno de los encabezados de la prensa de esa fecha.

Temporada 1991-1992

Silvano González Gallito
protagonizó un escándalo
que le cerró las
puertas del Nuevo Progreso para siempre.

Esa temporada la recordará siempre el ídolo tapatío Silvano González *Gallito*, como la que marcó el fin de su carrera en los ruedos. Tiempo después le veríamos en el callejón haciendo de autoridad. La falta de visión del gerente Sahagún, impidió se programara de nueva cuenta a González quien provocó la expectación de los aficionados.

La noticia de la desaparición del francés *Nimeño II* conmocionó a la afición guadalajarense y lo dicho, Miguel Espinosa siguió brindando verdaderas cátedras de bien torear consolidándose como gran figura del toreo en esta plaza. Comenzó a brillar la estrella de un tapatío en la persona del diestro Alfredo Lomelí. Tardaría diez años, en mostrar su auténtica valía ante la afición exigente de la plaza México. Una tragedia, conmocionó al mundo entero. Las calles de una vasta zona de Guadalajara, fueron brutalmente destruidas por una explosión subterránea propiciada por la negligencia gubernamental de aquel tiempo. Esto sucedió durante el mes de abril y los desaparecidos, se contaron por cientos. Una corrida de toros sirvió para recordar y hacer beneficio a los deudos de los fallecidos.

Sábado 5 de octubre de 1991.-
José Mari Manzanares, Mariano Ramos, Alejandro Silveti con seis de Cerro Viejo. Inoportuno chubasco dejó inconclusa la corrida inaugural, destacaban *Manzanares* y Silveti.
Domingo 6 de octubre de 1991.-
José Mari Manzanares, Miguel Espinosa *Armillita* y la alternativa de Carlos Alberto Barbosa con seis de Los Martínez. Barbosa y Miguel hicieron lo más destacado, *Armillita* salvó el festejo.
Sábado 12 de octubre de 1991.-
Silvano González *Gallito*, *Pepe Murillo*, Arturo Díaz *El Coyo* y Alfredo Lomelí con ocho de San Marcos. Accidentada corrida en la que *Gallito* fue arropado por su primero yéndose a la enfermería y regresando durante la lidia del segundo que le correspondía y que lidiaba en ese momento *El Coyo*. Después de esa corrida *Gallito* no actuó más en la plaza del Nuevo Progreso en calidad de matador de toros.
Domingo 13 de octubre de 1991.-
Despedida de Antonio Lomelí, *Curro Rivera* y Miguel Espinosa *Armillita* con seis de Campo Alegre. Ligó *Armillita* dos grandes faenas, saliendo a hombros. Tarde de Apoteosis de Miguel. Lomelín se vistió de luces por última vez en Guadalajara.
Sábado 19 de octubre de 1991.-

Miguel Espinosa *Armillita*, *Niño de la Capea* y Jorge Gutiérrez con seis de Mimiahuapan o Begoña. En plan grande *Armillita* quien cortó cuatro orejas y llegó a siete en lo que iba de la temporada. Tarde histórica al volver a armarla Miguel.

Domingo 20 de octubre de 1991.-

Mariano Ramos, *Armillita Chico* y Manuel Capetillo con seis de Xajay. Sinfonía torera de Miguel al cortar dos orejas, Mariano tuvo torerísima tarde malogrando sus faenas con la espada. Capetillo bien en su primero uno de Cerro Viejo, los de Xajay faltos de clase.

Sábado 26 de octubre de 1991.-

Mariano Ramos, *Niño de la Capea* y Jorge Gutiérrez con J. Julián Llaguno. *El Capea* resultó triunfador al cortar dos orejas al realizar gran faena con ganado propio para el lucimiento.

Domingo 27 de octubre de 1991.-

Eloy Cavazos. *Curro Rivera* y David Silveti con seis de Begoña o Mimiahuapan. Despedida del picador Israel Vázquez. Talentosas faenas de Eloy y *Curro.*

El 29 de octubre de 1991.-

David Silveti Foto [Flores].

Apareció la nota que daba conocimiento de la muerte en Europa del torero francés Cristián Montcoquiol *Nimeño II.*

Domingo 1 de diciembre de 1991.-

Cartel de lujo.- Arturo Gilio, Arturo Manzur y Mario del Olmo con seis novillos de Cerro Viejo. Orejas para Gilio y Manzur y cornada a del Olmo.

Miércoles 1 de enero de 1992.-

El Niño de la Capea mano a mano con Miguel Espinosa *Armillita* y un encierro de Begoña. *Armillita* cortó la única oreja triunfando en la corrida de año nuevo.

Domingo 16 de febrero de 1992.-

Eloy Cavazos y Miguel Espinosa con Manuel Capetillo y toros de Begoña. Se celebró el 450 aniversario de la fundación de la ciudad de Guadalajara. Gran faena de Miguel y corte de dos orejas, Eloy vuelta al ruedo al fallar con la toledana.

Domingo 15 de marzo de 1992.-

11ava gran corrida.- Cuatro tapatíos. *Pepe Murillo*, Arturo Díaz *El Coyo*,

Alfredo Lomelí y Carlos Alberto Barbosa con ocho de Campo Alegre. Murillo y Lomelí estuvieron en plan de figura con el gran encierro de Campo Alegre.

Domingo 5 de abril de 1992.-

12ava. gran corrida.- El maestro Mariano Ramos, *Cesar Pastor* y la gran revelación Alfredo Lomelí con Cerro Viejo. última corrida de la temporada. Alfredo Lomelí cortó dos orejas y *Pastor* una. Mariano estuvo desganado.

Domingo 14 de junio de 1992.

Corrida pro damnificados de las explosiones del 22 de abril.- El rejoneador Ramón Serrano, Eloy Cavazos, *Curro Rivera*, *Manolo Arruza*, Miguel Espinosa *Armillita chico*, *Joselito Ruiz*, Alfredo Lomelí con siete de Celia Barbabosa y uno de Santiago. Orejas para Eloy y Mariano. Un toro magnífico de Santiago.

Temporada 1992-1993

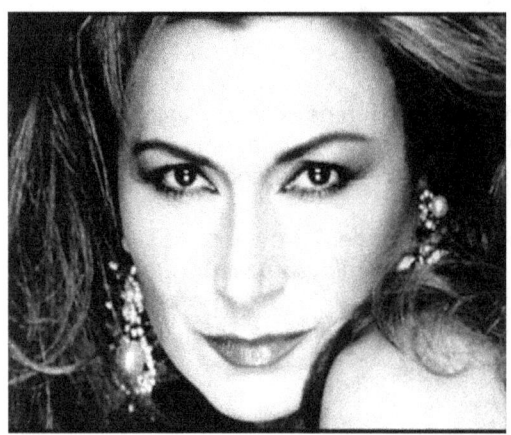

Admiración de los tapatíos, que descubrieron a la tonadillera española Rocío Jurado sentada en una barrera.

José Ortega Cano, actuó en Guadalajara y cautivó al público su entonces novia, la tonadillera hispana Rocío Jurado quien apareció ocupando una barrera de primera fila.
Escándalo y descubrimiento de fraude al encontrarse que los pitones
Foto. Maxrestdefault.

de la corrida lidiada el domingo 18 de octubre habían sido mutilados.

El público mostró su disgusto ausentándose de las taquillas y regateando a Silveti su título de primerísima figura.

Comenzaba el declive de *El Rey David*, a quien cada vez le era más difícil, por sus múltiples lesiones, estar en la cara de los toros.

La baraja, no se modificó sustancialmente, causando buena impresión en el público tapatío, la actuación del diestro gaditano *Jesulín de Ubrique*, Jesús Janeiro. Fue una temporada, en la que nuevamente la tragedia enlutó a la fiesta de Guadalajara ya que durante el mes de junio de aquel año, el toro "Fistol" de Iturbe Hermanos, cegó la vida del incipiente novillero Alberto Bricio. El que esto escribe, presenció los funerales del malogrado Bricio asistiendo a las honras fúnebres celebradas en el centro de la plaza de toros del Nuevo Progreso. Recuerdo que desde tempranas horas de la mañana, comenzaron a llegar cientos de aficionados, se ofició misa estando al frente del ritual, el padre Miguel Horta. Posteriormente, se le dieron la vuelta al ruedo a los restos mortales del novillero estando presentes múltiples protagonistas de la fiesta entre matadores de toros; subalternos; apoderados y gente de los medios periodísticos. Asistió *Conchita Cintrón*. Luego la comitiva, enfiló rumbo al Cementerio de Mezquitán, barrio en donde hacia trescientos años, pastaban los toros que se lidiaban en Guadalajara. Federico Garibay Anaya, declamó al pie del sepulcro una emocionada elegía y los rostros de los ahí presentes, mostraron las huellas del dolor y la tragedia.

Pero la fiesta debe continuar, y para el mes de julio se anunció una novillada que completaba lo ofrecido por la empresa en el derecho de apartado.

Domingo 11 de octubre de 1992.-
Inauguración de la temporada 1992-1993.- Seis de Xajay para Pedro Gutiérrez Moya *El Niño de la Capea*, Miguel Espinosa *Armillita chico* y Alejandro Silveti. *El Capea* en plan de maestro de la tauromaquia, *Armillita* apático y displicente, Silveti inédito.
Domingo 18 de octubre de 1992.-

Seis de Pastejé para *El Niño de la Capea*, David Silveti y Alfredo Lomelí. Corrida accidentada en la que el público se inconformó con la presencia de algunos de los astados posteriormente se comprobó que cuatro toros habían sido despuntados.

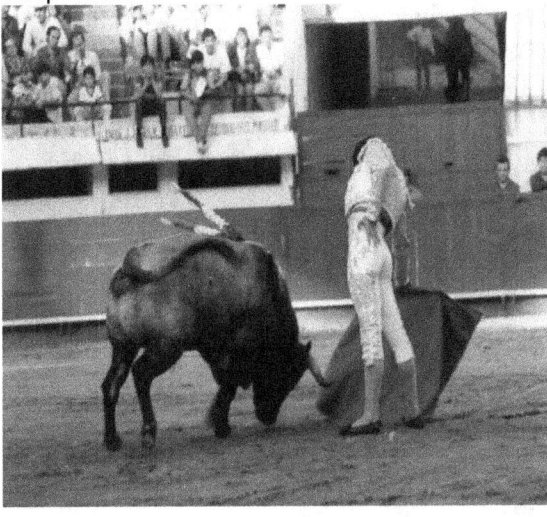

Domingo 25 de Octubre de 1992.-

Seis de Los Martínez para Guillermo Capetillo, David Silveti y Jesús Janeiro Bazán *Jesulín de Ubrique*. *Jesulín* cayó de pie en Guadalajara y Silveti fue abucheado injustamente por lo de los toros despuntados.

Domingo 1 de Noviembre de 1992.-

Seis de Cerro Viejo para Mariano Ramos, José Ortega Cano y David Silveti.- El debut de Ortega Cano fue deslucido. Ante el fraude de las corridas anteriores el público asistió en poca cantidad. Gritos de ¡Toro! para Silveti quien comenzó a ver su declive.

Domingo 8 de Noviembre de 1992.-

Toros de Begoña para Eloy Cavazos, José Ortega Cano y Miguel Espinosa *Armillita*.- Triunfos de Eloy y de *Armillita* y rotundo fracaso de Ortega Cano a quien acompañó desde su barrera la tonadillera Rocío Jurado.

Domingo 20 de diciembre de 1992.-

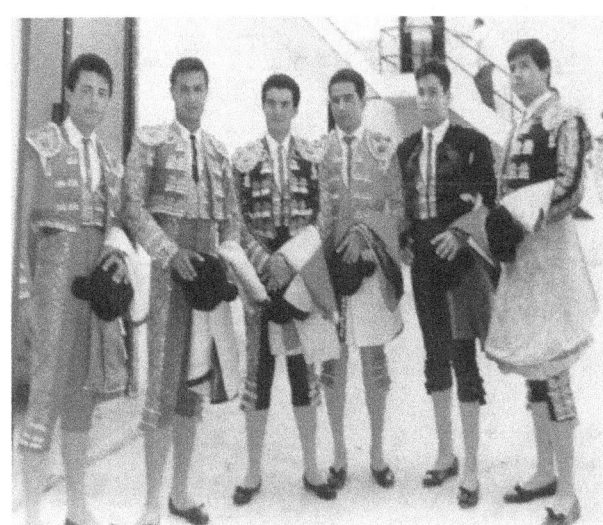

Seis de Mariano Ramírez para Rafael Gil *Rafaelillo*, Francisco Dóddoli y Arturo Díaz *El Coyo*. El triunfo fue para Dóddoli al cortar una oreja.

Domingo 17 de Enero de 1993.-

Un toro de Los Martínez para rejones y seis de San Francisco de Asís para la rejoneadora Karla Sánchez y *Los Forçados* de Querétaro y los espadas de a pie, Francisco Dóddoli, *Curro Durán* y Mauricio Portillo. Portillo cortó una oreja al sexto y Dóddoli se fue a la enfermería con una cornada en la pantorrilla derecha. Por su parte Durán saludó desde el tercio su labor con su segundo.

Domingo 31 de Enero de 1993.-

Seis de Huichapan para Guillermo Capetillo, Mauricio Portillo y Alfredo Lomelí. Portillo y Lomelí mostraron sus adelantos.

Domingo 14 de febrero de 1993.-

Seis de Cerro Viejo para Pedro Gutiérrez Moya *El Niño de la Capea*, Alfredo Lomelí y Arturo Gilio. "Buen Vecino", fue indultado por *El Capea*. Evidente nobleza del astado. Lomelí regaló un toro y el *Chatito de Acámbaro* se sublimó en banderillas.

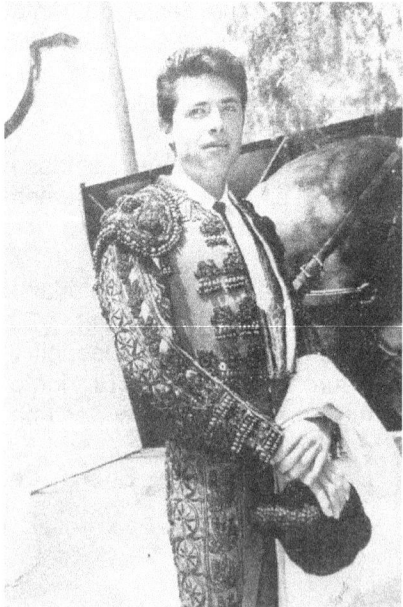

Alberto Bricio

Domingo 28 de febrero de 1993.-

Uno de San Francisco de Asís, Cinco de Corlomé y uno de Cerro Viejo para el rejoneador Rodrigo Santos y *Los Forçados Tapatíos* y para los de a pie, Jorge de Jesús *El Glison*, Carlos Alberto Barbosa *El Peque* y Leonardo Benítez.

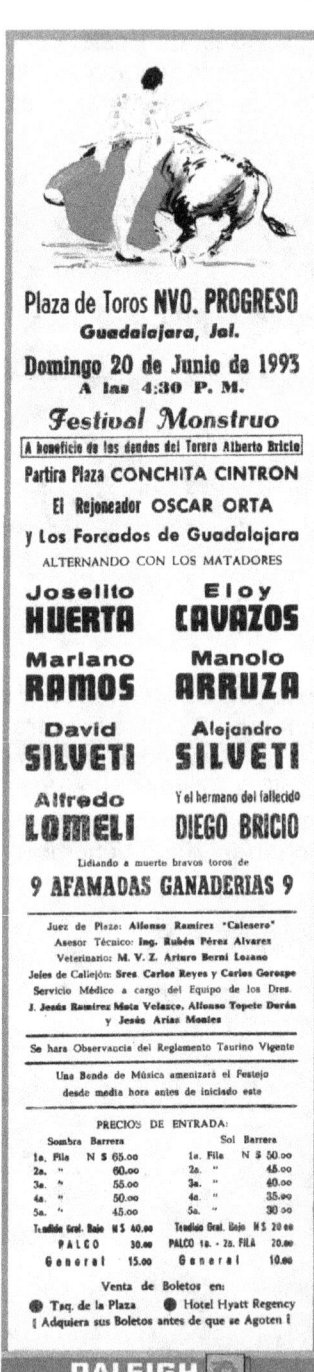

Plaza de Toros **NVO. PROGRESO**
Guadalajara, Jal.

Domingo 20 de Junio de 1993
A las 4:30 P. M.

Festival Monstruo

A beneficio de los deudos del Torero Alberto Bricio

Partira Plaza CONCHITA CINTRON

El Rejoneador OSCAR ORTA

y Los Forcados de Guadalajara

ALTERNANDO CON LOS MATADORES

Joselito **HUERTA**	Eloy **CAVAZOS**
Mariano **RAMOS**	Manolo **ARRUZA**
David **SILVETI**	Alejandro **SILVETI**
Alfredo **LOMELI**	Y el hermano del fallecido **DIEGO BRICIO**

Lidiando a muerte bravos toros de
9 AFAMADAS GANADERIAS 9

Juez de Plaza: Alfonso Ramírez "Calesero"
Asesor Técnico: Ing. Rubén Pérez Alvarez
Veterinario: M. V. Z. Arturo Berni Lozano
Jefes de Callejón: Sres. Carlos Reyes y Carlos Gorozpe
Servicio Médico a cargo del Equipo de los Dres.
J. Jesús Ramírez Mata Velasco, Alfonso Topete Durán
y Jesús Arias Montes

Se hara Observancia del Reglamento Taurino Vigente

Una Banda de Música amenizará el Festejo
desde media hora antes de iniciado este

PRECIOS DE ENTRADA:

Sombra Barrera		Sol Barrera	
1a. Fila	N $ 65.00	1a. Fila	N $ 50.00
2a. "	60.00	2a. "	45.00
3a. "	55.00	3a. "	40.00
4a. "	50.00	4a. "	35.00
5a. "	45.00	5a. "	30.00
Tendido Gral. Bajo N $ 40.00		Tendido Gral. Bajo N $ 20.00	
PALCO	30.00	PALCO 1a. - 2a. FILA	20.00
General	15.00	General	10.00

Venta de Boletos en:

● Taq. de la Plaza ● Hotel Hyatt Regency
¡ Adquiera sus Boletos antes de que se Agoten !

Domingo 14 de marzo de 1993.-

Uno de Los Martínez para rejones (Rodrigo Santos) y los *forçados* de Guadalajara y Seis toros de Torrecilla para *Cesar Pastor*, Eulalio López *El Zotoluco*, Jorge de Jesús *El Glison* Nada de comentarse excepto que al *Zotoluco* se le fue uno vivo al corral.

Domingo 28 de marzo de 1993.-

Seis toros de Campo Alegre para Pedro Gutiérrez Moya, Miguel Espinosa y Francisco Dóddoli. Dóddoli triunfó basándose en aguante y hombría.

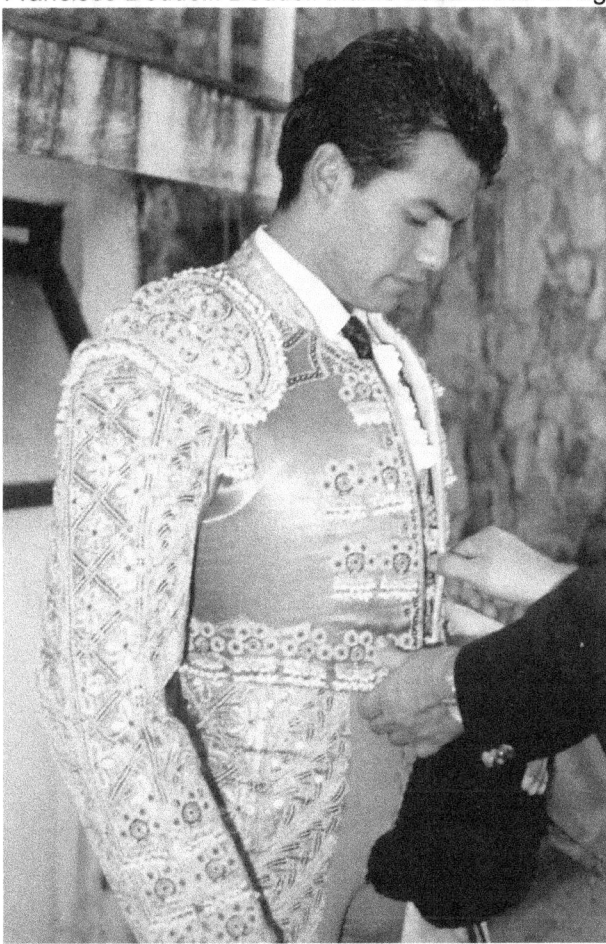

Fermín Bernáldez Foto [Zamora].

Domingo 18 de abril de 1993.-

Inauguración de la temporada de novilladas. Seis de Manuel Macías para Diego Bricio, Raúl Gómez *Campero* y Carlos Rondero. La novillada resultó escasa de fuerza.

Sábado 15 de mayo de 1993.-

Festival organizado por los maestros e Sindicato de Maestros con los matadores, *Pepe Murillo*, Arturo Díaz *El Coyo*. Alfredo Lomelí y Carlos Alberto Barbosa *El Peque*. Resultó deslucido el festival.

Domingo 16 de mayo de 1993.-

Segunda novillada de la temporada. Seis novillos de Alfonso Franco para Federico Pizarro, Raúl Gómez *El Campero* y Fernando Ochoa. Ochoa se mostró como interesante revelación.

Domingo 23 de mayo de 1993.-

Homenaje a *Conchita Cintrón*. Seis toros de Castrourdiales para Gerardo Trueba y *Paco Barona* y los toreros de a pie, *Roberto Miguel, El Peque* y el venezolano Leonardo Benítez. La tarde se la llevaron *los forçados* Gerardo del Villar y Eduardo Ramos.

Domingo 6 de junio de 1993.-

Tercera novillada de la temporada. Un toro de Cerro Viejo para el rejoneador Oscar Horta y *los forçados de México* y Guadalajara y seis de Yturbe Hermanos para Eligio García, César Garza y Sergio del Alto de Monterrey y Joel Gonzáles, Humberto Eguiarte y Alberto Bricio de Guadalajara. En este festejo, resultó herido de muerte, el novillero Alberto Bricio al intentar dar un farol de rodillas al novillo "Fistol" de Iturbe hermanos fracción de Piedras Negras.

Domingo 20 de junio de 1993.-

Festival en honor del novillero desaparecido Alberto Bricio. Un toro de Tequisquiapan para el rejoneador Oscar Horta y *los forcados tapatíos* y seis novillos de Los Morales, uno de San Marcos y uno de doña Celia Barbabosa para *Joselito Huerta*, Eloy Cavazos, Mariano Ramos, *Manolo Arruza*, David Silveti, Alejandro Silveti, Alfredo Lomelí y Diego Bricio. Conchita Cintrón partió plaza. El triunfador resultó ser *Joselito Huerta*. *El Calesero* fue quien dio suelta a los bureles.

Domingo 18 de julio de 1993.-

Seis novillos de Coroneo para Carlos Rondero, Fernando Ochoa y Fermín Bernáldez. Los novillos de Coroneo no respondieron.

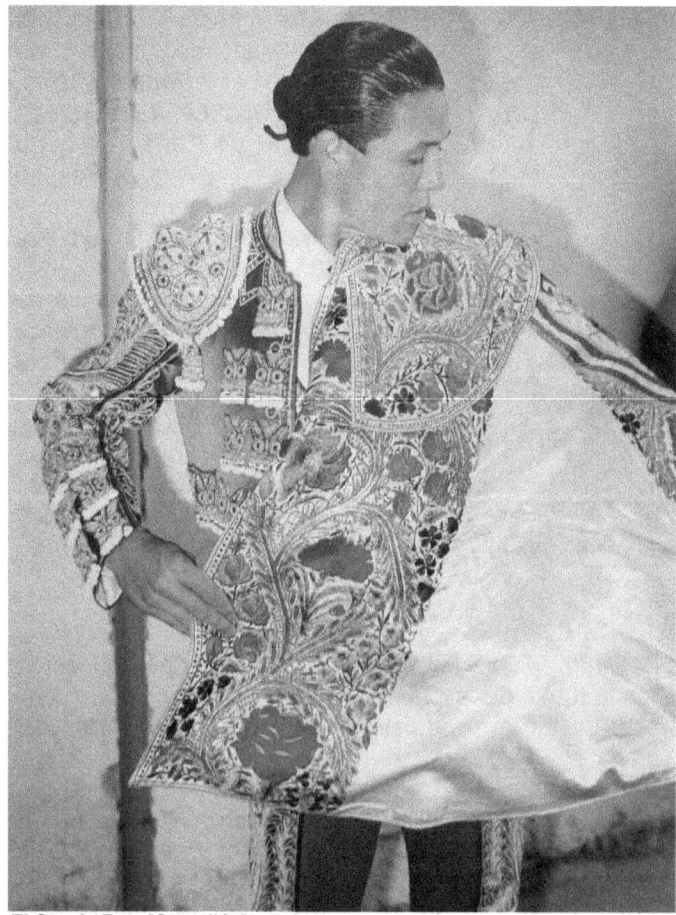

El Conde Foto [Castellón].

Temporada 1993-1994

*Hicieron su presentación, los hijos de
Manolo Martínez y Manuel Benítez*

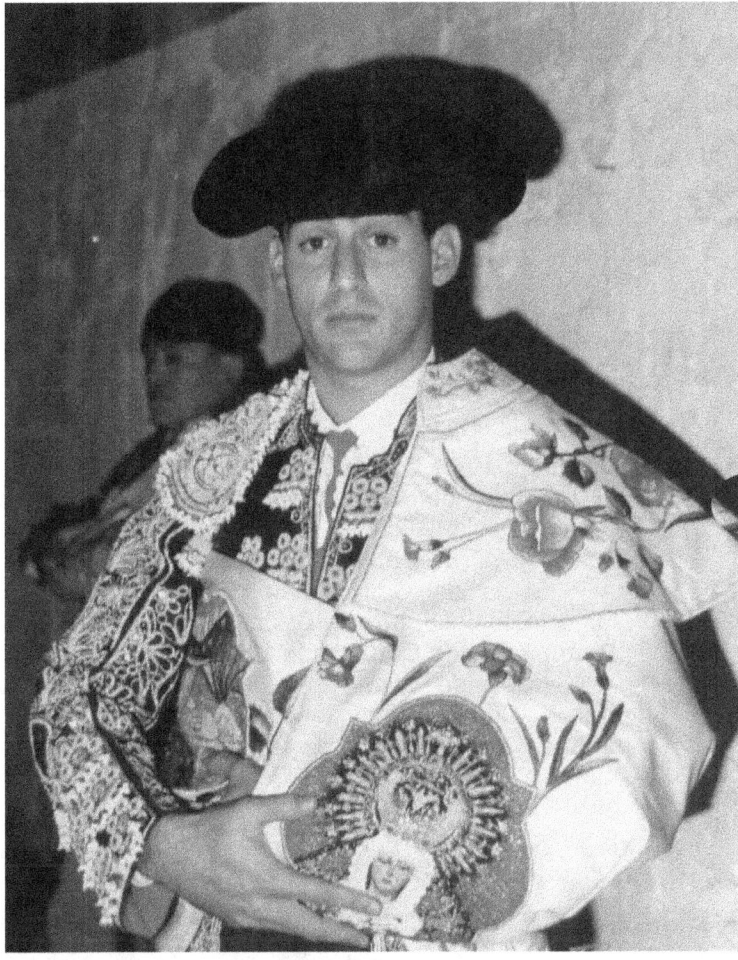

Manuel Martínez Ibargüengoitia. Foto [Zamora].

La voz cantante, la siguieron llevando el salmantino Pedro Gutiérrez Moya *El Niño de la Capea*, Eloy Cavazos y las figuras del llamado primer grupo Miguel Espinosa, Mariano Ramos, Jorge Gutiérrez y David Silveti quien seguía luchando en contra de la adversidad y se presentaba a torear, ayudado por aparatos ortopédicos.

Hicieron su arribo a las filas de los novilleros, los vástagos de dos figuras de la anterior generación.

Manolo Martínez Ibargüengoitia y Manuel Díaz quien presumía ser hijo de Manuel Benítez *El Cordobés*. Díaz incluso puso en práctica el horrendo "salto de la rana" creación de su famoso supuesto padre.

Concluyó aquella insípida temporada, con un festival en honor del llorado novillero Alberto Bricio al que se le tituló con el nombre de "Festival del Orgullo Jalisciense" en el que participaron solamente diestros de la localidad.

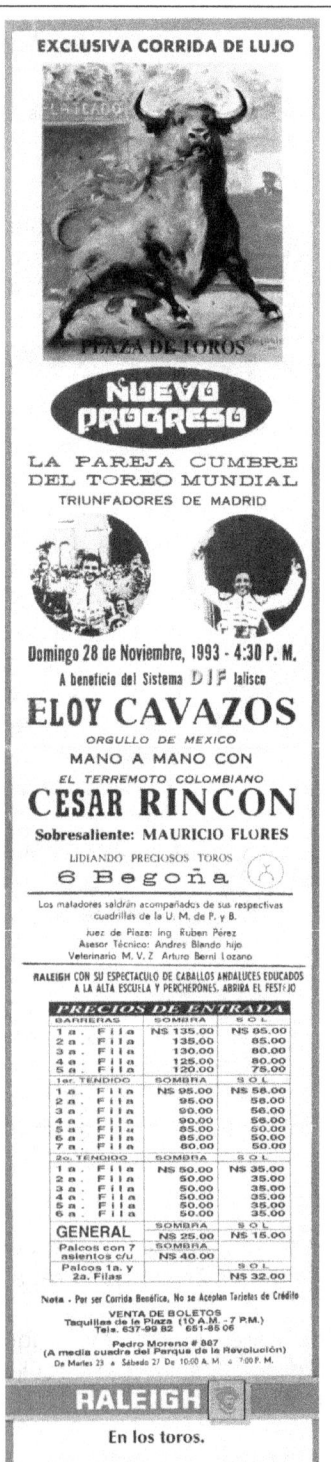

Otra tarde, la del 20 de febrero de ese año, se conjuntaron algunos acontecimientos que dieron especial matiz a esa corrida. Antes de comenzar el festejo, el trompetista de la banda, bajó hasta el centro del ruedo y haciendo gala de sus potentes pulmones, ejecutó de manera magistral, *La Virgen de la Macarena* mientras la banda en las alturas le acompañó. El público poco entendido, aunque sensible, tal vez no apreció el esfuerzo y el grado de dificultad que significó la concertación de la pieza. Esto tal vez fue una premonición a lo que posteriormente sucedería en el ruedo. Años más tarde pude corroborar mi apreciación de labios del propio matador, Gutiérrez al recordarle la faena que realizó esa tarde al toro de nombre "Bolero". Una de las faenas o tal vez la de mayor pulcritud y éxtasis estético lograda por el diestro de Hidalgo en Guadalajara.

Domingo 10 de Octubre de 1993.-
Seis de Santo Domingo, para Mariano Ramos, David Silveti Y *El Coyo*.
Domingo 17 de Octubre de 1993.-
Seis de Garfias para Guillermo Capetillo, Miguel Espinosa *Armillita Chico* y Arturo Gilio.
Domingo 24 de Octubre de 1993.-
Seis de José Julián Llaguno para Mariano Ramos, Cesar Pastor y Jorge Gutiérrez.
Sábado 30 de Octubre de 1993.-
Seis de Marco Garfias y uno de Begoña para el rejoneador Rodrigo Santos y los toreros de a pie: *Paco Dóddoli, El Zotoluco* y *El Glison*.

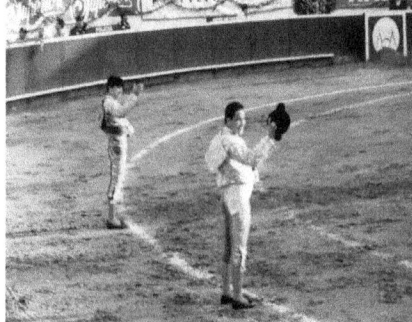

Domingo 31 de Octubre de 1993.-
Seis de Xajay para Fermín Espinosa *Armillita*, David Silveti y Jorge Gutiérrez
Domingo 7 de Noviembre de 1993.-

Seis de Begoña para Eloy Cavazos, *Manolo Arruza* y Miguel Espinosa *Armillita Chico*.

28 de Noviembre de 1983.-

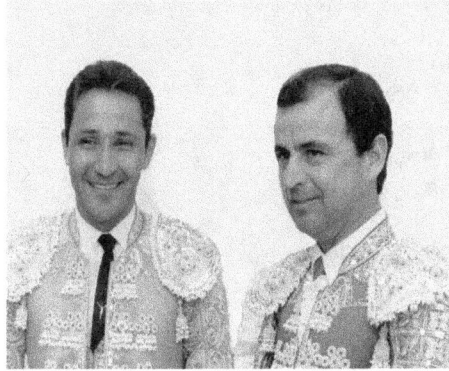

Cesar Rincón y Eloy Cavazos

Seis de Begoña para Eloy Cavazos y el colombiano Cesar Rincón.

12 de enero de 1994.-

Enrique Fraga, Gerardo Trueba, Rodrigo Santos, José Antonio Hernández. Tres orejas cortaron los rejoneadores. Triunfo de Hernández y Rodrigo Santos. Toros de Mimiahuapan. La Trasquila y La Ventilla.

6 de febrero de 1994.-

Jorge Gutiérrez, Manuel Díaz *el Cordobés* y Raúl Gómez *El Campero*. Seis de Cerro Viejo. Oreja para Jorge, *el Cordobés* valiente alborotó a la afición. *El Campero* recibió la alternativa.

Domingo 20 de febrero de 1994.-

Pedro Moya *El Niño de la Capea*, Guillermo Capetillo y Jorge Gutiérrez con seis de Vista Hermosa. Jorge Gutiérrez salió en hombros. *El Capea* toreó por nota a su primero, Jorge se encontró a "Bolero" al cual bordó, hartándose de torear.

Domingo 13 demarzo de 1994.

11ava. corrida. Manolo Mejía, Mauricio Portillo y Arturo Díaz *El Coyo*, con seis de La Ventilla. Hubo nueve toros en la corrida, tres de ellos regalados por los diestros. Mauricio Portillo cortó la única oreja.

Domingo 8 de mayo de 1994.-

Cerrojazo de la temporada. *El Niño de la Capea*, Fermín Espinosa y Jorge Gutiérrez con seis de La Misión . Fallaron los toros.

Sábado 4 de junio de 1994.- Homenaje póstumo a don Ignacio García Aceves. Alfredo Leal, *Joselito Huerta*, Mariano Ramos y David Silveti. Y los novilleros Fernando Ochoa y Alfredo Gutiérrez con bravos de San Mateo. disputándose el trofeo Ignacio García Aceves. Huerta fue el triunfador del festival cortando dos orejas.

13 de agosto de 1994.

Primer Festival del orgullo tapatío en homenaje a Alberto Bricio. Alfonso Hernández *El Algabeño* , Silvano González *El Gallito*, *Pepe Murillo*, Edgar Bejarano, Carlos Alberto Barbosa *El Peque* y Raúl Gómez *El Campero*, disputándose el trofeo Alberto Bricio, que fue para *El Campero*. Seis de San José de Buena Vista.

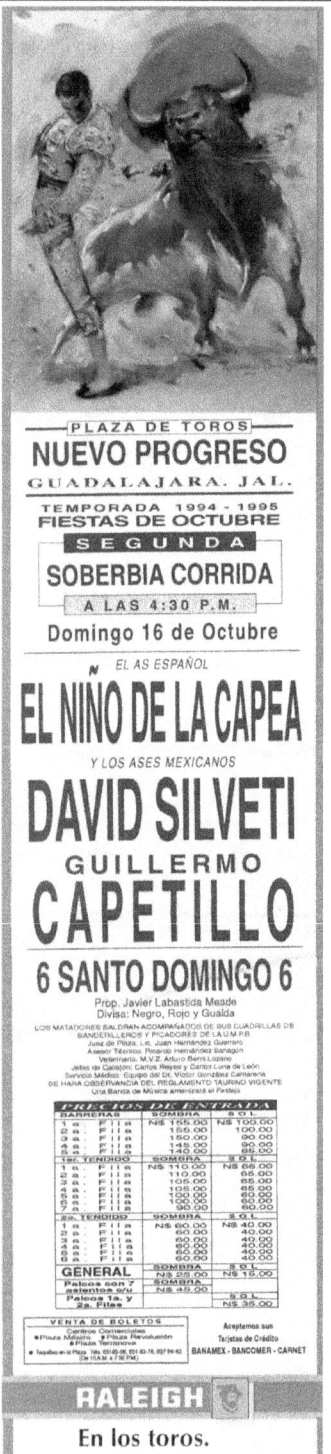

PLAZA DE TOROS
NUEVO PROGRESO
GUADALAJARA. JAL.

TEMPORADA 1994 - 1995
FIESTAS DE OCTUBRE
SEGUNDA
SOBERBIA CORRIDA
A LAS 4:30 P.M.
Domingo 16 de Octubre

EL AS ESPAÑOL
EL NIÑO DE LA CAPEA
Y LOS ASES MEXICANOS
DAVID SILVETI
GUILLERMO
CAPETILLO
6 SANTO DOMINGO 6

Prop. Javier Labastida Meade
Divisa: Negro, Rojo y Gualda

LOS MATADORES SALDRÁN ACOMPAÑADOS DE SUS CUADRILLAS DE
BANDERILLEROS Y PICADORES DE LA U.M.P.B.
Juez de Plaza: Lic. Juan Hernández Guerrero
Asesor Técnico: Rosendo Hernández Sahagún
Veterinario: M.V.Z. Arturo Berni Lozano
Jefes de Callejón: Carlos Reyes y Carlos Luna de León
Servicio Médico: Equipo del Dr. Víctor González Camarena
SE HARÁ OBSERVANCIA DEL REGLAMENTO TAURINO VIGENTE
Una Banda de Música amenizará el Festejo

PRECIOS DE ENTRADA

VENTA DE BOLETOS

RALEIGH
En los toros.

Temporada 1994-1995

El Niño de la Capea, se despidió de Guadalajara

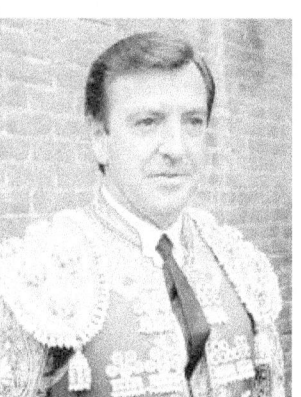

Hizo el paseillo por vez primera en la plaza de Guadalajara, el diestro de Linares, España, *Curro Vázquez. Curro* llegó en franca etapa de despedida y lamentablemente no se le pudo ver la calidad que en alguna etapa de su vida, atesoró. El rubio espada, pasó inédito ante la enjundia del torero de Michoacán, Mauricio Portillo y Guillermo Capetillo que seguía sin encontrarse con el toro adecuado a su estilo.

Esa temporada, se signó, con la memorable tarde, en que Pedro Gutiérrez Moya *Niño de la Capea* se despidió en definitiva de los ruedos.

La plaza de Guadalajara, fue una plaza, que atestiguó durante toda su carrera, el profesionalismo y la maestría con que Gutiérrez Moya se desempeñó. Ahora le tocó vivir aquella emocionante tarde del adiós en que como es tradicional, se escucharon las tristes notas musicales de "Las Golondrinas" y Pedro estuvo a la altura del acontecimiento al cortarle las orejas y el rabo al toro de su adiós definitivo.

Octubre 9 de 1994.-
Primera de feria.- Miguel Espinosa *Armillita Chico, Paco Dóddoli* y seis de Barbabosa.
Octubre 16 de 1994.-
Niño de la Capea, David Silveti y Guillermo Capetillo. Seis de Santo Domingo. *El Capea* dio vuelta al ruedo perdiendo los trofeos por pinchar. Silveti aplaudido y Capetillo solamente un atractivo en la taquilla.
Octubre 23 de 1994.-

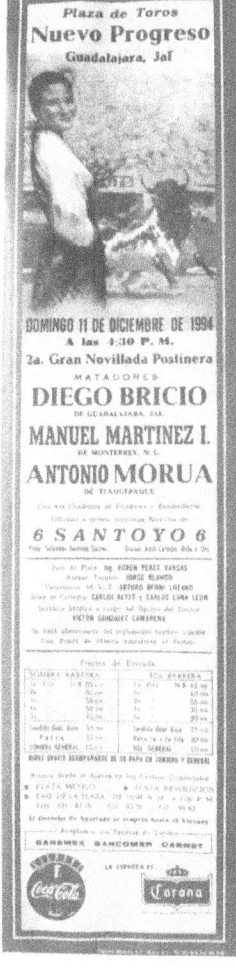

Curro Vázquez, Mauricio Portillo y Guillermo Capetillo con seis de José Julián Llaguno. Portillo cortó oreja, mala corrida de José Julián Llaguno.

Octubre 30 de 1994.-

Curro Vázquez, Miguel Espinosa Armillita y Jorge Gutiérrez, seis de Begoña. El Coloso de Tula salió con dos orejas, Armillita una. Gutiérrez salió a hombros. Vázquez abucheado.

Noviembre 6 de 1994.-

Mariano Ramos, Niño de la Capea y Jorge Gutiérrez con seis de Carranco. Dos orejas para El Capea, gran entrada. Mariano dejó escapar el triunfo.

13 de Noviembre de 1994.

Mano a mano entre Niño de la Capea y Eloy Cavazos.- El Capea salió a hombros y Cavazos cortó una oreja al segundo de Fernando de la Mora.

27 de noviembre de 1994.-

Seis de Huichapan para Gerardo Trueba, Rodrigo Santos, Enrique Fraga y José Antonio Hernández. Lluvia de orejas en la tarde de rejoneadores.

Domingo 4 de diciembre de 1994.-

Novillada postinera. Luevano, Miguel Lahoz y Fermín Bernáldez.- Bernáldez fue el único que cortó oreja los toros fueron de Santa Rosa de Lima.

Domingo 11 de diciembre de 1994.-

Diego Bricio, Manuel Martínez Ibargüengoitia, Antonio Morúa y seis de Santoyo. Bricio se cortó la coleta. Antonio Morúa dio vuelta.

Antonio Morúa

1 de enero de 1995.

Bombero torero y los enanitos. La parte seria Oscar Rodríguez El Sevillanito.

Domingo 22 de enero de 1995.-

Festival taurino con.- Pepe Murillo, Alfredo Lomelí, El Conde, El Coyo, Carlos Alberto Barbosa y Raúl Gómez El Campero. Seis de la Alianza. El Campero indultó al que le correspondió y Lomeli cortó dos orejas.

Séptima corrida domingo 29 de enero de 1995.

El Niño de la Capea, Guillermo Capetillo y Jorge Gutiérrez con seis de Teófilo Gómez. Fue de apoteosis la despedida del Niño de la Capea, el toro del adiós se llamó "Pinturero". El rabo de pinturero, epílogo a una acuarela de arte del Capea. Orejas y rabo en su despedida.

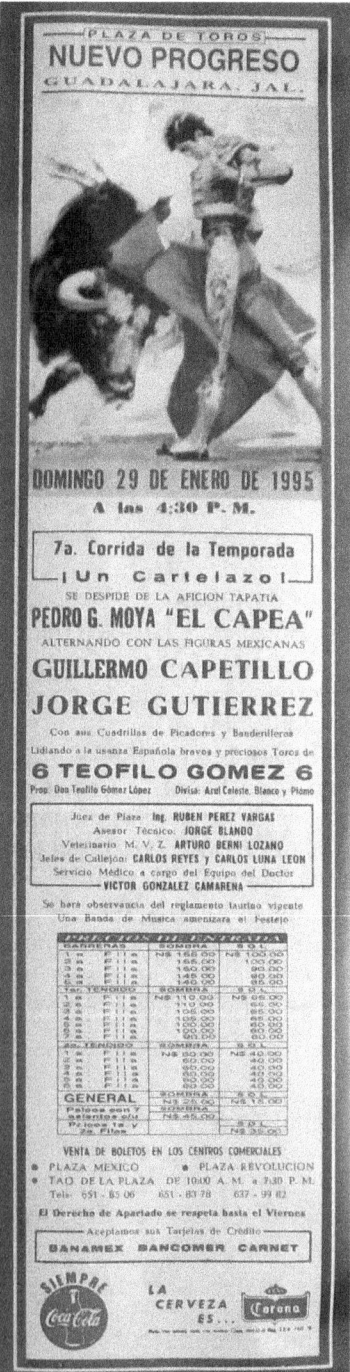

Domingo 19 de febrero de 1995.-

Octavo gran cartel *Paco Dóddoli,* Oscar Higares y *El Conde*. Orejas para Dóddoli y *El Conde*. Oscar Higares gran estocada. El triunfador de Madrid nunca apareció. Toros de La Llave.

Domingo 5 de marzo de 1995.

Jorge Gutiérrez, Miguel Espinosa *Armillita* y Alfredo Delgado *El Conde* con seis de Baruqui, los mismos que dieron al traste con el festejo. Abucheos y pitos para el ganadero.

19 de marzo de 1995.

Paco Dóddoli, Rafael Ortega y Alfredo Delgado *El Conde* con seis de Campo Alegre. La presentación de Ortega fue magnífica cortando oreja a su segundo, bronca al juez. Dóddoli sufrió tremenda paliza al entrar a matar yéndose a la enfermería.

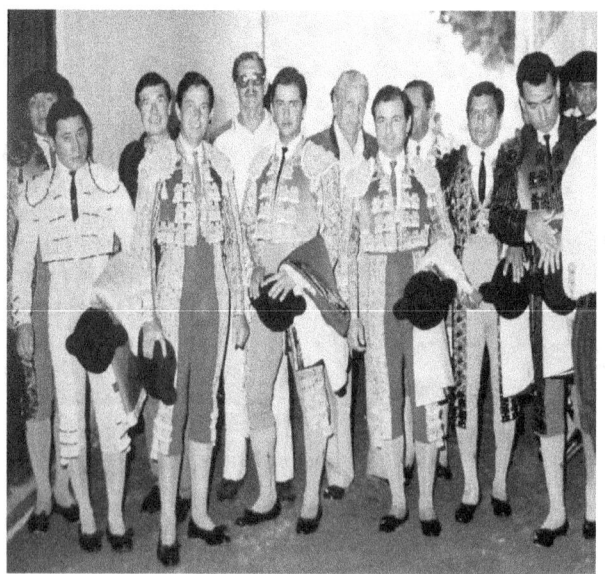

Foto [Zamora].

Temporada 1995-1996

La empresa de Bailleres, desenfundó la chequera y presentó diestros sensación de España

Temporada en la que la empresa del Nuevo Progreso, echó la casa por la ventana, contratando diestros hispanos triunfadores de Madrid.

Estuvieron en los carteles de la feria de octubre, el madrileño Miguel Rodríguez quien fue aprobado sin duda por la exigente afición de Guadalajara. Otro diestro que emocionó gratamente a los

Javier Conde Foto [Castellón].

tapatíos, fue el torero gitano Javier Conde del que se decían muchas cosas favorables y efectivamente, pudieron ser comprobadas.

David Silveti, ya en su ocaso, realizó una de las faenas más meritorias de que se tenga memoria en Guadalajara ante un difícil toro de Campo Alegre, lamentablemente, le fue poco valorada su labor y se le vio un tanto decepcionado con la respuesta del público y evidenció estar muy a merced de los astados, con gran dificultad para salirse de la cara de estos.

De aquella trilogía sensacional de la década anterior que conformaran Valente Arellano, Ernesto Belmont y *Manolo Mejía*, de sus propias cenizas, brotó

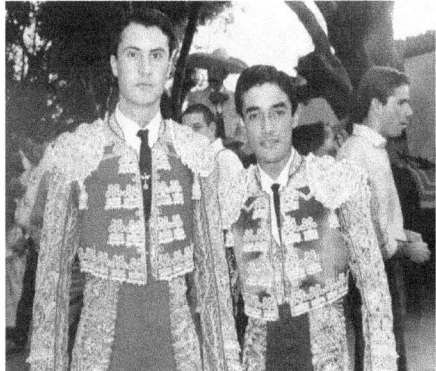

nuevamente, Mejía quien después de haber estado a un paso de ingresar en las filas de los subalternos, se convirtió en triunfador de la Plaza México en una corrida nocturna y llegó a Guadalajara con esa aureola.

Suceso sin precedente, lo fue el anuncio de la presentación en Guadalajara, de Enrique Ponce quien portaba el título envidiable de primera figura del toreo mundial.

Causó honda expectación su participación y ésta se reflejó en los tendidos que se colmaron de aficionados no

Miguel Rodríguez y Rafael Ortega Foto. [Castellón]

Sólo de Guadalajara sino incluso de Sud América y otras ciudades de México.

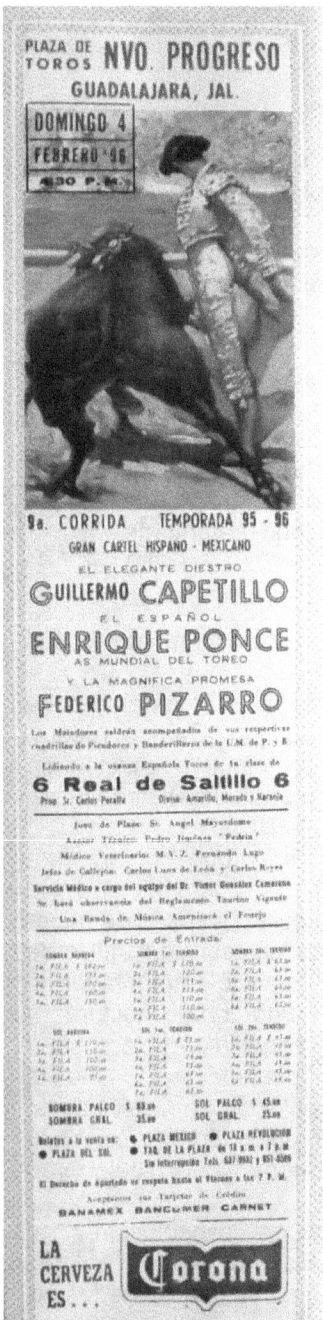

La corrida respondió a la expectación y los tres diestros alternantes, hicieron gala de lo mejor de su tauromaquia ofreciendo al público un verdadero recital de toreo.

Ponce dejó ver su calidad y los mexicanos Jorge Gutiérrez y *Armillita Chico* también acarrearon agua para su molino al cuajar estupendas faenas.

Otra novedad fue la inclusión en los carteles de la rubia torera hispana Cristina Sánchez quien hizo el paseo hasta en dos ocasiones en la plaza de Guadalajara. Poco duró su andar en los ruedos, ya que definitivamente, resintió en demasía el paso del novillo al toro.

8 de Octubre de 1995.-

Seis de Campo Alegre para *Manolo Mejía*, David Silveti y el español Miguel Rodríguez. Miguel Rodríguez gustó en su presentación.

Domingo 15 de Octubre.-

Segunda corrida de feria.- Eloy Cavazos, David Silveti y el español Javier Conde quien cortó dos orejas.

Domingo 22 de Octubre.-

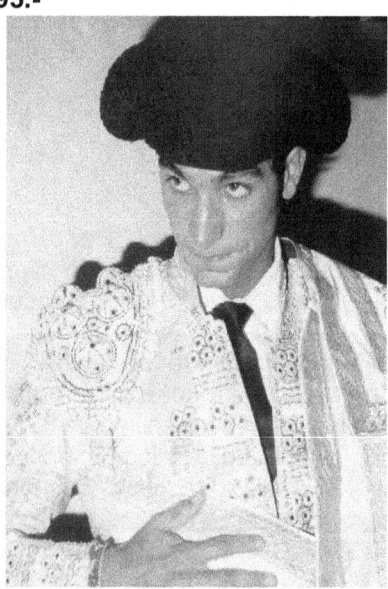

Javier Conde Foto [Zamora]

Jorge Gutiérrez, Miguel Rodríguez y Guillermo Capetillo quien bordó el toreo con la izquierda.

Domingo 29 de Octubre.-

Seis de Celia Barbabosa para Rafael Ortega, Manuel Díaz *El Cordobés* y Alfredo Delgado *El Conde*. Rafael Ortega se mostró torero toda la tarde cortando oreja. *El Cordobés* también cortó oreja y anduvo de lo sublime a lo grotesco.

Domingo 4 de Noviembre de 1995.-

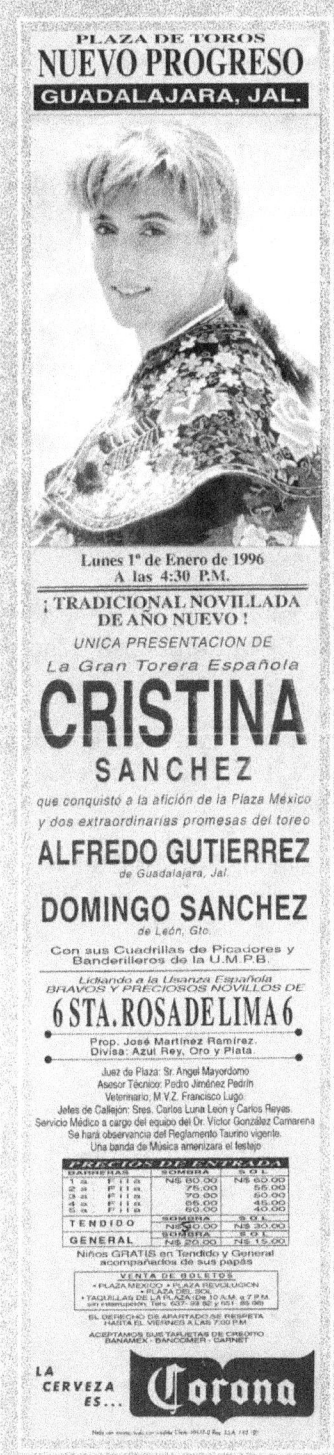

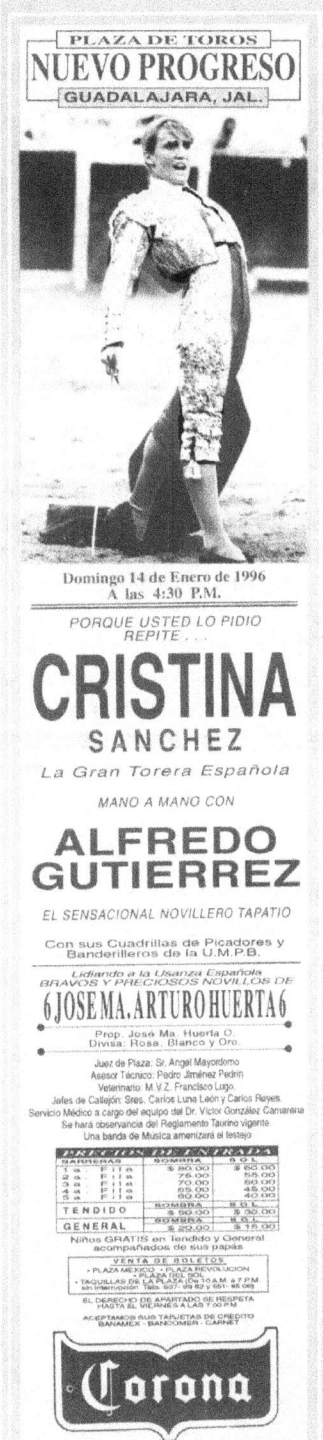

Seis de *Viky de la Mora* para Eloy Cavazos, Federico Pizarro, y *El Cordobés*. Triunfo de *El Cordobés*, Cavazos y Pizarro.

Noviembre 11 de Noviembre de1995.-
Sexta de feria.- Miguel Espinosa, Javier Conde y *Manolo Mejía* con seis de José Julián Llaguno. Nada relevante. Sólo el toque artístico de Miguel.

Domingo 19 de Noviembre de 1995.-
Enrique Ponce, Miguel Espinosa *Armillita* y Jorge Gutiérrez quien logró apoteótica faena de indulto, Ponce cortó dos apéndices y Miguel cuajó estupenda faena los toros fueron de la divisa de Begoña.

26 de Noviembre de 1995 .-
Jorge Gutiérrez, Rafael Ortega y Miguel Rodríguez con toros de Huichapan. Toreros deslucidos y una mala entrada en la octava corrida de la temporada.

1 de Enero de 1996.-

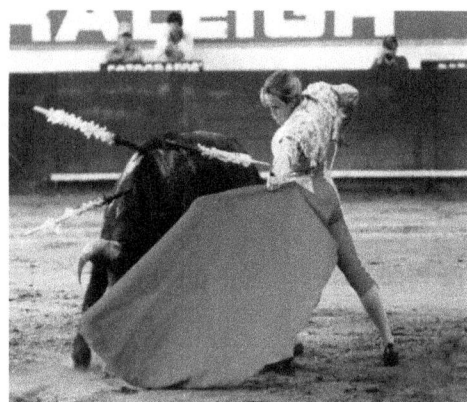

Cristina Sánchez, Domingo Sánchez y Alfredo Gutiérrez con un encierro de Santa Rosa de Lima.

Alfredo Gutiérrez mostró torerismo llevándose dos revolcones al igual que Domingo quien se llevó uno. Cristina, mostró sus cualidades toreras y bellas formas de mujer.

14 de Enero de 1996.-

Segunda gran novillada.- Cristina Sánchez y Alfredo Gutiérrez y seis de José María Arturo Huerta. Alfredo mostró afición y Cristina voluntad.

Domingo 4 de Febrero de 1996.-

Enrique Ponce, Federico Pizarro y Guillermo Capetillo con seis del Real de Saltillo. Corrida de ocho toros al regalarse dos. Ponce ofreció un recital de bien torear y Capetillo triunfó como era su costumbre con el de regalo.

Domingo 3 de Marzo de 1993. -

Mariano Ramos, *Manolo Mejía* y Alfredo Lomelí con seis de Santo Domingo. Alfredo fue el triunfador ante un gran toro de Celia Barbabosa, Mauro Prado ejecutó soberbio puyazo.

Domingo 17 de Marzo de 1996.-

Seis de Mimiahuapan para Rafael Ortega, Federico Pizarro y Fernando Ochoa. Se lidiaron los toros más pesados de la temporada. Limpia de corrales.

Ochoa perdió con el estoque lo ganado con la muleta.

Domingo 12 de Mayo de 1996.-

Alfredo Lomelí, Humberto Flores y José María Luevano. Siete de Begoña. y uno de Fernando de la Mora para Rodrigo Santos. Nada relevante. Se despidió el *forçado* mayor Eduardo Ramos.

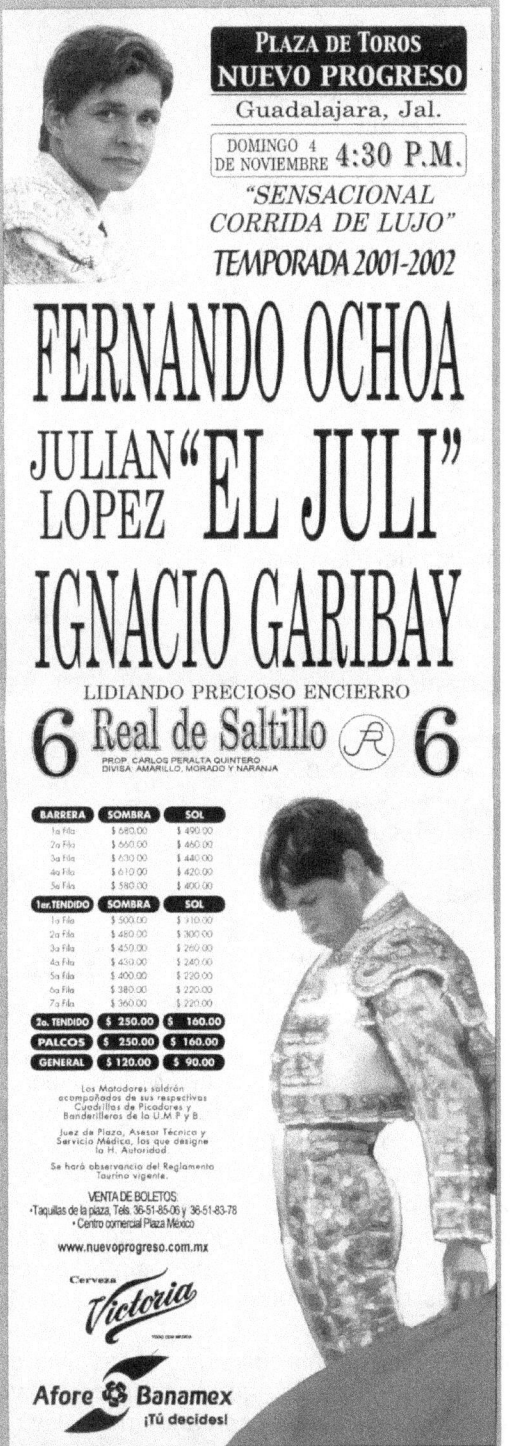

Temporada 1996-1997

Nuevo novillero sensación,
el madrileño Julián López El Juli.

La temporada 96-97 inició con pésimos presagios.

Resulta que la falta de entendimiento entre las autoridades y la empresa, dieron al traste con la feria de octubre.

Se había anunciado para uno de los festejos, un encierro de *Armilla* Hermanos mismo que fue rechazado, por el juez de plaza don Manuel Ochoa por considerar que no reunía los requisitos de edad y trapío para ser lidiado en Guadalajara.

Entrando en el terreno de las probabilidades, el señor Ochoa consideró e hizo lo apropiado ya que posteriormente se demostró al publicarse, como es reglamentario, la fecha de nacencia de uno de los toros, al ser lidiado en la Plaza Monumental México que el toro efectivamente en la fecha que fue rechazado, no tenía la edad.

La polémica se acrecentó al tocarse el tema tan subjetivo del trapío. Resulta que como secreto a voces, el asesor principal de la autoridad, se decía, era el periodista Francisco Baruqui quien desde su barrera supuestamente, daba instrucciones con señas a Ochoa.

Otro sector de la prensa reclamaba con justicia la supuesta intromisión de Baruqui quien además se declaró se decía, presidente plenipotenciario de la comisión taurina de Guadalajara aplicando siempre criterios adecuados a la fiesta de España y no a la de Guadalajara.

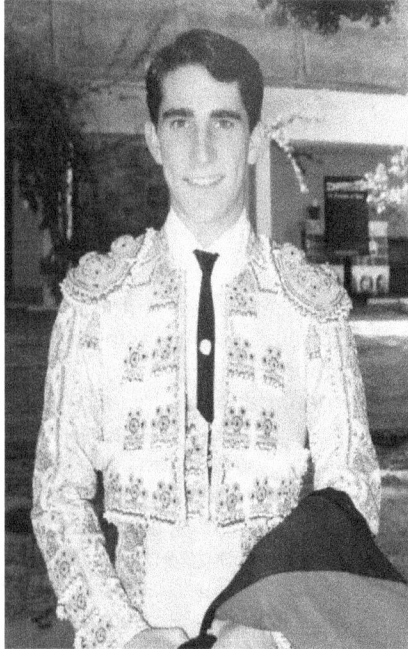

Gerardo Gaya Foto [Zamora].

El caso es que la feria se suspendió temporalmente teniendo que modificarse los carteles anunciados previamente, lo que dio oportunidad, para que el público tapatío, apreciara posteriormente, el quehacer taurino del valenciano Vicente Barrera, la despedida del *Torero Charro*, Mariano Ramos y la despedida del alicantino *José María Manzanares*.

Meses después se presentó,

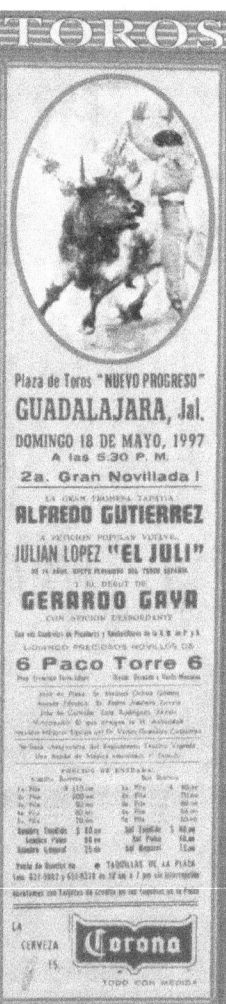

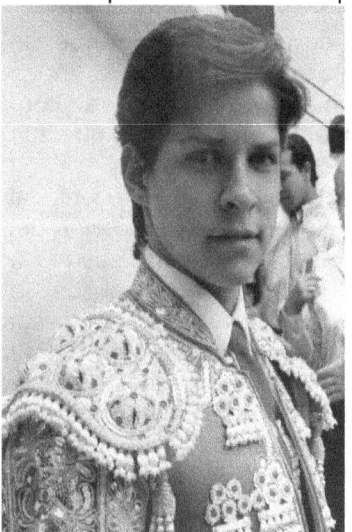

impactando con su perspicacia y buen toreo, el novillero sensación Julián López *El Juli*. Recuerdo que encontré en el tendido al comentarista Abelardo Reyes y ambos coincidimos en señalar, que al *Juli* se le debería conceptuar como a un fenómeno del toreo, el tiempo nos dio la razón.

Se presentó la ganadería de Piedras Negras después de largo tiempo de no hacerlo y se brindó la oportunidad de que la torearan diestros de la localidad. Correspondió a *El Coyo*; *Pepe Murillo* y *El Peque* enfrentarse al fino y bravo encierro y los toreros no defraudaron a la afición, ya que está se retrató en las taquillas y los toreros agradaron, siendo el más desafortunado *El Coyo* a quien lo hirió uno de sus enemigos.

Comenzó a dejarse ver, otro chamaco que pronto ingresaría a las filas de los matadores; el sobrino de Jorge Gutiérrez, Alfredo, quien frecuentemente alternó con Gerardo Gaya y *El Juli* realizando espectacular campaña que lo llevó a tomar la alternativa en México, en *un cartel de ensueño*, decían los enterados. Con Enrique Ponce y su tío Jorge como padrino.

Domingo 13 de Octubre de 1996. -

Guillermo Capetillo, Alfredo Lomelí, José Luis Bote y Rodrigo Santos con Mimiahuapan y Montecristo. Lomelí indultó a uno de Montecristo correspondiente a su lote.

Domingo 20 de Octubre de 1996.-

Gerardo Trueba, Miguelito Espinosa, *Armillita Chico* y José María Luevano

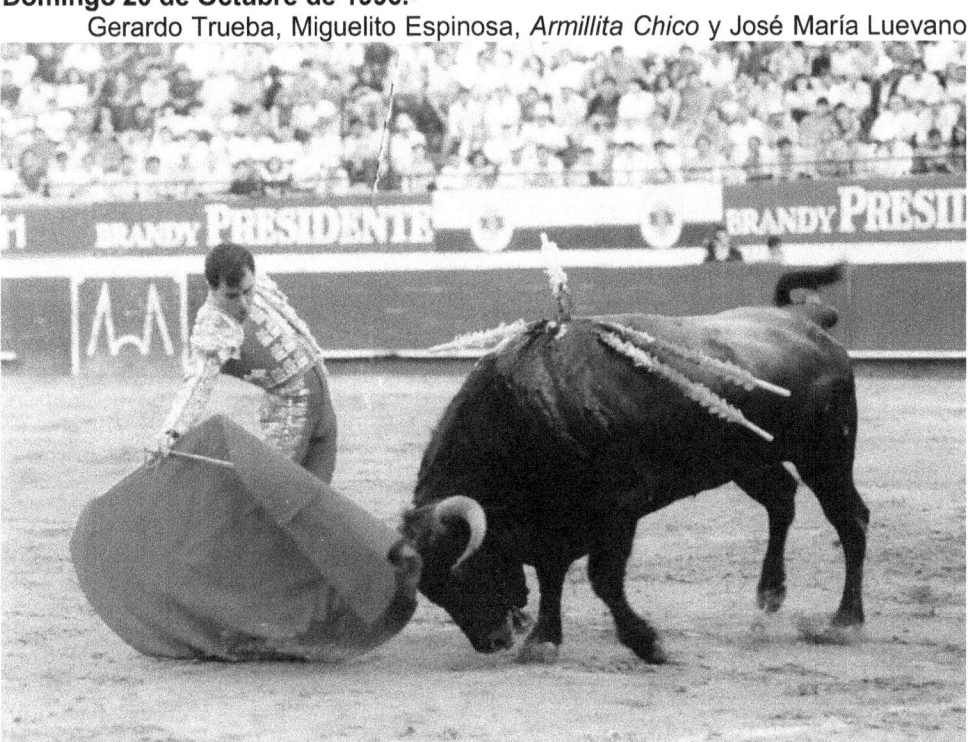

con uno de Begoña y seis de *Armillita* Hermanos. El festejo se suspendió al ser rechazados los toros de *Armilla*.

Domingo 27 de Octubre de 1996.-

Despedida de Mariano Ramos con Jorge Gutiérrez y Víctor Puerto con seis de Mimiahuapan.[2]

Domingo 3 de Noviembre de 1996.-

Seis de Xajay para Alejandro Silveti, Rafael Ortega y Víctor Puerto.[3]

Domingo 10 de Noviembre de 1996.-

Guillermo Capetillo, Jorge Gutiérrez y Vicente Barrera con seis de la Venta del Refugio. Barrera gustó.

Domingo 17 de Noviembre de 1996.-

Jiovani Aloi, que se despidió de los ruedos, *José María Manzanares*,

---

[2] No se efectuó este festejo.
[3] No se efectuó el festejo.

Miguel Espinosa y Eloy Cavazos con tres de Celia Barbabosa, uno de Santiago, uno de Belauzarán y uno de Begoña.. Tarde memorable de *Manzanares* y *Armillita chico*.

Miércoles 20 de Noviembre de 1996.
Despedida de dos diestros Mariano Ramos que cortó una oreja, *Manzanares* que dejó constancia de su arte y Jorge Gutiérrez con seis de Mimiahuapam.

Domingo 1 de Diciembre de 1996.-
Cartel inicial. Miguel Espinosa *Armillita*, Vicente Barrera y Fernando Ochoa con seis de Begoña. Fernando Ochoa Cortó merecida oreja los otros alternantes fueron Alfredo Lomelí quien resultó herido con cornada de 25 cm. y José María Luevano y seis toros de Aurelio Franco.

Domingo 8 de Diciembre de 1996.
Séptima de la temporada con Miguel Espinosa *Armillita chico*, Alejandro Silveti y Rafael Ortega con seis de Xajay. Silveti fue el gran triunfador.

Domingo 16 de Enero de 1997.-
Alejandro Silveti, Alfredo Lomelí y Fernando Ochoa con seis de José Julián Llaguno. Ochoa triunfó, Lomelí también cortó oreja.

Domingo 2 de Marzo de 1997.-
Jorge Gutiérrez, José Luis Bote y Fernando Ochoa con toros de Sergio Rojas.- Fernando Ochoa triunfó saliendo a hombros de los aficionados y cortar dos orejas.

Domingo 16 de Marzo de 1997.-
Seis de Piedras Negras para Arturo Díaz *El Coyo*, *Pepe Murillo* y Carlos Alberto Barbosa *El Peque*. Orejas para *El Peque*, *El Coyo* y Murillo desgranaron arte. *El Coyo* resultó corneado en la ingle derecha.

Domingo 20 de Abril de 1997.-
Presentación del fenómeno de la novillería, el español Julián López *El Juli*, Alberto Huerta y Alfredo Gutiérrez con seis de Santoyo. *El Juli* Cayó de pie como auténtica revelación, Huerta resultó con severa contusión cerebral al ser volteado de fea forma *El Juli* con gran oficio.

Domingo 27 de Abril de 1997.
Antonio Urrutia, Alejandro Silveti y Carlos Alberto Barbosa y seis de San Marcos. Urrutia Sorprendió gratamente al público resultando el triunfador del festejo.

Domingo 11 de Mayo de 1997.-
Rafael Ortega, José María Luevano y Fernando Ochoa con seis de Reyes Huerta, Nada relevante. Última de la temporada. Se despidió el subalterno Eduardo Kinston luego de 27 años.

Domingo 18 de Mayo de 1997.-
Seis de San Marcos para Alfredo Gutiérrez, *El Juli* y Gerardo Gaya con. El público asistió a ver al *Juli* y se encontró con Gerardo Gaya.

Domingo Mayo 25 de 1997.-
Seis de Aurelio Franco para Diego Bricio, Gerardo Gaya y Alfredo Gómez. Oreja para Gómez.

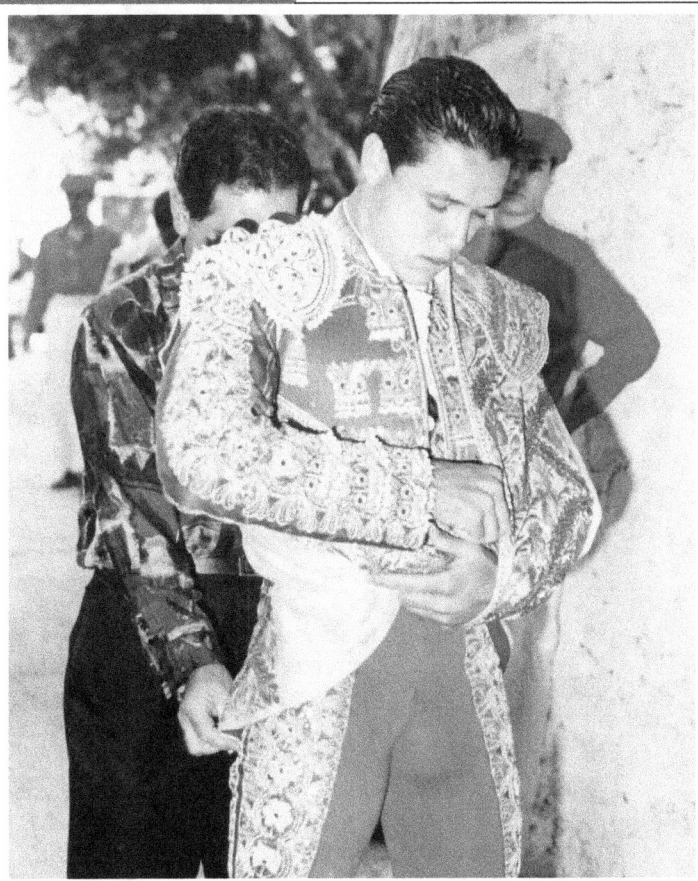

Alfredo Ríos Delgado *El Conde* **Foto [Zamora].**

Temporada 1997-1998

Corrida de expectación, corrida de decepción.

La anunciada como corrida del siglo, no fue la excepción.

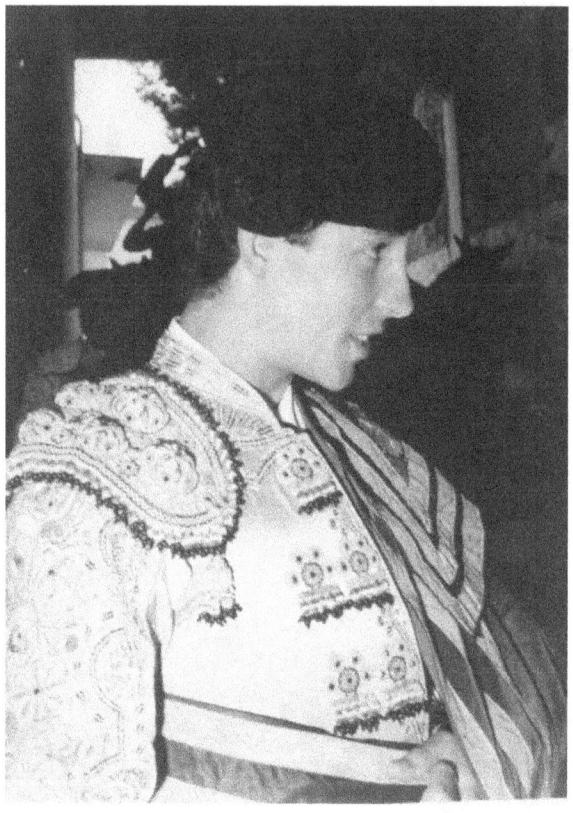

Pedrito de Portugal Foto [Zamora].

La nueva generación de toreros, irrumpió en la escena de Guadalajara. Junto con el clamor por ver a *El Juli* llegaron los cuates Alberto y Enrique Espinoza, Gerardo Gaya y *Jerónimo*. Asimismo, se consolidaron toreros de alternativa no reciente como Alfredo Lomelí y *El Zotoluco* quien brindó excepcionales actuaciones en México repercutiendo sus triunfos en toda la provincia.

Una presentación que cautivó a la afición tapatía, fue la del diestro lusitano *Pedrito de Portugal* quien tuvo dos actuaciones, la primera de ellas de gran torerismo, realizando dos faenas plenas de arte y calidad, ante un Miguel Espinosa apático y desganado y un Fernando Ochoa con ganas pero sin recursos.

La otra aparición de *Pedrito* fue en una corrida en la que se pretendió reunir a las máximas atracciones de Europa y México en un cartel por demás redondo conformado por Miguel *Armilla*, Enrique Ponce, Fernando Ochoa y el propio *Pedrito de Portugal* con toros de la prestigiada ganadería de Bailleres. Sin embargo el gozo se fue al pozo y los toros no sirvieron nada más que para el rastro y fue un fracaso estrepitoso, no así para la empresa que redondeó las pérdidas de otras tardes con la ganancia de aquella que por cierto, no se recordará por muchos años.

Domingo 5 de Octubre de 1997.-

Alberto Espinoza, Gerardo Gaya y Julián López *El Juli*. Novillos de Xajay . Oreja para *El Juli*. Alberto Espinoza primer triunfador al cortar dos en cada uno de sus novillos. Gaya voluntarioso.

Domingo 12 de Octubre de 1997.-

Jorge Gutiérrez, Julio Aparicio y Alfredo Lomelí con seis de Jaral de Peñas. Aparicio nunca apareció mientras que el conocido cronista Francisco Baruqui en su habitual crónica de los lunes, se volcó en elogios hacia lo realizado por el diestro hispano.

Domingo 19 de Octubre de 1997.-

Meritoria actuación del venezolano Leonardo Benítez, Rafael Ortega y Fernando Ochoa que cortó una oreja a uno de regalo. Seis de José Julián Llaguno.

Domingo 26 de Octubre de 1997.-

Pizarro, Capetillo y Gutiérrez Seis de Santo Domingo.

Jueves 20 de Noviembre de 1997.-

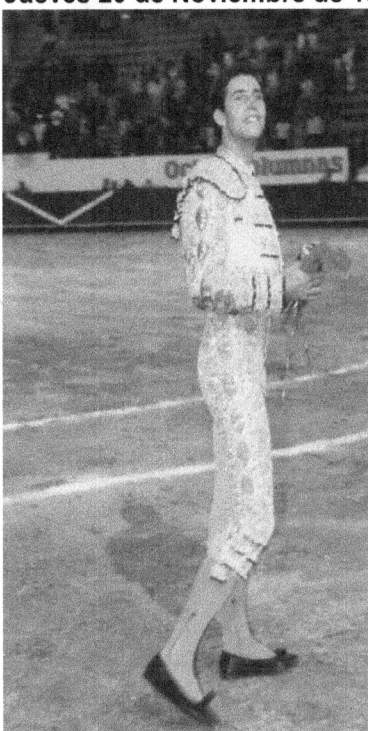

Seis de Teófilo Gómez para Rafael Ortega, Guillermo Capetillo y *Pedrito de Portugal*. *Pedrito* Cayó de pie cortando una oreja.

Domingo 23 de Octubre de 1997.-

Siete de Vista Hermosa para Eloy Cavazos, Alejandro Silveti, *Manolo Arruza* y el rejoneador Jiovani Aloi. La plaza llena y cortaron oreja todos los alternantes.

Domingo 2 de noviembre de 1997.-

Enrique Garza, Carlos Alberto Barbosa, Alfredo Ríos *El Conde* y José María Luevano. Triunfos de Garza y *El Conde* en Guadalajara. Dos orejas para cada uno.

Domingo 9 de noviembre de 1997.-

Jerónimo, Alfredo Gutiérrez y *El Cuate* Espinosa. Seis de Corlomé, regular entrada, buenas faenas pero sin orejas.

Domingo 30 de noviembre de 1997.-

Pedrito de Portugal, Miguel Espinosa y Fernando Ochoa y seis de Mimiahuapan. *Pedrito* arroyó cortando dos orejas, Miguel apático.

Domingo 7 de diciembre de 1997.-

Jerónimo, Antonio Bricio y Alberto

Pedrito de Portugal Foto [Castellón].

Espinosa y seis toros de la Llave. Jerónimo tuvo momentos de sublimidad y Bricio torero fino. Alberto Espinoza prendido por sus dos bureles.

14 de Diciembre de 1997.-

Fermín Bernáldez, Raúl Blázquez y Alejandro Martínez Vértiz con Seis de Chinampas. Tarde fría, sin orejas y sin arte.

Domingo 11 de enero de 1998.-

Presentación de Enrique *El Cuate Espinosa*, Julián López *El Juli* y Alberto Espinoza. *El Juli* y Alberto cortaron oreja.

Domingo 1 de febrero de 1998.-

Jorge Gutiérrez, Enrique Ponce, Fernando Ochoa y *Pedrito de Portugal* con cuatro de Begoña y cuatro de Mimiahuapan. Corrida de expectación y corrida de decepción. Ochoa se mostró grotesco ante uno de regalo.

Domingo 1 de marzo de 1998.-

Antonio Guajardo, Fermín Bernáldez y Gerardo Gaya con seis novillos de Atenco. Los toros por encima de los toreros. Bernáldez sufrió tremenda cornada.

Domingo 15 de marzo de 1998.-

Arturo Díaz *El Coyo*, Enrique Garza y Alfredo Lomelí con seis de Piedras Negras.

Domingo 6 de septiembre de 1998.-

Último festejo de la temporada. Seis novillos de El Carmen para Fermín Bernáldez, Gerardo Gaya y Alberto *El Cuate* Espinosa. El H. Ayuntamiento ordenó a la empresa que cumpliera con el compromiso de dar doce festejos por ello el festejo se escenificó hasta esta fecha. Gerardo Gaya Vuelta en su primero

Temporada 1998-1999

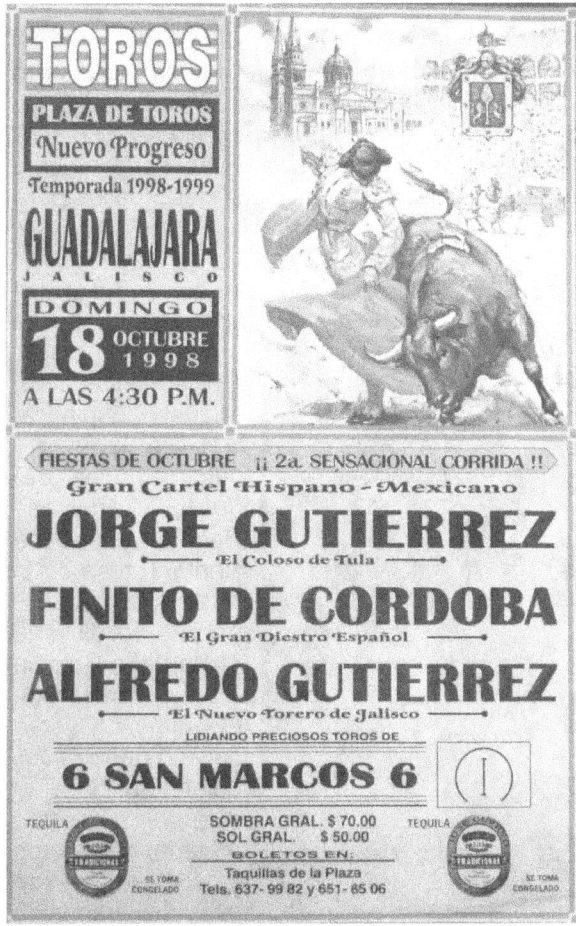

La temporada estuvo animada por los novilleros Fermín Spínola y *El Cachorro* quienes escenificaron un duelo entre toreros que hacía mucho tiempo, no se veía, lógicamente, la afición se retrató en la taquilla y tarde a tarde se dieron inolvidables tardes de gran torerismo.

Se presentó en Guadalajara el diestro *Finito de Córdoba* calando fuerte en el ánimo del público y hubo como novedad, la inclusión de *El Juli,* como matador de alternativa. Se anunció la despedida de *Manolo Arruza* y se organizó un homenaje al "mejor muletero del mundo" Manuel Capetillo. También se presentó el diestro gitano David Luguillano.

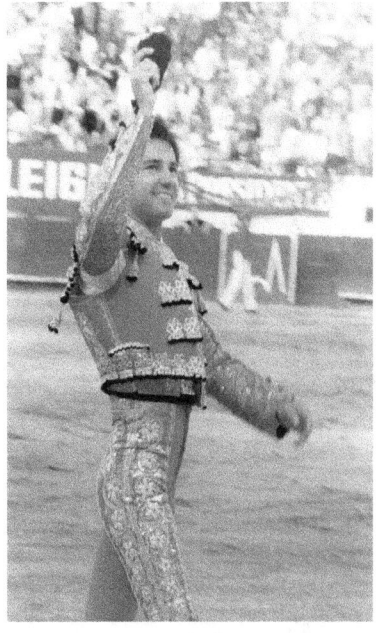

Vientos de cambio, anunciaron la irrupción en el panorama de la tauromaquia de nuevos nombres, algunos como el de *El Zotoluco*, se comenzaron a consolidar a partir de las hazañas realizadas en la temporada española.

Domingo 11 de Octubre de 1998.-

Inauguración de la temporada. Gerardo Trueba a caballo y a pie Eloy Cavazos, *Manolo Arruza* y Alejandro Silveti. Seis de Santiago y uno de *Paco Torre*. El Festejo estuvo pasado por lluvia y el público soportó estoicamente, el chubasco. Eloy Cavazos cortó las dos orejas de su primero viéndose apurado con su segundo, Alejandro Silveti bordó al tercero de la tarde al que le fue concedida la gracia del indulto y *Manolo Arruza* mostró apatía toda la tarde escuchando pitos del público.

Domingo 18 de Octubre de 1998.-

Segunda corrida de la temporada. Seis toros de San Marcos para Jorge Gutiérrez, *Finito de Córdoba* y Alfredo Gutiérrez. Alfredo Gutiérrez hizo su presentación en Guadalajara como matador de toros y cortó la oreja de su primer enemigo de nombre "Sargento". Gran faena de Juan Serrano, *Finito de Córdoba* a un toro que se refugiaba en su querencia, gran estocada y dos descabellos para vuelta al ruedo.

Domingo 25 de Octubre de 1998.-

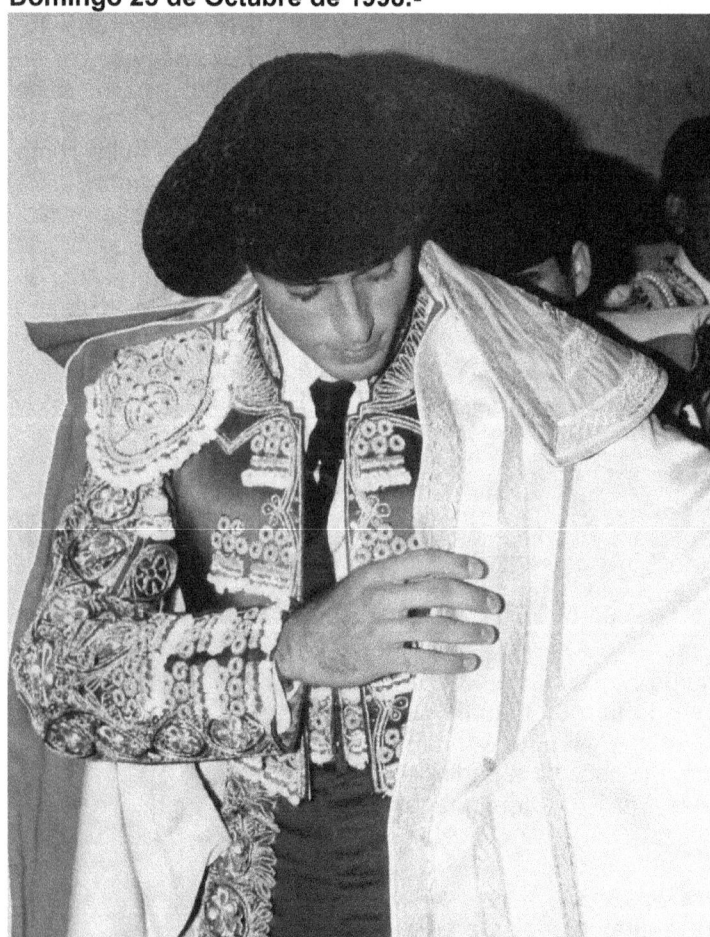

Tercera corrida de la temporada. Guillermo Capetillo, Miguel Espinosa, *Armillita chico* y Julián López, *El Juli*. Toros de Begoña y uno de Santa Teresa de la misma dehesa. El público acudió a la plaza de la Colonia Independencia con el ánimo de ver a Julián López *El Juli* quien hacía su debut como matador de toros recientemente alternativado, y se encontró con Miguel Espinosa *Armillita chico* quien tal vez realizó la mejor faena que se le haya visto, a un toro en Guadalajara, su

Juan Serrano *Finito de Córdoba* Foto [Castellón].

segundo. Capetillo como siempre mostrando detalles.

Julián López *El Juli* Por momentos mostró destellos de su natural talento aunque se le vio verde todavía en las filas de los matadores. El Ayuntamiento

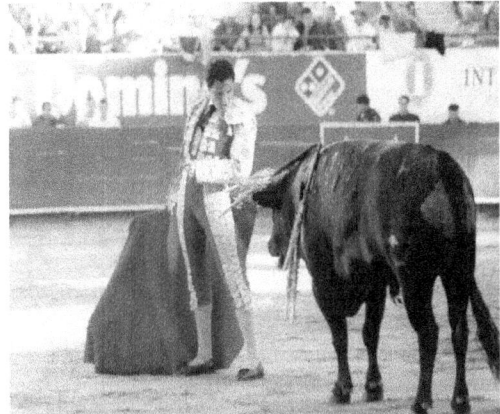

tapatío cambió la autoridad y tal parece que en vez de entrar a Guatemala, la afición lo hizo a "guatepior" ya que el señor Toscano resultó la ineptitud total en el biombo. El desempeño de Miguel fue extraordinario y solamente le concedió un apéndice a pesar de los fuertes reclamos del público.

Domingo 1 de Noviembre de 1998.-

Juan Serrano *Finito de Córdova*, Federico Pizarro y Enrique Garza con un encierro de Jaral de Peñas que resultó malo para los de a

Fermín Spínola Foto [Castellón].

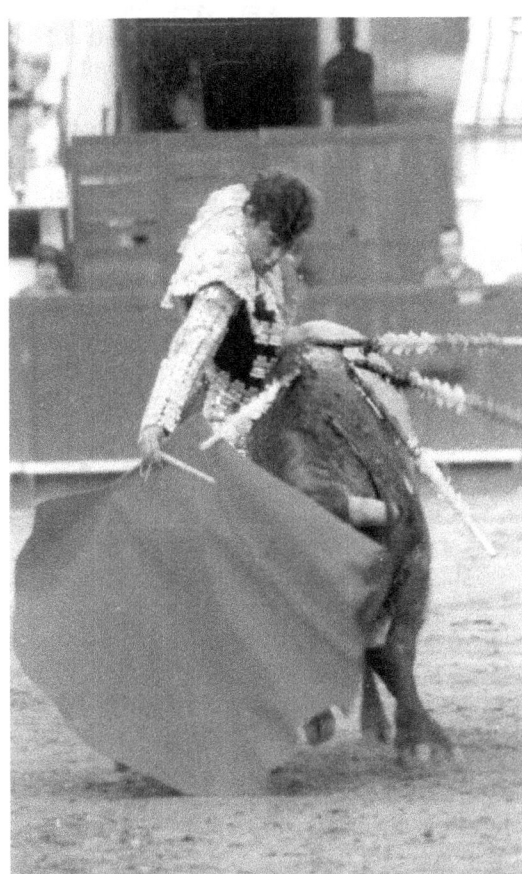

Manuel Capetillo Hijo. Foto [G. Flores].

pie y huidizo con los de a caballo. El juez de plaza señor Xavier (sic.) Toscano multó al picador de Juan Serrano por invadir la zona marcada con los anillos concéntricos, la multa fue de un mil pesos.

Domingo 8 de Noviembre de 1998.-

Eulalio López *El Zotoluco*, Rafael Ortega y Julián López *El Juli* con toros de Vista Hermosa. Gran faena de *El Zotoluco* quien mostró hechuras de torero grande y en plena madurez artística y humana ante un toro que presentó dificultades, el primero de su lote. Rafael Ortega mostró toda la tarde deseos de agradar estando enorme con los garapullos, emocionando a la concurrencia. Julián López *El Juli* nuevamente volvió a llenar la plaza justificándose en el último, un toro de regalo. Para variar la nota chusca la dio el señor juez Javier Toscano quien evidentemente se mostró antimexicanista al no conceder los apéndices que el público reclamaba para premiar la labor de *Lalo* López, lo que puso de manifiesto su total incompetencia y falta de conocimiento y apreciación de las condiciones de los bureles y la labor de los diestros. Para completar el cuadro, se brincó el ya conocido espontáneo Ramón Lizardo, para tratar de "torear" al último de la lidia ordinaria, perteneciente al *Juli*. José Manuel Espinosa a la cárcel por amenazar al veterinario y un sector de la prensa en contubernio con la autoridad y en contra de la empresa. El problema fue porque un toro de El Junco que no había sido reseñado le fue negado a *El Zotoluco* pero fue concedido a *El Juli*. ¿Tal vez por ser español?

Sábado 21 de Noviembre de 1998.-

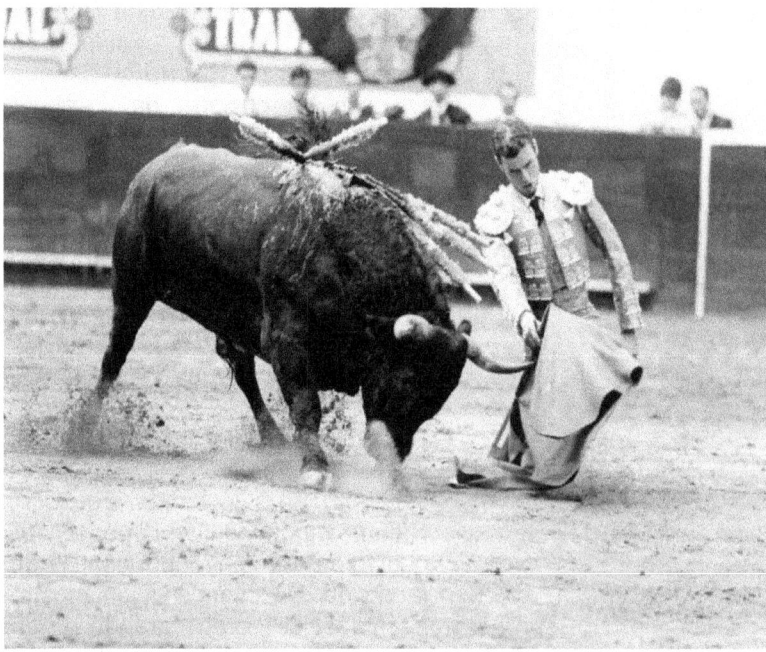

Festival a beneficio de los enfermos de Sida. El cartel se compuso de los siguientes espadas, a pie, Eloy Cavazos, *Manolo Arruza*, Pepe López Hurtado, Raúl Gómez *El Campero* y Manuel Martínez Ibargüengoitia. Y a caballo el rejoneador

Finito de Córdoba Foto [Castellón].

Jiovanni Aloi. Eloy Cavazos realizó estupendo trasteo para cortar dos orejas, *El Campero* se hizo aplaudir y dio vuelta al ruedo, *Manolo Arruza* también estuvo bien en su actuación cortando una oreja, Pepe López fue trompicado llevándose fenomenal susto, Manuel Martínez fue, como ya es costumbre, pitado, más por ser el hijo de *Manolo*, que por su desempeño en el ruedo. Aloi estuvo bien. Los novillos que se lidiaron, fueron de Santiago (4), de Mariano Ramírez (1) y de Cerro Viejo para rejones. La intransigencia del juez de plaza Toscano y la prepotencia e ignorancia de la regidora de espectáculos, Cristina Macías, obstaculizaron la venta anticipada de boletos, sin tener en cuenta que el festejo era con fines benéficos. Ambos exigían antes de conceder el permiso correspondiente, que se cumpliera el reglamento como si se tratara de una corrida formal.

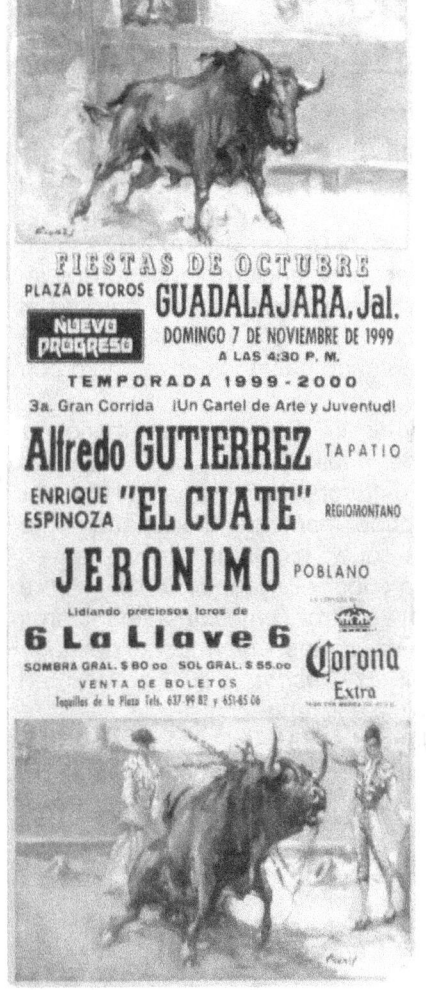

FIESTAS DE OCTUBRE
PLAZA DE TOROS GUADALAJARA, Jal.
NUEVO PROGRESO
DOMINGO 7 DE NOVIEMBRE DE 1999
A LAS 4:30 P. M.
TEMPORADA 1999 - 2000
3a. Gran Corrida ¡Un Cartel de Arte y Juventud!

Alfredo GUTIERREZ TAPATIO
ENRIQUE "EL CUATE" ESPINOZA REGIOMONTANO
JERONIMO POBLANO

Lidiando preciosos toros de
6 La Llave 6
SOMBRA GRAL. $ 80.00   SOL GRAL. $ 55.00
VENTA DE BOLETOS
Taquillas de la Plaza Tels. 637-99-82 y 651-65-06

Corona Extra

Domingo 18 de enero de 1999.-

Tres toros de La Guadalupana, dos de Suárez del Real y uno de Santo Domingo para la corrida de homenaje a Manuel Capetillo por sus cincuenta años de alternativa. Alternaron: Guillermo Capetillo, Manuel Capetillo hijo y *Alfredito* Gutiérrez. Guillermo Capetillo para variar no tuvo suerte en su lote. *Manolo*, fue honesto y reconoció que las mejores oportunidades las dejó pasar y Alfredo Gutiérrez, mostró deseos de agradar al público cortando una oreja de cada uno de los bovinos que le tocaron en suerte.

Domingo 14 de febrero de 1999.

La Despedida de *Manolo Arruza*. *Manolo Arruza*, Miguel Espinosa *Armillita chico* y Eulalio López *El Zotoluco*. Tres cuartos de entrada. Toros de Begoña bien presentados. *Manolo Arruza* dio vuelta en su segundo quitándole el

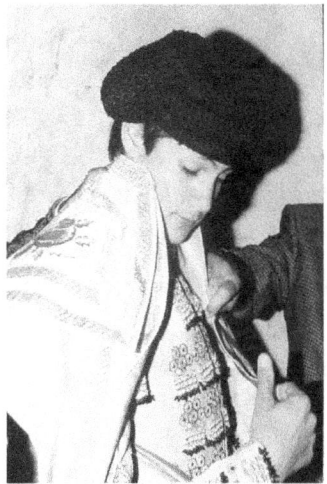

Sebastián Castella Foto [Zamora].

añadido su hijo José mientras se escuchaban "Las Golondrinas". Miguel Espinosa al tercio y oreja y *El Zotoluco* regaló un séptimo al que le cortó la oreja.

Domingo 28 de Febrero de 1999.-

Octava corrida de la temporada. Seis de don Fernando de la Mora para Alfredo Lomelí, Fernando Ochoa y *Alfredito* Gutiérrez.

Domingo 14 de Marzo de 1999.-

Feria Mundial del Novillero. Seis de Los Martínez para Ramiro Cadena, de Colombia, *Toño Bricio* de Guadalajara y Sebastián Castella de Francia.

Domingo 21 de Marzo de 1999.-

Seis de Los Encinos para Alfredo Lomelí, David Luguillano y Oscar San Román.

Domingo 18 de Marzo de 1999.-

Seis novillos de De Santiago para Ulises Padilla, David Villariño de España y el francés Sebastián Castella.

Domingo 25 de Marzo de 1999.-

Fermín Bernáldez, Antonio Guajardo y Oscar López Rivera *El Niño*. Novillos del Vergel.

Domingo 16 de mayo de 1999.-

Seis novillos de Chinampas para Fermín Spínola, Javier Gutiérrez *El Cachorro* y Guillermo Veloz *El Pausado*.

Domingo 22 de Mayo de 1999.-

Se corrieron astados de Iturbe Hermanos para los diestros: Domingo Sánchez, Fermín Spínola y Javier Gutiérrez *El Cachorro*, encierro terciado que se dejó meter la mano. Domingo Sánchez valiente y voluntarioso en su primero al que mató de pinchazo y estocada para fuerte petición de oreja y negativa del juez a otorgarla. Spínola toda la tarde desdibujado intentando hacer las cosas pero con demasiada presión.

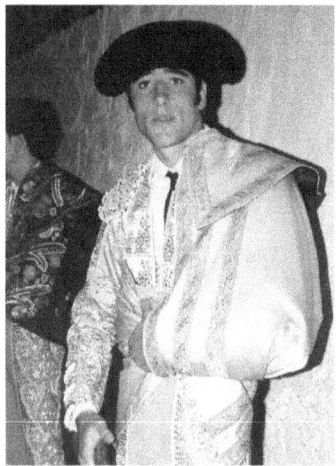

Javier Gutiérrez *El Cachorro*, se metió de lleno en el ánimo del público, lanceó a uno de sus enemigos con sendos faroles de hinojos y al intentar uno más, fue arropado feamente afortunadamente sin consecuencias que lamentar. Invitó a su alternante Spínola a cubrir el segundo tercio y entre ambos, colocaron cuatro emocionantes pares destacándose uno de cortas con mucho riesgo y exposición. Al final *El Cachorro*, fue sacado en hombros por el público asistente.

Domingo 30 de Mayo de 1999.-

Se corrió un encierro terciado de la vacada de La Llave. Tres malos y tres se dejaron meter la mano.

La tercia estuvo compuesta por el triunfador

Fernández Pineda Foto [Zamora].

de las tres tardes anteriores, Javier Gutiérrez *El Cachorro*, Alberto Espinosa *El Cuate* y el novillero español, Pineda Fernández.

El primer novillo de la tarde, correspondió a *El Cachorro* cubrió el segundo tercio y se deshizo de su enemigo al segundo intento. Fue llamado al tercio. En su segundo, se mostró variado con la capa ejecutando el lance fundamental con preciosismo, realizó un estupendo quite por chicuelinas y se echó el capote a la espalda para realizar ajustadas gaoneras. Se perfiló por derecho dejando una estocada en lo alto para ser premiado con una oreja y dar vuelta entre fuertes aclamaciones.

El segundo de la tarde, le correspondió a *El Cuate* que pechó con lo más malo del encierro. Se mostró voluntarioso y valiente, lo despachó de estocada para retirarse en medio de fuerte ovación, en su segundo, cuarto de la tarde, estuvo bien de capa, recibió un puntazo en el maxilar retirándose a la enfermería, regresando de ésta con enorme parche para continuar la lidia y dar vuelta al anillo a pesar de haber pinchado hasta en tres ocasiones y acertar hasta el tercer intento de descabelle.

El hispano Pineda Fernández, en su primero, tercero de la lidia ordinaria, mostró empeño y mató al primer intento para salir a saludar desde el tercio. En su segundo, el que cerró plaza, se entregó durante toda la lidia, despachó de pinchazo y media, para recibir fuerte ovación.

El público se volvió a retratar en la taquilla registrándose media entrada. El juez de plaza Javier Toxcano García de Quevedo, fue increpado por el público llevándose sendas mentadas de madre, al equivocarse por enésima ocasión y soltar un bocinazo durante el lapso en que *El Cuate*, se retiró a la enfermería. La Peña taurina "Mal de Montera" envió esa semana, una carta al alcalde tapatío, para mostrar su inconformidad con el desempeño del señor Toscano quien siguió exhibiendo una total ineptitud para dirigir desde el biombo.

Sábado 5 de junio de 1999

Vacada organizada por la Escuela Taurina del Ayuntamiento tapatío.

Domingo 14 de junio de 1999

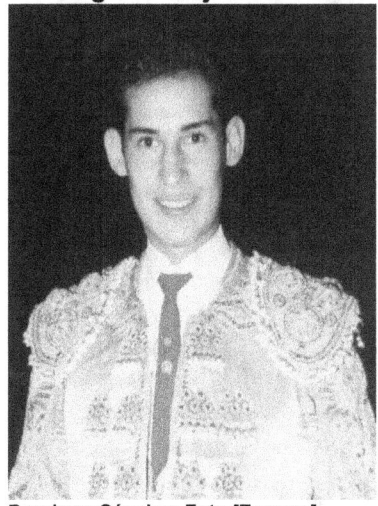

Domingo Sánchez Foto [Zamora].

Novillos de San Javier, para Fermín Spínola, Abraham Ruiz y Antonio Fernández Pineda.

Novillada fuerte y con arrobas. Le fue negada la oreja a Spínola. Ruiz tomó unas tijeras y en el centro del ruedo, se cortó la coleta. La entrada fue regular y la lluvia, hizo su presencia.

Domingo 6 de Julio de 1999.

Novillos de Santa Rosa de Lima para Fermín Spínola y Javier Gutiérrez *El Cachorro*.

Se registró media entrada y se corrieron novillos bien presentados. Spínola resultó ser el triunfador, al cortar la oreja de uno de sus pupilos.

El Cachorro fue exigido en demasía por el público que lanzó gritos de ¡toro!, ¡toro! sin

considerar lo nuevo en la profesión del diestro.

En su tercero acicateado por los gritos de la concurrencia, fue empitonado al intentar colocar un par de banderillas, resultando herido en un muslo y en un glúteo. En su primero se mostró valiente y el público pidió la oreja misma que fue negada por la mezquindad del juez Toscano.

Domingo 11 de julio de 1999

Seis Novillos de Torrevieja para Domingo Sánchez, Fermín Spínola y Javier Gutiérrez *El Cachorro*.

Temporada 1999-2000

Se presentó el centauro navarro Pablo Hermoso de Mendoza

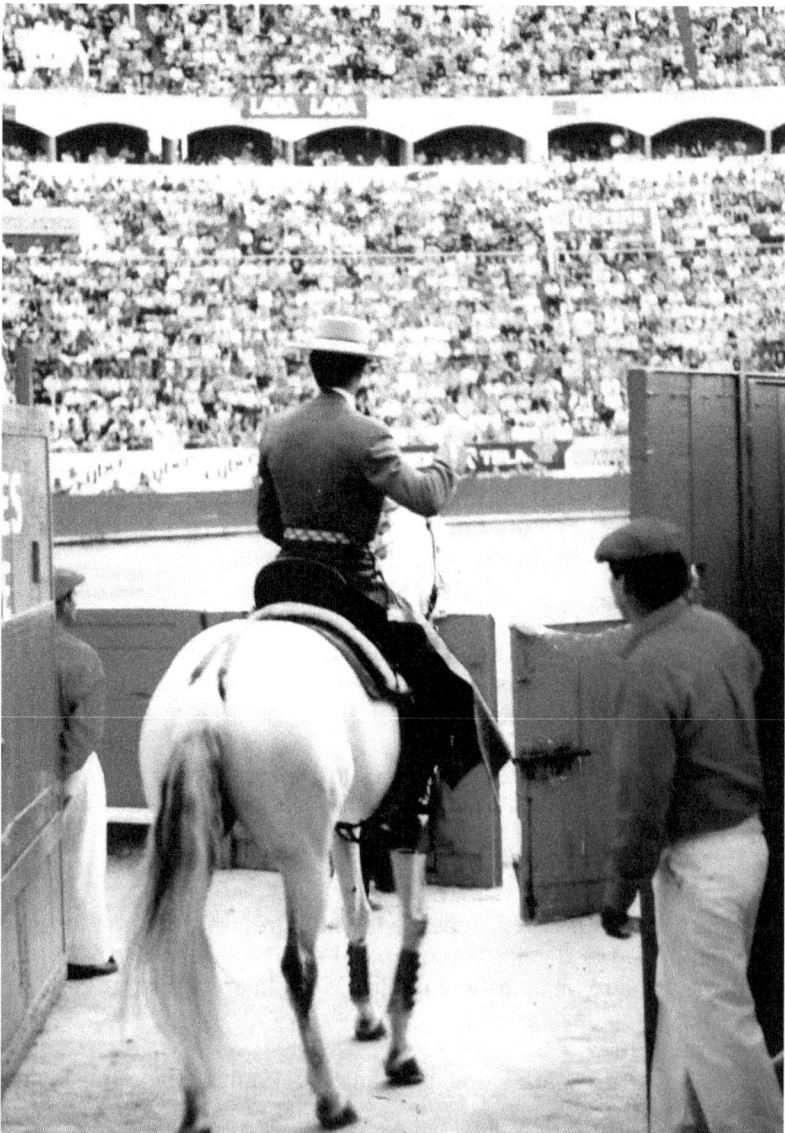

Tardíamente dio inicio la temporada 1999-2000.

La temporada referida, presentó como novedad, la inclusión del caballista sensación Pablo Hermoso de Mendoza, actuaron los triunfadores de la temporada anterior en México, *El Queretano* y Alfredo Lomelí. Luego causaron grata impresión, Ignacio Garibay de reciente alternativa en España, y *Jerónimo*. Eulalio López *El Zotoluco* se consolidó como gran figura del toreo y Javier Gutiérrez *El Cachorro*, despegó rumbo a la alternativa misma que le fue concedida por Julián López *El Juli* en Aguascalientes.

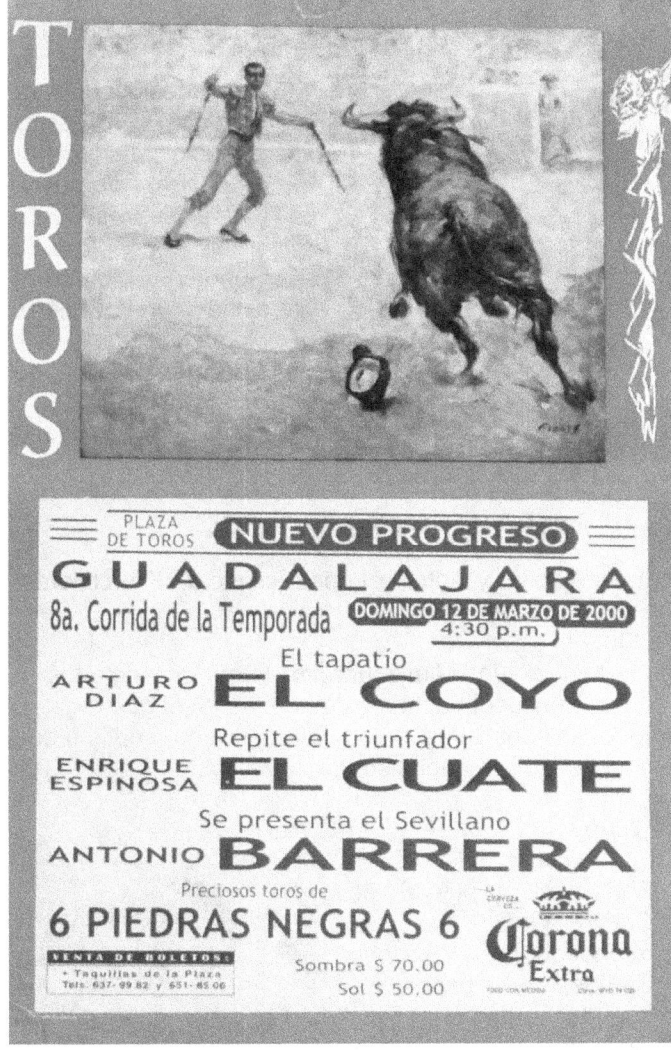

Domingo 21 de octubre de 1999.-
Toros de don Jorge Barbachano para el rejoneador Giovanni Aloi y para los de a pie; Eloy Cavazos, Miguel Espinosa y Guillermo Capetillo. Cavazos se llevó la primera oreja de la temporada.

Domingo 31 de octubre de 1999.-
Seis toros de Celia Barbabosa, muy bien presentados y cómodos para los toreros. Alfredo Lomelí, saludos y oreja, Oscar San Román, bien en su primero, y gran faena al quinto del que fue solicitada la oreja que la autoridad no concedió. Dávila Miura escuchó silbidos en ambos.

Domingo 7 de noviembre de 1999.-
Seis de don Gabriel de la Torre (La Llave), para *Jerónimo*, Alfredo Gutiérrez y Enrique Espinoza *El Cuate*. Hubo uno más de doña Celia Barbabosa que regaló Alfredo Gutiérrez.

Sábado, 20 de noviembre de 1999.
Toros de San Marcos (cuatro buenos -el segundo dio la vuelta al ruedo- y dos no sirvieron), para el rejoneador Hermoso de Mendoza (vuelta y oreja), y para los matadores Jorge Gutiérrez (silencio y ovación) y *Zotoluco* (vuelta y ovación).

Domingo, 28 de noviembre de 1999.
Novillos de Santoyo para Fernández Pineda (palmas en ambos), José Daniel Ayala (palmas y oreja) y Pepe Orozco (oreja y palmas).

Domingo, 5 de diciembre de 1999.

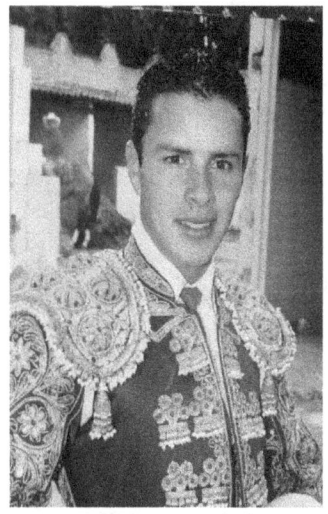

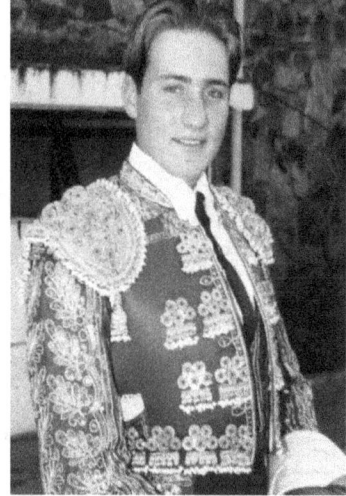

Toros de la Venta del Refugio, (bien presentados, de juego desigual), para Federico Pizarro (silencio; herido por el cuarto), *Jerónimo* (dos avisos y silencio; oreja) e Ignacio Garibay (ovación; aviso y ovación). Media entrada.
Domingo, 12 de diciembre de 1999.
Toros de Mariano Ramírez, para

Mauro Lizardo Foto [Zamora].   Mario Zulaica Foto [Zamora].

Lorenzo Cué (ovación), Hermoso (oreja) y Antonio López (silencio). Por colleras, los respectivos jinetes fueron ovacionados
Domingo, 16 de enero de 2000.
Ocho toros de San Miguel de Mimiahuapam (bien presentados y desiguales en su lidia), para *El Juli* (saludo, palmas y dos orejas en el que regaló), *Cuate Espinoza* (vuelta al ruedo, saludos y vuelta con petición en un séptimo que también regaló) y para Jerónimo (aplausos y aplausos).
Lleno total.
Domingo, 13 de febrero de 2000.

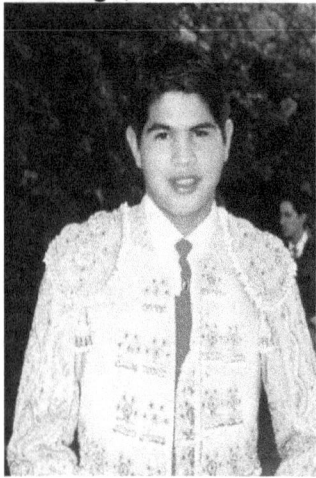

Toros de Celia Barbabosa (1) y 6 de Cerro Viejo, para el rejoneador Rodrigo Santos, y para los espadas Alfredo Ríos Delgado *El Conde*, Enrique Espinoza y Javier Gutiérrez *El Cachorro*.
Domingo, 19 de marzo de 2000.
Novillos de Los Martínez (noble, de buen juego y aceptable presentación, excepto el 6º), para *Manolo Lizardo*

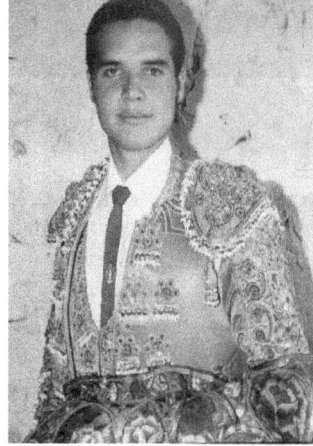

Oscar López Rivera Foto [Zamora].   Javier Ocampo Foto [Zamora].

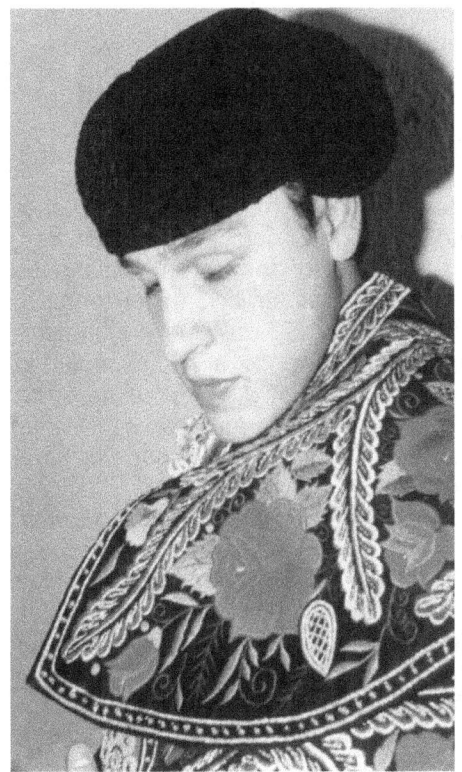

José Daniel Ayala Foto [Zamora].

(palmas y salida al tercio), Alberto Álvarez
(palmas en ambos) y Rubén Darío
(palmas y una oreja).

Domingo, 12 de marzo de 2000.

    Seis de Piedras Negras para Arturo
Díaz *El Coyo*, Enrique Espinoza *El Cuate*
y Antonio Barrera.

Domingo, 26 de marzo de 2000.

    Reses de Cerro Viejo, para Alfredo

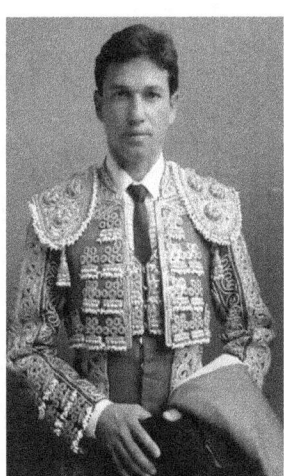

Ríos Delgado *El
Conde,* Alfredo
Lomelí. y Alfredo
Gutiérrez.

**Domingo 21 de
mayo de 2000.**

    Seis de
Chinampas para
Fermín Spínola,
José Daniel
Ayala y Mauro
Lizardo.

**Domingo, 9 de
julio de 2000.**

    Sergio
Rojas y

Rubén Darío Foto [Zamora].

    Chinampas. Feria Nacional del Novillero Telmex 2000. Atanasio Velásquez,
Xavier Ocampo y *Manolo Lizardo* quien consiguió el único apéndice del festejo.

Domingo 16 de julio de 2000.

Seis novillos toros de Villa Carmela para Oscar López Rivera, y Mauro Lizardo.

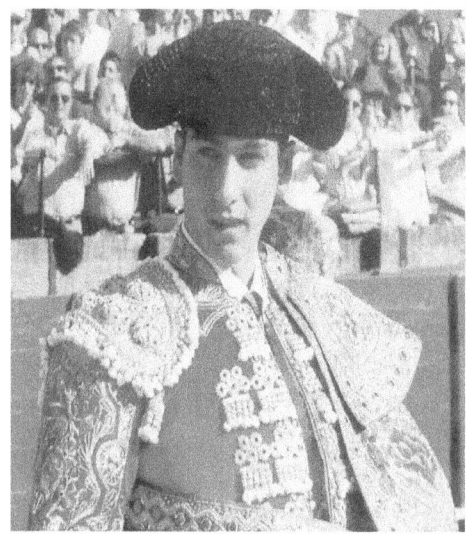

Temporada 2000/2001

*De La Puebla del Río llegó a convencer,
el sevillano Morante de la Puebla.*

La temporada se caracterizó por tener como atracción principal en sus carteles, la inclusión de dos toreros hispanos garantes de la atracción del público. Julián López *El Juli*, el rejoneador Hermoso de Mendoza y la novedad sevillana, *Morante de la Puebla* quien venía precedido de gran fama.

Por su parte, los diestros mexicanos; Eulalio López *El Zotoluco*, Ignacio Garibay y el novel Antonio Bricio, tenían la consigna, de mostrar en Guadalajara, todo lo bueno que de ellos se dijo en la recientemente concluida campaña española. *El Zotoluco* y Garibay, lo consiguieron, no así, Bricio quien tomó la alternativa en octubre de manos de Eloy Cavazos y un testigo de lujo: Enrique Ponce.

Miguel Espinosa *Armillita Chico*, toreó en Guadalajara antes de despedirse definitivamente de la plaza de Madrid. Para Eloy Cavazos, la suerte esta vez, no estuvo de su parte y encontró el abucheo del público, lo que dejó ver una posible y necesaria retirada del diestro de Villa de Guadalupe Nuevo León.

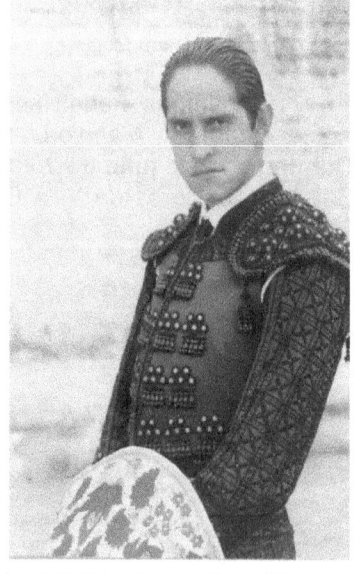

Ponce, por su parte, estuvo en plan de maestro al igual que el caballista navarro, Hermoso de Mendoza, *Morante de la Puebla*, revestido de una aura de despotismo tuvo un trato descortés con el público y los medios de comunicación. En contraparte, fue generoso con su arte *quintaesenciado*, lo que le valió el respeto y admiración de los aficionados tapatíos.

La segunda parte de la temporada, ya en 2001, estuvo conformada por el llamado Encuentro Mundial de Novilleros, resultando sumamente exitosa la campaña, principalmente en lo que a encierros correspondió. Los novillos/toros del Arq. García Villaseñor, se llevaron la nota fuerte, ya que resultaron de excelente calidad.

José Rubén Arroyo Foto [Zamora]

Domingo, 15 de octubre de 2000.

Toros de la Guadalupana, para Alberto Espinoza (oreja y dos orejas con cornada en el sexto en el escroto), Mauro Lizardo (cornada en el muslo con dos trayectorias, una de 10 cm. y otra de 15, de pronóstico menos grave y maxilar izquierdo) y José Rubén Arroyo (vuelta y al tercio).

Domingo, 22 de octubre de 2000.

Toros de Labastida, para Alfredo Lomelí (vuelta y pitos), Antonio Barrera (saludos y oreja) e Ignacio Garibay (saludos y pitos).

Domingo, 29 de octubre de 2000.

Toros de Los Encinos, para Rodrigo Santos (ovación y ovación), Alfredo Gutiérrez (oreja), *Morante de la Puebla*

(ovación y silencio) y Jerónimo (oreja).

Domingo, 5 de noviembre de 2000.

Toros de Piedras Negras, para Rafael Ortega (saludo e indulto del toro Forjador), *El Conde* (palmas y palmas), *El Zapata* (saludo y división de opiniones) y *El Cachorro* (oreja). Menos de media entrada.

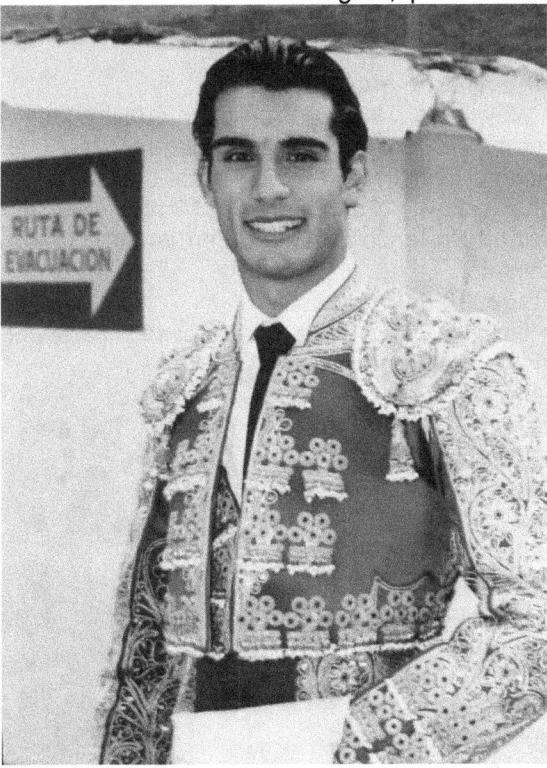

Antonio Gaspar Paulita Foto [Zamora].

Domingo, 12 de noviembre de 2000.

Toros de Montecristo, para Hermoso de Mendoza (ovación y dos orejas), Oscar Sanromán (saludos y oreja), Enrique Espinoza (resulta cogido. Ovación y ovación).

Domingo, 26 de noviembre de 2000.

Toros de Pepe Garfias (nobles en general), para *Morante de la Puebla* (silencio y oreja), Miguel Espinosa *Armillita* (palmas y ovación) y Antonio Bricio (oreja y ovación).

Domingo, 10 de diciembre de 2000.

Toros de Pepe Garfias, para Eloy Cavazos (ovación y

bronca), Enrique Ponce (dos orejas y ovación) y Antonio Bricio (ovación con saludos y palmas).

Domingo, 21 de enero de 2001.

Toros de Celia Barbabosa (bien presentados y de toreo notable), para *El Zotoluco* (oreja y oreja), *El Juli* (pitos y dos orejas) y Antonio Bricio (saludos y saludos; saludos en el sobrero).

Domingo, 4 de febrero de 2001.

Toros de Fernando de la Mora, para *El Juli* (ovación y dos orejas y rabo), Ignacio Garibay (oreja y oreja) y Alberto Espinosa (que tomó la alternativa, palmas y una oreja). Se registró tres cuartos de entrada.

Domingo, 18 de febrero de 2001.

Toros de De Santiago (Sosos en general y de mal juego), para *El Zotoluco* (saludos y saludos), Antonio Barrera (silencio y palmas) y Antonio Bricio (silencio y silencio).

Domingo, 4 de marzo de 2001. Novillos de Real de Saltillo (buenos), para el mexicano Leopoldo Casasola (ovación, silencio y oreja), el español Javier Castaño (silencio, palmas y palmas) y el ecuatoriano Juan Pablo Díaz (conmocionado al ser volteado por su primer novillo).

Domingo, 11 de marzo de 2001.

Novillos de José Marrón (bien presentados), para el mexicano Mario Zulaica (oreja y oreja), el colombiano Christian Restrepo (ovación y silencio tras dos avisos) y el español José Montes (ovación y ovación). Un tercio de entrada en tarde soleada y con viento.

Domingo, 18 de marzo.

Novillos de Celia Barbabosa, para el español Antonio Gaspar *Paulita*, y los mexicanos Ricardo González, *El Arriero* y Juan Antonio Adame.

Miércoles, 21 de marzo de 2001.

Novillos de Los Martínez (bien presentados y cumplidores con el caballo salvo el primero, que se rajó y se dolió al castigo, el segundo premiado con el arrastre lento), para Aníbal Vásquez (silencio y

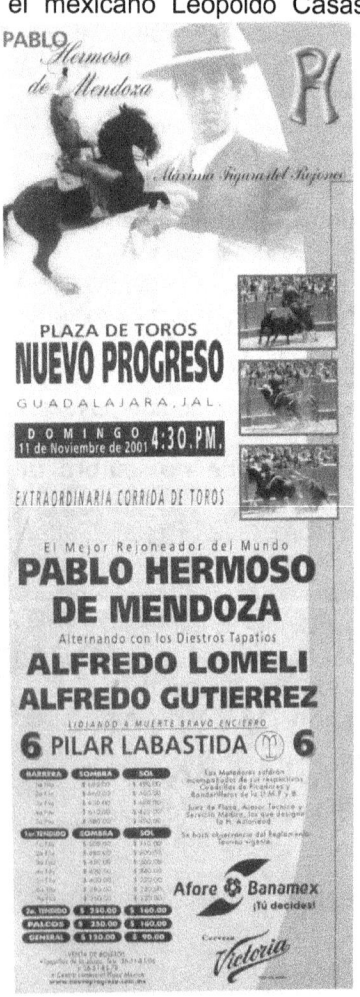

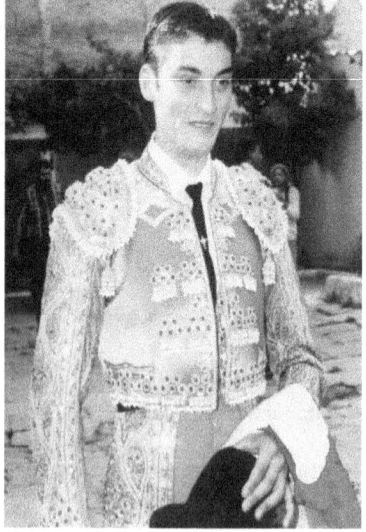

Antón Cortés Foto [Zamora].

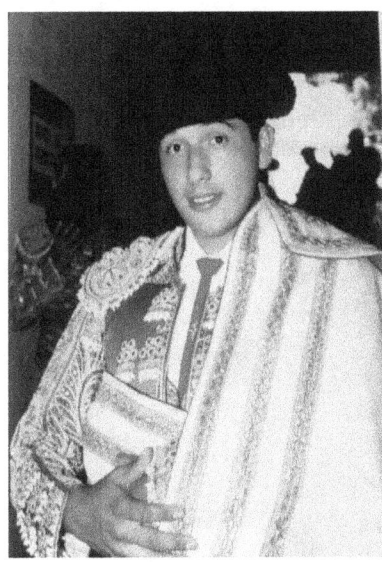

Christian Ortega Foto [Zamora].

pitos), Fabián Barba (ovación tras dos avisos y ovación tras un aviso) y Leandro Marcos (oreja, oreja). Un cuarto de entrada en tarde soleada y sin viento.

Domingo, 25 de marzo de 2001.
Toros de San Marcos y Fernando de la Mora,
para Pablo Hermoso de Mendoza, Alfredo Gutiérrez, Fernando Ochoa y Antonio Barrera.

Domingo, 1 de abril de 2001.
Novillos de Rodolfo Vázquez, para el español Antón Cortés, el francés Julien Mileto y el mexicano Rodolfo Vázquez.

Domingo, 8 de abril de 2001.
Novillos de Malpaso, para el español Paulita, el venezolano Rubén Darío (recibe cornada grave en el cuello) y el mexicano José Rubén Arroyo (cogido en su primero).

Domingo, 1 de julio de 2001.
Novillos de San Lucas para José Briones, Ernesto Castellón, Aldo Orozco, Cristián Paniagua, Lupita López y *El Giro*.

Domingo, 8 de julio de 2001.
Novillos de Aurelio Franco, para Jorge López *Zotoluco*, José Isabel Ortiz, Rafael Robles, *Paco Aviña*, Cristián Ortega y Juan Luis Silis.

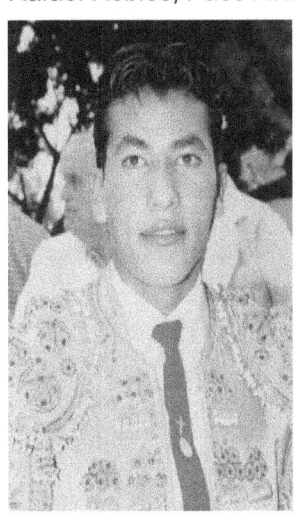

Manolo Lizardo Foto [Zamora].

Domingo, 5 de agosto de 2001.
Novillos de San José, para *Manolo Lizardo*, José Isabel Ortiz y otro.

Domingo, 12 de agosto de 2001.
Novillada.

Miércoles, 15 de agosto de 2001.
Novillos de El Batán, para Aldo Orozco y Atanasio Velásquez, y se lidió una novillada de El Batán.

Domingo, 19 de agosto de 2001.
Novillos de la ganadería de Mariano Ramírez (bien presentados) y Jorge Hernández Andrés. Para Rubén Ortega (silencio y silencio), Mauro Lizardo (silencio y vuelta) y Cristián Ortega (silencio tras aviso y silencio).

Domingo 23 de septiembre de 2001.
Seis de Iturbe Hermanos para Rafael Robles, Oscar Rodríguez *El Sevillano* y Ernesto Castellón quien

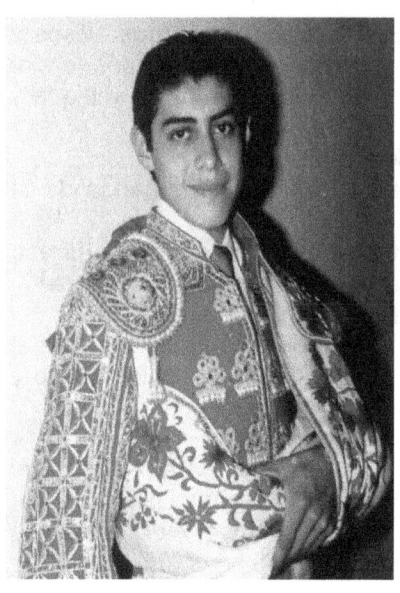

Toño Robles Foto [Zamora].

ligó gran faena la misma que de haber
coronado con la espada, le hubiese sido
otorgado el rabo.
Domingo 30 de septiembre de 2001.

Mauro Lizardo, Aldo Orozco y Guillermo
Martínez quienes se las vieron con seis
cornudos de Eduardo Funtanet.

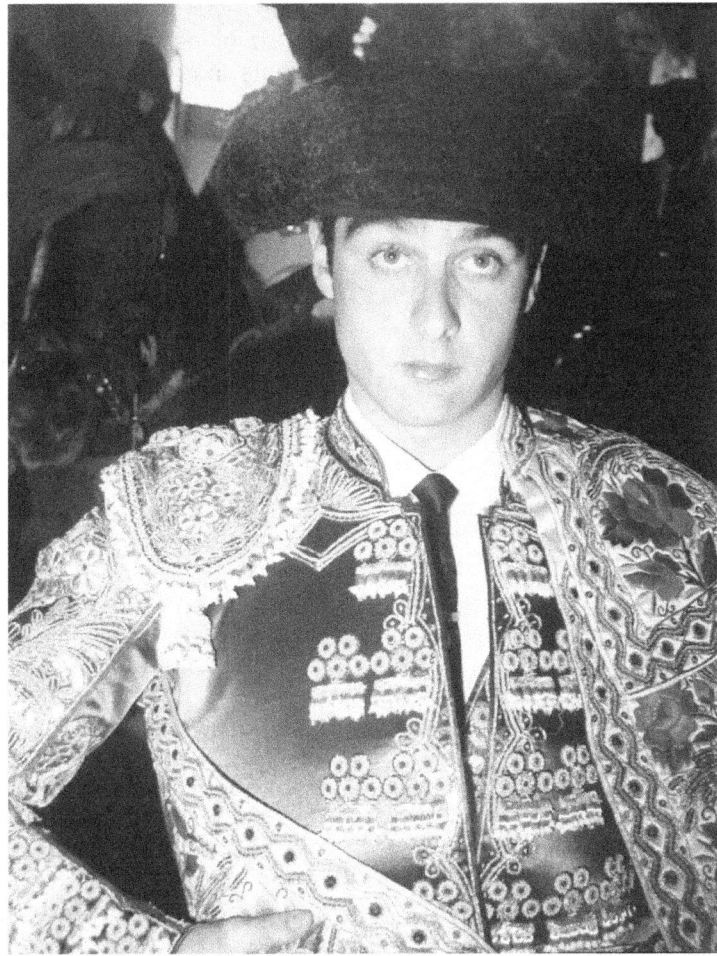

TEMPORADA 2001/2002

Y Enrique Ponce, se subió al trono del toreo.

La empresa decidió dar inicio a la temporada, con una novillada postinera.

Luego, la búsqueda infructuosa por atraer al público con espadas locales y la promoción de un diestro sevillano cuya principal cualidad, se centraba en su temeridad inconsciente, pero escasa de arte.

La plaza de Guadalajara por fin pudo admirar también a un Enrique Ponce en plena madurez, en un arrollador plan de maestro, realizando dos estupendos trasteos a toros que lograron unificar los criterios, incluyendo el de los aficionados más exigentes.

Realmente fue emocionante paladear la labor del diestro de Chiva, Valencia ante un difícil lote de Los Encinos. Ponce sin duda, ¡Un maestro!

Jorge Gutiérrez, sumamente presionado y, la revelación de esa temporada; Leopoldo Casasola quien dejó de ser, según decía el clamor popular; "plaza sola".

Fue la temporada en la que se despidió el hijo del *Maestro de Maestros* de nombre Fermín, al igual que su célebre padre.

Eulalio López *El Zotoluco,* sin conceder ventajas, se le vio solvente, mostrando un sitio envidiable que había obtenido en las campañas españolas y recientes triunfos en la capital de México.

Por su parte el madrileño Julián López *El Juli,* siguió siendo un atractivo en la cartelera, al igual que el centauro navarro Pablo Hermoso de Mendoza.

Ya muy avanzado el año, se vivió un prolongado ayuno, sin festejos, anunciándose para el mes de junio, la participación de los niños toreros y una serie de novilladas que se dieron esporádicamente, durante los meses de julio, agosto y septiembre.

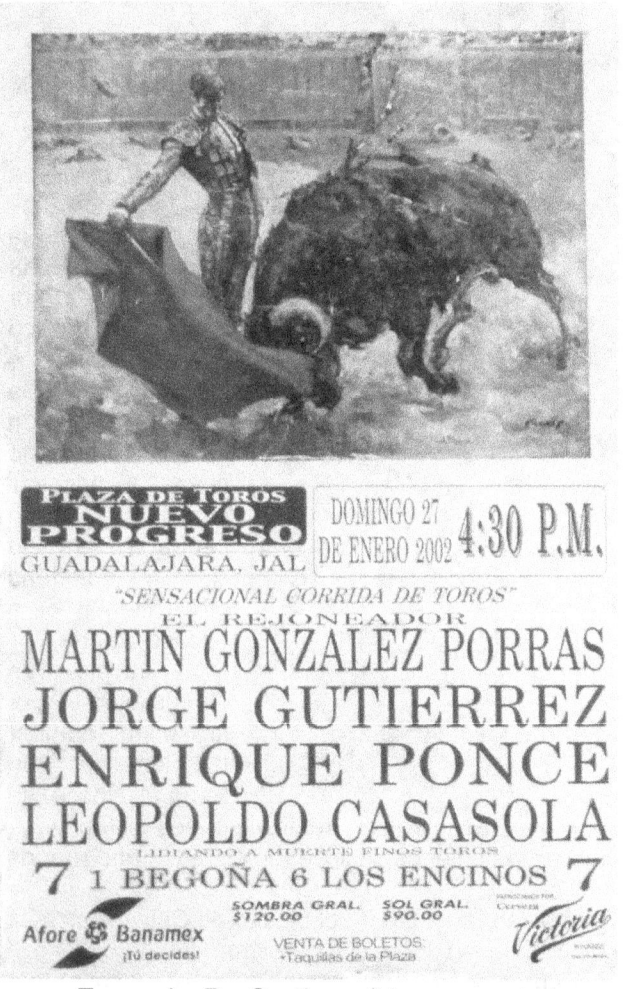

Domingo, 7 de octubre de 2001

Tres novilllos de Los Martínez y tres de Real de Saltillo, para Fabián Barba (silencio y aplausos), Ernesto Castellón (dos avisos y al tercio y aviso y al tercio) y Guillermo Martínez (al tercio y luego de tres avisos, salió al tercio). Un cuarto de entrada.

Domingo, 14 de octubre de 2001

Toros de José Julián Llaguno, para Rafael Ortega, Alfredo Lomelí y *El Zapata*.

Domingo, 21 de octubre de 2001.-

Toros de Gonzalo Vega, para *El Conde* (palmas y aplausos por el indulto al toro "Escultor"), Jorge Mora (oreja y vuelta al ruedo) y *Paco González* (saludo y ovación). Media entrada.

Domingo, 28 de octubre de 2001

Toros de De Santiago (bien presentados pero de desigual juego) para *Armillita Chico* (pitos y pitos), Jorge Gutiérrez (oreja y saludos) y Antonio Barrera (dos orejas y vuelta al ruedo).

Domingo, 4 de noviembre de 2001

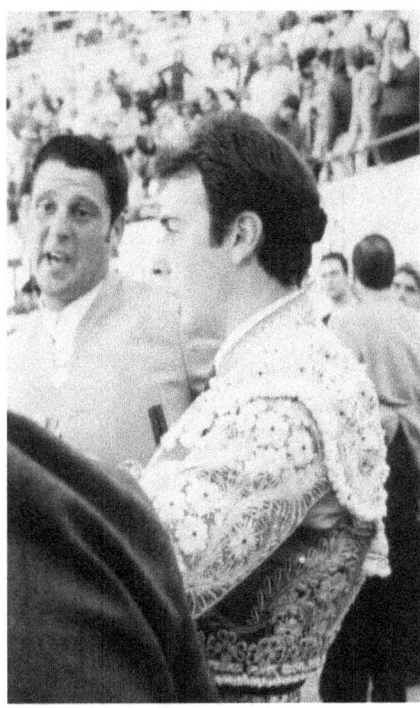

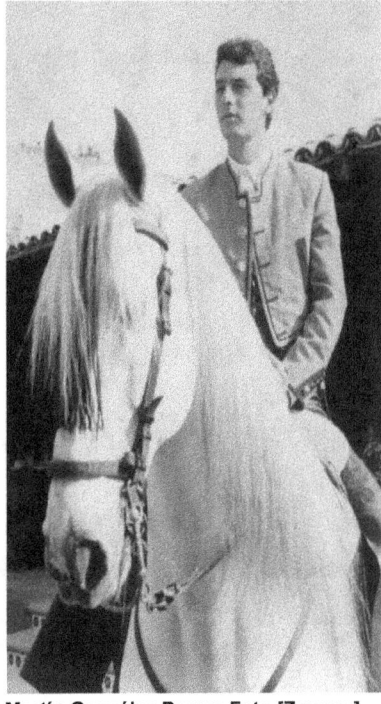

Toros de Real de Saltillo, para Fernando Ochoa (palmas y silencio), Julián López *El Juli* (saludo, división de opiniones y oreja) e Ignacio Garibay (palmas y silencio). **Domingo, 11 de noviembre de 2001.**

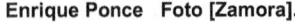

Enrique Ponce   Foto [Zamora].   Martín González Porras Foto [Zamora].

Reses de Pilar Labastida (buenos), para Pablo Hermoso de Mendoza (palmas y oreja), Alfredo Gutiérrez (vuelta y dos orejas) y Alfredo Lomelí (ovación y palmas).

Domingo, 25 de noviembre de 2001

Reses de *Manolo Espinosa*, para José Orozco *El Jalisco* (vuelta y vuelta), Fabián Barba (vuelta y oreja) y Guillermo Martínez (ovación y vuelta).

Domingo, 15 de diciembre de 2001

Novillos de Espíritu Santo, para Fabián Barba (ovación y ovación), Aldo Orozco (oreja y ovación) y Arturo Macías (oreja y palmas).

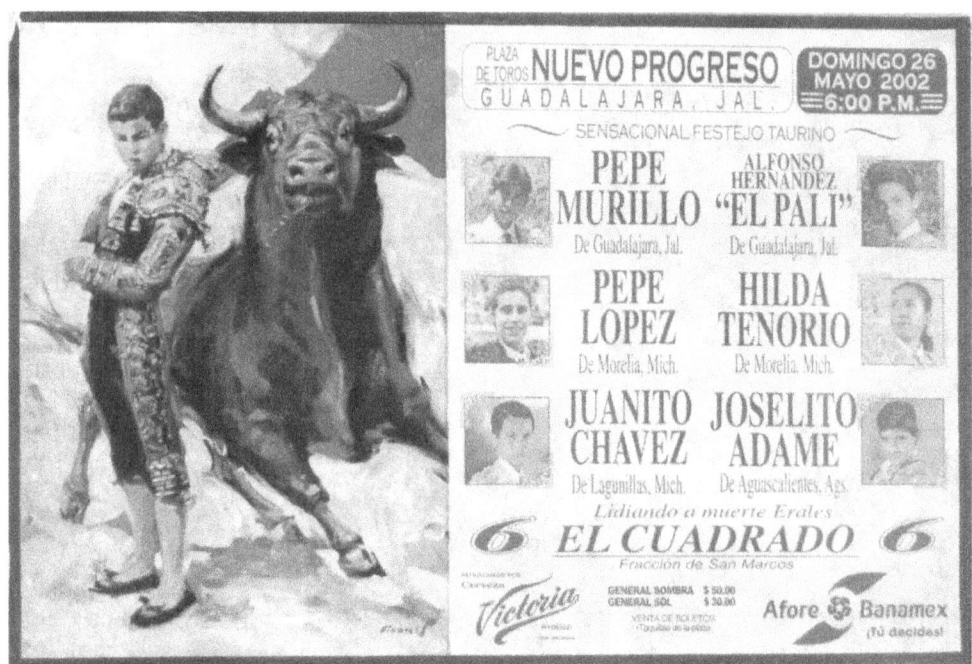

Domingo 20 de enero de 2002.-

Toros de Fernando de la Mora (bien presentados), para *El Zotoluco* (Vueltas y palmas); *El Juli* (Palmas y pitos) y *Jerónimo* (Silencio y silencio). La plaza registró tres cuartos de entrada.

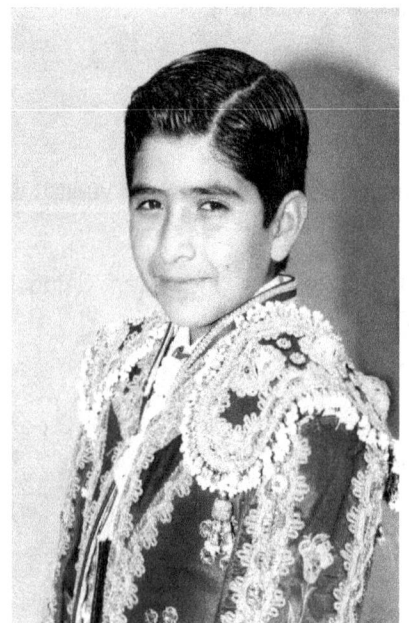

Domingo 27 de enero de 2002.-

Toros de Los Encinos y Begoña (bien presentados y con genio) para Martín González Porras (Vuelta al ruedo y palmas); Jorge Gutiérrez (palmas y silencio); Enrique Ponce (salida al tercio y dos orejas) y Leopoldo Casasola (dos orejas y oreja). Media entrada y tarde soleada.

Domingo 17 de febrero de 2002.-

Toros de Los Martínez (muy bien presentados y de juego desigual), para Fermín Espinosa *Armillita* (pitos, silencio y vuelta), *Zotoluco* (oreja, saludos y palmas) y Antonio Barrera quien resultó volteado aparatosamente, cuando recibía de capa al tercero, quedando inconsciente tras el percance y, siendo atendido en la enfermería de la plaza. El diestro permaneció conmocionado durante un tiempo y al despertar notó fuertes dolores en la zona cervical por lo que se le diagnosticó fisura de clavícula.

Domingo 28 de abril de 2002.-

Toros de diversos hierros para Eloy Cavazos, quien se llevó dos apéndices, Alfredo Gutiérrez y Antonio Barrera quien triunfó cortando tres protestados apéndices.

Domingo 5 de mayo de 2002.-

Ante los percances sufridos por los toreritos Hilda Tenorio y *Joselito Adame* ,en la ciudad de México, el festejo anunciado tuvo que ser modificado, incluyéndose en el cartel a los hijos de dos matadores locales; *Pepito Murillo* y Alfonso Hernández *El Pali*.

Domingo 26 de mayo de 2002.-

Festejo organizado por Telmex a través de *Pepe San Martín*. Los Niños toreros, ésta vez con Hilda Tenorio y *Joselito Adame*.

Domingo 8 de Septiembre de 2002.-

Seis novillos de Chinampas para Aldo Orozco, Mauro Lizardo y Oscar Rodríguez.

Domingo 22 de septiembre de 2002.-

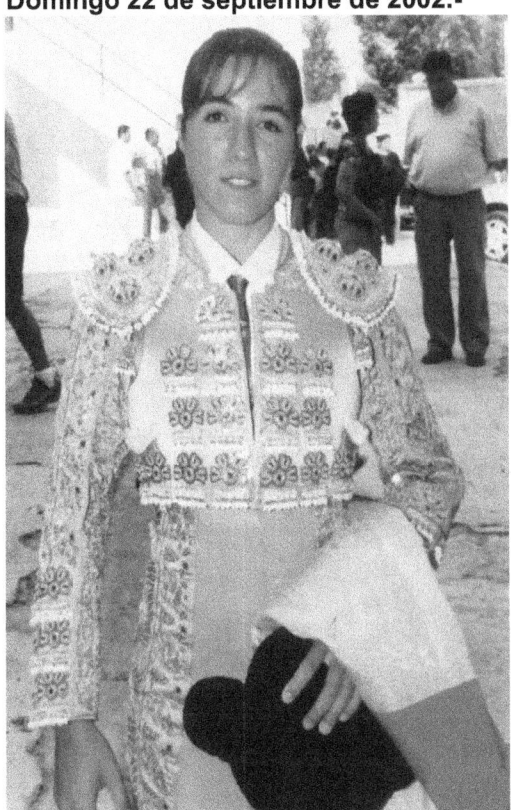

Seis de Celia Barbabosa para los de a pie; Alfredo Ríos *El Conde*, Jorge Mora y Fermín Spínola. Fue Fermín quien se llevó el gato al agua y aseguró su participación en los postineros carteles de la feria de octubre.

Domingo 29 de septiembre de 2002.-

Seis de San Marcos para Antonio Bricio, Marcial Herce y *Paco González*. Una corrida en la que la dehesa del arquitecto García Villaseñor, volvió a brillar, estando sus pupilos por encima de los toreros.

Paco González, dejó ir vivo a su segundo. El triunfador fue Bricio quien aseguró su inclusión en la feria.

Hilda Tenorio. Foto [Zamora].

Temporada 2002 2003

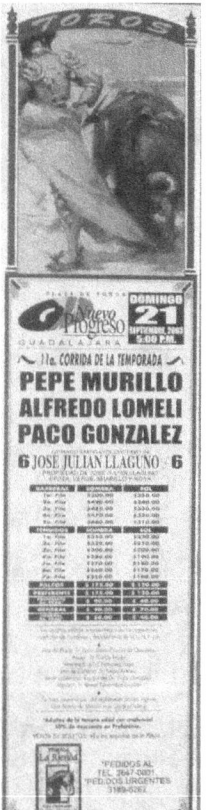

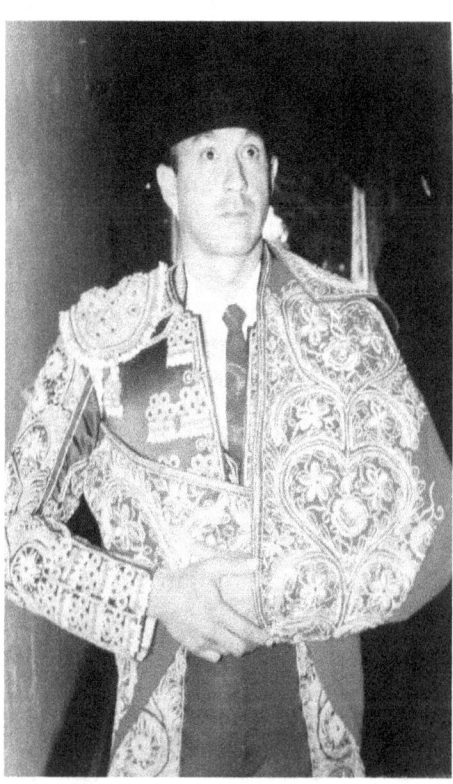

Se incluyeron en el elenco dos toreros españoles un rejoneador dueño de una tradición familiar importante, quien cautivó a la afición de Guadalajara más por sus dotes ecuestres, su porte y gallardía, que por su actividad enfrente del toro.

Estuvo presente la espectacularidad del diestro granadino David Fandilla, *El Fandi* quien trascendió a la fama a través de la pantalla chica y principalmente por ser un rehiletero de enormes facultades.

Al final de la temporada, casi para dar inicio a la feria de octubre, se incluyó en

Alfredo Lomelí Foto [Zamora].

uno de los carteles a *Pepe Murillo* quien recientemente, había realizado gran faena en una población cercana a Guadalajara, lo que llamó la atención de la empresa a quien no defraudó en esa tarde de septiembre. Un festejo con astados de San Lucas cerró la temporada, en el se dio cabida a *El Zapata*, al venezolano Leonardo Benítez y a *El Conde*...

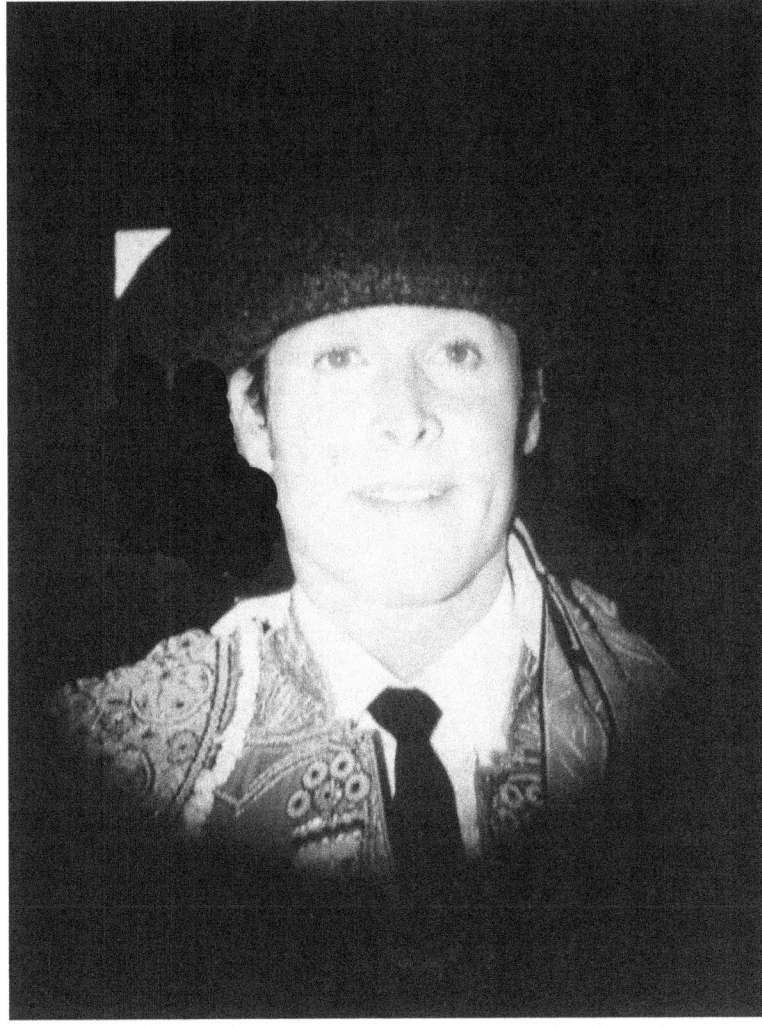

Federico Pizarro Foto [G. Flores].

Domingo, 6 de octubre de 2002.-

Toros de José Julián Llaguno, para Federico Pizarro, *El Cuate* y César Castañeda.

Domingo, 13 de octubre de 2002.-

Toros de Pilar Labastida, para Alfredo Lomelí (pitos y pitos), Oscar San Román (aplausos y oreja) y José María Luévano (vuelta y oreja).

Domingo, 20 de octubre de 2002.-

Toros de El Junco, para Alfredo Gutiérrez, Ignacio Garibay y *El*

Jalisco.

Domingo, 27 de octubre de 2002.-

Toros de San Lucas (bravos), para Fermín Bohórquez (silencio), Fermín Spínola (saludos y oreja), Antonio Bricio (oreja y saludos desde el tercio) y *El Fandi* (silencio y dos orejas). Fermín sacó a relucir su amor propio, en un arrebato de valor, colocó un emocionante y comprometedor par de banderillas de afuera hacia adentro, con más decisión que conocimiento, *El Fandi* que observaba atento, realizó el milagroso quite, llevándose la carretada de aplausos del animoso público

Domingo, 3 de noviembre de 2002.-

Toros de De Santiago, para *El Zotoluco, Morante de la Puebla* y para el triunfador del 6 de octubre. Suspendida por la lluvia.

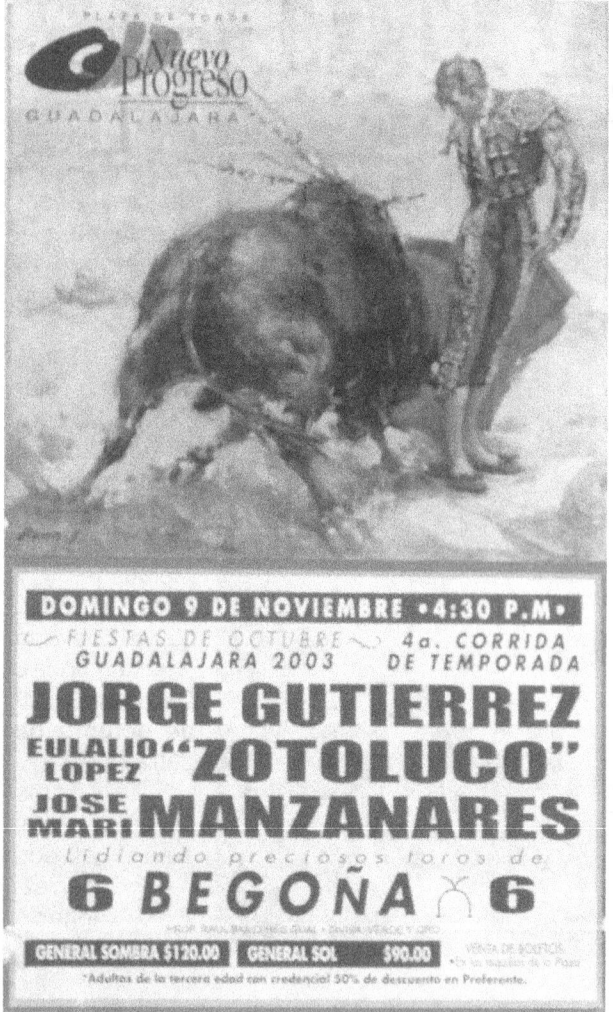

Domingo, 10 de noviembre de 2002.-

Toros de Vista Vistahermosa (nobles y con trapío), para Pablo Hermoso de Mendoza (palmas y oreja), Oscar San Román (pitos y oreja) y José María Luévano (silencio y silencio).

Domingo, 15 de diciembre de 2002.-

Toros de José Garfias, para *El Zotoluco* (saludos desde el tercio y dos orejas), *El Fandi* (saludos desde el tercio y dos orejas con petición de rabo) y *El Cuate* (ovación en ambos). Tres cuartos de entrada.

Domingo, 2 de febrero de 2003.-

Toros de Los Encinos (de juego desigual), para *El Zotoluco* (dos orejas y saludos), Orozco (palmas y palmas) y *EL Juli* (palmas y pitos).

Domingo, 16 de febrero de 2003.-

Toros de Teófilo Gómez (muy bien presentados), para Pablo Hermoso de Mendoza (silencio y dos orejas), Fermín Spínola (palmas, tres avisos y oreja en el de regalo) y Alejandro Amaya (ovación con saludos y silencio). Tres cuartos de entrada.

Domingo, 9 de marzo de 2003.-

Toros de Gonzalo Vega, para Rafael Ortega (silencio y pitos), Fermín Spínola (saludos y división) y Antonio Bricio (vuelta y palmas).

Domingo, 18 de mayo de 2003.-

Novillos de Los Martínez (el cuarto y sexto fueron ovacionados en el arrastre), para Guillermo Martínez (al tercio tras aviso, dos orejas), Gustavo García Solo, (al tercio tras dos avisos y al tercio), Juan Andrés González (una oreja tras estocada al volapié, en el segundo cumplió). Media entrada.

Domingo, 25 de mayo de 2003.-

Novillos de Marrón (el cuarto premiado con el arrastre lento), para Óscar Rodríguez (vuelta y oreja), Juan Carlos Cubas (al tercio y vuelta) y Roberto Carlos (palmas y división).

Domingo 21 de septiembre de 2003.-

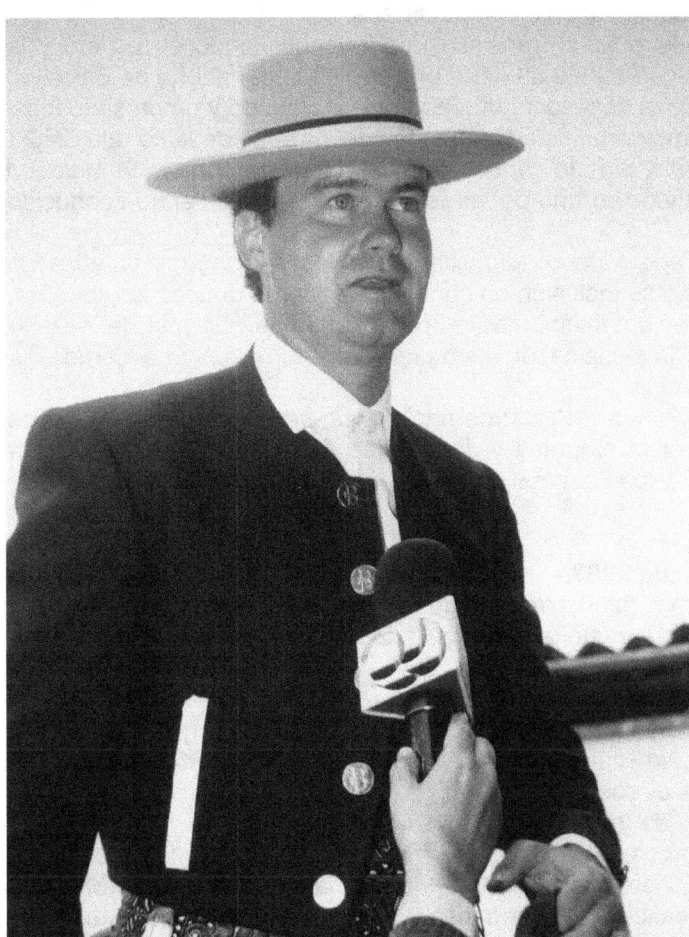

Toros de José Julián Llaguno para los espadas. *Pepe Murillo*, Alfredo Lomelí y *Paco González*. Murillo se llevó a su casa, la oreja de "Garrochista" y la ilusión de ser colgado de nueva cuenta en un cartel. *Paco González* abucheado y Lomelí sumamente presionado.

Domingo 28 de septiembre de 2003.-

Seis de San Lucas para el venezolano Leonardo Benítez, Uriel Moreno *El Zapata* y Alfredo Ríos *El Conde*.- Uriel Moreno cortó la única oreja de aquella tarde lluviosa.

Fermín Bohórquez Domecq. Foto [Zamora].

TEMPORADA 2003 2004

Una temporada que dio inicio en medio de la curiosidad por ver al hijo de *José Mari Manzanares* quien a través de los medios masivos se le había conocido principalmente, por sus actuaciones en su país España.

Se presentó el diestro Luis Francisco Esplá conquistando el respeto y la admiración de los conocedores ante un difícil encierro de la ganadería de Barralva.

La nota triste, la dio el deceso infortunado del aficionado y empresario local Jorge Kabande en cuya memoria, se ejecutó antes del paseíllo de la corrida del 21 de marzo el toque de duelo, la nota *chusca*, la dio el torerillo apodado El *Malagón* quien se tiró de espontáneo en uno de los festejos novilleriles siendo conducido por la policía a la cárcel.

El diestro local *Pepe Murillo* dejó abrigar en los aficionados tapatíos, la esperanza de un repunte y su inclusión en carteles postineros de toda la república, eso no sucedió ya que lamentablemente, la oportunidad que por azar del destino se le presentó al tener la ocasión de estoquear tres toros en una corrida, la desaprovechó increíblemente.

A la ya, conocida baraja de diestros nacionales, se les sumó una serie de novilladas auspiciadas por la empresa y don Carlos Peralta, en ellas destacó la labor del peruano Cubas, y los alumnos de la Academia de Guadalajara.

Domingo, 12 de octubre de 2003.-
Novillos de Marrón (bien presentados), para Aldo Orozco (silencio y saludos), Jesús Luján (oreja y vuelta) y Juan Carlos Cubas (silencio y vuelta). Un tercio de plaza.
Domingo, 19 de octubre de 2003.-
Toros de José Garfias, para Gastón Santos, Eloy Cavazos (palmas y vuelta al ruedo), Alejandro Amaya (palmas y una oreja) y *José María Manzanares* hijo (ovación y vuelta con dos avisos).
Domingo, 26 de octubre de 2003.-
Toros de San Marcos, para Pablo Hermoso de Mendoza y los matadores *Pepe Murillo* y Alfredo Gutiérrez. El cartel quedó en mano a mano entre Murillo y Gutiérrez al sufrir un percance Pablo Hermoso en su actuación anterior. Murillo se mostró apático dejando ver destellos del arte que atesora y que brinda a cuentagotas.
Domingo, 2 de noviembre de 2003.-
Toros de Xajay (de diferente juego), para Antonio Barrera (oreja en el único que mató convirtiéndose en huésped distinguido de la enfermería del Nuevo Progreso), Ignacio Garibay (saludos desde el tercio, silencio en el que había herido a Barrera y silencio) y Antonio Bricio (oreja con protestas y dos orejas también protestadas).
Domingo, 9 de noviembre de 2003.-
Toros de Begoña, para Jorge Gutiérrez, Eulalio López *Zotoluco* y *José Mari Manzanares* hijo.

Domingo, 16 de noviembre de 2003.-

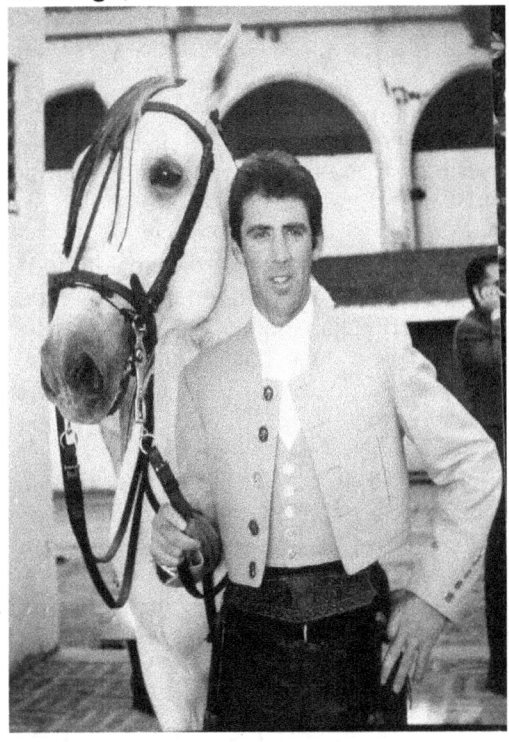

Toros de Fernando de la Mora, para *El Zotoluco*, Rafael Ortega y José María Luévano.

Domingo, 7 de diciembre de 2003.-

Toros de Barralva, para Luis Francisco Esplá (saludos y división de opiniones), Uriel Moreno *El Zapata* (silencio y oreja) y Antonio Bricio (oreja y silencio). Menos de media entrada.

Domingo 8 de febrero de 2004.-

Toros de De Santiago para Eulalio López *El Zotoluco* quien se encerró con seis. *El Zotoluco* lució un terno en nazareno y oro y se llevó tres orejas por meritorias faenas.

Domingo 15 de febrero de 2004.-

Dos toros de Bernaldo de Quirós para rejones y cuatro de Vistahermosa (justos de presencia, de juego desigual) para Pablo Hermoso de Mendoza (silencio y silencio), Jose María Luevano (saludos y silencio) y Antonio Bricio (silencio y aplausos).

Domingo 21 de marzo de 200.-

Cuatro toros de Valparaíso (el cuarto sustituido por uno de José Julián Llaguno), uno de La Llave y uno de Santa Bárbara (desigual en cuanto a presentación, floja en general) para *Pedrito de Portugal* (Silencio y silencio), *Jerónimo* (vuelta al ruedo y silencio) e Ignacio Garibay (vuelta al ruedo y vuelta al ruedo tras petición).

Domingo 28 de marzo de 2004.-

Concurso de ganaderías. Toros de Piedras Negras, San Marcos, Montecristo, El Vergel, Los Encinos, y San Pablo (de diferente presentación y juego, destacaron los ejemplares de Piedras Negras y San Marcos) para Alfredo Gutiérrez (pitos y pitos), Jerónimo (silencio y vuelta al ruedo tras petición) y Antonio Bricio (oreja y silencio).

Domingo 9 de mayo de 2004.-

Toros de Barralva (desiguales de presentación, descastados) para José María Luévano (saludos y dos orejas), *Jerónimo* (silencio y silencio) y Antonio Barrera (división y pitos).

Domingo, 20 de junio de 2004.-

Novillos de Real de Saltillo (justos de fuerza, desiguales en el juego), para Gerardo Rodríguez *El Giro* (silencio, pitos tras dos avisos y silencio), Arturo Macías (silencio tras aviso, silencio tras dos avisos y división tras dos avisos) y Rodrigo Merino (herido por su primer novillo, hubo de retirarse).

Domingo, 27 de junio de 2004.-

Novillos de Los Martínez (regulares de presencia, manos) para Guillermo Martínez (saludos y oreja), Ismael Rodríguez (silencio y vuelta al ruedo) y Fermín Rivera (ovación y ovación).

Domingo, 4 de julio de 2004.-

Cuatro novillos de Marrón y dos de San Diego de Los Padres para Guillermo Martínez (saludos y oreja), Juan Carlos Cubas (saludos y oreja) y Omar Villaseñor (oreja y gran ovación).

Domingo 10 de julio de 2004.-

Seis novillos de Chinampas para los novilleros Guillermo Martínez quien desperdició lamentablemente a los dos que le tocaron en turno, siendo favorecido por una benévola oreja. Aldo Orozco quien pechó con lo malo del encierro y el michoacano Omar Villaseñor quien justificó su presencia en Guadalajara, consiguiendo un trasteo que le llevó sin ayuda de nadie, a la de triunfadores.

Domingo 18 de julio de 2004.-

Seis novillos toros de la debutante ganadería de Medina Ibarra que resultó triunfadora ya que los astados pelearon con los de a caballo y mostrando fijeza en la embestida. Los espadas se lucieron llevándose la mejor parte, el diestro peruano Juan Carlos Cubas (dos orejas); Guillermo Martínez quien fue despedido entre opiniones divididas (una oreja) y Omar Villaseñor (dos salidas al tercio). Brillante par de banderillas de Raúl Aguilar *Chiquis*, a quien por fin se le reconoció su labor y salió a agradecer la ovación del público.

Domingo 25 de julio de 2004.-

Novillada extraordinaria. Ganado de Montecristo para Aldo Orozco, Fermín Rivera y Omar Villaseñor. Para Rivera la suerte no estuvo de su lado ya que solamente recibió el silencio del respetable. Aldo Orozco por su parte, estuvo aseado con sus enemigos propinándole certera estocada a su primero lo que le valió se le concediera un auricular. Omar Villaseñor por su parte recibió silencio y oreja de su segundo al que despenó de estocada desprendida. Los subalternos tuvieron una tarde soleada ya que tanto el picador Vázquez como los banderilleros Miramontes, Quiroz y Aguilar fueron convocados a saludar desde el tercio.

Temporada 2004 - 2005

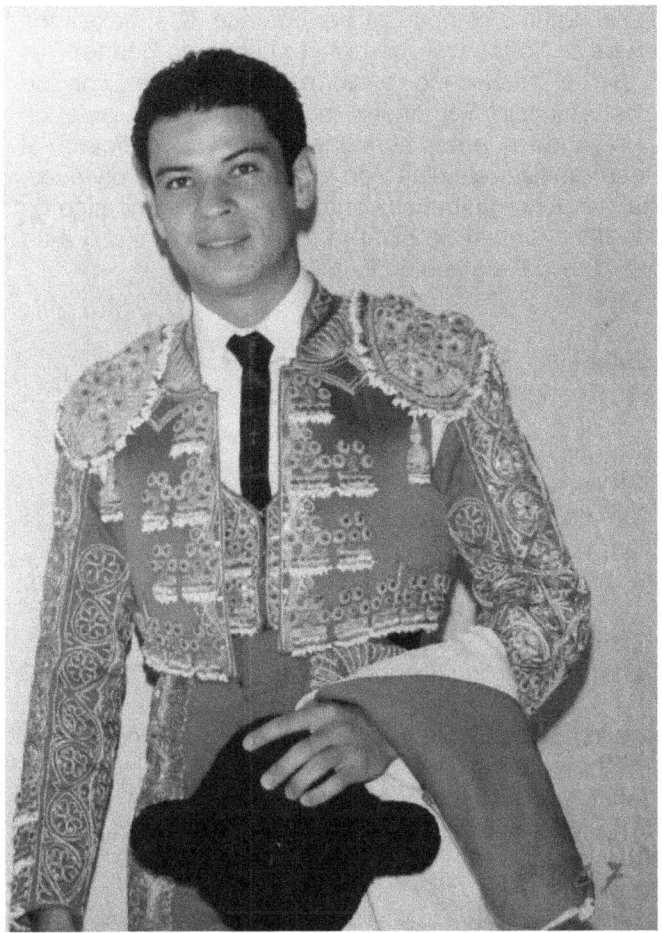

Guillermo Martínez Foto [Zamora].

Se anunciaron los carteles que habrían de conformar la Feria de Octubre de 2004. En ella se incluyeron las contrataciones de los hispanos Pablo Hermoso de Mendoza, El hijo de Pedro Gutiérrez Moya, *El Capea II*, Miguel Ángel Perera diestro español quien se mostró altanero y prepotente con público y prensa.

Miguel Abellán quien impacto de manera satisfactoria al público de Guadalajara. Se anunció además, la alternativa del novillero local, Guillermo Martínez, la misma que se efectuó con gran lucimiento y apadrinada por Miguel Espinosa y Hermoso de Mendoza. Se dijo también que se otorgaría la borla de

matador de toros, a Aldo Orozco en 2005.

Se anunció también, la participación de Alejandro Amaya y para la temporada formal, la despedida de Miguel Espinosa *Armillita chico* y la inclusión de Julián López *El Juli*.

Dio inicio el serial, con una novillada postinera, en la que se incluyó al joven michoacano Omar Villaseñor apoderado por don Juan Silveti, posteriormente, se presentó Pedro Gutiérrez *El Capea II* quien en compañía de su padre Gutiérrez Moya, pretendían eludir el compromiso de lidiar uno de los toros de Pepe Garfias de mayor peso y encornadura, imponiéndose finalmente el criterio del juez Javier Sierra y resultando paradójicamente, el toro que mayor juego brindó esa tarde.

El ganadero, finalmente fue sancionado debido que por enésima vez, le fue comprobada la falta de edad en sus astados.

Suceso relevante, pretendió ser, el cartel escenificado por Eulalio López *El Zotoluco,* Rafael Ortega y *El Capea II* imponiéndose al final, *El Capea.*

La última corrida del serial, estuvo compuesta por dos espadas mexicanos Leopoldo Casasola y Alfredo Ríos *El Conde* y el venezolano Leonardo Benítez.

La expectación la causó el anunciado encierro de Barralva, con su consabido encaste español de Atanasio Fernández, sorpresivamente, ante un séptimo de regalo de menor presencia que sus hermanos de la lidia ordinaria, el diestro tapatío Alfredo Ríos, logró unificar el criterio de los sectores más diversos, al aprovechar de manera cabal, las extraordinarias condiciones de su enemigo de nombre "Gironcillo" e indultarlo dándose así de manera triunfal, el cerrojazo a un año más de festejos en la plaza Nuevo Progreso de Guadalajara.

Domingo 10 de Octubre de 2004.-

Omar Villaseñor, Ismael Rodríguez y Aldo Orozco con reses de Medina Ibarra.

De nueva cuenta, Omar triunfó junto con Medina Ibarra.

Domingo 17 de Octubre de 2004.-

Pablo Hermoso de Mendoza, Miguel Espinosa *Armillita Chico* y la alternativa de Guillermo Martínez.

Martínez oreja por torera labor al igual que Pablo Hermoso. Miguel realizó faena llena de arte y torerismo.

Domingo 24 de Octubre de 2004.-

Toros de don Carlos Peralta para Miguel Ángel Perea, Enrique Espinoza *El Cuate* e Ignacio Garibay.

Lo más torero de la tarde lo realizó Garibay. El cuate se escapó de visitar la enfermería al ser arropado de fea forma. Perea displicente con público y prensa.

Domingo 31 de Octubre de 2004.-

Alejandro Amaya, Pedro Gutiérrez Lorenzo y Jorge Gutiérrez con toros de De Santiago.

Domingo 7 de Noviembre de 2004.-

Miguel Abellán, Antonio Bricio y Guillermo Martínez. Toros de Xajay.

Abellán toda la tarde en torero, Bricio dio vueltas al ruedo ante la negativa del Juez Sierra de otorgarle la oreja.

Domingo 14 de Noviembre de 2004.-

Eulalio López *El Zotoluco*, Rafael Ortega y Pedro Gutiérrez Lorenzo. Toros de Santa Teresa y Begoña.

Domingo 21 de Noviembre de 2004.-

Toros de Barralva para Leonardo Benítez, Leopoldo Casasola y Alfredo Ríos *El Conde*. Leonardo Benítez mostró oficio y torerismo, Casasola deseos de agradar y *El Conde*, realizó estupenda faena a un séptimo de regalo, dejando de lado el toreo de efecto y mostrando por momentos toreo de gran clase. El noble burel de Barralva de nombre "Gironcillo" mereció el honor de regresar a padrear a su dehesa tras de ser indultado.

Domingo, 6 de febrero:

Toros de Bernaldo de Quirós (bien presentados, desiguales en el juego, para Eulalio López *Zotoluco* (palmas y dos orejas), Alfredo Ríos *El Conde* (palmas e indulto) y Julián López *El Juli* (silencio y bronca).

Domingo, 20 de febrero:

Toros de Fernando de la Mora (bien presentados, mansos en general) para el rejoneador Pablo Hermoso de Mendoza (ovación y ovación) y los matadores Miguel Espinosa *Armillita* (ovación y vuelta al ruedo) y Eulalio López *Zotoluco* (oreja y oreja).

Temporada 2005 2006

*Hambre de triunfo y afición mostró el
colombiano, Rivera...*

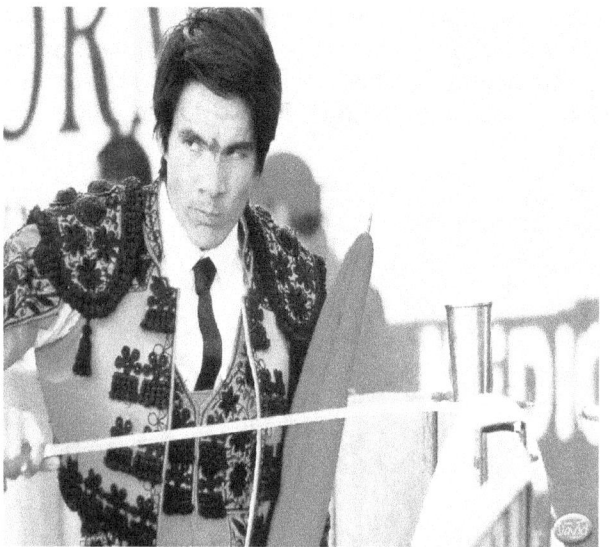

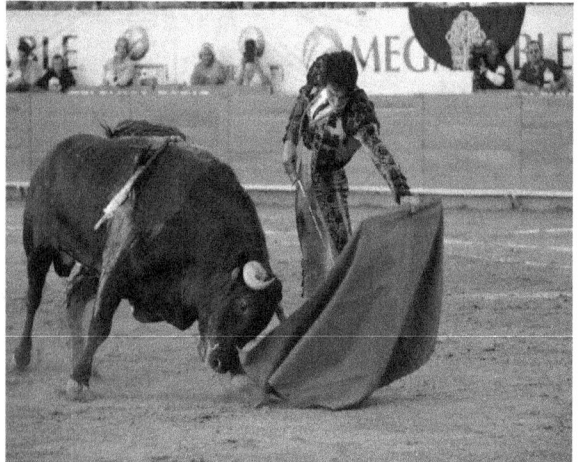

La atención del público y el reconocimiento de los aficionados a toros, se inclinó por un joven espada llegado de Colombia.

Me refiero a Ricardo Rivera un torero con ansias de novillero y soñador de gloria, con todo el afán legítimo por ostentar el título gratificante de figura del toreo.

Reapareció el hijo del artista de la lente Ernesto Castellón y para su mala fortuna recibió espeluznante cate, que le dejó inhabilitado por algunos meses.

La baraja local se nutrió y de nueva cuenta el espectáculo fuerte se pretendió fuese escenificado por los hispanos Hermoso de Mendoza y *El Juli* así como el colombiano Rincón quien dio muestra de su torería y sabiduría ante los toros.

Actuó de nueva cuenta el sevillano *Morante de la Puebla*, ésta vez sin ajustarse demasiado, decepcionando a la concurrencia a quien convocó su fama y calidad torera.

Para los festejos del 2006 se incluyeron ya, jóvenes de nuevo cuño, los mismos que hacían sus andanzas en las filas de los infantes toreros. *El Pali*, Oliver Godoy, entre ellos.

El diestro de Madrid Julián López *El Juli*, hizo su costumbre venir a México a vacacionar. En España se le han visto faenas enormes a toros serios como los victorinos y miuras.

Domingo, 9 de octubre de 2005.

Novillos de Real de Saltillo (distinta presentación y bravos, destacando 1°y 3°, premiados con arrastre lento) para José Mauricio (saludos y división tras aviso), Fermín Rivera (silencio tras dos avisos y división) y Víctor Mora (oreja y oreja). Escasa entrada.

Domingo, 16 de octubre de 2005.

Cuatro novillos de Rodolfo Vázquez (bien presentados y de escaso juego) y dos (1° y 5°) de Chinampas (descastados), para José Montes (palmas tras aviso y silencio), Arturo Saldívar (pitos y al tercio tras aviso), Octavio García *El Payo* (al tercio en ambos). Escasa entrada.

Domingo, 23 de octubre de 2005.

Toros de San Marcos (difíciles y con peligro), para Omar Villaseñor (vuelta y vuelta), Juan Carlos Cubas (al tercio y vuelta) y Aldo Orozco (saludos y palmas). Un cuarto de entrada.

Domingo, 30 de octubre de 2005.

Toros de Fernando de la Mora (deslucidos), para César Rincón (oreja y vuelta), Eulalio López *Zotoluco* (ovación tras aviso y oreja) y Rafael Ortega (silencio y oreja). Más de media plaza.

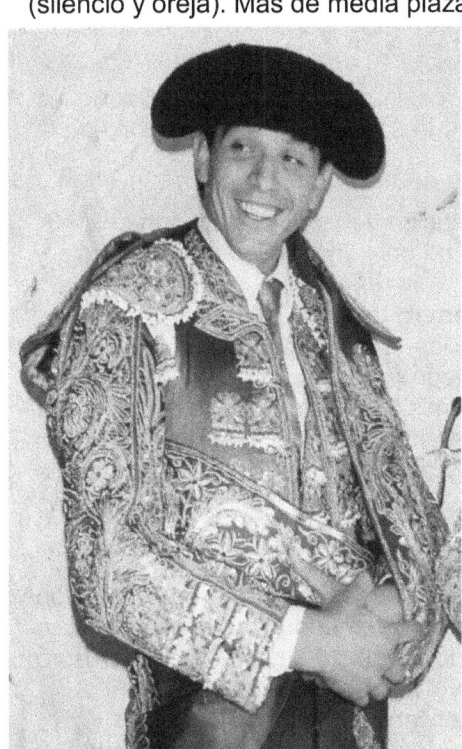

Antonio García *El Chihuahua* Foto [Zamora].

Domingo, 6 de noviembre de 2005.

Cuatro toros de José Julián Llaguno (bien presentados y descastados), uno (2°) de El Junco y otro (5°) de San Lucas, para Antonio Barrera (palmas tras aviso y silencio), Antonio Bricio (ovación y oreja) y Guillermo Martínez (silencio tras aviso y vuelta). Un cuarto de plaza.

Domingo, 13 de noviembre de 2005.

Toros de Bernaldo de Quirós (bien presentados, nobles y justos de fuerza), para Jorge Gutiérrez (al tercio y división de opiniones), Alfredo Ríos *El Conde* (ovación tras aviso y ovación tras petición), *Morante de la Puebla* (vuelta tras aviso y división de opiniones). Escasa entrada.

Domingo, 20 de noviembre de 2005.

Corrida La Oreja de Oro. Astados de El Cuadrado (bien presentados y descastados, destacando el 3° y 5°, ambos con arrastre lento), para el rejoneador Eduardo Cuevas (saludos), Alfredo Lomelí (ovación), Óscar San Román (oreja), Carlos Rondero (ovación), Alfredo Gutiérrez (dos

orejas) y *Jerónimo* (saludos). Escasa entrada.

Domingo, 27 de noviembre de 2005.

Novillos de Los Martínez (bien presentados, descastados y con peligro), para Juan José Vivián *El Palentino* (saludos tras dos avisos en el único que mató. Resultó volteado en su 1°, impidiéndole continuar la lidia), Víctor Mora (palmas tras dos avisos, palmas tras dos avisos, en el que mató por *El Palentino* y vuelta), José Manuel Montes (palmas tras aviso y vuelta). Casi media plaza.

Domingo, 4 de diciembre de 2005.

Novillos de Celia Barbabosa (deslucidos), para *Pepe* López (palmas y ovación), Ricardo Rivera (palmas y palmas) y Antonio García *El Chihuahua* (palmas y silencio). Escasa entrada.

Domingo, 11 de diciembre de 2005.

Novillos de San Isidro (manejables), para Alfonso Hernández *El Pali*, (ovación tras aviso y ovación), Manuel González *Montoyita* (ovación tras aviso y oreja) y Arturo Saldívar (oreja y aviso).

Domingo, 18 de diciembre de 2005.

Astados de Medina Ibarra (bien presentados, con bravura y clase, destacando el 4° aplaudido en el arrastre) y un sobrero (4°) de Chinampas (manejable), para Paúl Cortés (palmas y saludos tras aviso), Manuel González *Montoyita* (palmas y saludos) y Alejandro Medina (pitos tras aviso y palmas). Escasa entrada.

Domingo, 8 de enero de 2006.

Novillos de Yturbe Hermanos (juego desigual), para Óscar Rodríguez (silencio y silencio), Ernesto Castellón (saludos tras aviso y ovación) y Julio de la Isla (dos avisos y tres avisos). Buena entrada.

Domingo, 15 de enero de 2006.

Novillos de Malpaso (de distinta presentación y juego, destacando el 2°, 3° y 5°), para Rodrigo Muñoz (silencio y división de opiniones), *Pepe* López (oreja y oreja) y Ricardo Rivera (dos orejas y oreja).

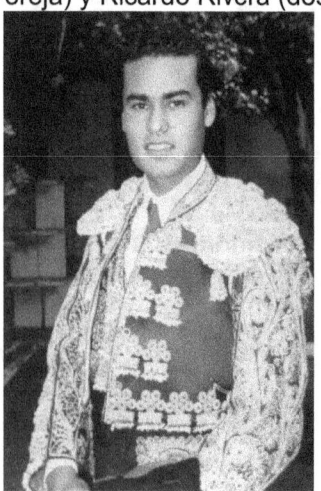

Domingo, 22 de enero de 2006.

Cinco novillos de Chinampas (de distinta presentación y juego), un sobrero (4°) de Rodolfo Vázquez (sin transmisión) y uno de regalo, de Yturbe Hermanos (manejable), para Ernesto Castellón (palmas, al tercio y al tercio en el de regalo), Ricardo Rivera (oreja y vuelta al ruedo) y Rubén Pinar (palmas y al tercio).

Domingo, 29 de enerote 2006.

Novillos de San Lucas (de distinta presentación y escaso juego), para *Pepe* López (al tercio tras aviso y al tercio), Ricardo Rivera (palmas y oreja) y Arturo Saldívar (ovación y palmas). Un tercio de plaza.

Domingo, 12 de febrero.

Toros de Montecristo (bien presentados y descastados), para Eulalio López *Zotoluco* (palmas,

Ernesto Castellón Foto [Zamora].

silencio y oreja) y Julián López *El Juli* silencio, silencio y pitos). Casi lleno.

Domingo, 19 de febrero.

Cinco toros de San Miguel de Mimiahuapam y uno, el cuarto de Begoña (bien presentados y juego desigual), para el rejoneador Pablo Hermoso de

Mendoza (ovación y ovación), Rafael Ortega (pitos en ambos) y Omar Villaseñor (oreja y palmas).

Domingo, 5 de marzo. Siete toros de Xajay (bien presentados y buen juego), para *Manolo Arruza* (palmas, al tercio y vuelta en el de regalo), Alfredo Gutiérrez (división y ovación) y Omar Villaseñor (palmas y vuelta). Escasa entrada.

Domingo, 12 de marzo.

Novillos de Jorge de Haro (bien presentados y complicados), para Víctor Mora (palmas, tres avisos y aviso en el que mató por *Montoyita*, Ricardo Rivera (saludos y dos orejas) y Manuel González *Montoyita* (palmas en el único que mató). Menos de un cuarto de plaza.

Martes, 21 de marzo.

Novillos de San Francisco de Asís (bien presentados y buenos), para Ernesto Castellón (saludos y oreja), *Pepe* López (saludos y oreja), Julio de la Isla (saludos y saludos). Escasa entrada.

Domingo, 26 de marzo.

Novillos de San Isidro (bien presentados y juego desigual), para Ricardo Rivera (ovación tras tres aviso, dos orejas y dos orejas) y Oliver Godoy (ovación, palmas y vuelta). Más de un cuarto de plaza.

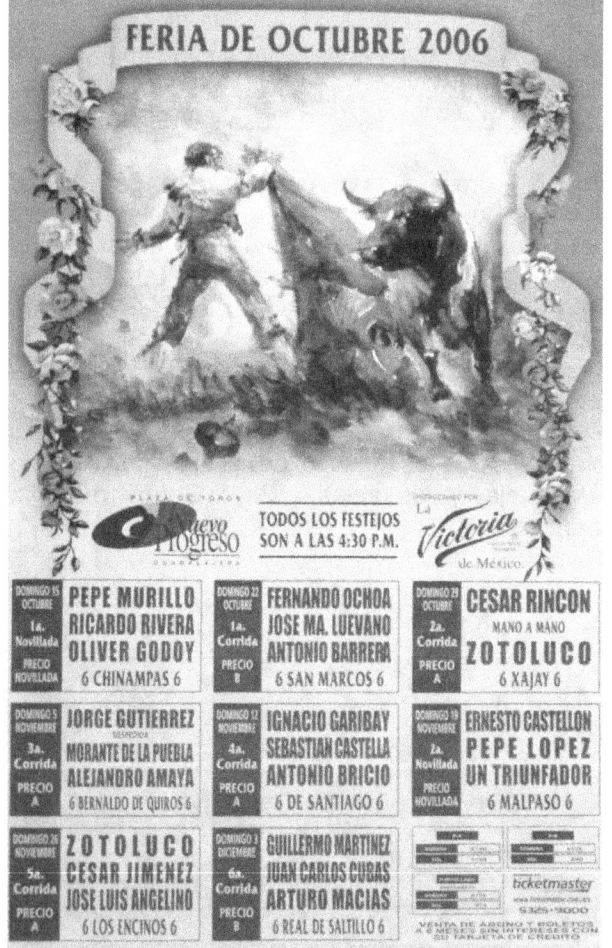

Temporada 2006/2007

La nota discrepante la puso la autoridad al negarle los trofeos al esteta sevillano Morante de la Puebla el juez Rubén Pérez.

Una temporada, de retiros, así, se despidió del oficio Jorge Gutiérrez y *Manolo Arruza* los novilleros locales Castellón y Murillo se dispusieron a tomar la alternativa al igual que Ricardo Rivera, *Pepe López* quienes todavía actuaron como novilleros una temporada más.

Domingo, 22 de octubre de 2006.

Toros de San Marcos (bien presentados y buen juego, destacando el 1° premiado con arrastre lento, para José María Luévano ovación y división de opiniones, Fernando Ochoa (palmas y dos orejas) y Antonio Barrera vuelta y división de opiniones. Un tercio de plaza.

Domingo, 29 de octubre de 2006.

Toros de Xajay (de distinta presentación, enrazados y complicados), para César Rincón (palmas, dos orejas y palmas) y Eulalio López *Zotoluco* (oreja, ovación y palmas), en mano a mano. Menos de media plaza.

Domingo, 5 de noviembre de 2006.

Toros de Bernaldo de Quirós (disparejos presentación, escasos de fuerzas y pitado el 2°), para Jorge Gutiérrez (ovación y oreja), *Morante de la Puebla* (pitos y oreja que se negó a recibir, dando dos vueltas) y Alejandro Amaya (ovación y ovación). Media plaza.

Domingo, 12 de noviembre de 2006.

Toros de De Santiago (bien presentados y juego desigual), para Ignacio Garibay (al tercio tras aviso y oreja tras aviso), Sebastián Castella (dos orejas y ovación) y Antonio Bricio (vuelta y ovación tras aviso). Un cuarto de plaza.

Domingo, 19 de noviembre de 2006.

Aplazada del 15 de octubre. Novillos de San Jorge (bien presentados, destacando 2º y 4º), para *Pepe Murillo* (ovación tras aviso y ovación tras dos avisos), Ricardo Rivera (dos orejas y oreja) y Oliver Godoy (oreja y ovación). Un cuarto de plaza.

Sábado, 25 de noviembre. Festival de 2006.

Novillos de diversas ganaderías, para Alejandro Amaya, Omar Villaseñor, Diego y Eduardo Silveti.

Domingo, 26 de noviembre de 2006.

Cinco toros de Los Encinos (bien presentados pero excedidos de peso, destacando el 3º ovacionado en el arrastre) y un sobrero (6º) de Marco Garfias, para Eulalio López *Zotoluco* (palmas y división de opiniones), José Luis Angelino

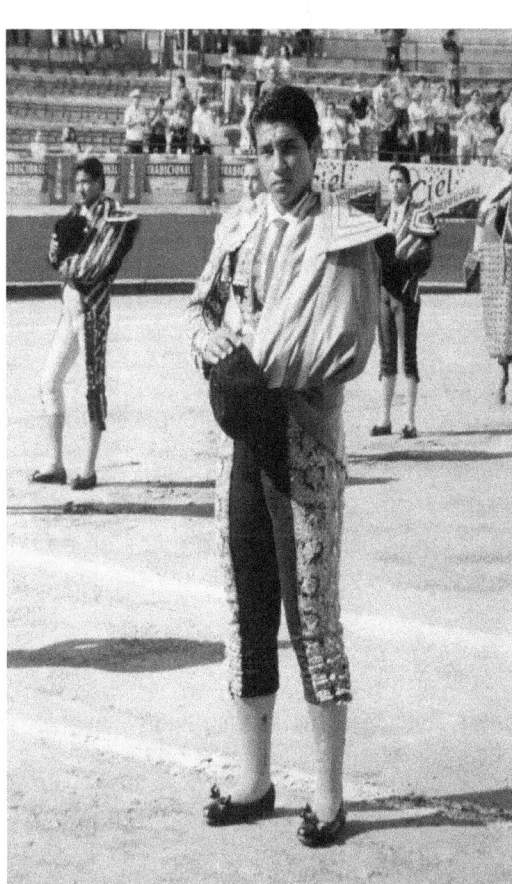

Oscar Rodríguez *El Sevillanito* Foto [Zamora].

(silencio y silencio) y Cesar Jiménez (oreja y ovación tras aviso). Un cuarto de plaza.

Domingo, 3 de diciembre de 2006.

Toros de Real de Saltillo (bien presentados y deslucidos), para Guillermo Martínez (ovación y ovación), Juan Carlos Cubas (palmas y vuelta tras aviso) y Arturo Macías (ovación tras tres avisos y palmas tras dos avisos). Escasa entrada.

Domingo, 10 de diciembre de 2006.

Novillos de Malpaso, para Ernesto Castellón, *Pepe López* y *Pepe Murillo*

Domingo, 8 de enero de 2007.

Novillos de Yturbe Hermanos (juego desigual), para Óscar Rodríguez (silencio y silencio), Ernesto Castellón (saludos tras aviso y ovación) y *Julio de la Isla* (dos avisos y tres avisos). Buena entrada.

Domingo, 15 de enero de 2007.

Novillos de Malpaso (de distinta presentación y juego, destacando el 2°, 3° y 5°), para Rodrigo Muñoz (silencio y división de opiniones), *Pepe López* (oreja y oreja) y Ricardo Rivera (dos orejas y oreja).

Domingo, 22 de enero de 2007.

Cinco novillos de Chinampas (de distinta presentación y juego), un sobrero (4°) de Rodolfo Vázquez (sin transmisión) y uno de regalo, de Yturbe Hermanos (manejable), para Ernesto Castellón (palmas, al tercio y al tercio en el de regalo), Ricardo Rivera (oreja y vuelta al ruedo) y Rubén Pinar (palmas y al tercio).

Domingo, 29 de enero de 2007.

Novillos de San Lucas (de distinta presentación y escaso juego), para Pepe López (al tercio tras aviso y al tercio), Ricardo Rivera (palmas y oreja) y Arturo Saldívar (ovación y palmas). Un tercio de plaza.

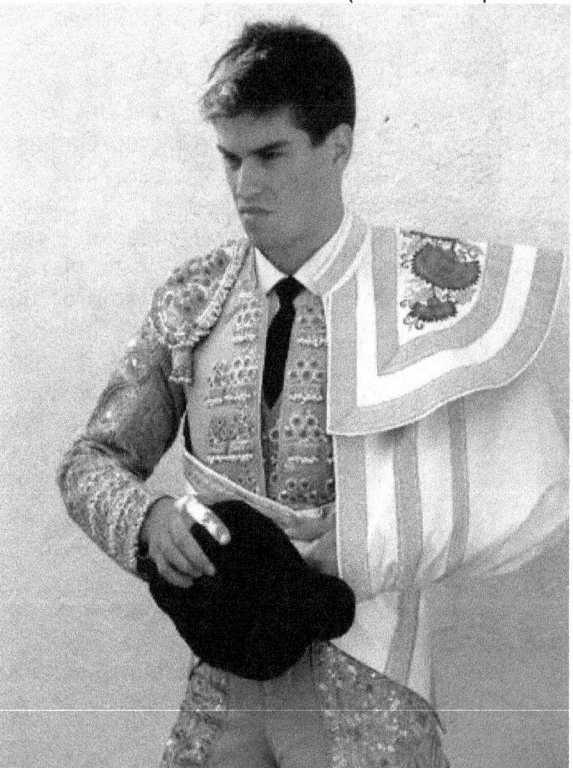

Rubén Pinar. Tauroweb.es

Domingo, 12 de febrero de 2007.

Toros de Montecristo (bien presentados y descastados), para Eulalio López *Zotoluco* (palmas, silencio y oreja) y Julián López *El Juli* (silencio, silencio y pitos). Casi lleno.

Domingo, 19 de febrero de 2007.

Corrida Mixta. Cinco toros de San Miguel de Mimiahuapam y uno (4°) de Begoña (bien presentados y juego desigual), para el rejoneador Pablo Hermoso de Mendoza (ovación y ovación), Rafael Ortega (pitos en ambos) y Omar Villaseñor (oreja y palmas).

Domingo, 5 de marzo de 2007.

Siete toros de Xajay (bien presentados y buen juego), para *Manolo Arruza* (palmas, al tercio y vuelta en el de regalo), Alfredo Gutiérrez (división y ovación) y Omar Villaseñor (palmas y vuelta). Escasa entrada.

Domingo, 12 de marzo de 2007.

Novillos de Jorge de Haro (bien presentados y complicados), para Víctor Mora (palmas, tres avisos y aviso en el que mató por *Montoyita*, Ricardo Rivera (saludos y dos orejas) y Manuel González *Montoyita* (palmas en el único que mató). Menos de un cuarto de plaza.

Martes, 21 de marzo de 2007.

Novillos de San Francisco de Asís (bien presentados y buenos), para Ernesto Castellón (saludos y oreja), *Pepe López* (saludos y oreja), *Julio de la Isla* (saludos y saludos). Escasa entrada.

Domingo, 26 de marzo 2007.

Novillos de San Isidro (bien presentados y juego desigual), para Ricardo Rivera (ovación tras tres aviso, dos orejas y dos orejas) y Oliver Godoy (ovación, palmas y vuelta). Más de un cuarto de plaza.

Temporada 2007/2008

Toda la atención la acaparó la tan promocionada reaparición del llamado *Príncipe de Galapagar* quien debutaba en el coso de Guadalajara.

José Tomás que es a quien me refiero. Pasó por Guadalajara inadvertido, de no ser por el tremendo escándalo que causó.

Resulta que en un exceso de

José Tomás. SIPSE.com

cálculos administrativos, los apoderados de Tomás en contubernio con la empresa y la autoridad, escogieron para el madrileño, reses de poca presencia y menor trapío. Los bovinos descastados y de escasa cornamenta, pusieron al público que atiborró los tendidos, de uñas.

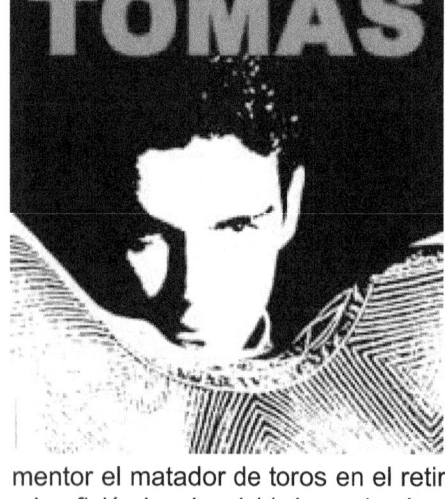

La realidad de las cosas es que a José Tomás no se le dan bien las cosas en México. Solamente se le ha de recordar por las graves cornadas que sufriera en Autlán de la Grana y en Aguascalientes. El título envidiable de primera figura que ostenta, al parecer, tiene patente únicamente para España en donde si lidia bureles con presencia y romana. A América a pasear, al toro chico y billete grande…

Durante el mencionado festejo fue herido Tomás antes, se había lanzado al ruedo el conocido espontáneo Ramón Lizardo. Vaya suceso…

También causó expectación el retorno a Guadalajara del otrora niño torero aguascalentense *Joselito Adame*, quien realizó extraordinaria campaña en cosos de Europa. Adame, ha sido manejado por su mentor el matador de toros en el retiro Roberto Fernández *El Quitos*. No defraudó a la afición local y el 11 de noviembre mandó sin rabo a uno de su lote.

Regresó a Guadalajara el legendario diestro tlaxcalteca Rodolfo Rodríguez *El Pana*. *El Pana* había anunciado su retiro en la Plaza México, toreando tan extraordinariamente a "Rey mago" que decidió no retirarse. En Guadalajara estuvo como siempre en *El Pana*.

Domingo, 21 de octubre de 2007. **Rejones.**

Toros de Malpaso (manejables, destacando 5º y 6º aplaudidos en el arrastre y uno de regalo de Jorge de Haro (bueno), para Ruy Fernández (palmas tras aviso, ovación y dos orejas en el de regalo), Jorge Hernández Gárate (oreja y vuelta) y Pedro Louceiro III (palmas y oreja). Media plaza. **Domingo, 28 de octubre de 2007.** Toros de Xajay (bien presentados y complicados), para Jerónimo (ovación tras dos avisos y palmas, Ignacio Garibay (oreja y palmas tras aviso) y Guillermo Martínez (oreja y palmas tras aviso). Un cuarto de plaza.

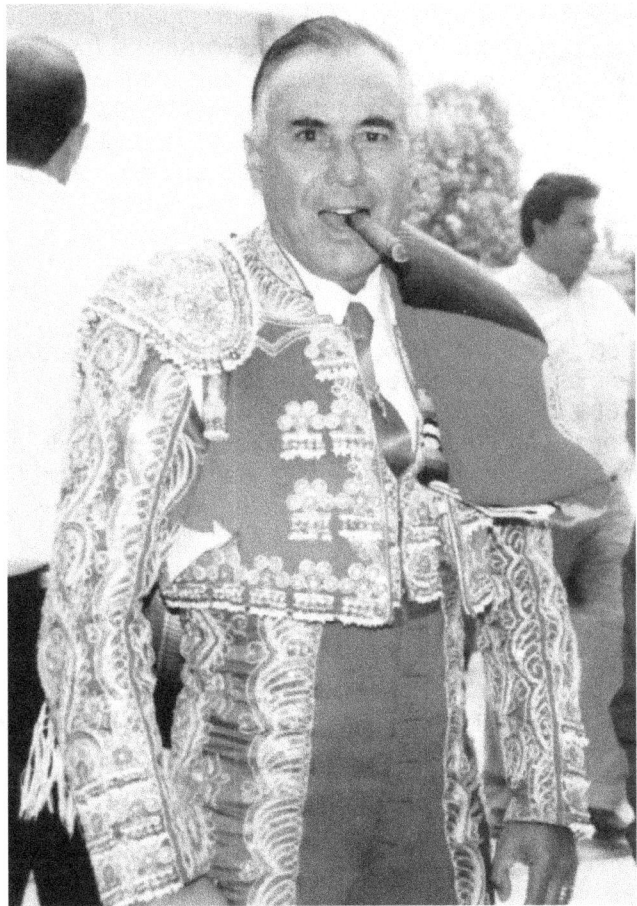

Rodolfo Rodríguez El Pana Foto [Zamora].

Domingo, 4 de noviembre de 2007. Festejo mixto.

Dos toros de De Santiago y cinco de Los Encinos (juego desigual), para el rejoneador Pablo Hermoso de Mendoza (ovación y ovación), Rodolfo Rodríguez *El Pana* (ovación y pitos tras dos avisos y oreja en el toro de regalo) y Juan Antonio Adame (vuelta y ovación). Casi lleno. **Domingo, 11 de noviembre de 2007.**

Toros de Begoña (de distinta presentación y juego), para César Rincón (ovación y ovación), Ignacio Garibay (ovación y saludos), *Joselito Adame* (dos orejas y rabo y oreja) y Ricardo Rivera, que tomó la alternativa (oreja y oreja). Media plaza.

Domingo, 18 de noviembre de 2007.

Toros de Peñalba y Montecristo y dos sobreros, uno (2º) de De Santiago y otro (6º) de El Junco, para César Rincón (ovación y ovación), José Tomás (ovación tras aviso y gran bronca), Fernando Ochoa (ovación y aplausos) y Omar Villaseñor (silencio y aplausos). Lleno.

José Tomás fue atendido en la enfermería de una cornada de dos trayectorias de 8 y 5 centímetros que desgarró músculos en el muslo derecho, en su primer toro. No revistió gravedad.

Domingo, 11 de febrero de 2008.

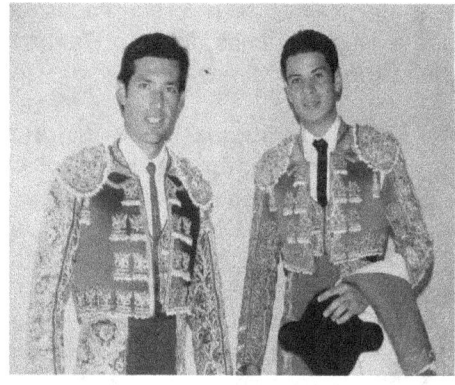

Jerónimo y Guillermo Martínez Foto [Zamora].

40 aniversario de la plaza de toros "Nuevo Progreso". Toros de San Miguel de Mimiahuapam (bien presentados y complicados), para Ignacio Garibay (palmas y pitos), Cesar Jiménez (oreja y división) y Juan Antonio Adame (ovación y pitos). Menos de media plaza.

Domingo, 18 de febrero de 2008.

465 aniversario de la fundación de la ciudad de Guadalajara. Cinco toros de Fernando de la Mora y un sobrero (2°) de Bernaldo de Quirós (juego desigual), para el rejoneador Pablo Hermoso de

Mendoza (oreja y división), Omar Villaseñor (dos orejas y palmas) y Arturo Macías (palmas tras aviso y palmas tras dos avisos).

Domingo, 25 de febrero de 2008.

Novillos de Jorge de Haro (bien presentados, complicados, destacando el 4° ovacionado en el arrastre), para (palmas y vuelta), José Manuel Montes (silencio tras aviso y división tras dos avisos) y Juan Fernando (ovación tras aviso y silencio tras aviso). Escasa entrada.

Domingo, 25 de marzo de 2008.

Novillos de San Isidro (bien presentados y buen juego), para *Pepe Murillo*, (palmas tras aviso y oreja tras aviso), Octavio García *El Payo* (vuelta y ovación) y Mario Aguilar (oreja y ovación tras dos avisos). Escasa entrada

Domingo, 4 de marzo 2008.

Novillos de San Francisco de Asís (bien presentados y juego desigual, destacando el 5°, dando la vuelta el ganadero), para *Pepe López* (ovación tras aviso y palmas), Juan José Vián *El Palentino* (ovación y ovación tras aviso) y Alfonso Hernández *El Pali* (palmas y oreja). Escasa entrada.

Domingo, 11 de marzo de 2008.

Novillos de Arroyo Hondo (bien presentados y juego desigual), para Manuel González *Montoyita*, (ovación tras aviso y palmas), Salvador Fuentes (ovación tras aviso y palmas) y Alfonso Hernández *El Pali* (palmas tras dos avisos y palmas). Escasa entrada.

Domingo, 18 de marzo de 2008.

Novillos de Real de Saltillo (bien presentados y bravos, destacando el 2° premiado con arrastre lento), para *Pepe Murillo* (palmas, palmas en el que estoqueó por Rodríguez y dos orejas), Ricardo Rivera (oreja, oreja y palmas) y Rafael Rodríguez (herido el 3°, impidiéndole continuar la lidia). Un cuarto de plaza.

Rafael Rodríguez fue estabilizado en la enfermería con dos cornadas, una de tres trayectorias que seccionó la vena safena exterior y otra cerca de la rodilla de dos trayectorias que lesionó la arteria femoral.

Domingo, 6 de mayo de 2008.

Novillos de San Isidro para *Pepe Murillo* y Ricardo Rivera.

Domingo, 13 de mayo de 2008.

Novillos de Cerro Viejo (bien presentados y buen juego), para *Pepe Murillo* (silencio tras dos avisos y división), Ricardo Rivera (ovación y ovación) y Julio de la Isla (palmas y pitos). Menos de un cuarto de plaza.

Temporada 2008/2009

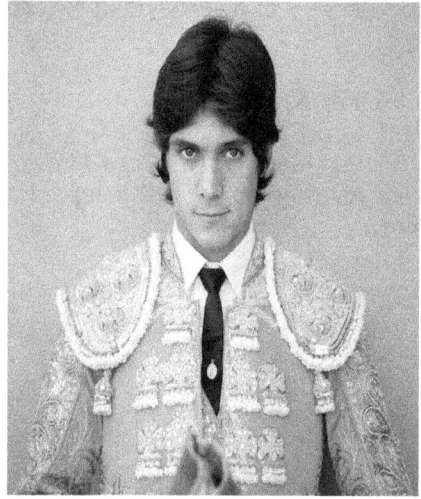

El Francés Castella atrapó a la afición de Guadalajara.

Un diestro que ha acaparado la atención de los aficionados de Guadalajara es el Francés Sebastián Castella. Quien partió plaza hasta bien avanzado febrero de 2009. Realizó una extraordinaria faena malograda por la espada del señor Javier Sierra. Se incluyó al diestro de la casa el sevillano Antonio Barrera, al triunfador de la temporada en la plaza México Humberto Flores quien se desdibujó notablemente decepcionando a los que esperaban más de él.

Surgió una nueva camada de novilleros de los cuales el que dio la nota grande fue el ecuatoriano Francisco de Almeida esto ya para finalizar la temporada.

Domingo, 5 de octubre de 2008.
Novillos de Chinampas (juego desigual), para Arturo Saldivar (ovación y oreja), Alfonso Mateos (ovación y ovación) y Fernando Alzate (silencio y silencio).
Domingo, 12 de octubre de 2008.
Novillos de Santoyo (juego desigual), para Roberto Galán (ovación y vuelta), Manuel González *Montoyita* (ovación y silencio tras aviso) y Alfonso Mateos (oreja y silencio).
Domingo, 19 de octubre de 2008. *Segundo concurso nacional de Escuelas Taurinas*.
Erales de diversas ganaderías, para Lulú de la Vega (herida), Mary Paz Torres (palmas tras tres avisos), Paola Sanromán (vuelta y dos orejas en el que mató en sustitución de Michelito Lagravere), Michelito Lagravere (herido), Sebastián Palomo, a la portuguesa (vuelta), Fernando Gómez, a la portuguesa (vuelta) y Ángel Giovanni *Zapaterito* (vuelta). Casi lleno.
Domingo, 2 de noviembre de 2008.
Siete toros de Montecristo (bien presentados y escasos de fuerzas), para *Morante de la Puebla* (palmas, silencio y palmas en de regalo), Ignacio Garibay (silencio y oreja) y Sebastián Castella (dos orejas y ovación). Tres cuartos de plaza.
Ignacio Garibay resultó herido en su segundo, de dos cornadas en el muslo derecho de pronóstico reservado.
Domingo, 9 de noviembre de 2008.

Toros de San Isidro y uno de regalo de Reyes Huerta (bien presentados y juego desigual), para Alfredo Ríos *El Conde* (ovación y ovación), Humberto Flores (silencio, silencio tras aviso y silencio en el de regalo) y Antonio Barrera (oreja con petición y silencio tras aviso). Un cuarto de plaza.
Domingo, 16 de noviembre de 2008.

Toros de Los Encinos (juego desigual y justos de fuerzas), para Óscar San Román (silencio y ovación), Juan José Padilla (silencio y oreja) y Aldo Orozco (vuelta y ovación tras aviso). Un cuarto de plaza.
Domingo, 23 de noviembre de 2008.

Toros de Real de Saltillo (buen juego, destacando el 4º y 6º premiados con arrastre lento), para Guillermo Martínez (silencio y oreja), Arturo Macías (ovación tras dos avisos y ovación) y Ricardo Rivera (dos orejas y división tras aviso). Un quinto de plaza.
Domingo, 30 de noviembre de 2008.

Aplazado para el 15 de febrero de 2009. Toros de Xajay, para *Zotoluco,* Miguel Ángel Perera y *Joselito Adame*. * Perera no se presentó debido al percance sufrido con anterioridad en España. **Domingo, 10 de febrero de 2009.**

Tres toros (1º, 5º y 6º) de Montecristo y tres de La Venta del Refugio (de distinta presentación y juego, destacando 3º y 5º), para Rodolfo Rodríguez *El Pana* (división y pitos), *Morante de la Puebla* (ovación tras aviso y ovación tras tres avisos) y *Joselito Adame* (ovación y oreja). Media plaza.
Domingo, 17 de febrero de 2009. Festejo mixto.

Cuatro toros de Begoña y dos (2º y 5º) de Mimiahuapam (de distinta presentación, complicados y juego desigual), para César Rincón (palmas y dos orejas), Eulalio López *Zotoluco* (oreja y división) y *Joselito Adame* (dos orejas y palmas). Media plaza.
Domingo, 15 de febrero de 2009.-

Cinco toros de Los Encinos y uno (5°) de San Isidro (bien presentados y juego desigual), para el rejoneador Pablo Hermoso de Mendoza (silencio y oreja con división), Arturo Macías (oreja y silencio) y *Joselito* Adame (ovación y oreja). Casi lleno.
Domingo, 22 de febrero de 2009.

Toros de Bernaldo de Quirós (buen juego) y uno de regalo de La Venta del Refugio (muy bueno), para Eulalio López *Zotoluco* (ovación y palmas), Ignacio Garibay (ovación y palmas) y Sebastián Castella (ovación, ovación y dos orejas con petición). Más de media plaza. **Domingo, 22 de marzo de 2009.**

Toros de Xaxay (juego desigual) y uno de regalo (7º) de San Marcos (noble), para Eulalio López *El Zotoluco* (silencio y oreja), Arturo Macías (silencio tras aviso y oreja) y *Joselito Adame* (silencio tras aviso, silencio y silencio en uno de regalo).
Domingo 6 de Septiembre de 2009.

Novillos de Jorge de Haro para los diestros, Alfonso Mateos, quien resultó herido en uno de regalo. La herida fue penetrante de vientre.

Santiago Fausto y Fernando Alzate quien consiguió la oreja de su primero.
Domingo 13 de Septiembre de 2009.-

Novillos de Celia Barbabosa para Roberto Galán (español), (Rosa y oro), se encargó de pasaportar al sexto de la tarde debido al percance de Fausto. Hilda Tenorio quien se vio muy puesta con los novillos (violeta y oro) y Santiago Fausto de (azul marino y oro). Cortó oreja y recibió herida en el muslo.

Domingo 20 de Septiembre de 2009.-

Novillos de San Isidro para los de a pie, Hilda Tenorio quien anduvo entre revolcones y escuchó tres avisos para dejar vivo a uno de su lote y salida al tercio. Sergio Flores (verde limón y oro) oreja en cada uno de sus socios. Fernando Alzate (obispo y oro). Raúl Aguilar *el Chiquis* colocó dos pares espectaculares.

Domingo 27 de Septiembre de 2009.-

Carnudos de Arroyo Hondo para Juan José Vivián *El Palentino* (blanco y oro), Jaime Ruiz (palo de rosa y oro) y Antonio Romero (azul marino y oro). Los diestros además de pechar con la lluvia, también lo hicieron con los descastados bureles. **Domingo 4 de Octubre de 2009.**

Novillos de Campo Hermoso para Luis Manuel Pérez *El Canelo*, Alfonso Mateos y Fernando Alzate quien dejó ir vivo a uno de su lote. **Domingo 11 de Octubre de 2009.**

Novillos de Pepe Marrón en la lidia ordinaria para el ecuatoriano Francisco de Almeida quien resultó triunfador del festejo al indultar al noble "Flamenco" de El Vergel después de haber cortado dos orejas. Luis Manuel Pérez *El Canelo* y Alfonso Mateos.

Domingo 18 de Octubre de 2009.

Seis de los Encinos y dos más de Campo Real para los novilleros, Alfonso Mateos, Santiago Fausto, Sergio Flores y el ecuatoriano Juan Francisco Almeida quienes se disputaron un trofeo realizado por Santiago Flores para honrar a la memoria de Manuel Capetillo. El que se lo llevó fue el ecuatoriano Almeida.

Temporada 2009/2010

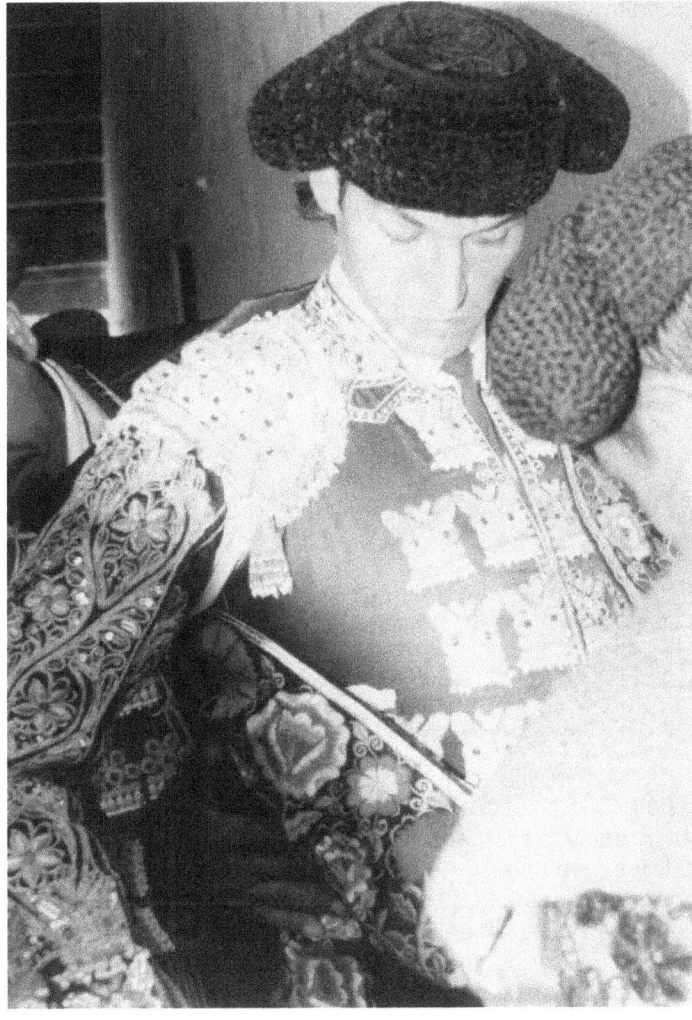

Con el toro, toro Fernando Ochoa confirmó su sapiencia.

Ya es tiempo de decirlo abiertamente. Desde los tiempos de *Manolo Martínez*, se convirtió la lidia de toros bravos en una parodia de reses bobas, sin proyectar al tendido la necesaria sensación de peligro.

Las faenas se convirtieron en algo monótono y las "figuras" en complacencia con algunos ganaderos y empresarios, se dedicaron a estar cómodos frente a los astados.

A los hierros que aún conservan sangre brava, les cuesta trabajo acomodar sus corridas, debido al asco que les hacen las empresas y los diestros.

Para nuestra fortuna, hay criadores que gustan de la buena crianza y en la presente temporada los hermanos Álvarez Bilbao, trajeron a Guadalajara un encierro digno de las mejores plazas del mundo. Tanto así que los caballos fueron derribados, los subalternos puestos en evidencia y los matadores sacando lo mejor de sus recursos para poderle, a los bravos barralveños.

Y no es que el que esto describe, guste de escenas impregnadas de sadismo, no. Lo que es necesario para que el festejo retome el interés original de la corrida, es la dificultad que el toro imponga al diestro que ostenta un título de maestro.

Me ha quedado el grato sabor de boca, al poder certificar a un Fernando Ochoa que había andado por la provincia lidiando toritos a modo, eso sí, estando siempre por encima. Hacía falta verle con un lote como con el que pechó durante

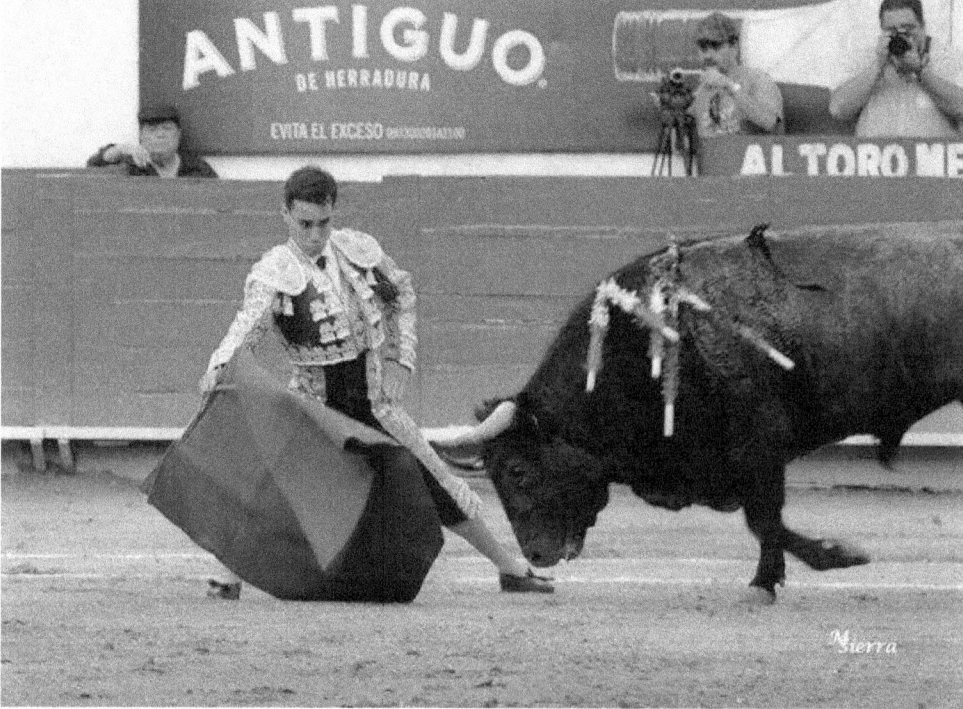

José Mauricio Foto [Guillermo Sierra].

la feria de octubre y constatar, que está Fernando, convertido en un auténtico maestro, más allá de la publicidad y la mercadotecnia.

El Zotoluco, Eulalio López, en caballo de hacienda, haciendo de mandón en una fiesta o fiestecita, en donde ya nadie le quiere ver, pero ni modo se le impone en carteles postineros y seguimos viviendo del cuento.

Después de un receso de varios meses, se anunciaron los festejos de aniversario de la ciudad de Guadalajara y de la plaza Nuevo Progreso.

Se incluyó en una novillada postinera al tapatío Oliver Godoy, dueño de una singular personalidad en el ruedo y que hace a los aficionados *chipen*, abrigar la esperanza de una futura figura en ciernes.

La luz y la sombra fue el ecuatoriano vanagloriado Almeida a quien un bravo de Chinampas puso en evidencia, lo dicho: aparece el toro bravo y desaparecen las figuras. Sergio Flores muestra personalidad y al igual que sus alternantes deficiencias a la hora de oficiar con la de Toledo.

El cartelazo anunciado para el domingo siete nos hizo recordar la famosa fábula de los duendecillos. Y el criador Bernardo de Quirós efectivamente salió con su domingo siete. Al enviar reses aun pelechando ante la complacencia de la autoridad, la empresa y por supuesto las "figuras", auténticos maestros que vienen de España a entrenar con bobos encornados.

El cartel anunciado para el sábado trece. Sufrió la exclusión del publicitado José Mauricio, siendo sustituido por el torero de Arandas Aldo Orozco.

Guadalajara se ha convertido en el paraíso de los toreros de Aguascalientes, a cambio "Agüitas" no programa jaliscienses. Bueno la gerencia es la misma. Dos colombianos, uno de la casa y el otro, maestro del pico de la muleta. Ignacio Garibay hizo de primer espada y las reses de la dehesa del

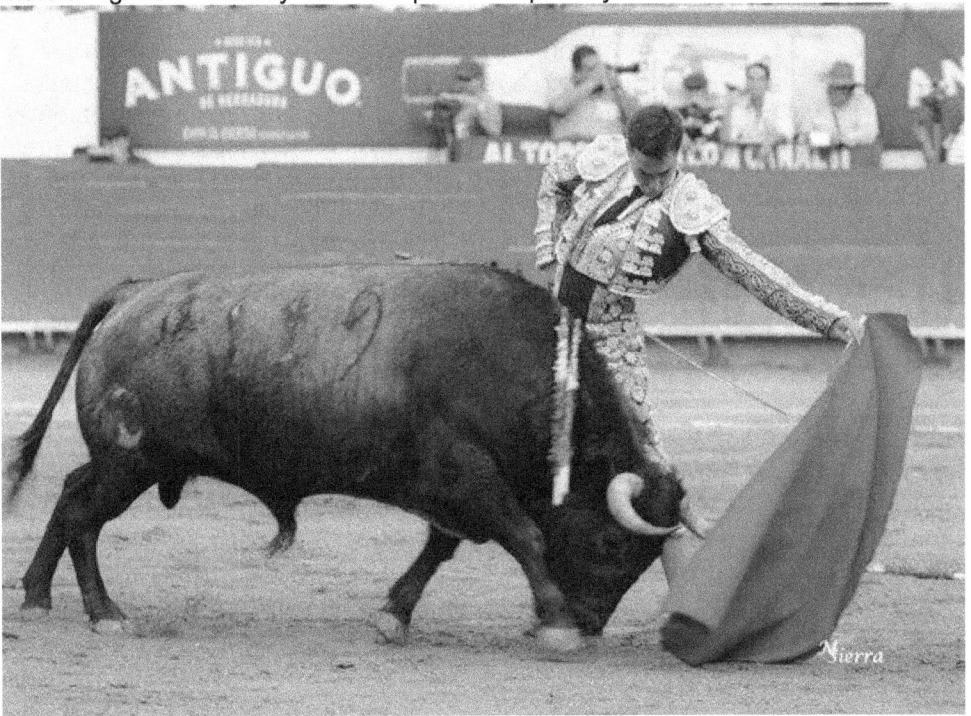

José Mauricio Foto [Guillermo Sierra].

arquitecto García Villaseñor.

Y de nueva cuenta se presentó el *Centauro Navarro* Pablo Hermoso de Mendoza, quien se ha mostrado generoso con los diestros mexicanos programándolos en sus carteles y solidarizándose con ellos cada que es necesario. Partieron plaza con él, Mario Aguilar y *Joselito Adame* y ¡Arriba Aguascalientes!

Domingo 25 de octubre de 2009.

Toros de Begoña para Eulalio López *Zotoluco,* Sebastián Castella y Arturo Macías.

Sábado 31 de Octubre de 2009.

Toros de Los Encinos para Ignacio Garibay, *Joselito* Adame y Octavio García El Payo. Gran faena de El Payo malograda con el estoque.

Domingo 1 de noviembre de 2009.

Toros de Barralva aplaudidos al finalizar la corrida y salida al tercio del ganadero.

Para Fernando Ochoa, Federico Pizarro y Luis Bolivar.

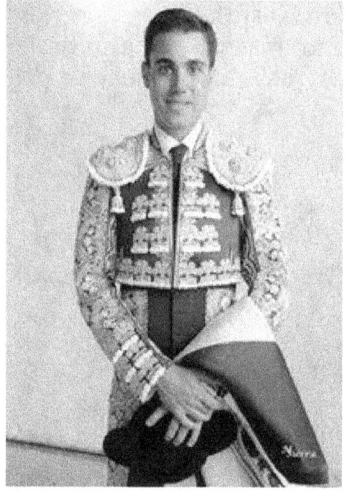

Gran faena de Bolivar a su segundo abusando del pico de la muleta y toreando sumamente despegado. "la conocedora afición tapatía" se le entregó y pidió las orejas, que le fueron concedidas tras una gran estocada. A Pizarro torero sumamente carismático los "pelados" del tendido cálido lo estuvieron reventando toda la tarde, existe una explicación Pizarro es un gran torero pero "niño bien" eso, la "pelusa" no lo soporta. Pizarro estuvo muy bien en su primero con detalles de mucha torería, en su segundo un imponente burel bravo, sencillamente, se aburrió.

A Fernando Ochoa, había que verlo con toros que le exigieran y a pesar de que el público comenzó metiéndose con él, finalmente terminó imponiéndose a su lote. Ochoa es un torerazo que

José Mauricio Foto [Guillermo Sierra].

puede con lo que le sale por toriles y de tan fácil en ocasiones es monótono. Es un maestro!!!

Sábado, 23 de enero de 2010.- Festival.

Novillos de Chinampas, San Pablo, Fernando de la Mora y San Isidro (buen juego), para Fermín Espinosa "Armillita" (ovación), Miguel Espinosa "Armillita Chico" (oreja), Sebastián Castella (dos orejas y rabo), Arturo Macías (dos orejas) y Joselito Adame (dos orejas). Lleno.

Sábado, 6 de febrero.

Novillos de Chinampas (manejables) y dos de regalo de Celia Barbabosa, para Sergio Flores (silencio tras aviso, ovación y ovación en el de regalo), Oliver Godoy (silencio tras aviso, ovación y silencio en el de regalo) y Juan Francisco Almeida (oreja y silencio tras tres avisos).

Domingo, 7 de febrero de 2010.-

Toros de Bernaldo de Quirós (bien presentados y faltos de fuerzas) y uno de regalo de El Junco, para Alfredo Ríos *El Conde* (ovación, ovación y oreja en el de regalo), Julián López *El Juli* (división tras aviso y división) y Sebastián Castella(ovación y vuelta al ruedo).

Sábado, 13 de febrero de 2010.

Cuatro toros de Marcos Garfias, dos de San Marcos y dos de San Lucas, (de distinta presentación y juego) para Ignacio Garibay (vuelta y ovación), Luis Bolívar (silencio y silencio), Aldo Orozco (pitos y pitos) y Ricardo Rivera (silencio tras aviso y herido). Un cuarto de plaza.

Domingo, 14 de febrero 2010.-

Toros de Peñalba (deslucidos), para el rejoneador Pablo Hermoso de Mendoza (oreja y vuelta al ruedo),Joselito Adame (silencio y ovación) y Mario Aguilar (silencio y palmas). Tres cuartos de plaza.

Domingo, 7 de marzo de 2010.

Toros de Santa María de Xalpa, uno para rejones de Marco Garfias y uno de regalo de El Junco (juego desigual), para el rejoneador Rodrigo Santos (silencio tras aviso y oreja), Federico Pizarro (silencio, silencio y oreja en el de regalo), José Mauricio(ovación y silencio tras aviso) y Joselito Adame (oreja y ovación tras dos avisos).

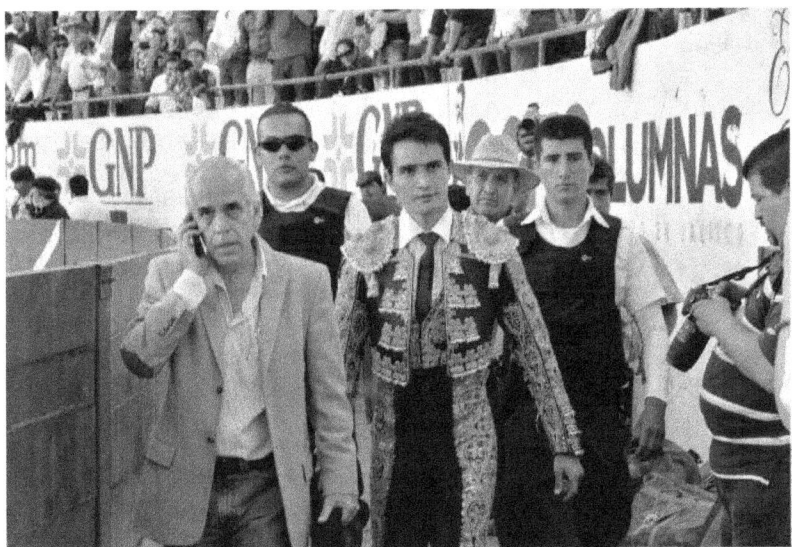

Temporada 2010 /2011

Una de las situaciones, en que a los seres mortales, habitantes pasajeros de esta vida, nos envuelve con su enigma, es justo recordarlo, lo

Alzate conducido a la demarcación. Al frente su apoderado Javier Sierra.
Foto. DeSOLYSOMBRA.com

incierto del futuro.

Y si, la corrida en turno nos plantea esa incertidumbre y, la insalvable tentación de asistir a la plaza, ante esa imposibilidad de adivinar ese futuro, resulta de mayor proporción en razón a lo evidente; presuponer o, adelantar un juicio acerca del resultado del conjunto de toda una temporada taurina.

Es el caso de la temporada que dio inicio en octubre de ese año, se sucedieron hechos que hicieron alentar la esperanza de un escenario optimista, a propósito de los diestros de nuevo cuño que incursionaron en cosos ibéricos para luego, mostrar su sapiencia en la arena de la ya, emblemática Nuevo Progreso.

Y, si bien; ese inicio de temporada comenzó con una floja feria, enmarcada en lo tradicional de octubre, ya en el ocaso del prístino mes de 2011, año de los juegos panamericanos en Guadalajara, se corrieron toros en la ya tradicional también feria de la fundación, sin nada excepcional que decir, salvo la inclusión en los carteles del veterano diestro héroe de mil batallas *El Pana* quien goza de la aceptación, debido a su carisma, del público tapatío.

Se reanudó la actividad hasta bien avanzado el año, en septiembre, con un interesante serial de novilladas, en las que ampliamente solventaron sus compromisos los cornudos lidiados, poniendo en alto el nombre de la ganadería mexicana a quien la sabiduría popular lamentó no haya tenido suerte en el sorteo con sus matadores, jóvenes incipientes y carentes de oportunidades.

Cabe destacar las actuaciones de Angelino de Arriaga quien estuvo siempre a la altura de las circunstancias, del regiomontano Valente muy valiente y la esperada superación del tapatío toda personalidad y elegancia gitana, *Julio de la Isla,* quien dicho sea de paso, lleva ese pseudónimo en homenaje al célebre cantaor andaluz. Salvador López tuvo sendas actuaciones y una triunfal al indultar a un noble y bravo de Boquilla del Carmen.

El colombiano Juan Camilo Alzate protagonizó escandaloso espectáculo al

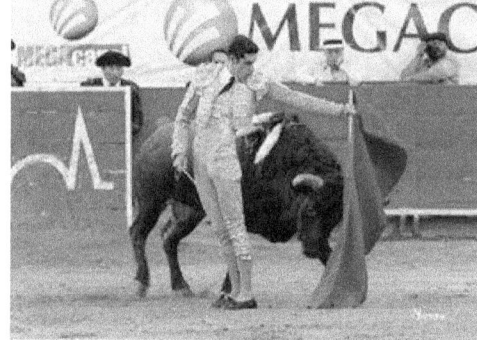

propiciar a un espontáneo tremendo gancho a la mandíbula lo que hizo fuera llevado al hospital al intruso en calidad de conmocionado y a Alzate a la comisaría en calidad de detenido.

La tragedia se hizo presente en uno de los festejos, cuando inesperadamente saltó al callejón uno de los novillos lidiados, llevándose entre sus astas a don Chava, un humilde trabajador del servicio de plaza, causándole la muerte.

Alejandro Talavante Foto [Guillermo Sierra].

La parte gratificante se la llevaron los bien presentados y bravos encierros a los que casi por disciplina hacen el asco las figuras peninsulares y las mexicanas.

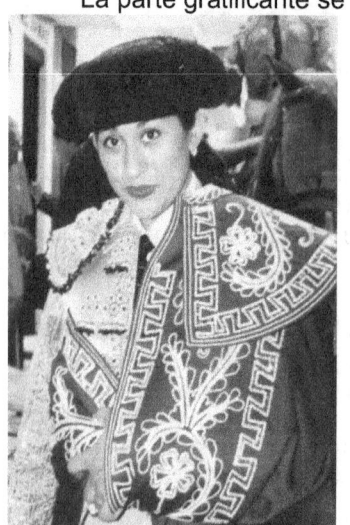

Domingo 15 de agosto de 2010.-
Torreón de Cañas y La Concepción para Alfonso Mateos, Juan Camilo Alzate y Oliver Godoy. Una vuelta al ruedo para Godoy la que le valió ser el triunfador.
Domingo 22 de agosto de 2010.-
Segunda novillada de la temporada. Gerardo Adame, Oliver Godoy y el potosino Fernando Labastida con astados de Santa Fe del Campo de Zacatecas.
Destacó el oficio de Adame que si no cortó apéndices, fue por fallar con la de Toledo.
Domingo 29 de agosto de 2010.-
Bravos de Malpaso para los diestros

Lupita López Foto [Zamora].

Salvador López, Camilo Pinilla y el Zacatecano Antonio Romero. David Vázquez colocó soberbio puyaso.

Domingo 5 de septiembre de 2010.-

Novillos de Celia Barbabosa para Lorenzo Garza Gaona, Camilo Alzate y Gerardo Adame. Adame lidió tres por percance de uno de sus alternantes.

Domingo 11 de septiembre de 2010.-

Novillos de Jorge Hernández Andrés para los jóvenes Misael Ortiz, Curro Rodríguez y David Vizcaya. Ortiz el de mayores cualidades.

Domingo 19 de septiembre de 2010.-

Astados de El Vergel para Lupita López, Juan Francisco Almeida y Carlos Rodríguez.

Domingo 26 de septiembre de 2010.-

Alfonso Mateos, Alejandro Corona y Daniel Martín *El Dani*. Los toros fueron del hierro de Arroyo Hondo. El agitanado Alfonso Mateo fue el que más lució.

Domingo 3 de octubre de 2010.-

Cartel de triunfadores con Carlos Rodríguez, Oliver Godoy y Gerardo Adame de Aguascalientes.

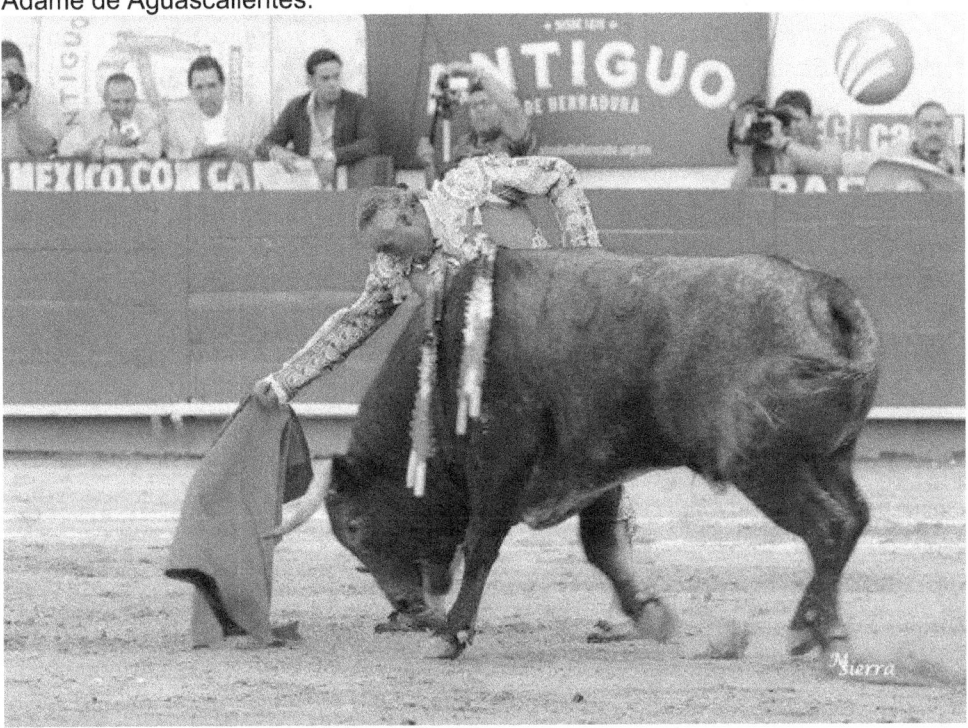

Rodolfo Rodríguez *El Pana* Foto [Guillermo Sierra].

Domingo 17 de Octubre de 2010.-

Seis de Marrón para Ignacio Garibay, Antonio Barrera y Octavio García *El Payo*. Garibay inmortalizó a un séptimo de regalo y corraleado astado de San Diego de los Padres al indultarlo. *El Payo* toreando con profundidad y aseo.

Domingo 24 de Octubre de 2010.-

Seis de Marco Garfias para Fermín Spínola, Ricardo Rivera y Alberto Espinoza *El Cuate*. *El Cuate* Espinoza en *el Cuate*, derrochando carisma y achuchones, su lote fue el más lidiable del encierro y se fue inédito al destazadero.

Domingo 31 de Octubre de 2010.

Seis de Los Encinos para la primera figura de México Eulalio López *El Zotoluco*, quien estrenando administración alentó nuevas expectativas en los aficionados que se tragan su inclusión en carteles de postín. Recibió la alternativa el alquicalidense Arturo Saldivar, sin suerte en su lote, armando la escandalera en un séptimo de regalo, ya se va haciendo costumbre el cajón del triunfo. Castella, figurón tentando vestido de luces.

Domingo 7 de Noviembre de 2010.-

Seis "terroríficos" según la publicidad, de la divisa gualda y verde de Xajay que a la postre resultaron indefensos y pequeños toritos. La terna estuvo conformada por Alfredo Ríos *El Conde*, quien regaló un séptimo sin éxito, Pedro Gutiérrez Lorenzo a quien la chusma, apoda *El Capeita* y *Joselito Adame*.

30 de enero de 2011.-

Rodolfo Rodríguez *El Pana*, Alejandro Talavante y Arturo Saldívar, con un encierro de *Santa María de Xalpa*. Con media entrada en el Nuevo Progreso, se lidiaron siete toros de Santa María de Xalpa, bien presentada pero escasa de raza. El toro lidiado en tercer lugar al entrar al caballo se partió un pitón por lo que tuvo que ser sustituido por una reserva. *El Pana*, pitos tras dos avisos y oreja; Alejandro Talavante, oreja y palmas y Arturo Saldívar, ovación y silencio. Saludaron en el tercio Jorge Guerrero y el picador César Morales.

6 de febrero de 2011.-

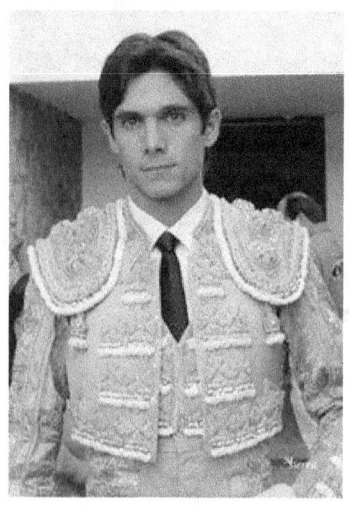

Ignacio Garibay, Sebastián Castella y la presentación en esta temporada de Arturo Macías, con un encierro de San José con presencia a excepción del lidiado en sexto lugar y de juego desigual. Ignacio Garibay, ovación y vuelta con petición de oreja. Sebastián Castella, silencio y dos orejas. Arturo Macías, aplausos y división. El picador Ignacio Meléndez, fue derribado, después de aguantar al toro y darle un buen puyazo.

13 de febrero de 2011.-

El rejoneador Pablo Hermoso de Mendoza y, a pie, José Mauricio y Octavio García *El Payo* con seis astados de la ganadería de Los Encinos.

Aniversario 44 de la Plaza Nuevo Progreso y el 469 de la ciudad de Guadalajara, Octavio

Sebastián Castella Foto [Guillermo Sierra].

García *El Payo* ha cortado la única oreja del festejo donde la presentación del rejoneador navarro Pablo Hermoso de Mendoza casi llenó los tendidos del coso de la Colonia Monumental. José Mauricio completo el cartel de la penúltima corrida de temporada.

El gran ánimo de los asistentes fue más que evidente en las dos actuaciones del rejoneador, pero con la mala fortuna de fallar con la hoja de peral, perdiendo los trofeos ya ganados hasta ese momento. José Mauricio no tuvo suerte con su primero y en el segundo se dio el problema que después en el hotel, terminaría en una bronca entre *El Payo* y Mauricio.

En el tercio de varas, el picador sufrió un tumbo y se perdió mucho tiempo en levantar al caballo, mencionar que el toro había sido picado en dos ocasiones y el reglamento es claro, pero también es verdad que por el tiempo transcurrido el quite que Octavio García realizó al toro de Mauricio fue a destiempo, lo que generó molestia al matador en turno y terminó con lo ya descrito a golpes, el cambio de lidia que sufrió el astado generó que Mauricio no luciera y se perdiera la posibilidad de un triunfo en Guadalajara.

Por su parte *El Payo* cuando parecía una tarde sin premios, cuajó gran faena a "Rumbero", que se dejó torear con templados muletazos de García que al compás del pasodoble que sonaba en las alturas, levaba y traía al de Los Encinos con mucho ritmo y temple, actuación que terminó con estocada delantera para perder la segunda oreja ya ganada.

20 de febrero de 2011.-

Israel Téllez, Aldo Orozco y el colombiano Ricardo Rivera, con astados de José Julián Llaguno. Israel resultó feamente empitonado ante un encastado toro de la divisa Llagunense, corrida que en su conjunto hizo el deleite de los amantes a la contemplación del toro bravo.

7 de agosto de 2011.-

Novillos de Chinampas para Angelino de Arriga, Juan Camilo Alzate quien golpeó de fea forma a un espontáneo que saltó al ruedo y Carlos Rodríguez.

14 de agosto de 2011.-

Seis de Boquilla del Carmen para Salvador López, *Julio de la Isla* y el tlaxcalteca Antonio Galindo. Julio de la Isla bordó literalmente a Pétalo Número 574. Después de ser arropado feamente, al exponer de forma innecesaria dejó certero espadazo que le fue suficiente a "Pétalo" para rodar sin vida y a *De la Isla* para cortar un trofeo. En su segundo un cárdeno con romana y trapío *Julio* se vio en medio de un mar de dudas. Sin idea, ni nada. Salvador López realizó gran faena a Panamericano Nº 529 y 395 Kilogramos, con pases de todas marcas y así colaborar para que se le concediera al noble burel, la gracia de regresar al campo a disfrutar de una punta de hembras. Vuelta al ruedo con el Licenciado Manuel Sescosce ganadero de Boquilla del Carmen. A Antonio Galindo, novillero tlaxcalteca, se le vio sin apurarse demasiado con el N° 610 "Tlachichero" de nombre quien permitió a el subalterno *El Facilito*, saludar desde el tercio después de colocar colosal par de aretes.

21 de Agosto de 2011.-

Novillos de Guanamé. Para Fernando Labastida, Angelino de Arriaga y Juan Camilo Alzate. El novillero tlaxcalteca cortó una oreja y se convirtió en el único triunfador de la plaza "Nuevo Progreso" de Guadalajara, donde Fernando Labastida escuchó palmas y el colombiano Juan Camilo Alzate no tuvo una tarde afortunada.

28 de agosto de 2011.-

Medina Ibarra para Salvador López, Camilo Pinilla y Lorenzo Garza Gaona. Aparatoso desmonte, sufrió Mauro Prado. Lorenzo Garza Gaona de torero solamente tiene nombre y apelativos que sin duda, le quedan muy grandes. Salvador López obtuvo un apéndice de su primero.

4 de septiembre de 2011.-

Reses de Karla y Paco Santoyo para Antonio Galindo, Oscar Amador y José Antonio Bustamante. Diego Martínez y *Chema* Villanueva, salieron a saludar desde el tercio por sendos pares. David Vázquez brindó al cielo en honor del legendario varilarguero *El Camotes*, quien recientemente había fallecido y a quien se le ofreció misa de urna presente en la capilla de la Nuevo Progreso y en la tarde durante el festejo sus familiares dieron una vuelta con *El Camotes* convertido en ceniza.

11 de septiembre de 2011.-

Sexta de Temporada. 6 novillos de El Vergel, terciados en su presentación y bravos en general, destacaron los corridos en 4°, 5° y 6°. Salvador López, leves palmas y división de opiniones. Alberto Valente, salida al tercio y oreja. Santiago Gómez, silencio y pitos. El tercer novillo de la tarde de nombre "Norteño" se saltó al callejón y cogió del pecho al monosabio Salvador Hernández arrastrándolo más de un cuarto del ruedo. Los últimos reportes médicos del Dr. Víctor González Camarena y Gustavo Rubio señalaron que sufrió una cornada en el pecho de más de 50 centímetros que lesionó el hígado, el estómago, el colon y el pulmón derecho y fracturó varias costillas. Al día siguiente, se dio la noticia de su defunción. Habrá que destacarse la actitud de Alberto Valente quien a pesar del reciente acontecimiento, echó la pata pa´lante comenzando su faena de muleta en el centro del ruedo y de hinojos.

18 de septiembre de 2011.-

Dos de Rodolfo Vázquez y 4 de Marrón desiguales de presencia y de regulares a malos en juego. *Julio de la Isla*, silencio tras aviso y al tercio entre división de opiniones tras aviso. Óscar Amador, silencio y silencio tras aviso. José Antonio Bustamante, silencio tras aviso y leves palmas. Se realizó un minuto de silencio en memoria del monosabio Salvador Hernández y posteriormente una vuelta al ruedo de los familiares del finado. A Julio de la Isla correspondió el novillo "Don Chava" en honor al monosabio caído la tarde anterior, Julio brindó al servicio de plaza y mostró avances en su quehacer torero y en el callejón el matador Javier Ocampo asesorándolo acertadamente.

25 de septiembre de 2011.-

Seis de Monte Caldera disparejos en cuanto a presencia y juego para Jaime Ruiz, Alberto Valente y Germán Rodríguez. Jaime Ruiz, silencio tras aviso y bronca. Alberto Valente, oreja con protestas tras aviso y silencio. Germán Rodríguez, al tercio entre división de opiniones tras tres avisos y vuelta al ruedo. Saludaron en el tercio Gustavo Campos por sus pares de banderillas en el primero y el picador David Vázquez en la lidia del quinto.

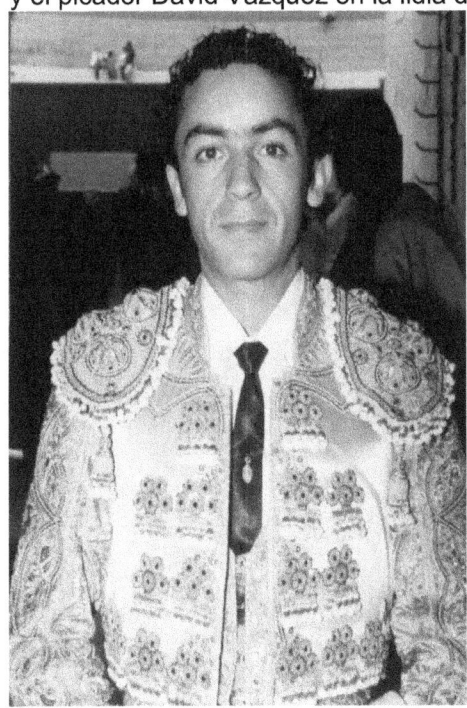

Germán Rodríguez Foto [Zamora].

2 de octubre de 2011.-

Seis de Rosas Viejas para Angelino de Arriaga, Alberto Valente y Germán Rodríguez. Con buena entrada en el coso Monumental Nuevo Progreso se dio la novena y última novillada del serial 2011. Se lidiaron novillos de la divisa debutante en este ruedo de Rosas Viejas, que se dejaron torear en general, sobresaliendo cuarto que mereció arrastre lento. Y un séptimo de regalo de Chinampas.

Angelino de Arriaga, silencio y una oreja protestada por faena a "Monosabio" que regateó las embestidas, lo que le valió al final obtener el trofeo "Manuel Capetillo" que estuvo en disputa.

Alberto Valente, quien fue silenciado en uno y el otro fue aplaudido, fue quien hizo el regalo de Chinampas para ser al final muy aplaudido por su entrega.

Al colombiano Germán Rodríguez se le fue vivo su primer astado vivo a los corrales al escuchar los tres avisos y en su segundo tuvo silencio.

Temporada   2011/2012

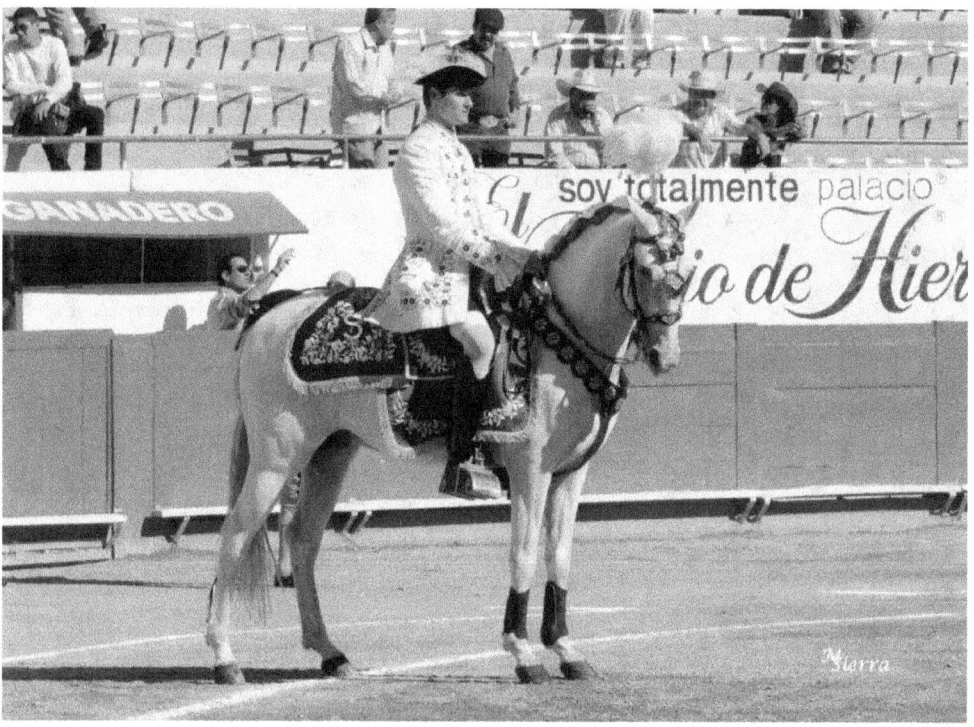

Ya encarrerado el 2011 nos dimos gusto viendo toros. Gran decepción en los mentideros tapatíos al constatar por boca del propio gerente Sahagún; los carteles para la feria octubre.

Es decir, más de lo mismo de cada año, especulación meses antes y la misma gata nada más que revolcada.

El hombre fuerte de Bailleres da a la afición guadalajarense, a cuenta gotas, toros.

Nada nuevo bajo el sol excepto que los matadores jóvenes, de la nueva hornada y escuelas taurinas de Aguascalientes, correspondieron a las expectativas y dejaron constancia de que son una realidad y abren la posibilidad a las empresas para dejar de lado la dependencia de las llamadas figuras españolas.

En tanto las novilladas fueron para Ricardo Frausto de Aguascalientes, para variar. Tarde a tarde se llevó el triunfo y los auriculares de sus socios.

Pero... en México en cuestión de tauromaquia, si no se es miembro de una dinastía o de una familia acaudalada, triunfar es un grave asunto.

Cuando por méritos propios se esperaba su inclusión en la novillada de triunfadores, se le relegó arguyéndose mil pretextos. Posteriormente la casa

TAUROMAGIA que le apoderaba, le echó de sus filas. Luego las lamentaciones
"¿por qué no surge una figura?" En el caso de Frausto por el miedo de los toreritos
protegidos.

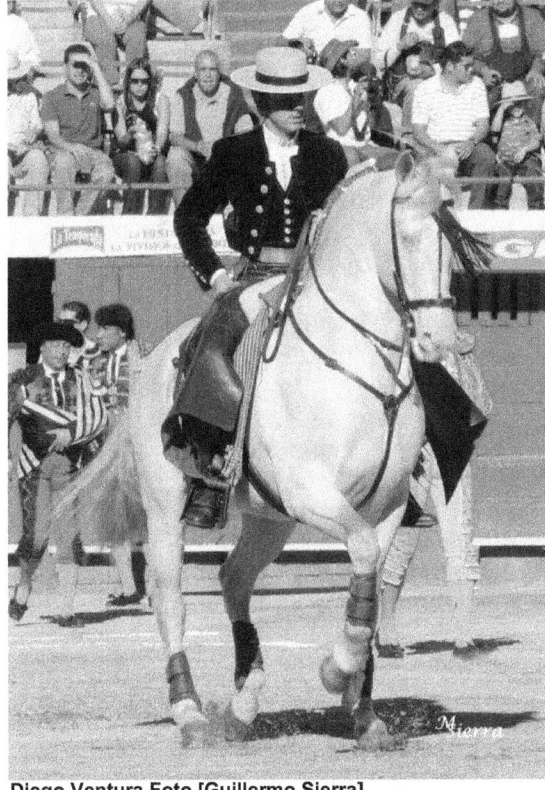

Diego Ventura Foto [Guillermo Sierra].

Domingo, **16 de octubre de 2011.**

Toros de la Ganadería de Xajay para Alfredo Rios *El Conde*, el consentido de Sahagún Antonio Barrera y Fabián Barba diestro de Aguascalientes. Alfredo intentando como siempre, agradar. Lamentablemente el torear en plazas de pueblo, muy legítimo, en donde no existe exigencia por parte de la concurrencia y menos entendimiento, le han hecho desarrollar una propuesta que cala poco en el tendido y ya se ha acostumbrado a soportar la silbatina de sus coterráneos tarde a tarde en la plaza Nuevo Progreso, en donde ha adquirido membresía y aparece cada temporada en los carteles. Barrera es un profesional del toreo lamentablemente se niega la oportunidad a diestros mexicanos que como él hay muchos y de

menor cotización. También se le anuncia temporada tras temporada. De Barba solamente puedo decir que antes de esa, le vi en Yahualica y realizó lo más torero de la tarde, mostrándose en Guadalajara que es lo que me ocupa, enterado con disposición y tantas ganas de destacar que no se escapó del percance. La autoridad adelantando la navidad. Los diestros felices pues seguramente aseguraron su inclusión en ferias venideras, me refiero a los primeros. Los toros: para llorar.

Domingo, 23 de octubre de 2011.

Toros de la Ganadería de San Isidro Corrida mixta con los lidiadores: (Rejoneador) Gastón Santos, Alejandro Talavante, *Joselito Adame* y Arturo Saldívar. Gastón Santos dejó ir vivo al corral a su astado tras escuchar los avisos de rigor.

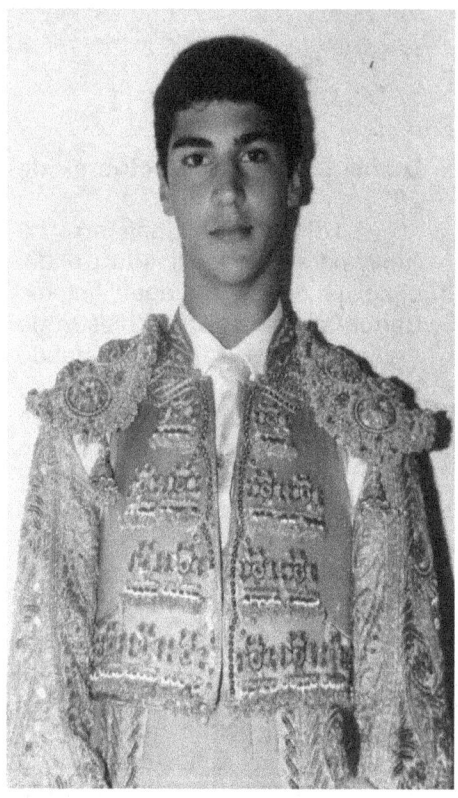

Antonio Lomelín Foto [Zamora].

Alejandro Talavante fino diestro hispano ha emocionado al público de Guadalajara abusando de su toreo de efecto muy del gusto de los madrileños y bilbainos y lo dicho; en igualdad de circunstancias, los diestros mexicanos son igual o mejores que los peninsulares y si no, para muestra basta ver lo realizado por Saldivar a un manso que se refugiaba en tablas, faena meritoria que le valió se llevara a su casa las dos orejas del rajado. Adame sin suerte.

Domingo, 30 de octubre de 2011.

Astados de la Ganadería de Los Encinos. Fernando Ochoa, César Jiménez y *El Payo*. Un apático Fernando Ochoa quien se eternizó con la de Toledo aburriendo a la concurrencia, un sinvergüenza de los muchos que han llegado de España, quien no quiso saber nada de su lote, ordenando los estrellaran en el burladero para dar a cuenta gotas detalles de su toreo como si de una figura se tratara y *El Payo* torero todo pundonor quien conecta sobre todo con la masa del tendido cálido.

Domingo, 06 de noviembre de 2011.-

Seis toros de la Ganadería de De Santiago y Campo Real Corrida mixta de rejones y toreros de a pie (Rejoneador) Diego Ventura, Oliver Godoy y Gerardo Adame. Adame. Fue sustituido en el cartel por Fermín Spínola quien subió sus bonos después de exitosa campaña española. El triunfador fue el local Godoy al cortar un apéndice, Ventura despotricó en contra del entendido público tapatío quien desde su visión no entiende nada de toros.

Domingo, 13 de noviembre de 2011.-

Mágníficos toros de la Ganadería de San José.- Para Ignacio Garibay, Sebastián Castella y Diego Silveti nuevo en la plaza. El que esto escribe se mostraba apático con el hijo de David, quien en tarde anterior, no se mostró en su actuación en el embudo capitalino. Y, celebro haya equivocado mi apreciación, los toros de San José muy por encima de los diestros quienes no se escaparon de ser arropados.

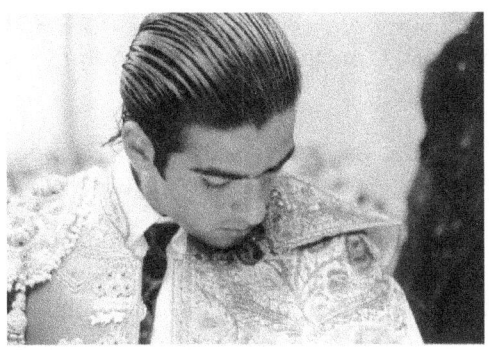

Julio de La Isla Foto [Cortesía Julio de la Isla].

Diego cuajó a su segundo, endilgando pases de excelente manufactura después de realizar un aseado y fino toreo de capa. Garibay sacó la casta y al igual que Castella regalaron sendos toros que digo, novillos adelantados, para ofrecer un espectáculo de suma pobreza tanto en lo conceptual como en lo práctico. Dos orejas a Castella y en lo premonitorio ingreso a las filas de la mediocridad.

Domingo, 30 de enero de 2012.

Toros de Santa María de Xalpa, 3º como sobrero (bien presentados y descastados) para Rodolfo Rodríguez *El Pana* (pitos tras dos avisos y oreja), Alejandro Talavante (oreja y palmas) y Arturo Saldívar (ovación y silencio). Media plaza.

Domingo, 6 de febrero de 2012.

Toros de San José (juego desigual), para Ignacio Garibay (ovación y vuelta al ruedo), Sebastián Castella(silencio y dos orejas) y Arturo Macías (aplausos y división). Un tercio de plaza.

Domingo, 13 de febrero de 2012.

Toros de Los Encinos (bien presentados y buen juego, destacando el 3º premiado con arrastre lento y el 6º premiado con vuelta al ruedo), para el rejoneador Pablo Hermoso de Mendoza (palmas y palmas), José Mauricio (palmas y silencio) y Octavio García *El Payo* (palmas tras aviso y oreja tras aviso). Casi lleno.

Domingo, 20 de febrero de 2012.

Toros de José Julián Llaguno (bien presentados, complicados y escaso juego), para Israel Téllez (palmas tras aviso y palmas tras tres avisos. Herido en su 2º de pronóstico grave), Aldo Orozco (palmas tras aviso y división) y Ricardo Rivera(palmas tras aviso, silencio y palmas tras aviso). Más de un cuarto de plaza. Parte médico de Israel Téllez: cornada en la cara media interna del muslo derecho de dos trayectorias, la primera aproximadamente de unos 25 cm tocando el fémur, y otra de unos 15 cm. afectando la vena safena. Heridas que causan grandes destrozos de músculos. Contusiones en la cara y en el ojo derecho. Pronóstico grave.

Domingo 27 de mayo de 2012.-

Novillos de Peñajara para Mario Alcalde (dos orejas y dos orejas), Juan Millán (oreja y silencio) y Curro de la Casa (oreja y saludos tras aviso), que debutaba con picadores.

Domingo, 19 de agosto de 2012.

Antonio Lomelín, silencio y aviso, Tulio Salguero, silencio y palmas, y Ricardo Frausto, vuelta y dos orejas, con reses de Caparica.

Domingo, 26 de agosto de 2012.

Novillos de La Soledad y uno de Gómez Alanís. Juan Pedro Moreno, silencio en su lote. Xavier Gallardo, ovación y pitos tras tres avisos y José Antonio Bustamante, pitos tras aviso en su lote.

Domingo, 2 de septiembre de 2012.-

Novillos de Boquilla del Carmen, Efrén Rosales 2 aviso y un aviso, Ricardo Frausto palmas y dos orejas,Edgar Badillo, silencio en su lote.

Domingo, 9 de septiembre de 2012.-

Novillos de Autrique y 6° de Real de Saltillo para Alberto Valente palmas y herido (cornada grave en el muslo), Ricardo Frausto vuelta, dos orejas en el que mató por Valente y oreja, Joaquim Ribeiro palmas y pitos. Frausto salió a hombros.

Domingo, 16 de septiembre de 2012.-

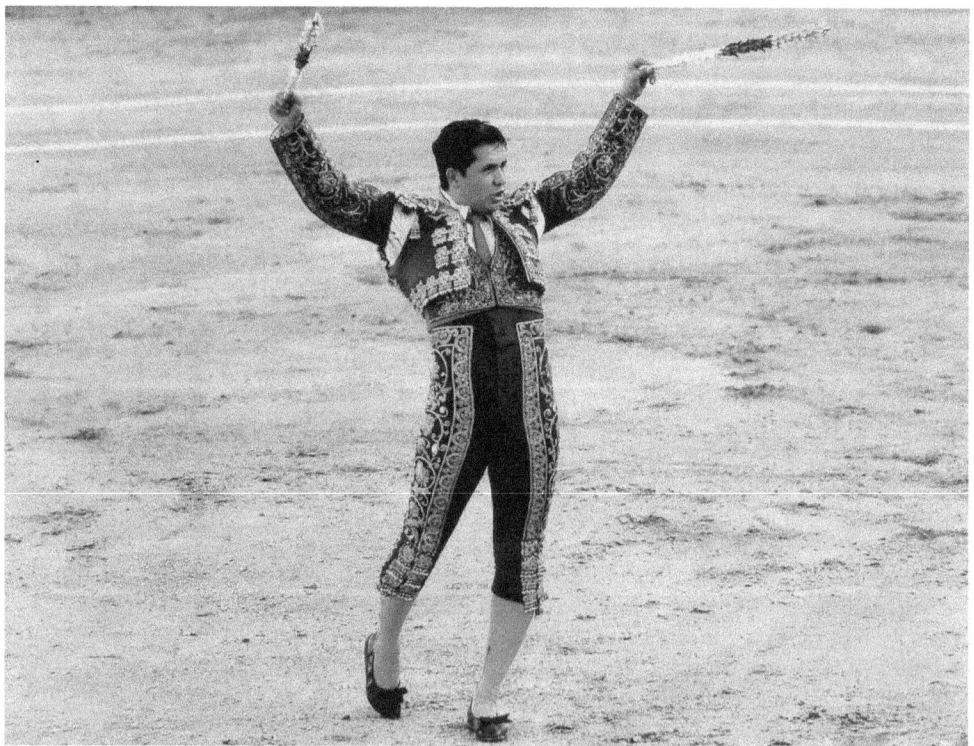

Alberto Valente. Foto cortesía de David Serrato

Novillos de Cuatro Caminos para Antonio Galindo, división y silencio, Ávila de la Torre, pitos en su lote, y Camilo Pinilla, pitos en ambos.

Domingo, 23 de septiembre de 2012.-

Novillos de De Haro, Santiago Fausto Silencio, silencio y palmas en el de regalo. Carlos Rodríguez : Palmas, pitos tras aviso y silencio. Cayetano Ortiz : Herido en el único que lidió. El parte médico, firmado por el doctor González Camarena, dice: "Herida por cuerno de toro en el muslo izquierdo, de dos trayectorias, una de 20 centímetros hacia atrás y otra ocho centímetros hacia arriba y afuera. Presenta una conmoción cerebral".

Domingo, 30 de septiembre de 2012.-

Novillos de De Haro, para Antonio Lomelín, silencio y tres avisos, Ricardo Frausto, oreja y oreja, a hombros, y Brandon Campos silencio y palmas.

Domingo 7 de octubre de 2012.-

8ª y ultima novillada, novillos El Vergel para Alberto Valente, palmas, vuelta, división y bronca en el que mató por su compañero pues salió a hacerlo desde la enfermería, herido en el 5º, cuando ya se había autorizado al sobresaliente, y Brandon Campos, ovación, palmas y herido en el sexto, mano a mano por lesión de Ricardo Frausto.

Temporada 2012-2013

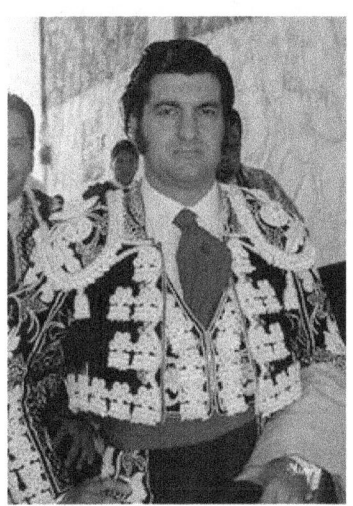

La plaza de toros del Nuevo progreso se ha convertido, en un enorme coro de majaderos e impertinentes, que nada tienen que ver con el buen aficionado.

Un grupo de reventadores que más que eso, son anarquistas a los que nada les gusta y todo lo rechazan eso si haciendo gala de vulgaridad, intolerancia y cinismo.

El diestro hidrocálido Juan Pablo Sánchez se ha revelado por ser poseedor del don del temple.

Alguien tuvo la ocurrencia de programar en un mano a mano al novel Diego Silveti con el maestro José Antonio *Morante de La Puebla*, los resultados no esperaron y ya desde el paseo, *Morante* acabó con la figura de Silveti quien anduvo a la deriva sin templar ni mandar, pegando pases, al final herido en un séptimo de regalo.

Se anunció a Julián López *El Juli*, pero como sufrió un severo accidente de tránsito en España, no pudo asistir a sus compromisos firmados antes.

El novillero local Cristián Verdín hizo alentar esperanzas a la afición al indultar al noble segundo de Guanamé, lamentablemente como ha sucedido, con otras promesas, Verdín no caminó, perdiéndose en el olvido.

En un festival de escuelas taurinas, el fino novillero Juan Pedro Llaguno indultó a un noble y bravo eral de Monteverde.

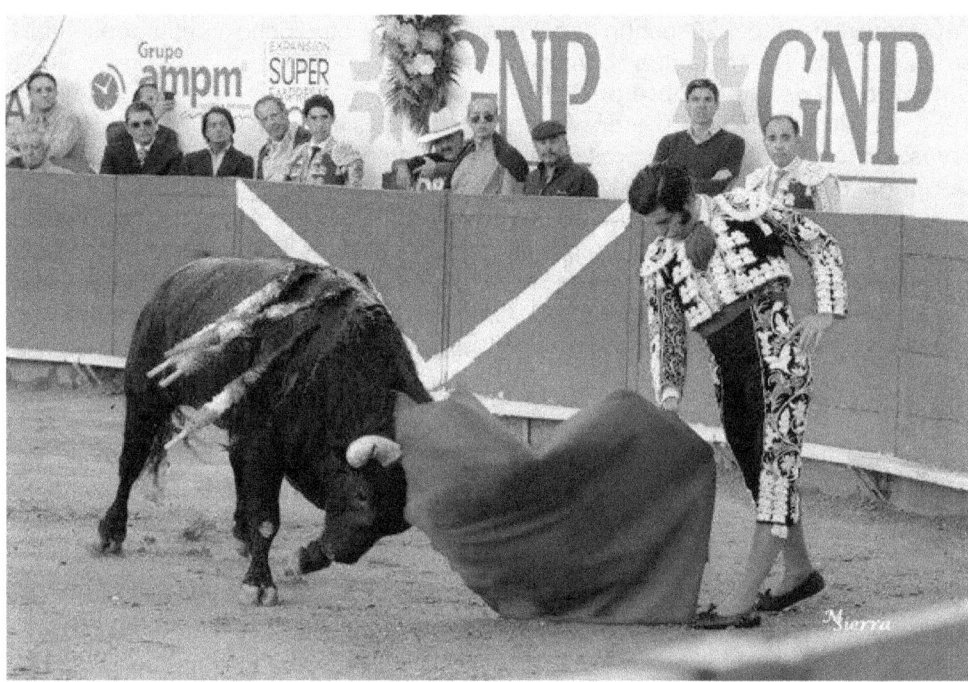

Domingo, 21 de octubre 2012.
Toros de Los García, malos excepto el quinto, para El Capea, silencio, palmas y ovación, Oliver Godoy, palmas y oreja y Gerardo Adame, silencio, palmas y silencio. El Capea regala el sobrero y Gerardo Adame el 2º sobrero.

Domingo, 28 de octubre de 2012.
Toros 3 de Torreón de Cañas y 3 de Rancho Seco, que remiendan la corrida, para Fabián Barba, oreja y ovación, José Mauricio, ovación, y Ricardo Rivera, vuelta. La corrida se suspende, y al quinto se lo llevan los cabestros, por una fuerte tormenta.

Domingo, 4 noviembre de 2012.
Toros de Campo Real para Zotoluco, silencio y ovación, Sebastián Castella, oreja y silencio, y Juan Pablo Sánchez vuelta y silencio.

Domingo, 11 noviembre de 2012.
Toros de Campo Real, Celia Barbabosa, EL Junco, Bernaldo de Quirós, Teofilo, Pepe Garfias, Encinos y Xajay para mano a mano de Morante de la Puebla, palmas, oreja y división, y Diego Silveti, silencio, silencio y aplausos. Silveti regala un toro en el que resulta cogido y lo tiene que matar Morante.

Domingo, 18 noviembre de 2012.
Toros de Santa María de Xalpa para Alejandro Talavante, Arturo Saldívar y Sergio Flores.

Domingo, 25 de noviembre de 2012.-
Toros de Xajay para Antonio Barrera que se despide, dos orejas y vuelta, alternando con Arturo Macias, silencio en su lote, y *El Payo*, ovación y silencio.

Domingo, 3 de febrero de 2013.

Tres toros de Marrón y tres de San Isidro para la despedida de Rodolfo

Rodríguez *El Pana,* silencio y división, Morante de la Puebla, ovación y pitos, y Alejandro Talavante, que sustituye a Julián López *El Juli,* palmas y vuelta. *El Pana* toreó uno de regalo.

Domingo, 10 de febrero de 2013.
Toros de Los Encinos para Hermoso de Mendoza, Fermín Spinola y Octavio García *El Payo.*
Domingo, 17 de febrero de 2013.- Juan José Padilla, ovación y oreja, Joselito Adame, ovación y palmas, y Diego Silveti, palmas y silencio, con toros de Las Ventas del Refugio. Hubo tres toros de regalo.
Domingo, 24 de febrero de 2013.-
Toros de Begoña para Alejandro Talavante, división y silencio, Juan Pablo Sánchez, división y bronca, y Arturo Saldívar, oreja y silencio. Talavante pidio un toro de regalo al que cortó oreja.
Domingo, 3 de marzo de 2013.
Corrida extraordinaria fuera del abono. Fabián Barba, silencios, Ricardo Rivera, tres avisos y silencio, Oliver Godoy, palmas y oreja, con toros Real de Saltillo. Ricardo Rivera regaló un toro, oreja.
Domingo, 25 de agosto.-
Novillos de Real de Saltillo para Paulo Campero silencio y silencio, El Mojito, silencio y herido, y Tomás Martínez, silencio y palmas.
Domingo, 1 de septiembre de 2013.-

Novillos Hernández Andrés y Real de Valladolid para rejoneador Joaquín, palmas, a pie Mirafuentes de Anda, ovación y vuelta, Luis Ignacio Escobedo ovación y ovación, y Cayetano Ortiz, silencio en su lote.

Domingo, 8 de septiembre de 2013.-
Movillos de Guanamé, el 2º indultado, para Juan Pablo Miramontes, ovación y silencio, Christian Verdín, vuelta tras indulto y silencio, y Nicolás Gutiérrez, silencio y oreja.

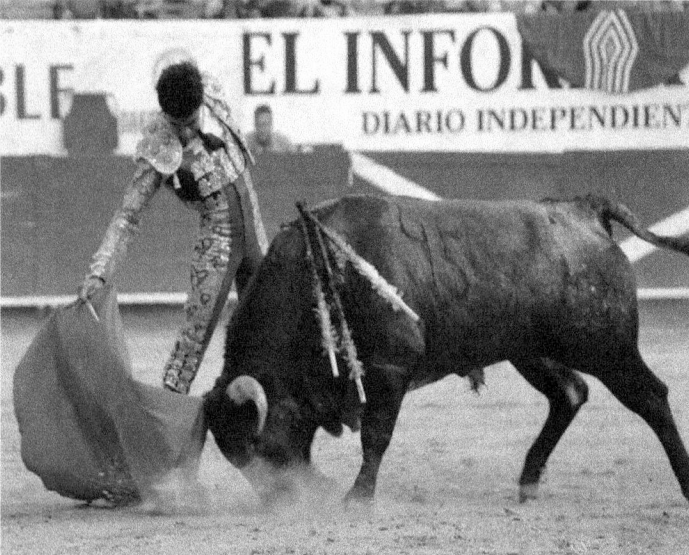

Christián Verdín

Domingo, 22 de septiembre de 2013.-
Novillos de Paco Cordero (1º Claudio Huerta) para Alejandro López silencio y silencio, Raúl Cámara silencio y ovación y Edgar Badillo silencio y silencio.

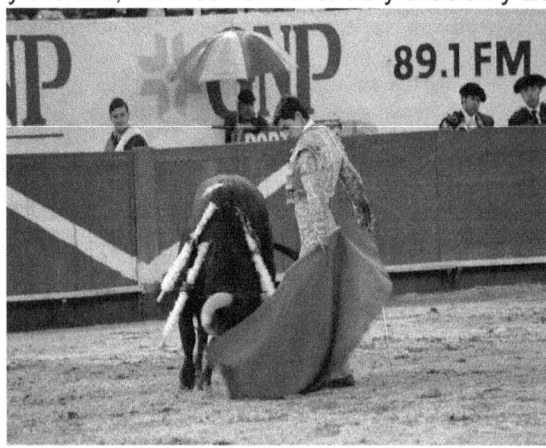

Nicolás Gutiérrez

Domingo, 29 de septiembre de 2013.-
Sexta novillada de la campaña. Novillos de Santa Fe del Campo para Cristian Verdín, tres avisos y ovación, Juan Pablo Llaguno, ovación y ovación, y Antonio Mendoza, palmas y silencio.

Domingo, 6 de octubre de 2013.
Novillada de triunfadores. Novillos de Boquilla del Carmen para Christian Verdín, silencio y tres avisos, Juan Pablo Llaguno, silencio y ovación,

y Nicolás Gutiérrez, oreja y silencio.

Domingo, 13 de octubre de 2013.
Festival Escuelas. Ocho erales para ocho alumnos, Juan Pedro Llaguno indulta el de Monteverde.

Temporada 2013-2014

A la empresa, legítimamente, como tal, le interesa la taquilla y ésta; es de Pablo Hermosos de Mendoza quizá el único, junto con *El Juli*, capaz de llevar gente a la plaza.

La tradicional feria de octubre, dio inicio con un cartel de mexicanos.

Un cartel de tapatíos y el colombiano Rivera a quienes se les "dio oportunidad" echándoles leña, Rancho Seco ya que pagan su inclusión.

Un cartel de diestros efectistas en donde a Fermín Spínola se le vio fuera de sitio, aburrido y sin afición.

La esperada alternativa de Ricardo Frausto apadrinado por dos figuras del toreo español y su relego al olvido.

El elenco ya se hizo consabido, sin novedades y la persistencia de Eulalio López.

Joselito Adame cosechando triunfos sin escatimar brindarse tarde a tarde y de lo demás. Lo Mismo.

Domingo, 20 de octubre de 2013.-
Inauguración de la temporada. Octavio García El Payo, palmas y silencio, Juan Pablo Sànchez, ovación en su lote, y Arturo Saldivar, ovación y vuelta, con toros de Begoña.
Domingo, 27 de octubre de 2013.-
Ricardo Rivera, silencio y pitos, *Pepe Murillo*, tres avisos y ovación, Oliver Godoy, ovación y silencio, con toros de Rancho Seco. *Pepe Murillo* lidió un toro de regalo, palmas.
Domingo,3 de noviembre de 2013.-
Alfredo Ríos *El Conde*, silencio y palmas, Juan José Padilla, oreja y ovación, y Fermín Spínola, pitos y silencio, con cinco toros de El Junco y uno el quinto de Real de Saltillo.
Domingo, 10 de noviembre de 2013.-
Eulalio López El Zotoluco, silencio y oreja, Alejandro Talavante, silencio y dos orejas, y Sergio Flores, oreja y palmas, con toros de Marrón.
Domingo,17 de noviembre de 2013.-
José Antonio *Morante de la Puebla*, tres avisos y dos avisos y bronca, Julián López *El Juli,* ovaciones en su lote, y la alternativa de Ricardo Frausto, ovación y palmas, con tres de Celia **Barbabosa** y tres de San Isidro. Parece que se salvan los de San Isidro y anuncia toros de Los Encinos para completar el encierro en lugar de los de Barbabosa. Regalaron toros *El Juli*, oreja, y *Morante*.
Sábado, 8 de febrero de 2014.
Sebastián Castella, palmas y ovación, Alejandro Talavante, silencio y oreja, Octavio García *El Payo*, silencio y ovación, y Juan Pablo Sánchez, oreja y 8 toros de Jaral de Peñas.
Domingo, 9 de febrero de 2014.-

Pablo Hermoso de Mendoza, ovación en su lote, Fernando Ochoa, palmas y oreja, y Fermín Espinosa, palmas y silencio, mixta 2 de Los Encinos y 4 de Celia Barbabosa. Armillita regaló un novillo.

Domingo, 16 de febrero de 2014.

Julián López *El Juli*, oreja, palmas y división, mano a mano Joselito Adame, ovación, oreja y petición, con 3 de Los Encinos y 3 de Barralva, sin sorteo. Regalaron dos toros de santa Mª de Xalpa a los que cortó *El Juli* una oreja y Adame dos orejas.

Domingo, 23 de febrero de 2014.-

Morante de la Puebla, pitos y bronca, Joselito Adame, ovación y palmas, y Diego Silveti, ovación y palmas, con tres de Celia Barbabosa y tres de San Isidro, de poco juego, que sustituyen a los anunciados de Los Encinos. Silveti regaló uno de Garfias, palmas.

Domingo 2 de marzo de 2014.

Toros de Barralva para Arturo Saldívar, ovación, silencio y silencio, y Sergio Flores, ovación, dos orejas y oreja, mano a mano tras caída del cartel de Fandiño.

Domingo 17 de agosto de 2014.-

Concurso nacional de Escuelas taurinas 2014.

Román Martínez de la Academia Municipal de Guadalajara, Carlos M. Medina de la Academia Municipal de Morelia, Patricio Ochoa de la Escuela Michoacana del Toreo, Soledad Miramontes de la Academia Municipal de Guadalajara, Juan Pedro Llaguno de la Escuela Taurina de Querétaro, Isaac Fonseca de la Escuela de Tauromaquia de Michoacán. Lidiando erales de diversas ganaderías.

24 de agosto de 2014.-

El novillero mexicano Diego Sánchez cortó la única oreja concedida en el festejo inaugural de la temporada de novilladas en la plaza de "Nuevo Progreso" de Guadalajara en el occidente del país.

Antonio Mendoza y *José María Pastor*, se fueron en vacío.

Regular entrada con tiempo amenazador de lluvia. Se lidiaron seis novillos de Claudio Huerta magníficos sobre todo el primero, quinto y sexto y los otros tres se dejaron torear.

Mendoza: bien toreado, mal matados. Tres avisos y palmas, y ovación en el cuarto.

Sánchez: muy torero en el segundo para oreja y mejor en el quinto y falló con la espada. Ovación.

Pastor: palmas en el tercero tras avisos y vuelta al ruedo en el sexto al que pinchó.

El ganadero Huerta saludó en el tercio.

27 de Agosto de 2014.-

Novillos de Pablo Moreno para los novilleros: Antonio Lomelín, Juan Pablo Llaguno y Diego Sánchez

Domingo 7 de Septiembre de 2014.

Novillos toros de Arroyo Hondo para los diestros: Diego Emilio, Antonio Mendoza y Javier Castro.

Domingo 12 de septiembre de 2014.-

Toros de La Antigua para los novilleros: Mirafuentes de Anda, Manuel Gutiérrez y Carlos *Casanueva*.

14 de septiembre de 2014.

Descubriendo un torero.

18 de septiembre de 2014.-

Novillos de Santín para los novilleros: Antonio Lomelín, Juan Pablo LLaguno y Jorge Salvatierra.

25 de septiembre de 2014.-

Novillos de Vallencinos para los jóvenes Andrés Suárez del Real y Manuel Gaona y Gerardo Rivera.

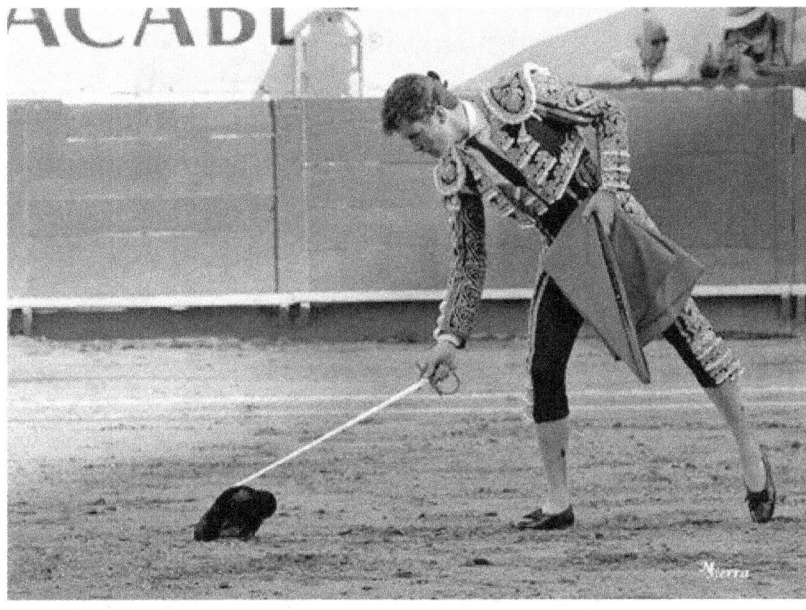

**Temporada
2014-2015**

Con la modorra del inicio del mes de la luna hermosa, octubre, dio inicio la temporada 2014-2015.

La afición exigente de Guadalajara, y eso me consta, paladeó el bien hacer de una nueva camada de novilleros escolarizados.

Así, la llamada novillada de triunfadores estuvo enlistada por el local Carlitos Casanueva, Diego Sánchez y Gerardo Rivera un joven tlaxcalteca que brindó esperanza al aficionado que gusta del buen torero, después se desdibujó inexplicablemente.

La nota grande, la de torería, la de grandeza, la dio el andaluz Daniel Luque realizando una faena de perfección inigualable y, cuando digo inigualable, es porque hasta los reventadores del tendido cálido, inmisericorde hasta con las primeras figuras, callaron, como los mariachis de la canción.

Lo meritorio del trasteo, desde mi óptica, consistió en bordar de manera estricta y pura al burel que por cierto no era una hermanita de la caridad, y que sin buscar las pantorrillas del diestro, pasaba factura a su lidiador, el que con mucho, estuvo superior.

Tanto así, que sus alternantes lucieron a la vista de la concurrencia como dos toreritos vulgares a los que Luque obligó a arrodillarse en todo momento, haciendo gala del torero de efecto tratando de superar lo insuperable.

Domingo, 5 de octubre de 2014.-
De

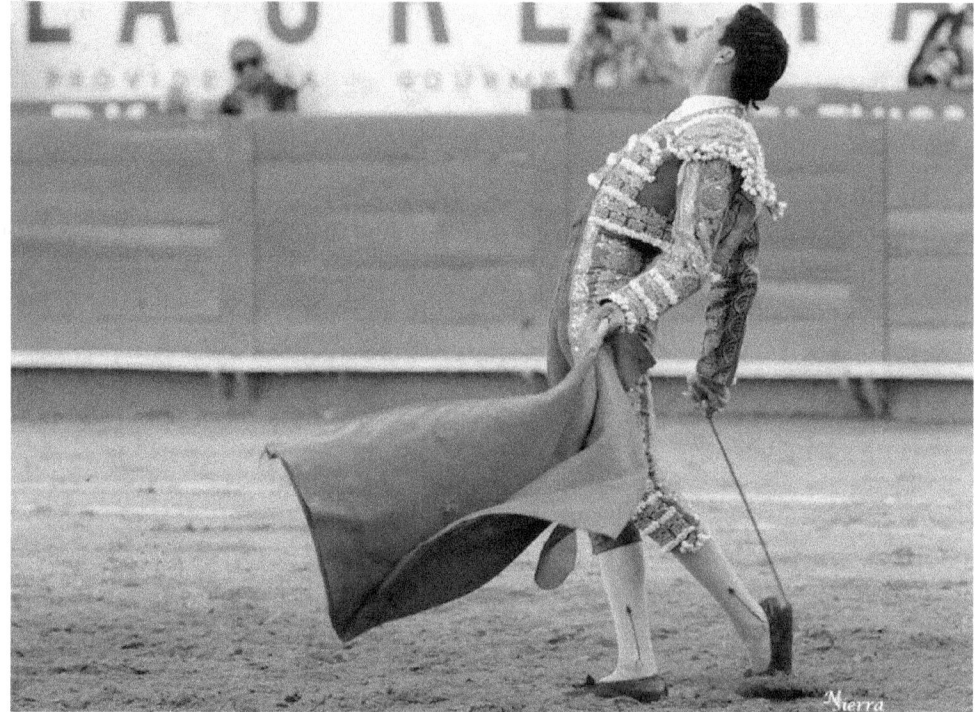

triunfadores. Novillos De Santiago para Carlos Casanueva, ovación y oreja, Diego Sánchez, oreja y ovación, Gerardo Rivera, oreja y ovación.

Domingo, 19 de octubre de 2014.-
Toros de Arroyo Zarco para Juan Pablo Sánchez, ovaciones, Arturo Saldívar, palmas y división, y Diego Silveti, división en ambos. Saldívar regaló uno.

Domingo, 26 de octubre de 2014.
Toros de Begoña para Eulalio López *Zotoluco*, silencio, palmas y silencio, y Joselito Adame, oreja, silencio y oreja, mano a mano. *Zotoluco* regaló.

Domingo, 2 de noviembre de 2014.-
Toros de Los Encinos para Alfredo Ríos *El Conde*, Alejandro Talavante y Octavio García *El Payo*.

Domingo, 9 de noviembre de 2014.-
Toros de San Isidro, 2º arrastre lento, para Fabián Barba, ovación y vuelta, Daniel Luque, dos y rabo y silencio, y Sergio Flores, oreja y silencio. Barba regaló toro.

Feria del Aniversario 48 Guadalajara 2015.

Domingo 8 de febrero de 2015.-
Seis de Monserrat de don Manuel Verduzco para los novilleros triunfadores: Carlos Casanueva, Diego Sánchez y Gerardo Rivera de Tlaxcala.

Domingo 15 de febrero de 2015.-
Daniel Luque y Octavio García *El Payo* con seis toros de don Fernando de la Mora.

Domingo 22 de febrero de 2015.-

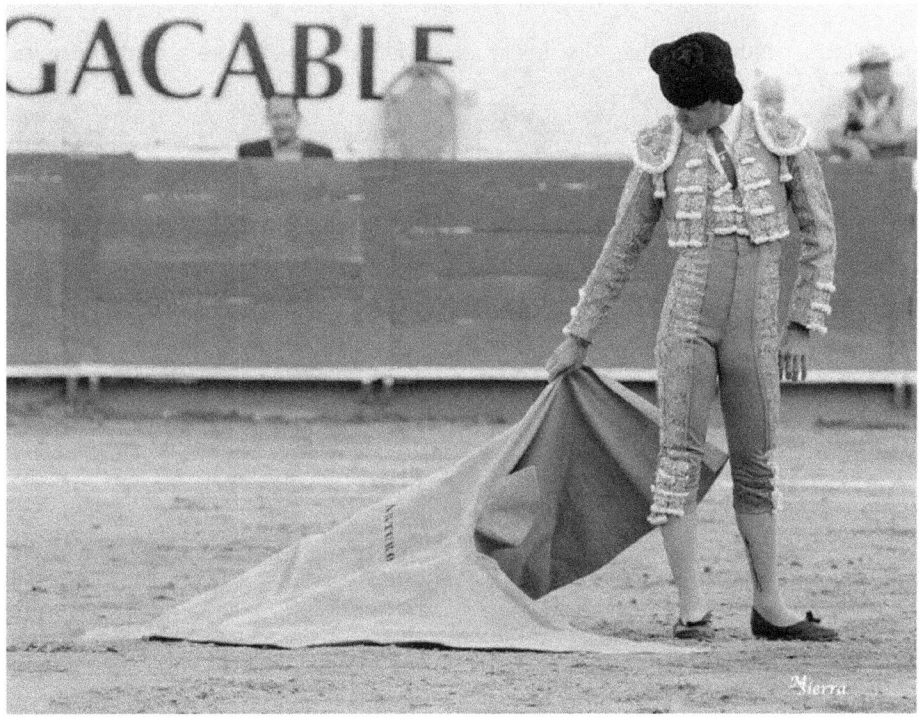

Dos toros de don Fernando de la Mora para el rejoneador navarro Pablo Hermoso de Mendoza y cuatro de San Isidro para Fermín Rivera y Diego Silveti.

Domingo 1 de marzo de 2015.-

Seis de Los Encinos para Alejandro Talavante, Joselito Adame y Juan Pablo Sánchez.

Domingo 8 de marzo de 2015.-

Seis de Barralva para Alfredo Ríos *El Conde*, Arturo Saldivar y Sergio Flores.

Temporada 2015/ 2016

Con novilladas muy puestas, dio inicio el serial al cual ya se acostumbra el

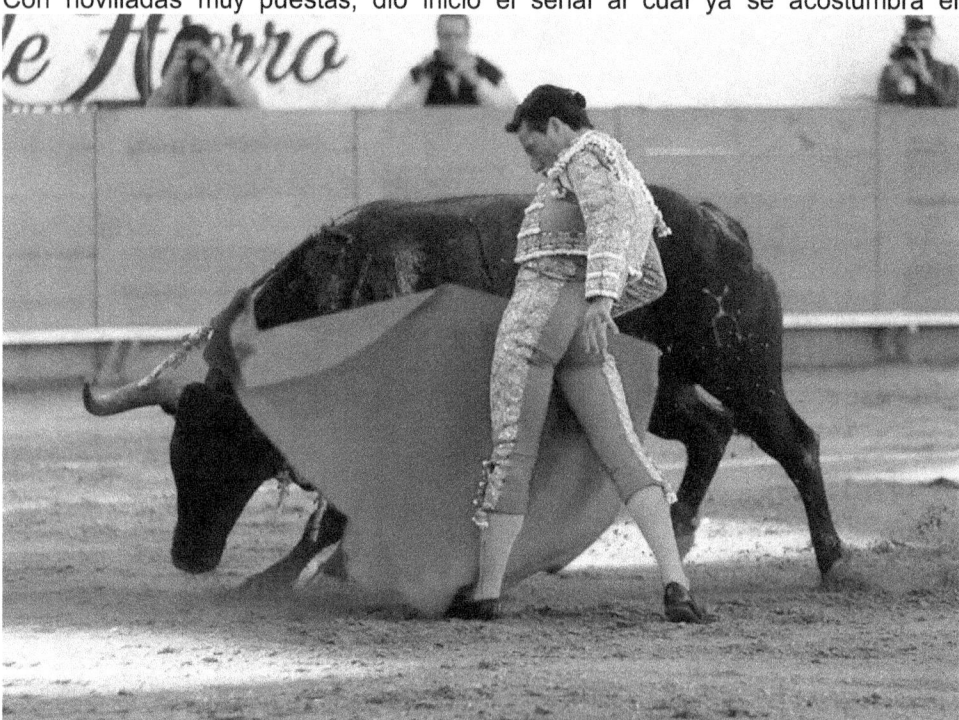

Foto Emilio Méndez. Cultotoro.com

exigente público guadalajarense.

Novilleros triunfadores y hierros en busca de prestigio.

Leo Valadez hidrocálido, como es la moda, fue la novedad. Su inclusión en los carteles postineros ganada a ley dada su racha triunfadora en cosos peninsulares.

José María Pastor, el vástago del legendario y fino esteta Cesar.

Y una pléyade de soñadores de gloria a los cuales se terminó imponiendo la tercia compuesta por Diego Emilio, Rafael Serna y por supuesto Leo Valadez.

Ya en la parte que corresponde a la tradicional feria de octubre, como ya es costumbre, el gerente Sahagún, anunció diestros que de antemano él sabe que no cumplirán su propósito, esta vez fue la sensación hispana López Simón quien fue substituido por el sevillano, Daniel Luque. Antes se había suspendido a causa del mal tiempo la corrida inaugural estelarizada por el propio Luque. Eso sí, la empresa de apoderamiento representada por Pablo Moreno, se hizo con dos carteles y así, la afición de Guadalajara pudo disfrutar del arrojo del novel peruano, Roca Rey, quien se ha dedicado a triunfar una vez sí y otra también.

La última del serial fue patrocinada por Casa Toreros y se incluyó al tapatío Oliver Godoy a quien apodera conocidos restauranteros.

Para la llamada Feria del aniversario, en esta ocasión el número 49, se programaron a los toreros de cajón favoritos de la empresa, Pablo Hermoso que ya es parte del elenco de casa, José Antonio *Morante de la Puebla* quien por sí solo, no consigue atraer la atención de la gente a pesar de su arte quintaesenciado y el torero toda entrega Alfredo Ríos *El Conde*.

De nueva cuenta la sensación del momento el peruano Roca Rey, el hispano Daniel Luque, ahora con toros escogidos de Bernaldo de Quiroz, *Joselito Adame*, diestro todo profesionalismo, quien se encarga en la actualidad de portar la estafeta de la torería mexicana, Talavante diestro también ya, indispensable en la confección de los carteles y un atractivo extra, el extraordinario diestro peninsular Diego Urdiales, triunfador de España y de México todo honradez y verdad.

Durante la primera de la llamada feria del aniversario, recordé a García Lorca y su célebre disertación Teoría y Juego del duende. Dice explicando a sus contertulios: Manuel Torre, gran artista del pueblo andaluz, decía a uno que cantaba: "Tú tienes voz, tú sabes los estilos, pero no triunfaras nunca, porque tú no tienes duende". En esa corrida *El Conde* indultó a un séptimo de regalo aunque la exquisitez del toreo, la hizo José Antonio *Morante de La Puebla*. Morante si posee duende.

Mientras, algunos "conocedores" en el tendido, machacaban, durante el festejo del día 28 de febrero, refiriéndose a la torera labor de Diego Urdiales, "No intentó nada" La verdad es que Urdiales, encontró un bovino, al que nada se le podía hacer, manso peligroso que sólo tiró gañafonazos, el que anduvo desconfiado desde el inicio, fue Fermín Rivera quien sustituyó a El Payo, cuando se armó de confianza, bordó una meritoria faena, la misma que le valió llevarse una oreja a su rancho de Ojuelos.

Domingo 16 de agosto de 2015.-
Novillada inaugural.
Antonio Mendoza, Diego Sánchez y José María Pastor con seis novillos toros de don Claudio Huerta.
Domingo 23 de agosto.-
Seis de Guadiana para los coletas Mirafuentes de Anda, El triunfador de la primera novillada Diego Emilio y el sevillano Rafael Serna.
Domingo 30 de agosto de 2015.-
Seis de La Antigua de don Jorge de Haro. Para el aguascalentense Jorge Salvatierra, la presentación de Leo Valadez y el triunfador de Jerez Ignacio Bonmati
Domingo seis de septiembre de 2015.-
Seis de Pablo Moreno para los lidiadores: Nicolás Gutiérrez, Leo Valadez y la presentación del coleta secillano Rafael Serna.
Domingo 13 de septiembre de 2015.-
Cinco novillos de Cuatro Caminos y uno de San Francisco de Asís de don Francisco Gutiérrez para: el novillero zacatecano Ángel Espinoza *Platerito*, terno

Lila y plata, silencio tras dos avisos y ovación la presentación de André Lagravere *El Galo,* Vino y oro salida al tercio y silencio y el triunfador hispano Rafael Serna, Sangre de toro y oro, aplausos y oreja.

27 de septiembre de 2015.-

Novillada de triunfadores. Diego Emilio, Rafael Serna y Leo Valadez con seis novillos toros de El Vergel.

25 de octubre de 2015.-

Se anunciaron seis de Celia Barbabosa pero, coincidió esa fecha con la llegada del huracán Patricia lo que propició se suspendiera el festejo en previsión de un posible mal tiempo. Los diestros programados fueron: Daniel Luque, Juan Pablo Sánchez y Sergio Flores.

1 de noviembre de 2015.-

Toros de Villa Carmela, para los matadores de toros: Arturo Saldivar, Diego Silveti y López Simón quien no pudo cumplir con su compromiso siendo substituido por Daniel Luque quien aprovechó su estancia en México.

Domingo 8 de noviembre de 2015.-

Arturo Macías, Alejandro Talavante y Joselito Adame, con cornudos de San Isidro.

El que puso el cascabel al gato, fue Macías quien es todo corazón y entrega.

Domingo 15 de noviembre de 2015.-

Seis de La Estancia para Eulalio López *Zotoluco,* Octavio García *El Payo* y la revelación peruana Andrés Roca Rey quien no defraudó las expectativas de la exigente afición consiguiendo triunfar ampliamente ante unos alternantes disminuidos.

Domingo 22 de noviembre de 2015.-

Seis de Real de Saltillo para los jóvenes diestros Oliver Godoy, Ricardo Fraustro y Gerardo Adame.

Todo quedó en un esperado arrimón que escenificaron los hidrocálidos triunfando por ello.

Feria de la Fundación. Aniversario 49 de la plaza de toros Nuevo Progreso.

14 de febrero de 2016.-

Seis de Fernando de la Mora para Pablo Hermosos de Mendoza, José Antonio *Morante de La Puebla* y Alfredo Ríos *El Conde*. *El Conde* indultó a un séptimo de regalo, el toreo de verdad, lo hizo Morante. Pablo Hermoso en pablo Hermoso.

21 de febrero de 2016.-

Astados de Jaral de Peñas para los diestros Ignacio Garibay, Alejandro Talavante y Andrés Roca Rey. La ineptitud del juez de plaza quien no entiende nada del tema, dio al traste con las aspiraciones de los coletas y ganadero, recibiendo Arnulfo sendas mentadas de madre de parte de la asamblea. Roca Rey se fue a su casa llevándose una oreja de cada uno de sus oponentes. mientras que Alejandro Talavante cosechó igual número de apéndices.

28 de febrero de 2016.-

Seis de la casa, tres San Miguel de Mimiahuapam y tres de Begoña para los coletas: Diego Urdiales, *Joselito Adame* y Octavio García *El Payo*.

El Payo fue sustituido por Fermín Rivera quien a la postre resultó el triunfador del festejo al cortar un apéndice.

6 de marzo de 2016.-

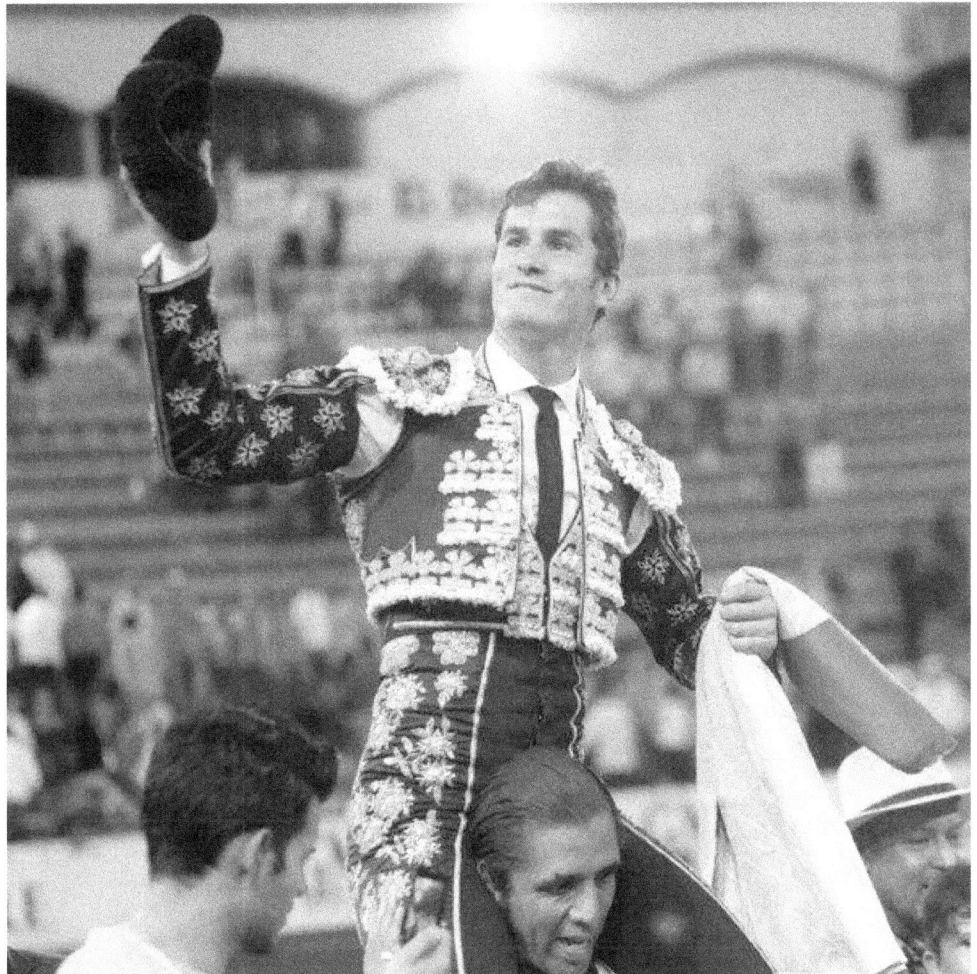

Foto. https://elsemanario.com/126032/enluquecio/

Seis de Bernaldo de Quiroz para Arturo Macías, Daniel Luque y Sergio Flores. Y, fueron siete, ya que, El Cejas obsequió uno que le propició tremendo golpe al ir a recibirlo a la puerta de chiqueros. Si el triunfo se mide por apéndices cortados, no hubo nada para nadie, si se mide por el arte que se posee, entonces Luque ha abierto el frasco de las fragancias, al torear de capa como solamente él sabe hacerlo. Flores no acaba de acomodarse y de hacer berrinches cada que falla con la toledana.

13 de marzo de 2016.-

Seis de Los Encinos para los de a pie, Juan Pablo Sánchez, Diego Silveti y Fermín *Espinosa Armillita IV*

Temporada 2016/2017

Ya es octubre y no fue sino hasta el último domingo cuando inició, la esperada temporada correspondiente a la feria tradicional de octubre.

Los carteles se dieron a conocer llevando como novedad, la inclusión de diestros hispanos, triunfadores en España.

Jinés Marín, Miguel Ángel Perera quien se ha recuperado del terrible percance sufrido en su país el año anterior, Paco Ureña diestro todo valor y pundonor quien antes, había hecho campaña en México sin redondear una actuación y la sensación peruana, ídolo de Guadalajara Andrés Roca Rey quien finalmente reapareció después del grave percance sufrido en la península española.

Los de casa encabezaron la lista con el veterano torero de Azcapotzalco, Eulalio López El *Zotoluco,* quien finalmente realizó una larga campaña de despedida, Arturo Saldivar, Juan Pablo Sánchez el nuevo rey del temple, Fermín Rivera, el renacido diestro Ignacio Garibay, Octavio García *El Payo* y la figura de México Joselito Adame, poseedor de envidiable trayectoria en cosos españoles. Y, todo quedó servido para esperar la feria de la Fundación en febrero de 2017 que celebraría el aniversario 50 de la inauguración en 1967 de la entonces plaza de toros Monumental de Jalisco, ahora Nuevo Progreso.

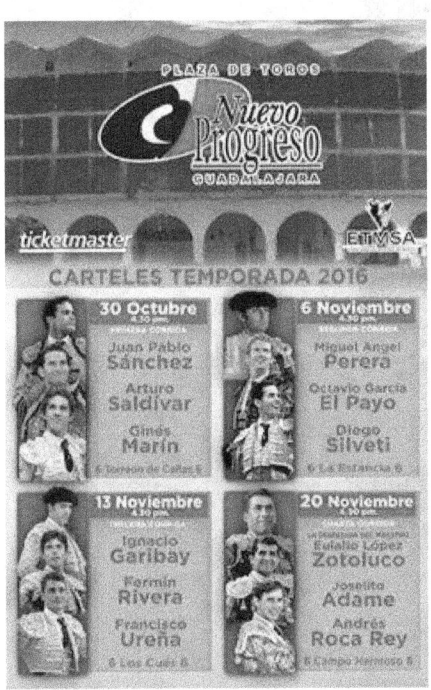

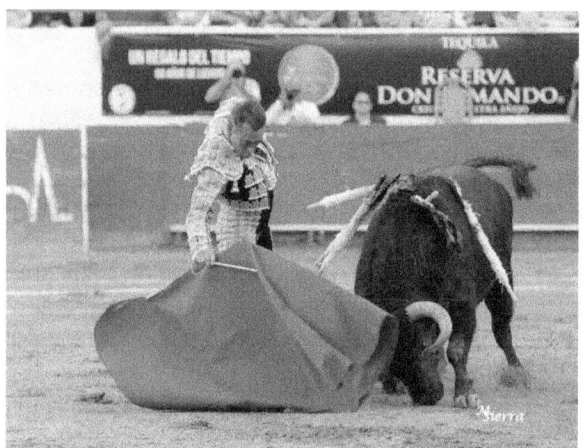

Eulalio López *El Zotoluco* Foto [Guillermo Sierra].

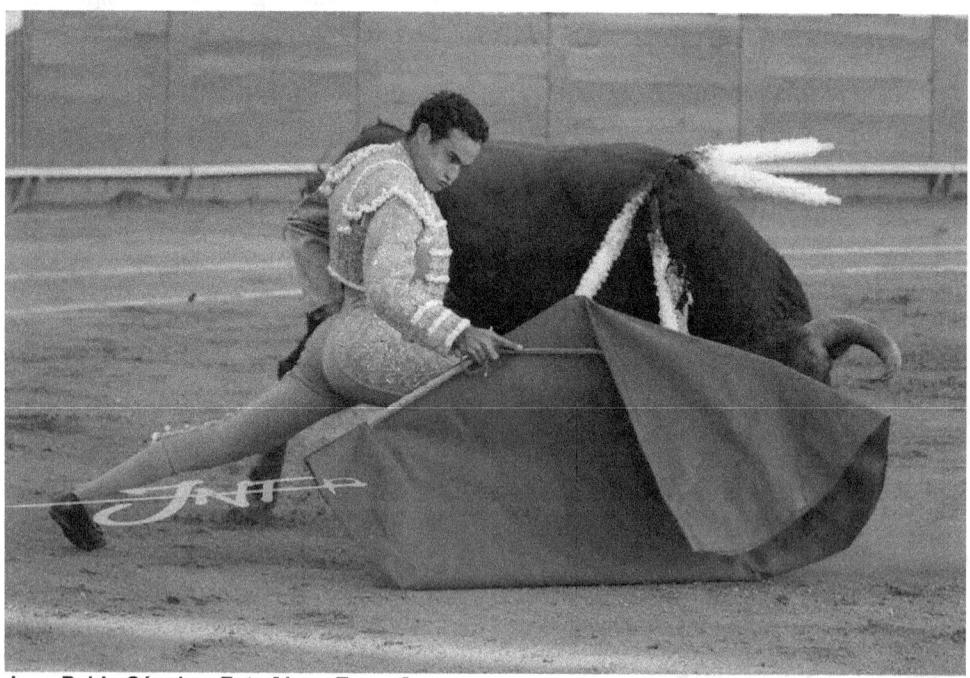

Juan Pablo Sánchez Foto [Juan Torres].

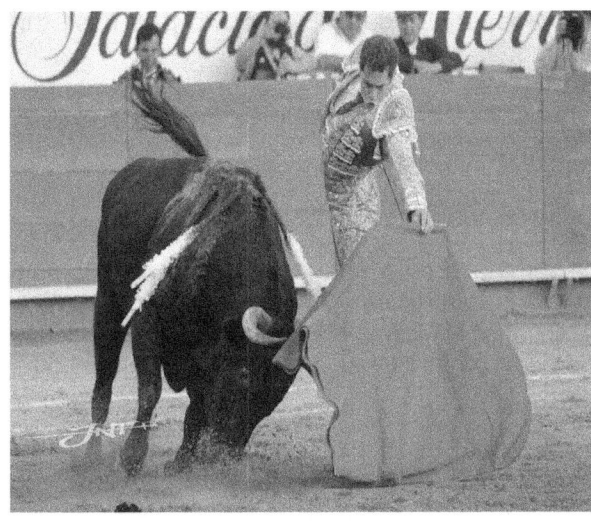

Arturo Saldivar Foto [Juan Torres].

Domingo 4 de septiembre de 2016.-

Seis de La Muralla de Querétaro propiedad del ganadero Enrique Fernández Pérez para los novilleros: Carlos Casanueva, Pablo Vité, Joel Delgado *El Panita*, Juan Pablo Herrera, Sergio Garza y Raudel García.

Domingo 11 de septiembre de 2016.-

Seis astados del hierro de Maravillas para los jaliscienses: Arturo de Alba, Román Martínez y Alejandro Fernández quien se fue a la

enfermería con la clavícula rota después de sufrir un fuerte achuchón al intentar torear de capa a su

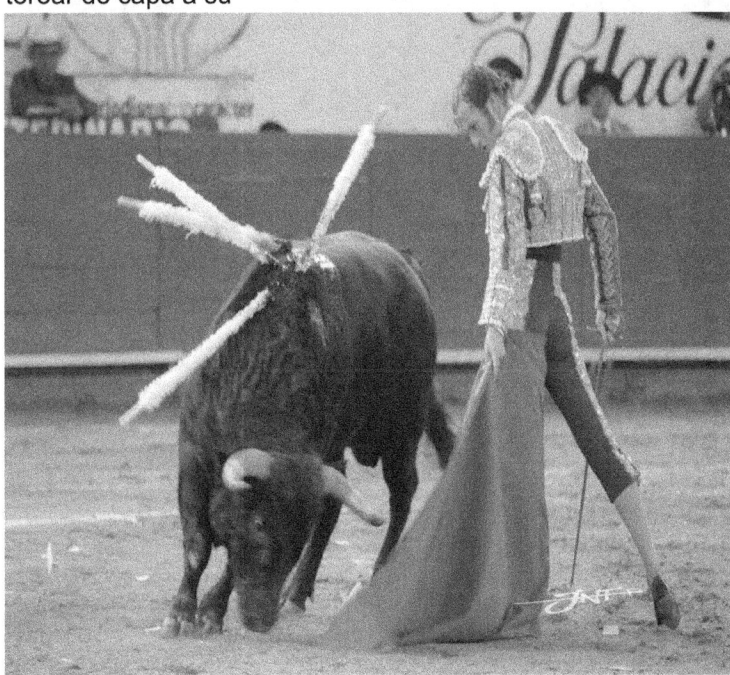

Octavio García El Payo   Foto [Juan Torres].

primero. Quien puso la emoción fue el joven torero de Yahualica Román Martínez todo entrega y afición. Tiene al público de Guadalajara en un puño. De Alba se fue a la enfermería con un *cate* en el muslo recibido en el suelo al ser volteado de fea forma después de ejecutar la suerte suprema.

Domingo 18 de septiembre de 2016.-

Seis de Guadiana para los novilleros: Nicolás Gutiérrez, Paco Miramontes y *José María Pastor*. Sin duda, Pastor tiene las cualidades necesarias para destacar entre las filas de los matadores mexicanos.

Domingo 25 de septiembre de 2016.-

Seis de El Vergel para Gerardo Rivera, José María Hermosillo y Miguel Ángel Pacheco-

Domingo 2 de octubre de 2016.-

Seis de De Haro para Diego Emilio, Javier Castro y Héctor Gabriel.

Domingo 9 de octubre de 2016.-

Seis del hierro potosino de Espíritu Santo para los triunfadores Román Martínez, José María Hermosillo de Aguascalientes y el tlaxcalteca de Apizaco, Gerardo Rivera. El triunfador se llevaría el trofeo Manuel Capetillo, obra del escultor Santiago Flores. El jurado decidió galardonar a Hermosillo quien mostró lo más torero y sólido de esa tarde.

Domingo 30 de octubre de 2016.-

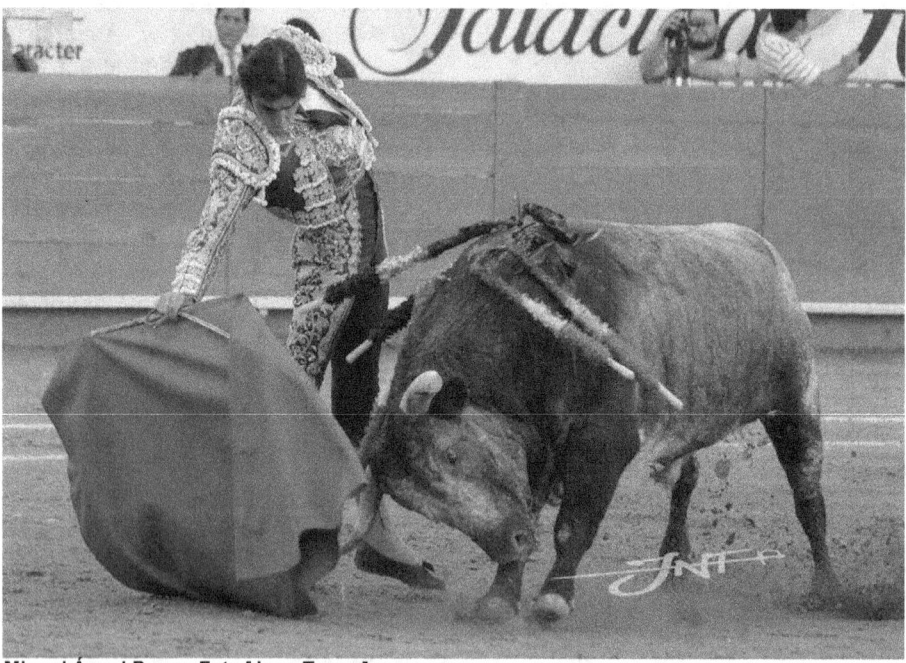

Miguel Ángel Perera Foto [Juan Torres].

Cornúpetas de Torreón de Cañas para Juan Pablo Sánchez quien se ha consolidado como un esteta no carente de valor y un temple quintaesenciado.

Realizó un gran faena a su segundo, cuarto en el orden, un toro muy bien presentado de gran clase y bravura. Mató de estocada defectuosa y lamentablemente sólo se llevó a casa la oreja de su primero.

Arturo Saldivar torero de Aguascalientes salió a dar la pelea, sin conseguir bordar a sus astados.

Se presentó Ginés Marín diestro triunfador de Madrid y ostentó gran soberbia a la hora de ceñirse el capote de paseo.

Su primero fue protestado por el cónclave debido a su escaso trapío, pero en Guadalajara, la voluntad popular no se respeta y lo realizado por Marín pasó desapercibido y reprochado por una afición exigente y acostumbrada a ver toros con edad y trapío.

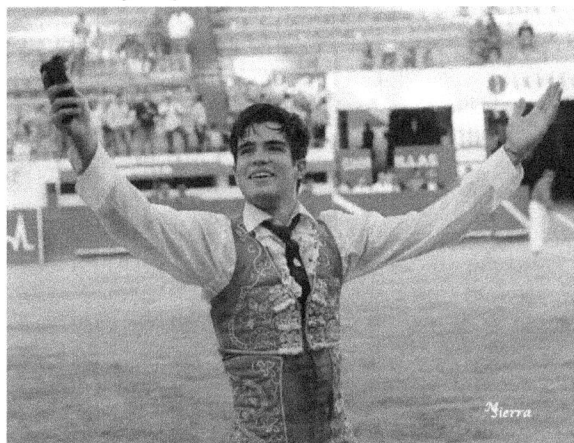

Domingo 6 de Noviembre de 2016.-

Toros de La Estancia para el extremeño Miguel Ángel Perera quien pechó con lo menos lidiable del encierro parchado de esa tarde tocándole en suerte uno de La Estancia que presentó dificultades y otro de San Isidro que se fue inédito al destazadero, fue grata su actuación ya que Perera es dueño de una

Román Martínez Foto [Guillermo Sierra].

gran personalidad y oficio producto de largas y triunfantes gestas en su país.

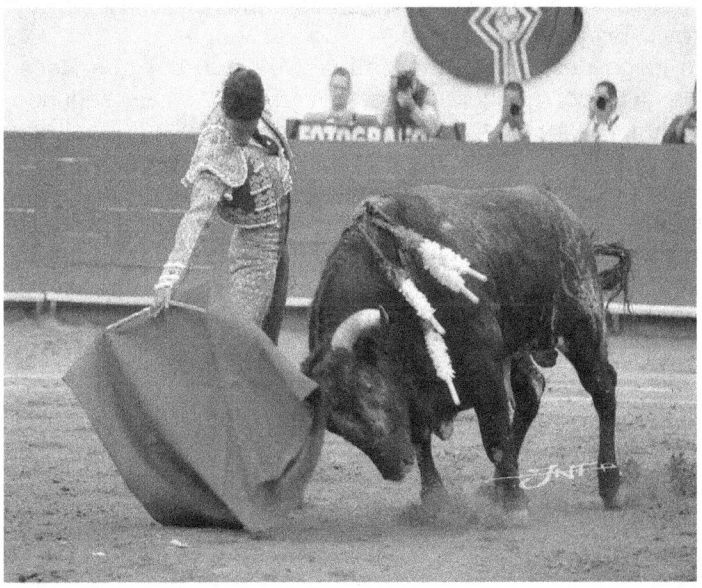

El caso de Diego Silveti es único. Goza del favor del público tal vez por la fuerte huella del recuerdo de David su padre.

No termina por hacerse de los toros y esos si, esa tarde salió como siempre armado de un valor a toda prueba, casi temerario.

Octavio García *El Payo*. Se hizo del quinto de la tarde y del público de Guadalajara. *El Payo* ha estado atravesando por un gran momento y esa perseverancia lo ha colocado como uno de los toreros mexicanos más importantes del momento.

Domingo 13 de Noviembre de 2016.- CANCELADA POR LLUVIA.

Domingo 20 de Noviembre de 2016.-

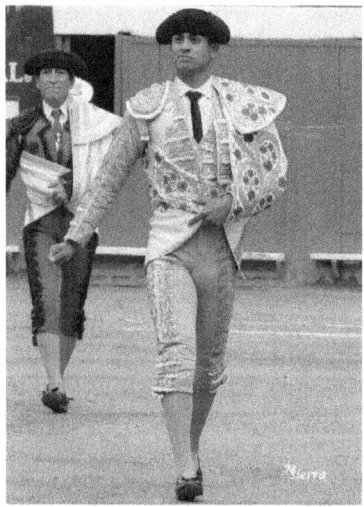

Parchado encierro. Tres de Campo Hermoso, dos de La Estancia y uno de Villa Carmela. Al final fueron los sobreros de Villa Carmela los que dieron mejor juego.

Eulalio López El Zotoluco. Quien se despidió de Guadalajara en plenitud de facultades y sapiencia. Ha bordado a un bravo de encaste español y de difícil conducta de la dehesa de Campo Hermoso, en su segundo, cuarto en el orden de la lidia, escuchó las nostálgicas golondrinas. Todo un profesional, estando siempre al tanto de la lidia y del auxilio de sus alternantes.

Joselito Adame, es un joven maestro, después de una larga brega por

Gerardo Rivera Foto [Guillermo Sierra].

ruedos del mundo, imponiéndose a múltiples obstáculos y percances.

Hace ya, el toreo bueno sin efecto y bordó a su primero y al de regalo que fue de Villa Carmela. Le fue devuelto su segundo debido a que se lastimó una pata.

Pero lo esperado por todos, era la actuación del peruano Andrés Roca Rey quien pisa terrenos inverosímiles y de gran riesgo.

Su primero dio un juego desigual lo que no fue pretexto para que Roca, realizara un espectacular quite por gaoneras y caleserinas. Ya en su segundo volvió a poner al público de pie con la capa, sin percatarse del peligro mostrado por su enemigo al rajarse visiblemente por el lado derecho. Ya con la pañosa, intentó realizar desde el centro del albero, un cambiado por la espalda, clásico en su repertorio, pero, al regatear el burel su embestida, fue Roca Rey hacia su socio llevándose espectacular revolcón sin consecuencias y escuchando el grito de ¡Torero! ¡Torero!

Mató de pinchazo y entera desprendida, lo que le valió llevarse benévola oreja del juez Arnulfo.

Y así culminaron 49 años de historia de una plaza de toros, la que junto a

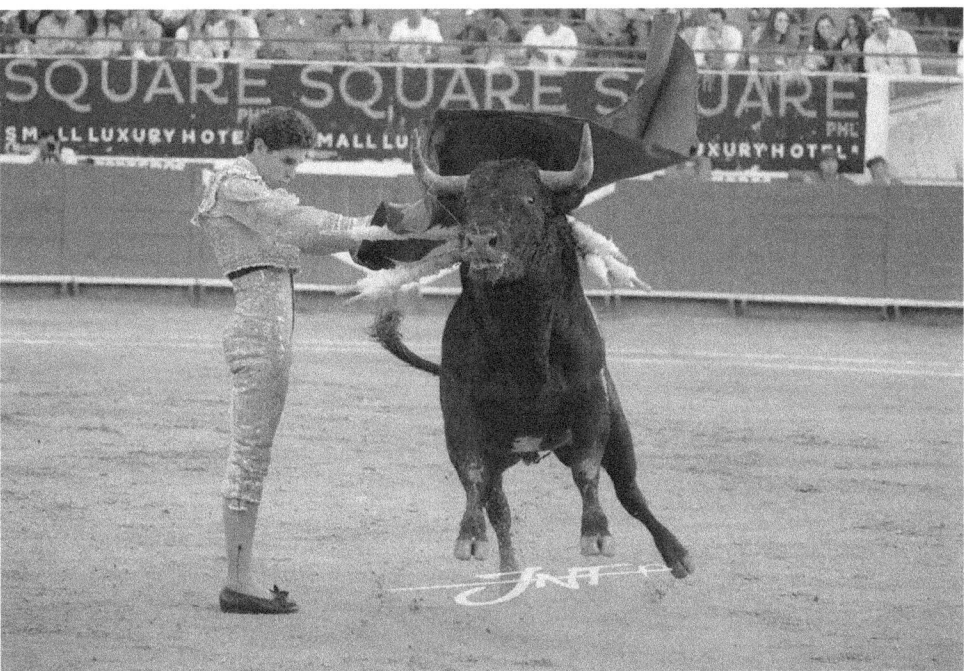

Ginés Marín Foto [Juan Torres].

Guadalajara, ha sido testigo de muchas historias y el paso de muchos personajes.

Ya en febrero de 2017, se llevaron a cabo los festejos para conmemorar el cincuentenario. De manera discreta, sin hacer ni darle la relevancia al suceso. O, muy modesta.

Cuatro carteles de los que uno, hubo de suspenderse a causa de la lluvia.

El día 14 de febrero, sábado, abrieron los encargados del servicio de plaza, la puerta de cuadrillas para que aparecieran por ahí, José Antonio *Morante de La Puebla*, Andrés Roca Rey y el novel mexicano Luís David Adame, quien estuvo a la altura de las circunstancias, no así *Morante* quien no encontró toros a modo y la gente se metió fuerte con él, los de Teófilo Gómez, no permitieron el lucimiento de los diestros quienes no se empeñaron en buscarlo, Roca Rey tenía prisa por salir rumbo al aeropuerto, para no perder la conexión que le llevaría a su país y torear al día siguiente.

Participó antes, en el cartel inaugural, el diestro peninsular, Miguel Ángel Perera, siempre a la altura de las circunstancias y de la falta de embestida de sus discípulos los de Mimiahuapam. Ignacio Garibay y Diego Silveti. completaron la terna. Con Pablo Hermoso de Mendoza alternaron el día 26 de febrero y bureles de Los Encinos, los de a pie: Joselito Adame Y *El Payo*.

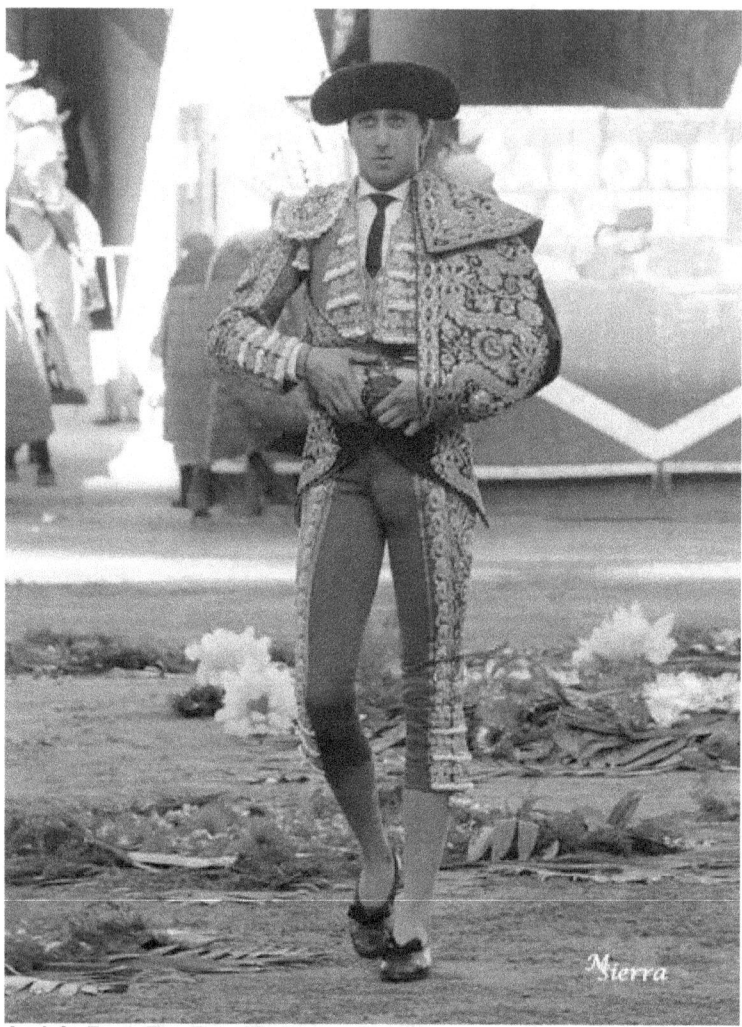

Andrés Roca Rey Foto [Guillermo Sierra].

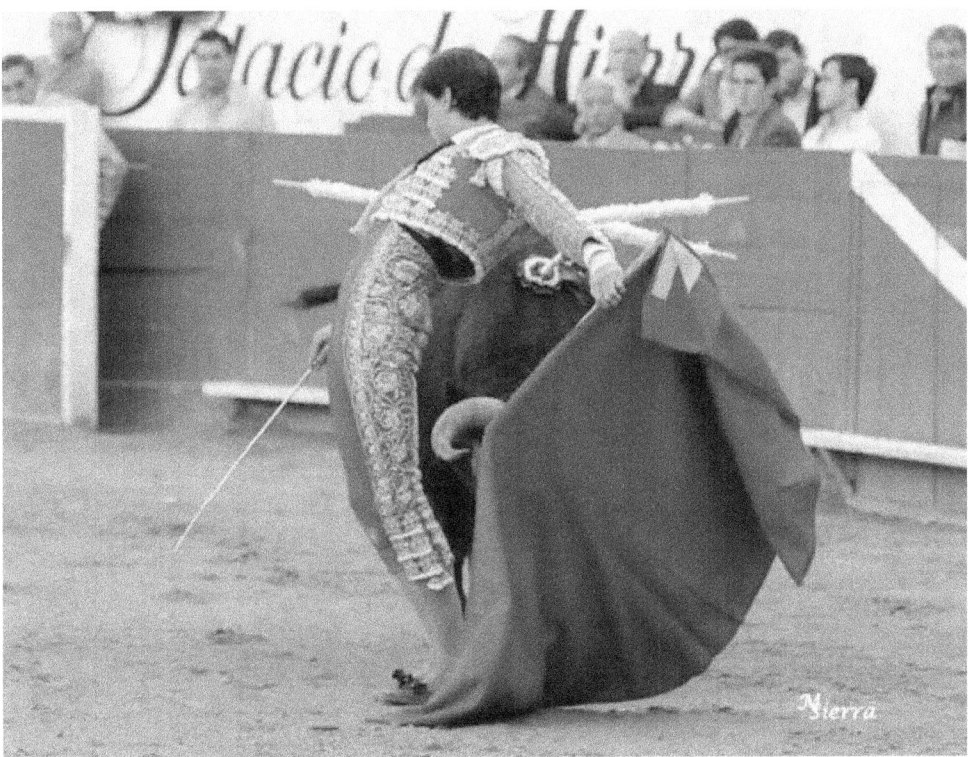

Andrés Roca Rey Foto [Guillermo Sierra].

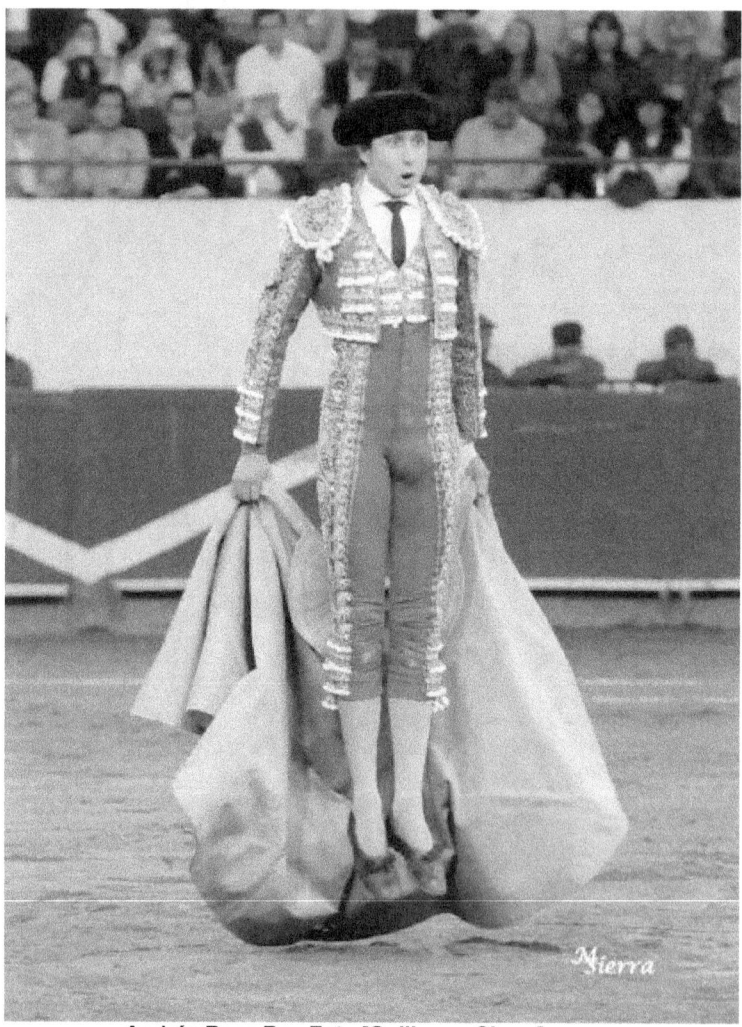

Andrés Roca Rey Foto [Guillermo Sierra].

DICCIONARIO DE MATADORES

Nota importante. Se consignan los nombres de los matadores de toros de alternativa que actuaron o han actuado en la plaza

Monumental de Jalisco y Nuevo Progreso de Guadalajara como tales

A

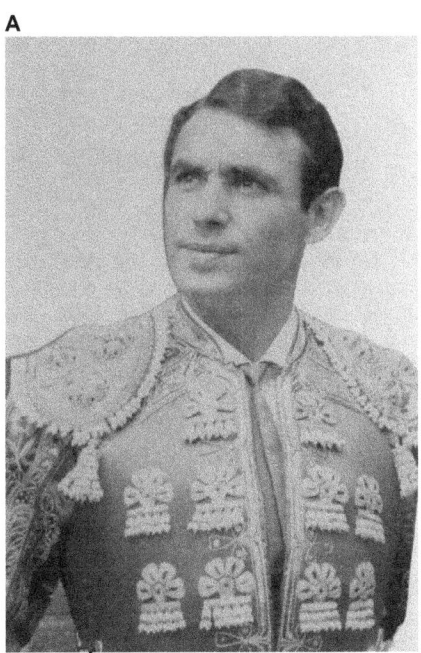

Adolfo Ávila Ramírez. *El Paquiro*.-
        Nació en Chiclana de la Frontera, Cádiz, el 27 de octubre de 1941. Debutó de luces en San Fernando,
Cádiz, el 7 de agosto de 1961. Encontró fuerte oposición familiar, para ser torero aunque, un tío suyo de nombre Antonio Ávila *El Chiclanero* (novillero), lo apoyó.

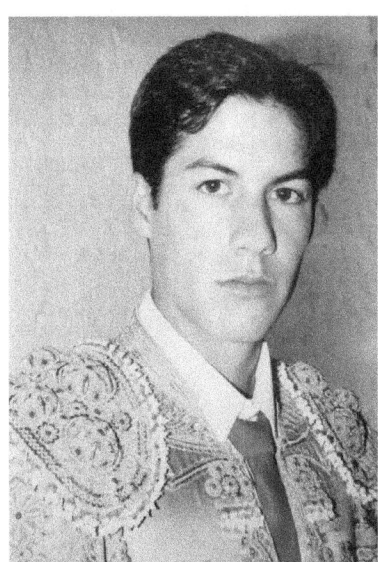

Aldo Orozco.-
        Nació en Guadalajara, Jalisco el 25 de agosto de 1983. Hijo del novillero *Pepe Orozco* y hermano del matador del mismo nombre apodado *El Jalisco*. Recibió la alternativa en Chihuahua, la tarde del 15 de mayo de 2005. Llevando como Padrino a Jorge Gutiérrez y testigo a Juan Carlos Cubas con toros de Santo Domingo. Confirmó en la Plaza México de manos de Fernando Ochoa y Ricardo Rosas con el toro "Rancherito" N° 247 y 550 kilos de la dehesa de La Joya. La fecha fue el 28 de mayo de 2006.

manos de Julián López *El Juli* e Ignacio
Garibay el 4 de febrero del 2001 con toros de
don Fernando de la Mora.

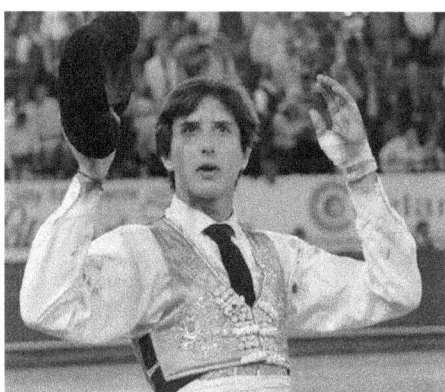

Andrés Roca Rey.- Foto Juan Torres.
Torero peruano nacido en Lima.
Tomó con éxito la alternativa en la plaza de
Nimes en Francia de manos de Enrique
Ponce y como testigo Juan Bautista con un
toro de Victoriano del Río.

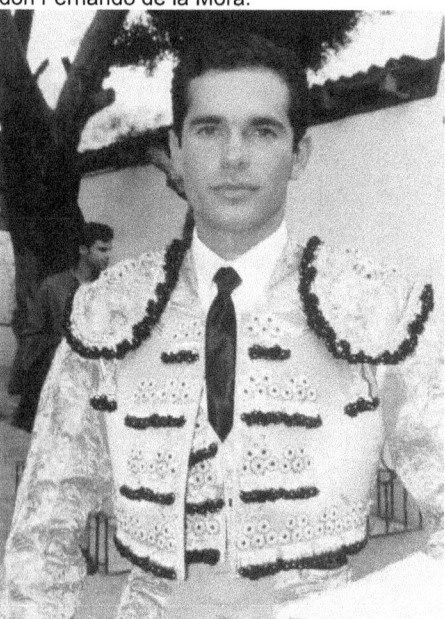

Alejandro Amaya.-
Nació el 2 de agosto de 1977 en
Tijuana, México. Tomó la alternativa en Jaén,
España el día 18 de octubre de 2001. Su
padrino fue Enrique Ponce con reses de
Jandilla y llevando de testigo a *El Juli*.

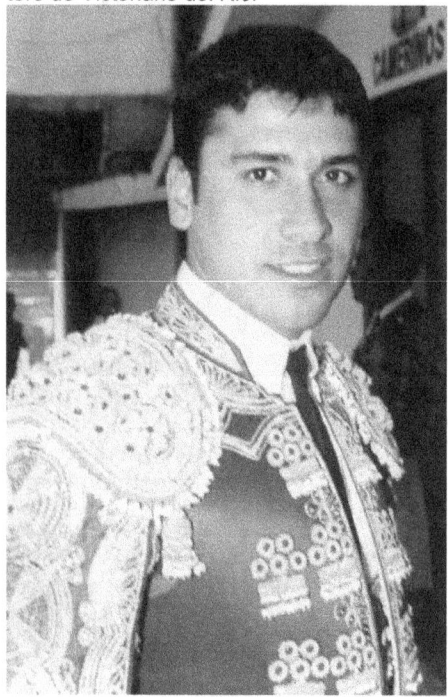

Alberto Espinoza Pérez *El Cuate*.-
Nació en Cadereyta, Nuevo león, el
19 de febrero de 1976 y recibió la alternativa
en El Nuevo Progreso de Guadalajara, de

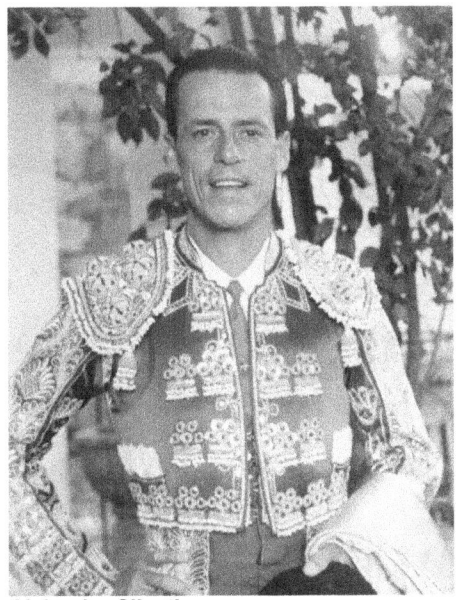

Alejandro Silveti.-
        Nació en la ciudad de México, el 27 de diciembre de 1956. Recibió la alternativa, de manos de David Silveti y Miguel Espinosa como testigo, con el toro "Gran Dinastía" de Begoña, el 21 de marzo de 1988. Confirmó en México, de manos de Manolo Martínez y *Niño de la Capea* el 10 de diciembre de 1989 con toros de Javier Garfias. Y en Madrid, el 14 de mayo de 1994, con el toro "Pastelero" de Peñajara, siendo padrino, David Luguillano y testigo Miguel Rodríguez.

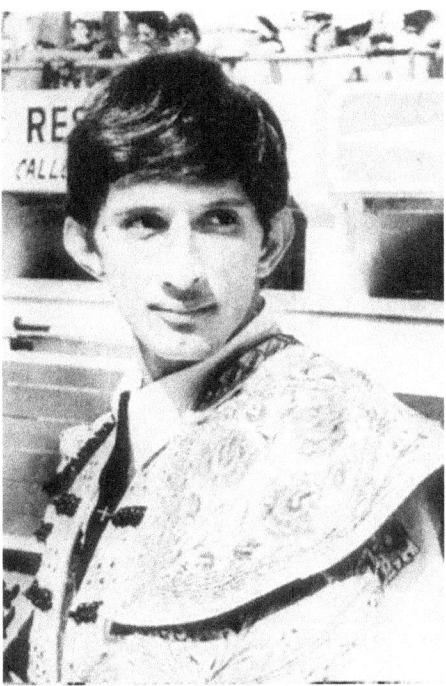

Alfonso Hernández *El Algabeño.-*
        Nació en Guadalajara el 22 de diciembre de 1959 y tomó la alternativa en San Luis Potosí el 9 de diciembre de 1979 de manos de *Curro Rivera* y Miguel Espinosa como testigo lidiando toros de Santacilia.

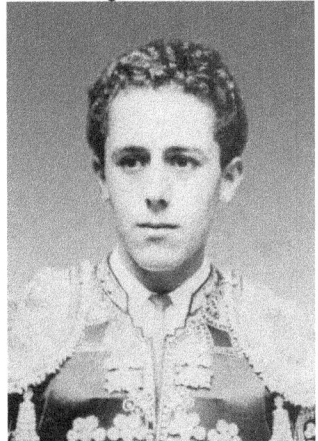

Alfonso Ramírez *Caleserito.-*
        Hijo del matador del mismo nombre y nacido en Aguascalientes. Recibió la alternativa de manos de Manuel Capetillo y de testigo Andrés Hernando con un toro de

don Reyes Huerta que fue devuelto a los corrales al sonar los tres avisos.

del toro de la ceremonia. Lució ese día un terno esmeralda y oro.

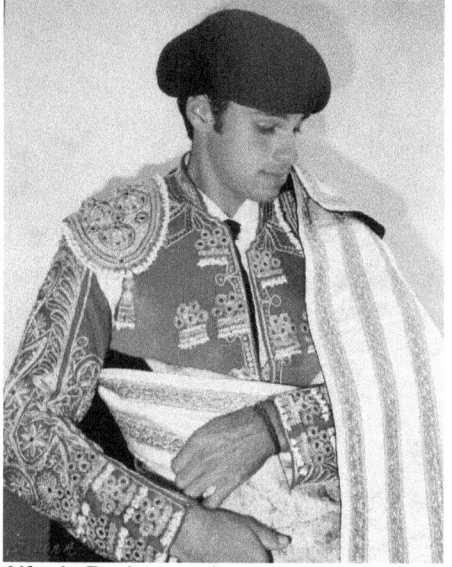

Alfredo Ferrigno.-
Tomó la alternativa en Monterrey Nuevo León de manos de *Manolo Martínez* el 3 de agosto de 1986.

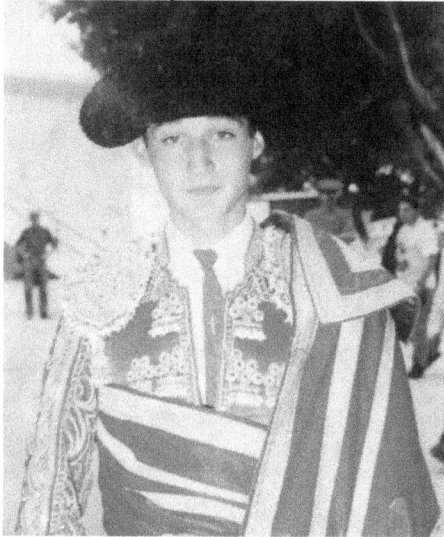

Alfredo Gutiérrez .-
Nació en la ciudad de México el 8 de septiembre de 1978 y tomó la alternativa de manos de Jorge Gutiérrez y llevando como testigo a Enrique Ponce en la Monumental de México el 30 de noviembre de 1997.

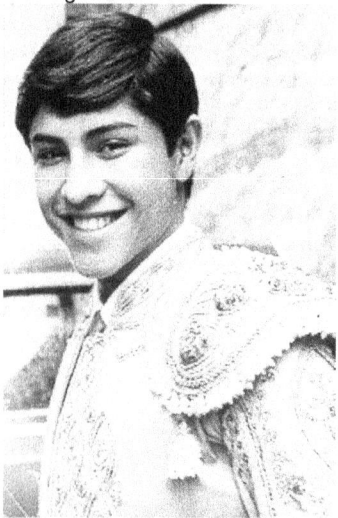

Alfredo Gómez *El Brillante*.-
Nació en México, D.F. el 4 de abril de 1959.
Tomó la alternativa el 31 de marzo de 1979 en Pachuca, Hidalgo, de manos de *Manolo Martínez* y de testigo Cruz Flores con un encierro de Santiago, cortando un auricular

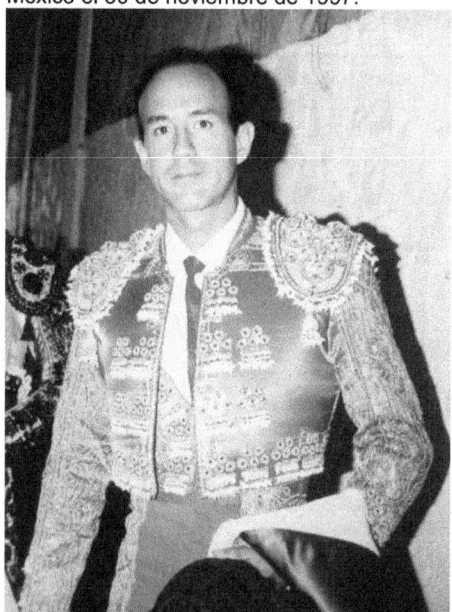

Alfredo Lomelí Lions.-
Nació en Guadalajara, Jalisco el 9 de enero de 1969. Tomó la alternativa de manos

de Eloy Cavazos y Alejandro Silveti el 15 de julio de 1990 en Ciudad Juárez, Chihuahua con un toro de Santoyo.

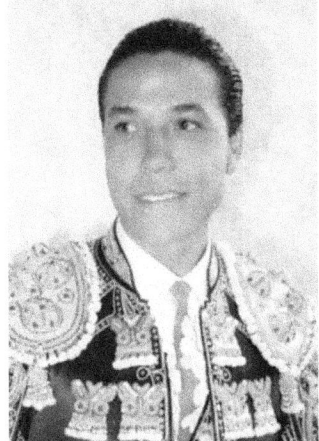

Alfredo Ríos Delgado *El Conde* .-
Se doctoró en Pachuca, Hidalgo el 9 de octubre de 1993 siendo su padrino *El Niño de la Capea* y testigo David Silveti los toros fueron de Huichapan. *El Conde* nació en Guadalajara el 23 de diciembre de 1974.

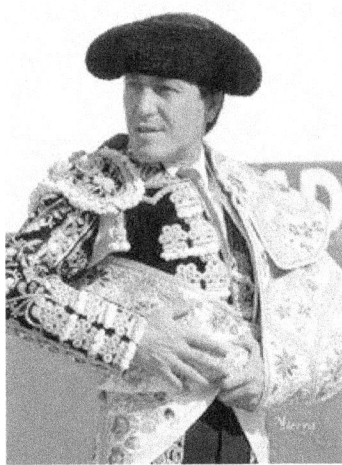

Antonio Barrera.-
Nació en Sevilla, España, el 9 de febrero de 1976. Recibió la alternativa, de manos de "El Cordobés" y Javier Conde en Avila, España. El 11 de julio de 1999.

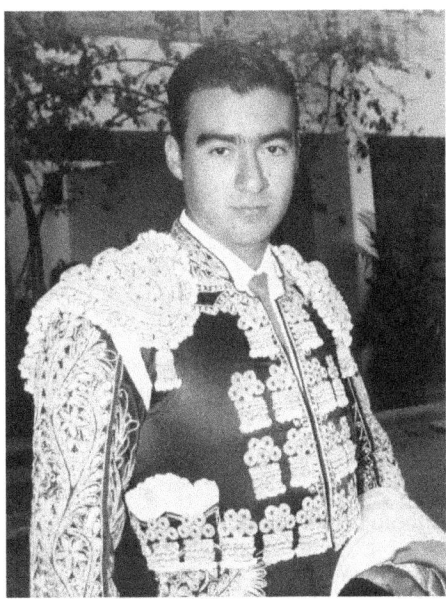

Antonio Bricio del Toro.-
Nació en León, Guanajuato, el día 28 de febrero de 1979 y el 10 de diciembre de 2000, recibió la alternativa, en la plaza Nuevo Progreso de Guadalajara, de manos de Eloy Cavazos y Enrique Ponce como testigo. El toro de la ceremonia se llamó "Trovador" que fue sustituto de "Media Luna" dañado al salir de chiqueros.

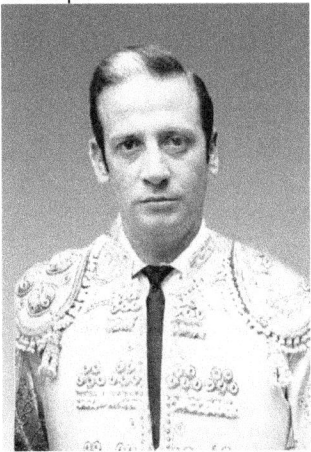

Antonio Chenel Abadejo *Antoñete*.-
Nació en Madrid, España, el 24 de junio de 1934. Recibió la alternativa, de manos de Julio Aparicio y Pedro Martínez *Pedrés* con toros de don Francisco la Chica,

el 8 de marzo de 1953 en Castellón de la
Plana, España.

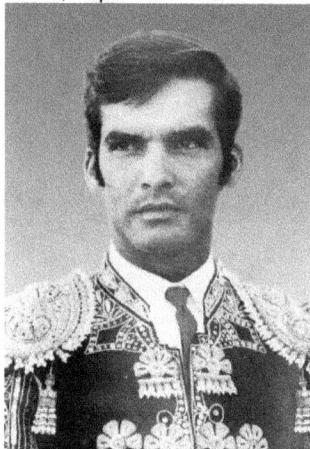

Antonio Lomelin Migoni.-
     Nació en Acapulco, Guerrero, el 13
de junio de 1946 y recibió la alternativa, de
manos de Manuel Capetillo y *Joselito Huerta*
el 20 de noviembre de 1967 en Irapuato,
Guanajuato con el toro "Tupinamba" de
Rancho Seco.

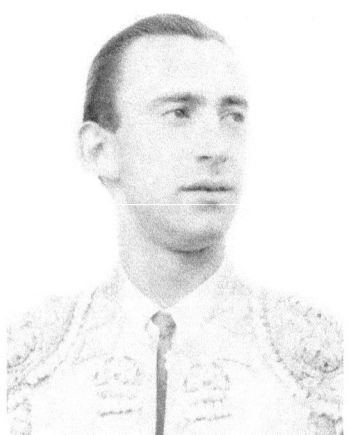

Antonio Olivar López *Antonio del Olivar.-*
     Nació en Mérida, Yucatán el 20 de
octubre de 1935 y se doctoró el 12 de
octubre de 1955 en Madrid, España de
manos de Luis Parra *Parrita* y Alfonso Merino
con un toro de Tomás Prieto de la Cal.

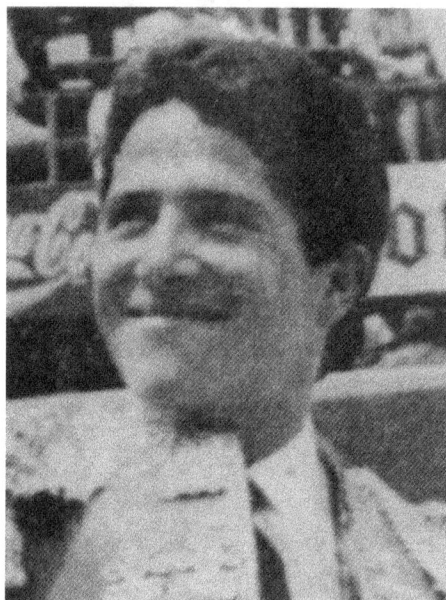

Antonio Urrutia Bolaños.-
     Torero nacido en Aguascalientes,
México, el 17 de agosto de 1959. Recibió la
borla de matador de toros, de manos de
Manolo Martínez y Miguel Espinosa *Armillita
chico* en la plaza México.

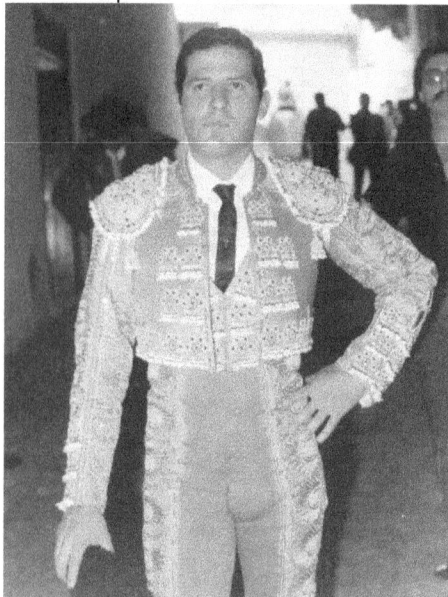

Arturo Díaz *El Coyo.-*
     Se doctoró en   Guadalajara, de
manos de Francisco Rivera "Curro" y llevó

como padrino a Miguel Espinosa *Armillita chico*. La ceremonia fue el día 26 de febrero de 1989. El toro de la alternativa, se llamó "Revoltoso" de Tequisquiapan. *El Coyo* nació en Mazatlán, Sinaloa aunque siempre se ha considerado de Teocaltiche, Jalisco el 26 de septiembre de 1966.

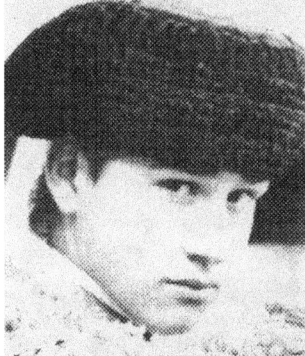

Arturo Gilio.-
Nació en Torreón, Coahuila, el 20 de julio de 1970. Recibió la alternativa el 5 de febrero de 1992 en la plaza México, de manos de Roberto Domínguez y testigo Jorge Gutiérrez y toros de De Santiago.

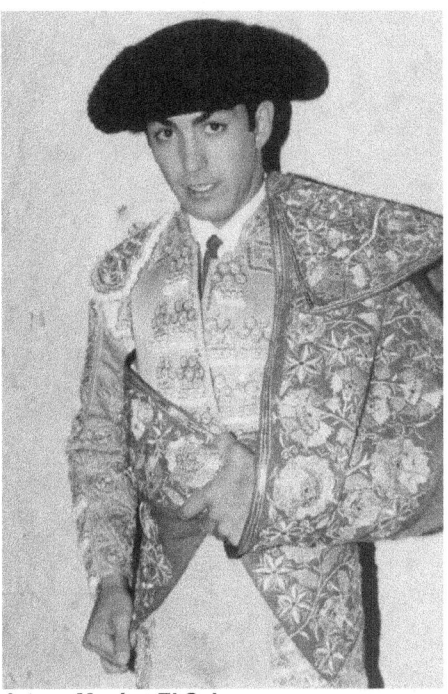

Arturo Macías *El Cejas*.-
Nacido en Aguascalientes el 15 de septiembre de 1982. Fue alternativado por José Luís Angelino y testigo Guillermo Martínez con el toro "Cordobón" de Barralva.

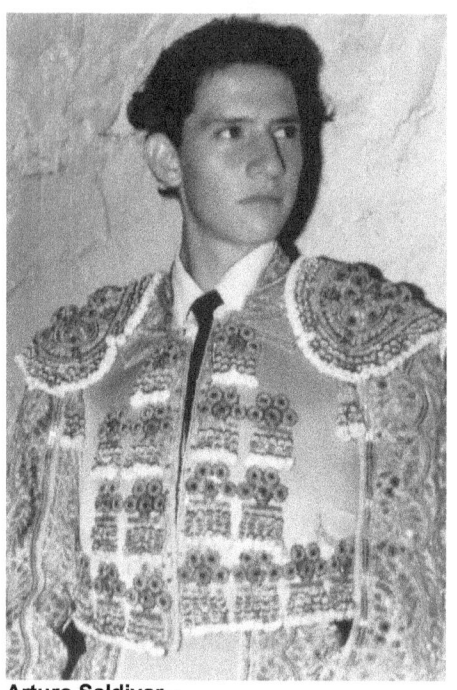

Arturo Saldivar.-
        Nació en Aguascalientes el 24 de
octubre de 1989. Fue en Guadalajara, Jalisco
el 31 de octubre de 2010, cuando ascendió a
la categoría de matador de toros, recibiendo
la borla acreditativa de manos de Eulalio
López El Zotoluco y Sebastián Castella,
cediéndole el toro "Peregrino" de Teófilo
Gómez.

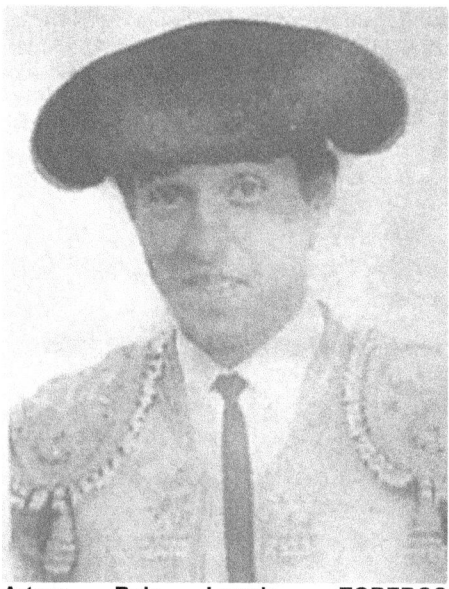

**Arturo   Ruiz   Loredo.-   TOREROS
MEXICANOS.**
        Nació en México, D.F., el 4 de agosto
de 1947 y recibió la alternativa, en Tijuana,
B.C. el 15 de junio de 1969 de manos de
Raúl García y *Curro Rivera*. Con un toro de
Mimiahuapam.

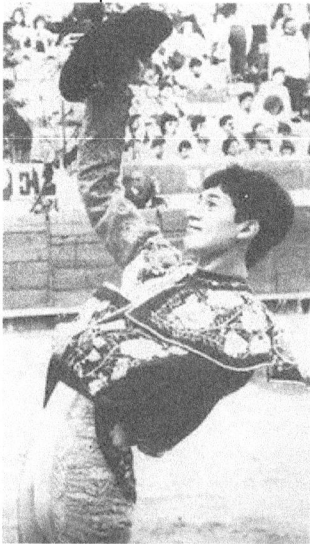

**Aurelio Mora *El Yeyo*.- TOREROS
MEXICANOS**
        Tomó la alternativa en Torreón,
Coahuila, el 17 de noviembre de 1988.

230

C

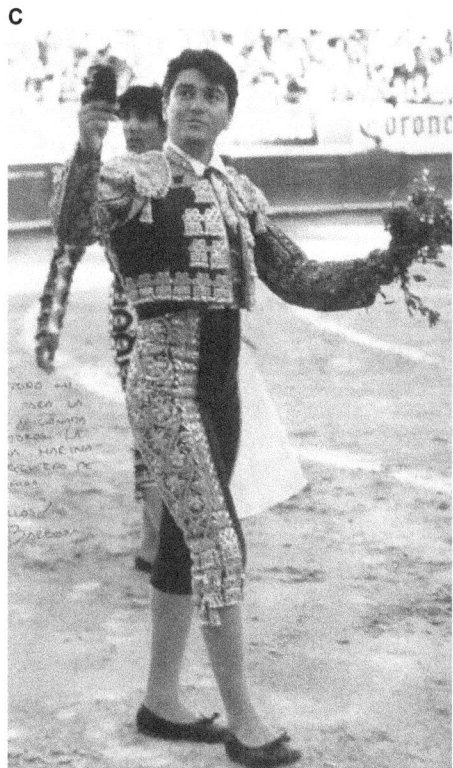

Carlos Alberto Barbosa Vaca *El Peque*.-
Nació en Guadalajara, México el año
de 1970, tomó la alternativa de manos de
José María Manzanares y Miguel Espinosa
Armillita chico, el 6 de octubre de 1991.

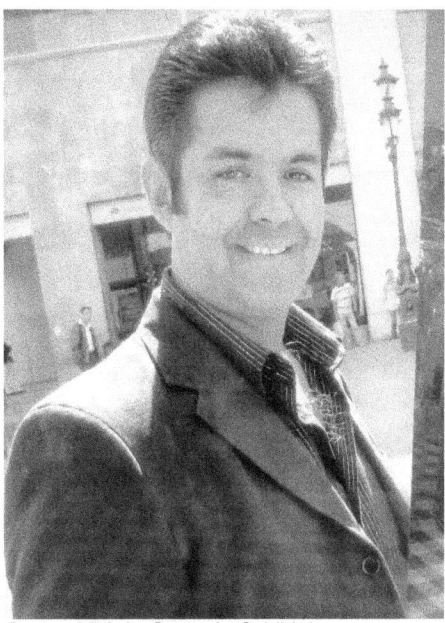

Carlos Vidal.- Cortesía C. Vidal.
Nació el 6 de septiembre de 1061 en
Guadalajara, Jalisco.
Le fue concedida la borla el 14 de febrero de
1988 en Autlán, Jal. de manos de *Manolo
Martínez* y de testigo Manolo Mejía. 1961. El
toro fue de, Las Huertas.

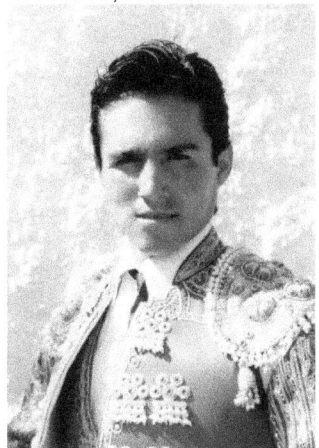

Cesar CastañedaTrillas.-
Nació en Tijuana, Baja California el
18 de marzo de 1972. Le cedió los trastos de
matar, Eloy Cavazos, yendo como testigo de
la ceremonia, *Manolo Arruza* en Tijuana B.C.
el 2 de agosto de 1998. La corrida fue de De
Santiago.

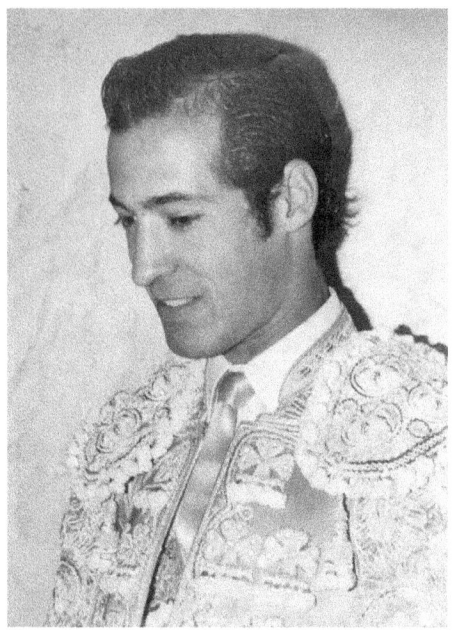

Cesar Trinado Jiménez. *Cesar Jiménez.-*
Nació en Fuenlabrada el 19 de julio
de 1984. Tomó la alternativa en el coliseo de
Nimes, Francia. Su padrino fue Paco Ojeda y
el testigo Julián López *El Juli.* El toro de la
ceremonia llevó el nombre de "Coralito"
procedente del hierro de Torrealta.

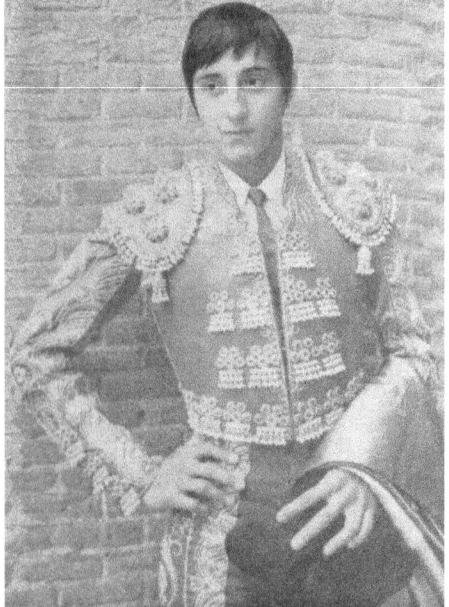

Christián Montcucquiol *Nimeño II.-*
Nació en Nimes, Francia el 10 de
marzo de 1954. Otra versión dice que en
Spire, Alemania en 1959. Recibió la
alternativa de manos de Ángel Teruel y como
testigo, *José María Manzanares* y toros de
Torrestrella. La ceremonia fue el 8 de mayo
de 1977. Confirmó en Madrid el año de 1979
de manos de Rafael de Paula.

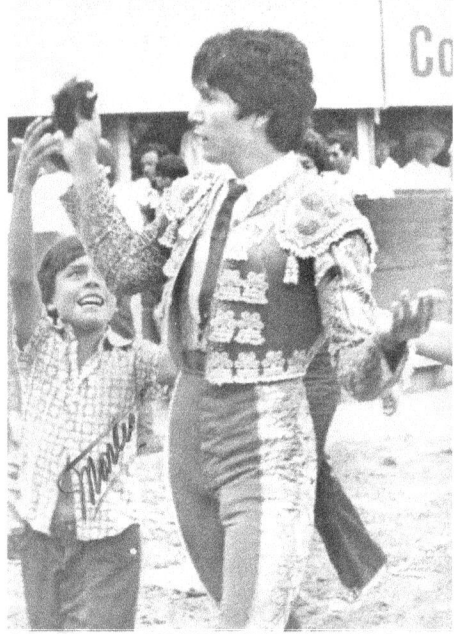

Cruz Flores.- TOREROS MEXICANOS
Nació en la ciudad de México el año
de 1958 en febrero y tomó la alternativa, de
manos de *Manolo Martínez* y toros de San
Martín llevando como testigo a Eloy Cavazos
en San Juan del Río, Querétaro el 15 de
junio de 1976. Toros de San Martín.

D

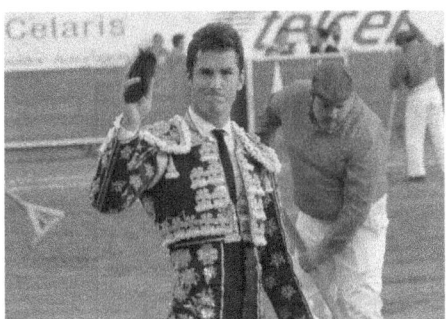

Daniel Luque.-
Nacido en Gerena, Sevilla el 21 de noviembre de 1989.
Fue elevado a la categoría de matador de toros de manos de Julián López El Juli y como testigo Sebastián Castella el 25 de mayo de 2007 con bravos de El Pilar en Nimes, Francia.

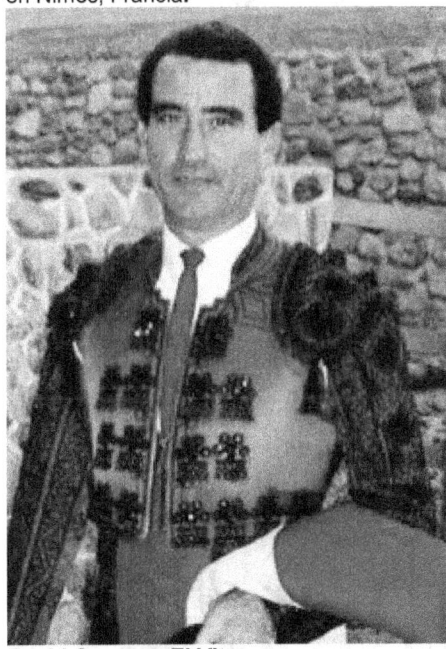

David Cavazos *El Vito*.-
Tomó la alternativa en Aguascalientes el 22 de abril de 1973.

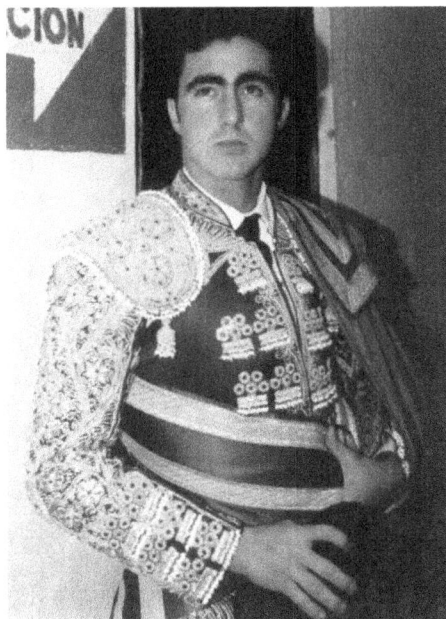

David Fandila Marín *El Fandi*.-
Nació en Granada, España el 13 de junio de 1981 y recibió la borla que lo acredita como Dr. En tauromaquia, el 18 de junio de 2000. Los toros fueron de García Jiménez y su padrino *José María Manzanares* y testigo *El Juli.*

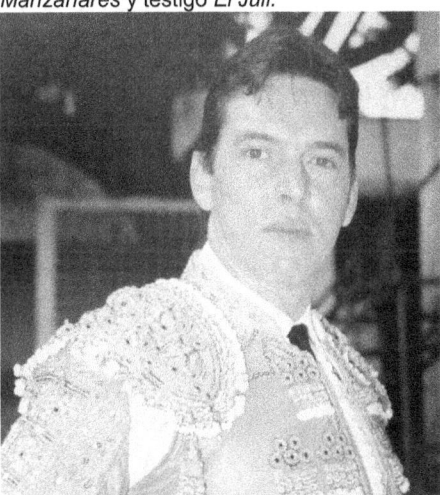

David Silveti Barry.- *El Rey David*
Nació en México, D.F. el 3 de octubre de 1956. Recibió la alternativa de manos de *Curro Rivera* y *Manolo Arruza*, el 20 de noviembre de 1977 en Irapuato, Guanajuato

con el toro "Catrín" de don Mariano Ramírez. Murió en de noviembre de 2003 privándose de la vida con una pistola.

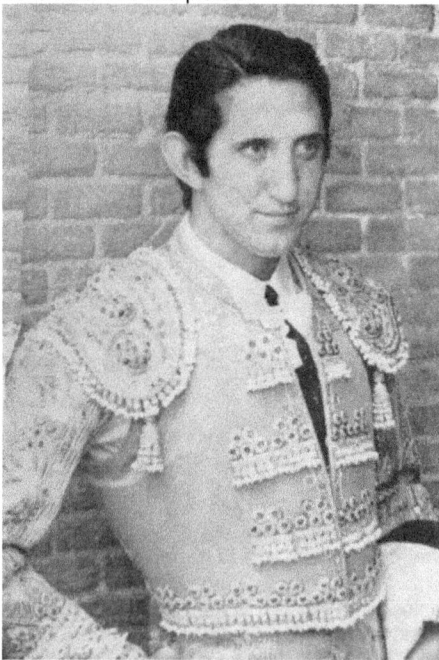

Diego Sánchez Muñoz *Lázaro Carmona*.-
Nació en Linares, Jaén, España el 25 de junio de 1953. Recibió la alternativa, el 16 de julio de 1978 de manos de Francisco Núñez *Currillo* y Agustín Parra *Parrita* con un toro de Sepúlveda

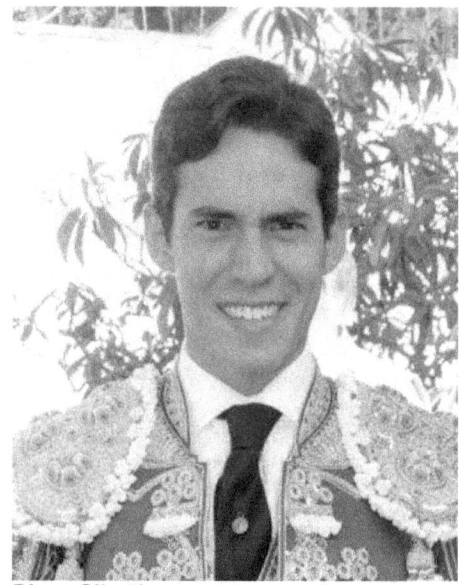

Diego Silveti.-
Nacido en Irapuato, Guanajuato el 24 de septiembre de 1984. Tomó la alternativa el 12 de agosto de 2011 de manos de José Tomás y testigo Alejandro Talavante, la plaza de la ceremonia fue Gijón en España y los toros de Salvador Domecq. El del suceso se llamó: "Lisonjero".

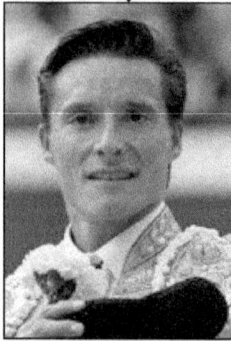

Diego Urdiales Hernández. Diego Urdiales.- SEVILLATOROS.es
Nacido en Arnedo, La Rioja el 31 de mayo de 1975. El 16 de agosto del año 1998 tomó la alternativa, de manos de Paco Ojeda y Manuel Díaz El Cordobés em Dax, Francia con bovinos de Puerta Hermanos.
E

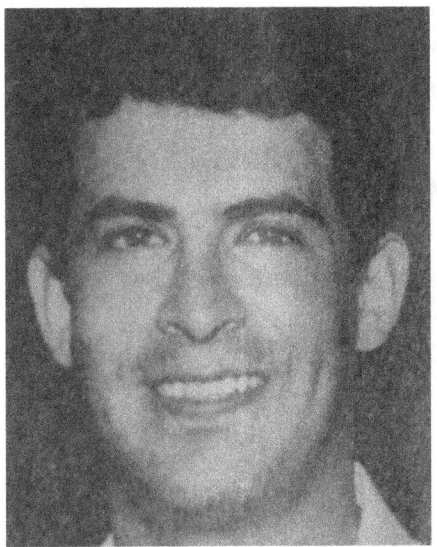

Edgar Bejarano.-
Se doctoró en Tampico, Tamaulipas el 2 de abril de 1988 de manos de *Manolo Martínez* y Fermín Espinosa *Armillita* y un toro de *Manolo Martínez.* Nació en Guadalajara en 1965.

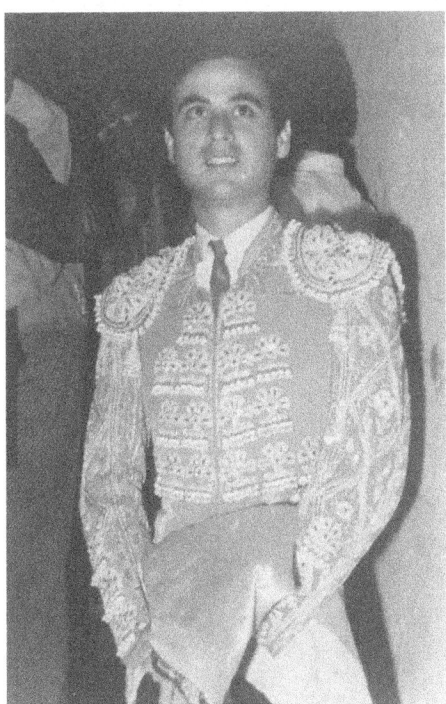

Eloy Américo Cavazos Ramírez.-
Nació el 25 de agosto de 1950 en Monterrey, Nuevo León y recibió la alternativa, de manos de Antonio Velásquez y *Manolo Martínez* con el toro "Generoso" de Mimiahuapam el 28 de agosto de 1966 en Monterrey.

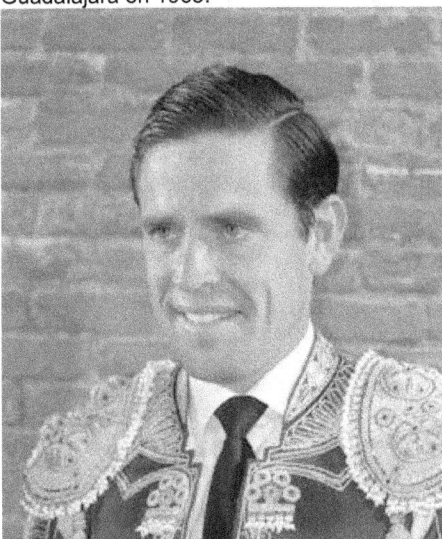

Eduardo Dávila Miura.-
Nació en Sevilla, España el 5 de marzo de 1974 y se doctoró en Sevilla el 10 de abril de 1997 de manos de Emilio Muñoz y Víctor Puerto con toros de Jandilla.

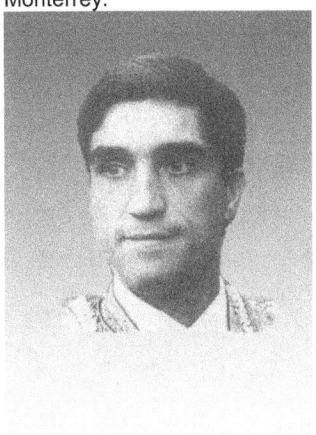

Emilio Muñoz Vázquez.-
Nació en Sevilla, España, el 23 de mayo de 1962. Recibió la alternativa de

manos de Francisco Rivera *Paquirri* y Dámaso González en Valencia, España el 11 de marzo de 1979 con un toro de Carlos Núñez.

Gutiérrez como testigo. El toro de la investidura, fue de San Martín y se llamó "Pelotero II ".

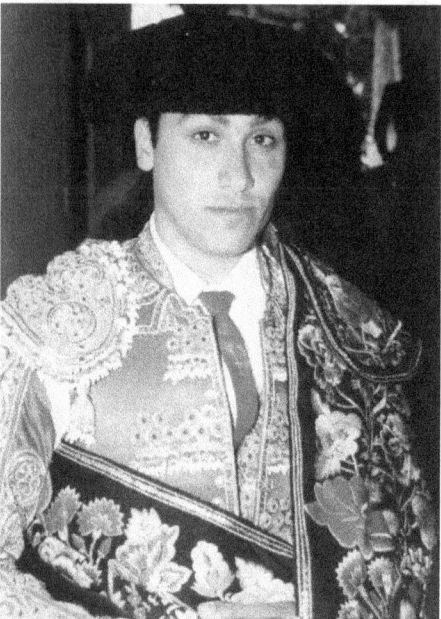

Enrique Espinosa Pérez *El Cuate*.-
Nació en Monterrey Nuevo León el 19 de febrero de 1976 y recibió la alternativa en Jaén, España de manos de Enrique Ponce el 18 de octubre de 1998.

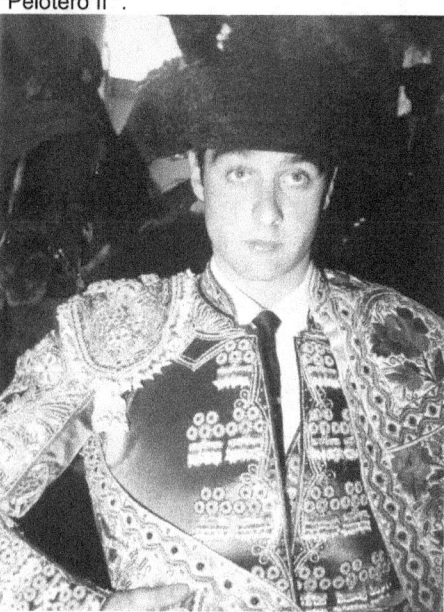

Enrique Ponce Martínez.-
Nació en Chiva, Valencia, el 8 de diciembre de 1971. Recibió la alternativa en Valencia de manos de *Joselito* y como testigo Litri con toros de Puerta Hermanos. El toro se llamó "Talentoso". Confirmó en Madrid el 30 de octubre de 1990 siendo padrino Rafael de Paula y testigo Luis Francisco Esplá con reses de la Viuda de Diego Garrido y en México, de manos de Guillermo Capetillo y testigo David Silveti el 13 de diciembre de 1992 con toros de La Venta del Refugio.

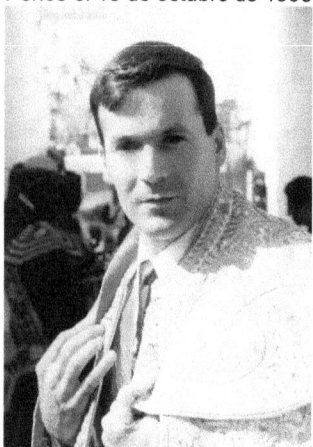

Enrique Garza.-
Se doctoró este torero regiomontano, en la Plaza Monumental de México, el 19 de noviembre de 1989, recibiendo los trastos de oficiar, de manos de Mariano Ramos y Jorge

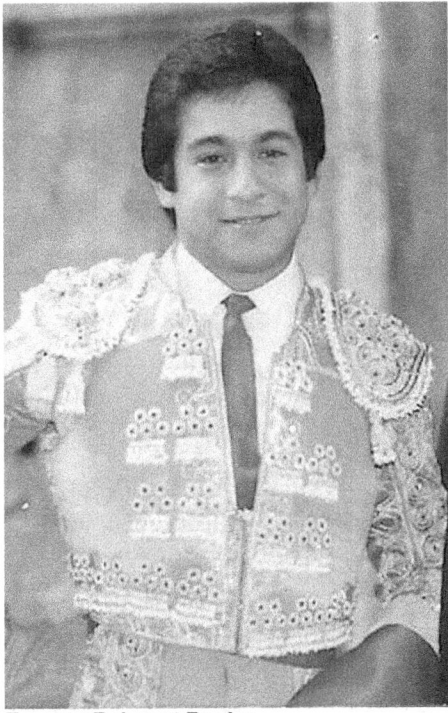

Ernesto Belmont Rovira.-
Nació en la ciudad de México el 24 de noviembre de 1960 siendo alternativado, el 24 de junio de 1983 de manos de Joaquín Bernadó y *Cesar Pastor* en la Plaza Monumental de México.

Nació en Atzcapozalco, México, el 12 de enero de 1968. Le fue concedida la alternativa, en Buenaventura, Coahuila, de manos de Miguel Espinosa, *Armillita chico* y Javier Escobar *El Fraile* de testigo, lidiándose esa ocasión, toros de La Playa. Confirmó en Madrid, el 23 de marzo de 1996 de manos de *Manolo Sánchez* y Oscar Higares con reses del Conde de la Maza.

F

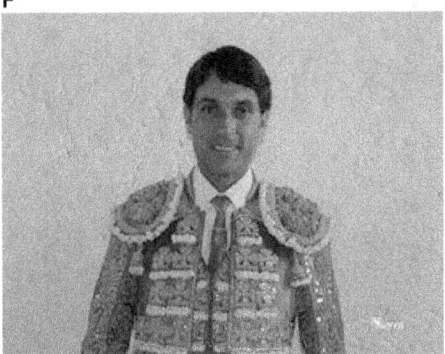

Fabián Barba.-
De Aguascalientes. Nacido el 24 de agosto de 1979. Tomó la alternativa el 26 de abril de 2003 en la plaza de toros Monumental de Aguascalientes llevando como padrino a José María Luevano e Ignacio Garibay y toros de José María Arturo Huerta. El toro de la ceremonia se llamó: "Aprendiz" y el cartel se complementó con el rejoneador, Fermín Bohórquez hijo.

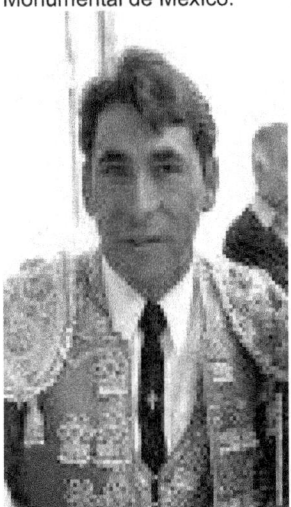

Eulalio López *El Zotoluco*.-

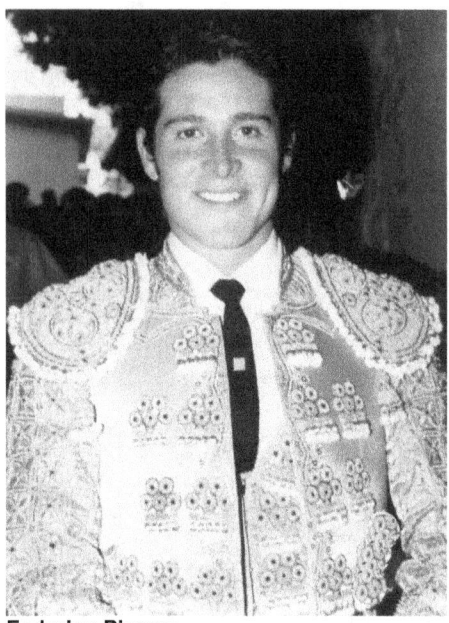

Federico Pizarro.-

Nació en la ciudad de México el 2 de diciembre de 1971, tomó la alternativa de manos de Pedro Gutiérrez Moya *Niño de la Capea* el 27 de noviembre de 1993 en Juriquilla, Querétaro con toros de Fernando de la Mora, el testigo fue Jorge Gutiérrez y el burel se llamó "Cazador".

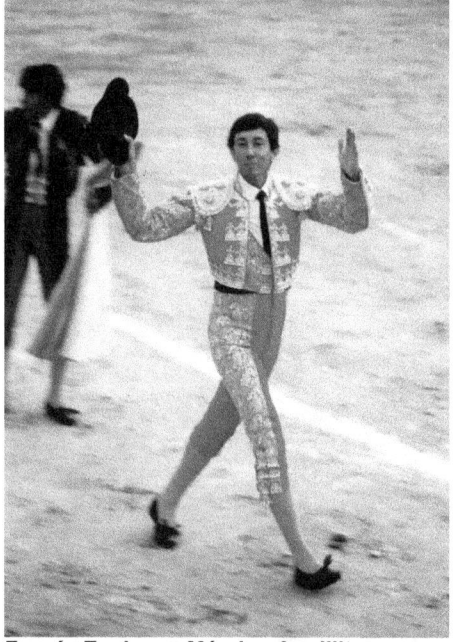

Fermín Espinosa Méndez *Armillita*.-

Nació el 24 de junio de 1956 en Aguascalientes, México y se doctoró en Aguascalientes el 23 de noviembre de 1974 de manos de *Manolo Martínez* y Eloy Cavazos con un burel de Torrecilla.

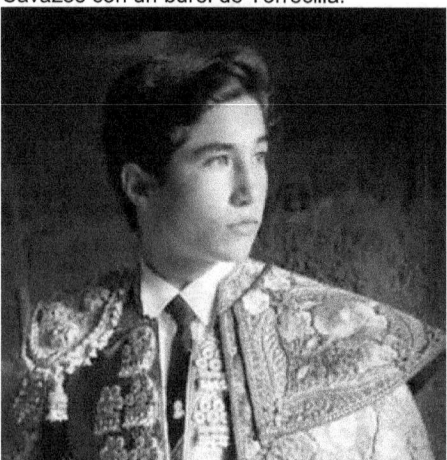

Fermín Espinosa Armillita IV. Feria de San Marcos Info.

Nació en Aguascalientes el 16 de abril de 1994. Tomó la alternativa en Aguascalientes el 1 de noviembre de 2014 de manos de Alejandro Talavante y de testigo

Octavio García El Payo con el toro "Zarco" de Montecristo.

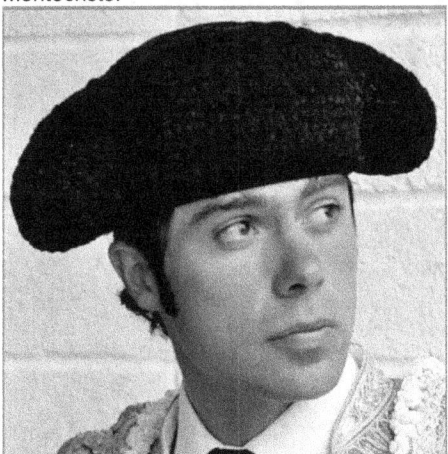

Fermín Eduardo Rivera Agüero. Fermín Rivera. Youtube.com

Nació en San Luís Potosí el 20 de noviembre de 1988.

Se doctoró en la plaza de toros Monumental de México un 6 de noviembre de 2005. Llevando por padrino al matador Eulalio López El Zotoluco y como testigo a Enrique Ponce con el toro "Soberano" de Fernando de la Mora.

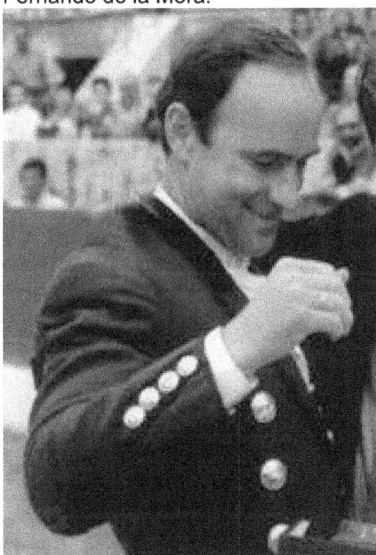

Fermín Ruiz Vioque.-

Nació en Dos Torres, Córdoba el 12 de febrero de 1961. Recibió la alternativa en Córdoba el 24 de mayo de 1984 de manos

de José Cubero *Yiyo* y *El Soro* con un toro de Los Guateles al que cortó las dos orejas.

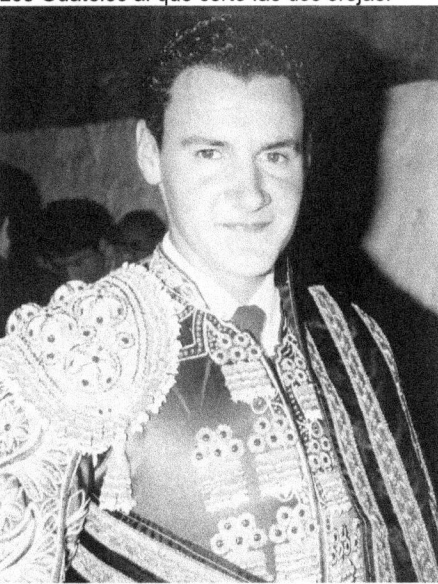

Fermín Spínola Cruz.-

Nació en el D.F. el 11 de octubre de 1977 y tomó la alternativa el 27 de agosto del 2000 en san Luis Potosí con el toro "Cadete" de Claudio Huerta que le cedió *Curro Rivera*.

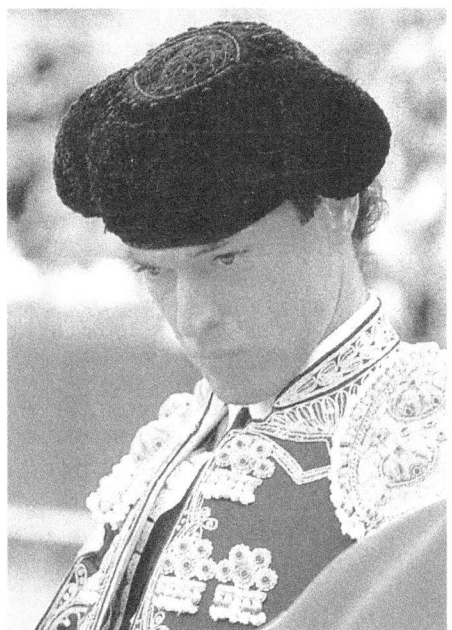

Fernando Cepeda Melo.-
TOREROSESPAÑOLES. Blogspot.com

Nació en Gines, Sevilla, España, el 25 de mayo de 1964. Se doctoró, en Madrid, con toros de Torrealta llevando como padrino a Rafael de Paula y testigo *José María Manzanares.*

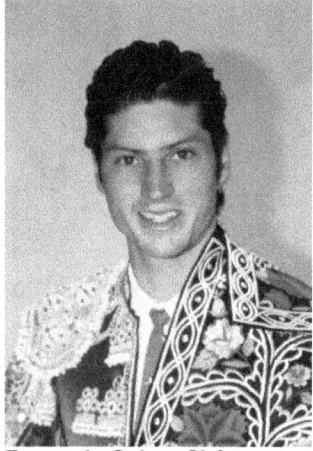

Fernando Ochoa Chávez.-

Nació en Morelia, Michoacán, México, el 24 de mayo de 1977. Se doctoró en Aguascalientes el 7 de enero de 1996. Toros de la Viuda de Fernández y padrino de ceremonia Miguel Espinosa, *Armillita chico* y testigo Javier Conde. Confirmó en México el 4 de febrero de 1996 de manos de *Armillita chico* y *Joselito* y toros de Begoña.

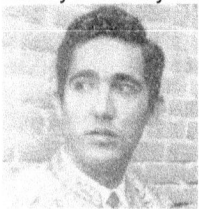

Francisco Camino Sánchez *Paco Camino*.-

Nació en Camas, Sevilla, el 15 de diciembre de 1940 y recibió los trastos de matar, de manos de Jaime Ostos y Juan García *Mondeño*, el 17 de marzo de 1960 en Valencia, España con el toro "Mandarín" de don Antonio y Carlos Urquijo.

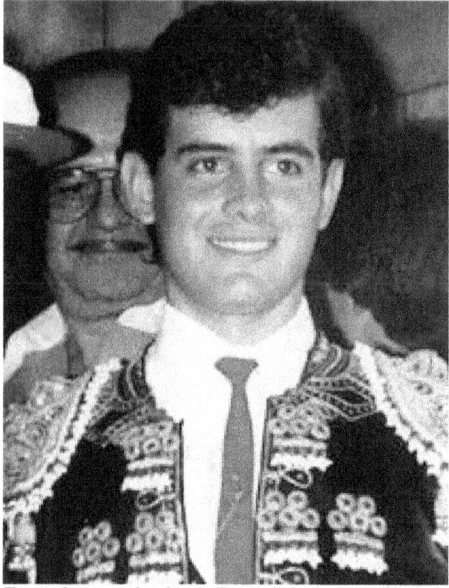

Francisco Javier Bernaldo de Quiroz Pacheco.- *Javier Bernaldo.*

Nacido en Querétaro en 1963,Tomó la alternativa en León, Guanajuato, de manos de *Manolo Martínez* y Miguel Espinosa de testigo con bureles de Mimiahuapam el 20 de enero de 1982. Su abuelo fue el ganadero español don Luis Bernaldo de Quiroz.

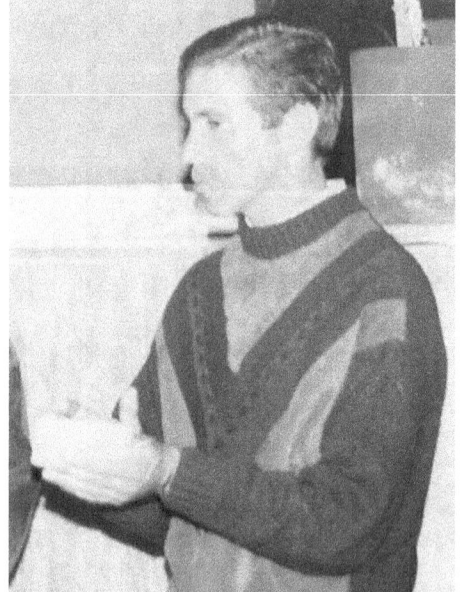

Francisco Dóddolli.-

Tomó la alternativa el 29 de marzo de 1981 en Morelia Michoacán. El padrino fue *Curro Rivera* y los testigos *Manolo Arruza* y Mariano Ramos con astados de Mariano Ramírez.

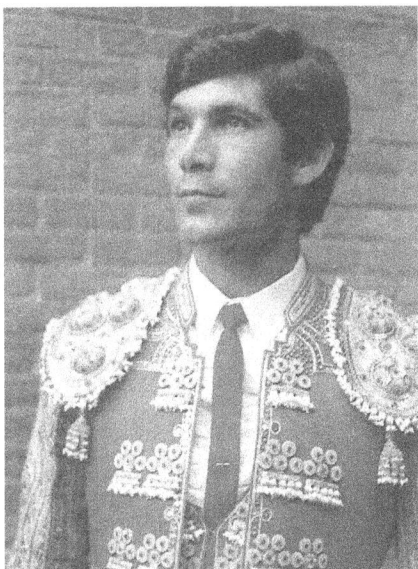

Francisco *Curro Durán*.- Toreros españoles. Blogspot.com

Nación en Utrera, Sevilla, España. El 29 de octubre de 1960. Fue alternativado por *Curro Romero* el 16 de abril de 1983 con toros de manolo González y *Paco Ojeda* como testigo. La ceremonia se realizó en la Real Maestranza de Sevilla.

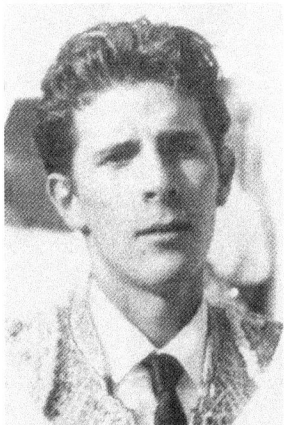

Francisco Javier González Salinas *Paco González*.-

Nació en México D.F. el 18 de enero de 1975. Tomó la alternativa en Huamantla, Tlaxcala el 15 de agosto de 1997 de manos de Eloy Cavazos y Teodoro Gómez y toros de José María Arturo Huerta.

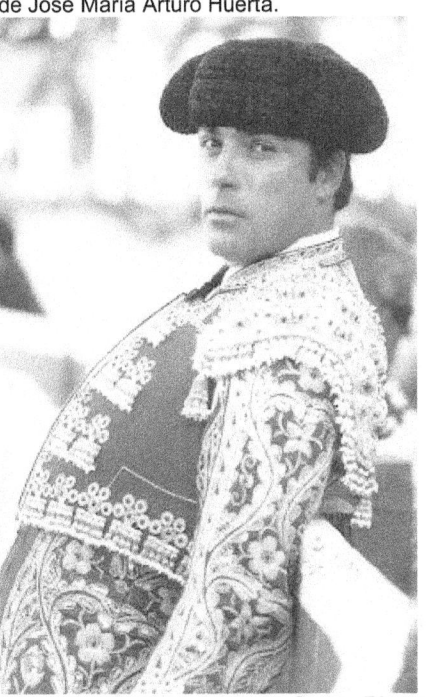

Francisco Rivera Agüero *Curro Rivera*.- Toreros mexicanos. Blogspot.com

Nació en México, D.F. el 17 de diciembre de 1951 y se doctoró en tauromaquia, el 14 de septiembre de 1968 en Torreón, Coahuila de manos de *Joselito Huerta* y Jaime Rangel con el toro "Presidente" de San Martín.

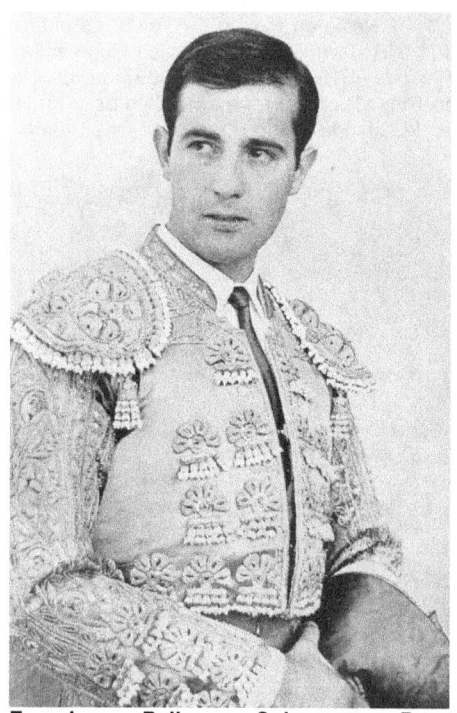

Francisco Pallares Colmenero *Paco Pallarés*.-

Nació en el 4 de agosto de 1945, en La Fuente de San Esteban, Salamanca. Tomó la alternativa en Salamanca el 14 de septiembre de 1965 de manos de Santiago Martín *El Viti* dando muerte al toro "Galgote" de Francisco Galache en presencia de José Fuentes.

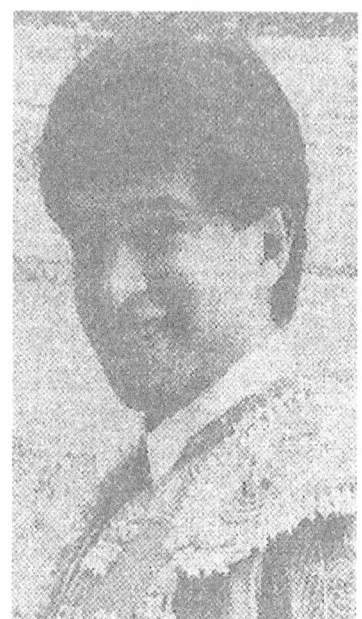

Pablo Curro Cruz.- TOREROS MEXICANOS.

de febrero de 1983, lidiando el novillo "Campesino" de la ganadería de La Playa

Tomó la alternativa en Villa de Álvarez, Colima, el 11 de febrero de 1986. De manos de Antonio Lomelín y de testigo Ernesto Belmont el toro de la alternativa se llamó: "Cariñoso" de Aurelio Franco.

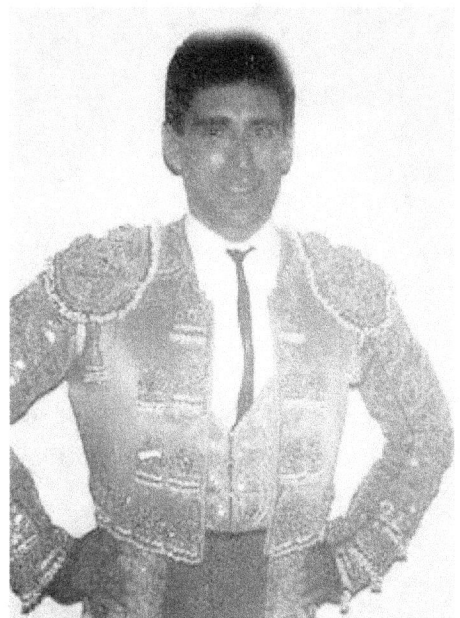

Francisco Santoyo *Paco Santoyo*.- TOREROS MEXICANOS.

Nació en San Luis Potosí. Recibió la alternativa, de manos de Eloy Cavazos y *Manolo Cortés* con un toro de Salvador Santoyo Morales el 1 de diciembre de 1974.

G

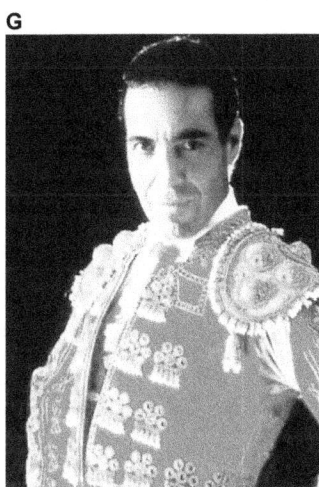

Gabriel González.- TOREROS MEXICANOS

Nació en Tijuana, Baja California. Se presentó en la plaza de toros México el 27

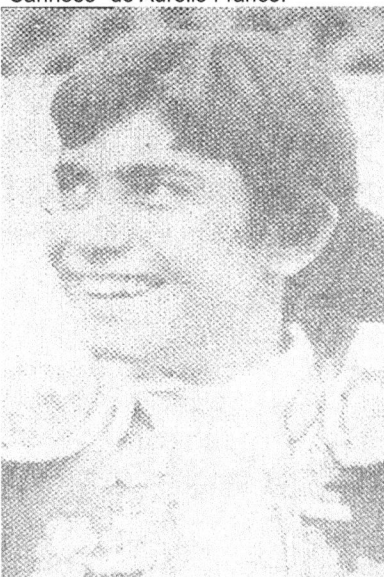

Gerardo Ortiz.- *TOREROS MEXICANOS*.

Tomó la alternativa el 8 de febrero de 1982 en Villahermosa, Tabasco.

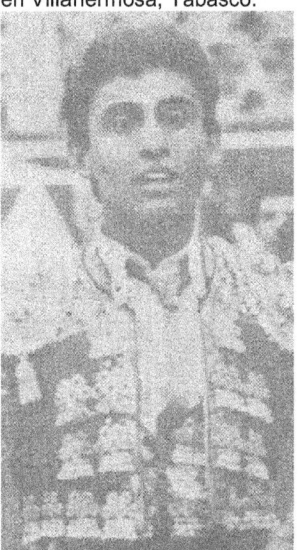

Gerardo Vela.-TOREROS MEXICANOS

Tomó la alternativa, en diciembre de 1978, de manos de *Manolo Martínez* y testigo, *Curro Rivera* en Durango, con reses de San Martín.

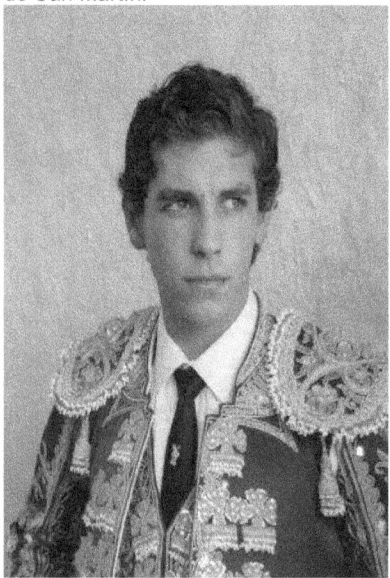

**Ginés   Marín.-   Córdoba   taurina.
Blogspot.com**
Nació en Jeréz de la Frontera, Cádiz, el 28 de marzo de 1997. Se doctoró en Nimes, Francia de manos de Morante de La Puebla y Víctor Mora el 15 de mayo de 2016. Toros de Zalduendo

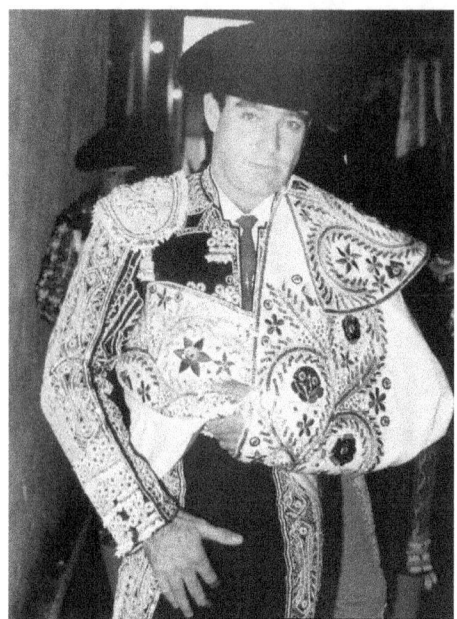

Guillermo Capetillo.-
Nació en la ciudad de México, el 30 de abril de 1958. Recibió la alternativa en San Luis Potosí, de manos de *Manolo Martínez* y *José Mari Manzanares* el 20 de noviembre de 1977 con el toro "Cumplidor" de Santiago. Confirmó en México, de manos de Rafael Gil *Rafaelillo* y Ernesto Belmont con toros de De Santiago.

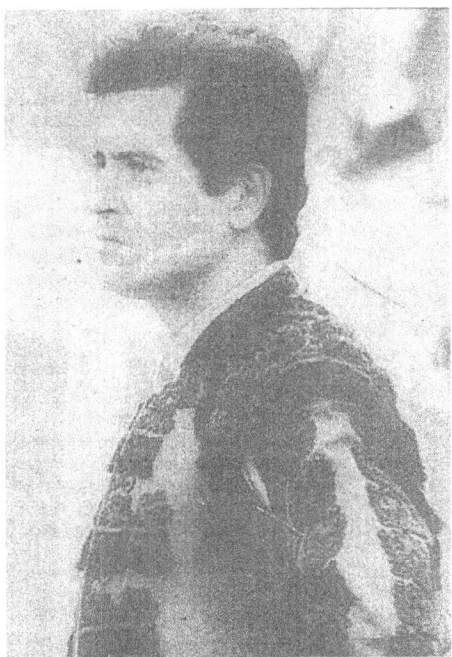

Guillermo Ibarra.- TOREROS MEXICANOS
Tomó la alternativa en San Luis Potosí el 6 de marzo de 1985.

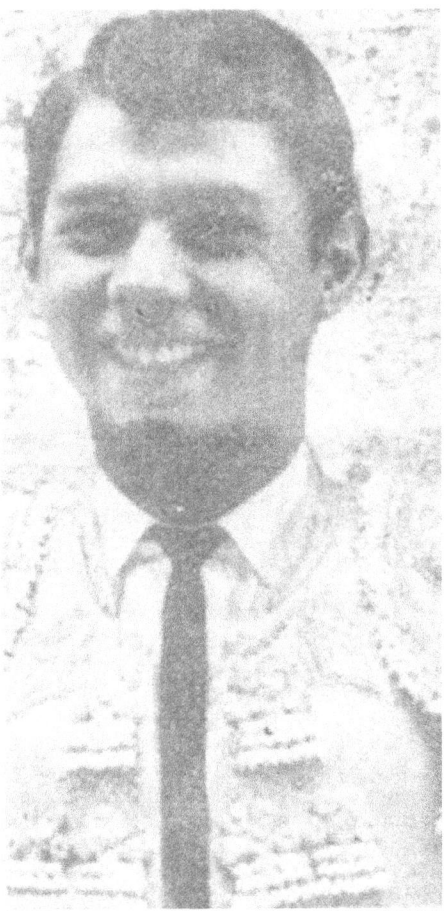

Guillermo Montero.- TOREROS MEXICANOS.
Recibió la alternativa, de manos de Mariano Ramos y Rafael Gil *Rafaelillo*, el 22 de diciembre de 1974
en Querétaro, Qro., con un toro de San Diego de los Padres.

H

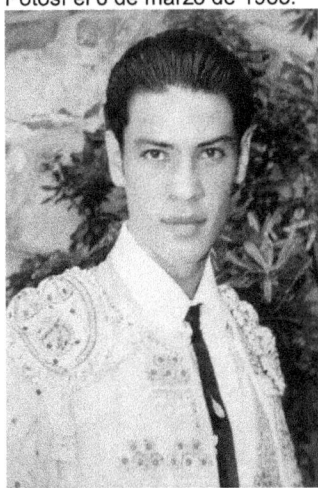

Guillermo Martínez.-
Nació en Guadalajara el 31 de mayo de 1982. Tomó la alternativa el 17 de octubre de 2004 en la plaza de toros Nuevo Progreso de Guadalajara, llevando como padrino a Miguel Espinosa Armillita y de testigo a Pablo Hermoso de Mendoza el toro se llamó "Seda gris" de la dehesa de Fernando de la Mora.

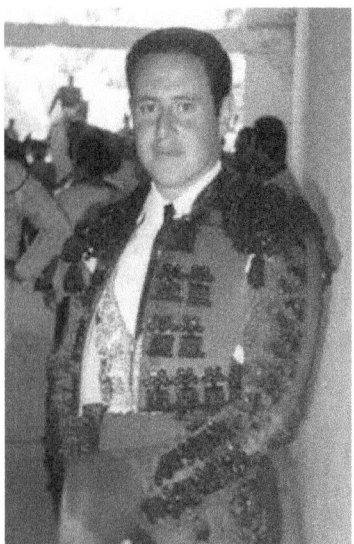

Héctor de Granada.- **Toreros mexicanos. Blogspot.com**

Nació en Aguascalientes, Ags. el 28 de julio de 1967. Debuta como novillero el 20 de octubre de 1985 en la Monumental de Aguascalientes. Después de sumar 39 festejos en provincia hace su presentación en la Plaza Monumental México el 25 de octubre de 1987 alternando con *Manolo Sánchez* y Alejandro Silveti y novillos de Garfias cortándole al de su presentación las dos orejas, llegando a torear 61 novilladas en total.

Toma la alternativa el 24 de abril de 1988 en la Monumental de Aguascalientes, de manos de *Manolo Martínez* y como testigo Miguel Espinosa *Armillita* con toros de la ganadería de Begoña.

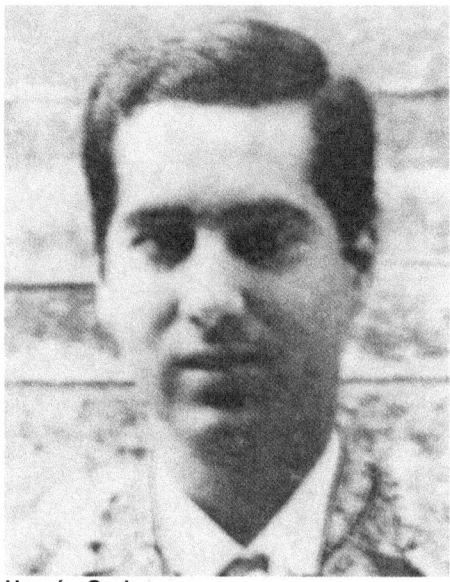

Hernán Ondarza.-

Nacido en Monterrey, Nuevo León el 30 de julio de 1965. Tomó la alternativa en Guadalajara, Jalisco el 2 de noviembre de 1986 de manos de David Silveti y Luis Fernando Sánchez con un toro de Reyes Huerta.

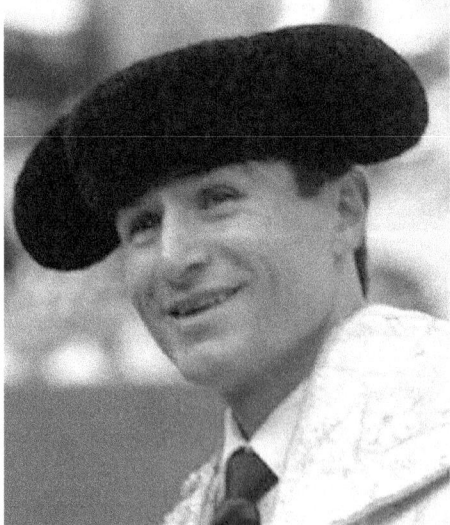

Humberto Flores Nuño.- **Toreros mexicanos. Blogspot.com**

Es un joven nacido en Ocotlán, Jal., el 14 de enero de 1968 y apenas recibió la borla de matador de toros el 14 de noviembre de 1993 en la Cd. de Durango. Fue su padrino de alternativa Jorge Gutiérrez y llevó como testigo a Eulalio López *El Zotoluco*.

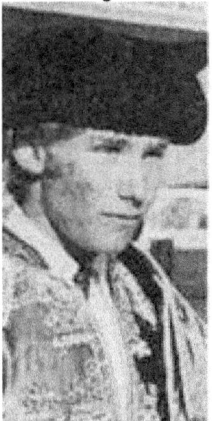

Humberto Moro Mier.-
Nació en México D.F. Se doctoró, de manos de *Manolo Martínez* y *Curro Rivera* el 19 de enero de 1975 con un toro de Mimiahuapam.

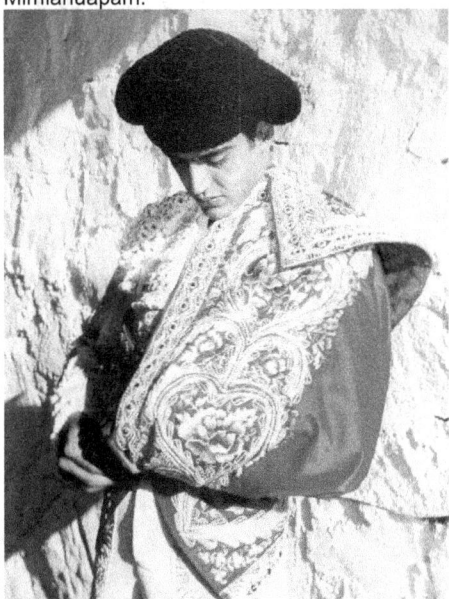

Ignacio Garibay.-
Nació en la ciudad de México el 24 de febrero de 1975. Tomó la alternativa en la ciudad española de Torrejón de Ardoz, suburbio de Madrid de manos de Vicente Barrera y Miguel Abellán de testigo, y toros de Antonio San Román.

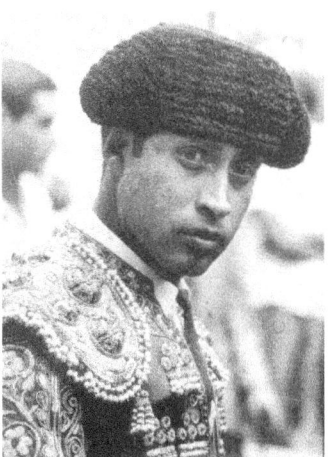

Jaime Rangel Jimenez.-
Nació en San Miguel Vindhó, Hidalgo, el 2 de julio de 1939 y recibió la alternativa, de manos de *Manolo Dos Santos* y Rafael Rodríguez, el 1 de enero de 1931 con el toro "Relicario" de Jesús Cabrera.

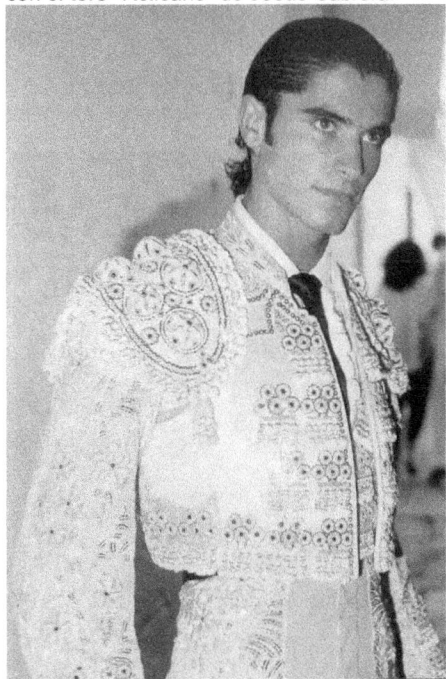

Javier Conde Becerra.-
Nació en Málaga, España, el 1 de febrero de 1974, recibió la alternativa de manos de *Niño de la Capea* y *Jesulín de*

Ubrique, en la Malagueta (Málaga), el 16 de abril de 1995 cortando tres orejas. Confirmó en México, de manos de Eloy Cavazos y *Manolo Mejía* el 28 de enero de 1996 con reses de Arroyo Zarco.

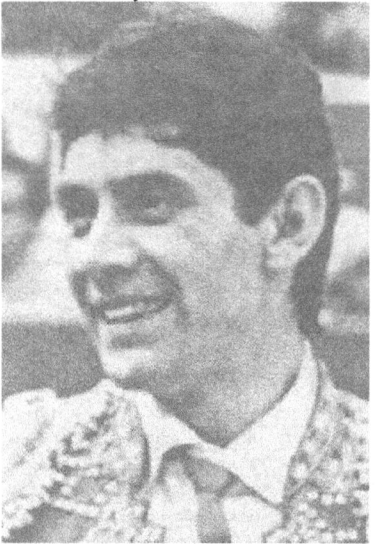

Javier Escobar *El Fraile.***-TOREROS MEXICANOS.**

Nació en San Juan de Aragón, D.F. Recibió la alternativa en Durango, México, el 1 de enero de 1985.

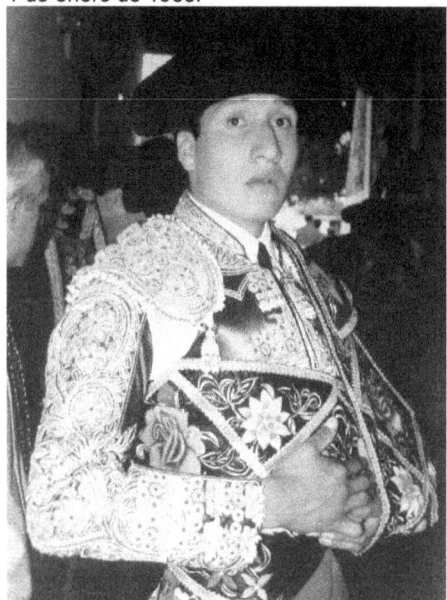

Javier Gutiérrez *El Cachorro.-*

Nació en Karney, Nebraska, U.S.A. el año de 1977. Tomó la alternativa en Aguascalientes, de manos de *El Juli* y testigo *Jerónimo*. El toro de la ceremonia se llamó "Garambullo" N° 652 de la dehesa de Xajay y le cortó dos orejas.

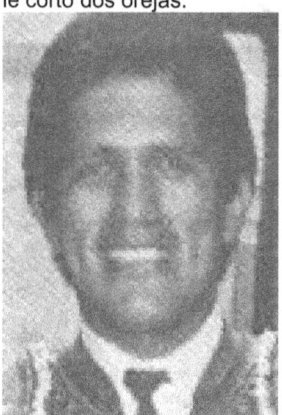

Javier Tapia, *El Cala.***- TOREROS MEXICANOS**

Tomó la alternativa en Durango el 9 de mayo de 1976.

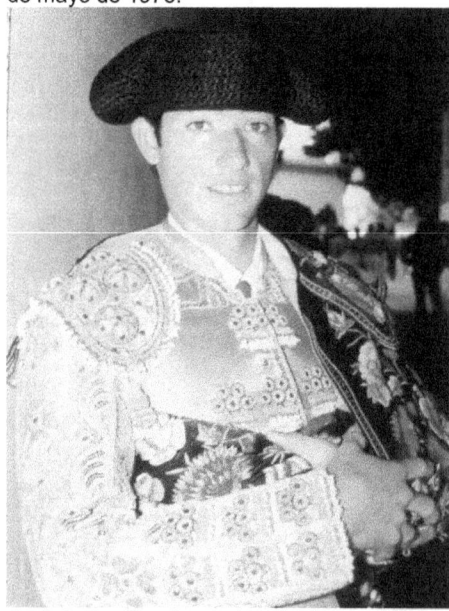

Jerónimo Ramírez de Arellano Muñoz *Jerónimo Aguilar.-*

Nació el 3 de noviembre de 1977 en Puebla, México y recibió la alternativa el 6 de febrero de 1999 de manos de Enrique Ponce,

Rafael Ortega como testigo y el toro "Editor" de Campo Alegre, en Puebla.

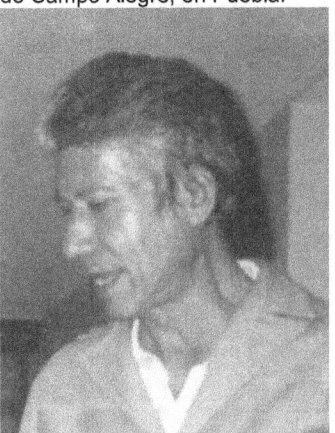

Jesús de Anda *Chucho de Anda*.- **CORTESÍA DE LA FAMILIA.**
    Nació en Guadalajara, Jalisco en 1927. Recibió la alternativa en Colima, México el 8 de noviembre de 1980. De manos de *Manolo Espinosa* y *Curro Rivera*.

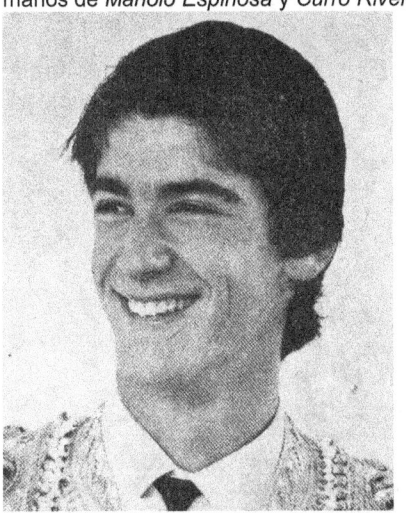

Jesús Janeiro Bazán. *Jesulín de Ubrique*.-
    Nació en Cádiz el 9 de enero de 1971. Recibió la alternativa, en Nimes, Francia, el 21 de septiembre de 1990 de manos de *José Mari Manzanares* y Emilio Muñoz con toros de Sánchez-Dalp. Confirmó en Madrid, el 25 de mayo, de 1992 de manos de Ortega Cano y Cesar Rincón.
Jesús Salazar.-
Tomó la alternativa en Aguascalientes el 29 de abril de 1978.

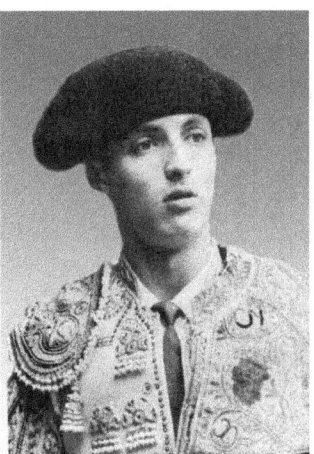

Jesús Solórzano Pesado.-
    Nació en México, D.F. el 16 de julio de 1942 y recibió la alternativa, en Barcelona, España de manos de Jaime Ostos y Fermín Murillo el 25 de septiembre de 1966 con el toro "Rayito" de don Atanasio Fernández.

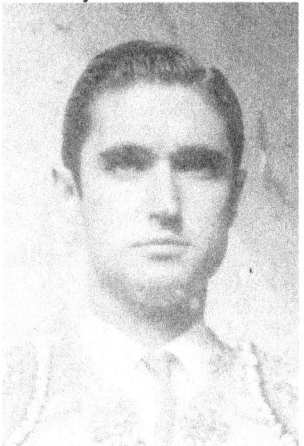

Joaquín Bernadó Bartomeu.-
    Nació en Santa Coloma de Gramanet, Barcelona. España y tomó la alternativa, de manos de Antonio Mejías *Bienvenida* y Julio Aparicio en Castellón de la Plana, España, el 4 de marzo de 1956 con un toro de don Manuel Arranz.

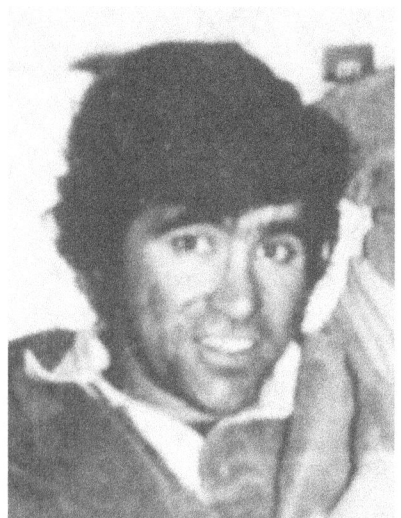

Jorge de Jesús Gleason Berumen, *El Glison.-*

Nació en Saltillo, Coahuila, México, el 27 de octubre de 1960. Recibió la alternativa, de manos de Mariano Ramos y testigo Alejandro Silveti el 2 de septiembre de 1990 en Monterrey, Nuevo León, antes de ser torero, fue alpinista, domador de leones y pescador en Alaska.

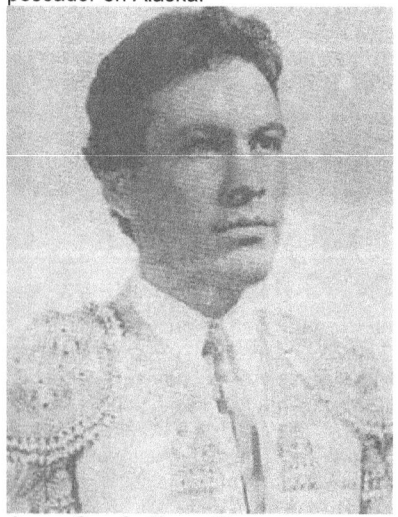

Jorge García *Maravilla.-*

Tomó la alternativa en Fresnillo, Zac. de manos de Miguel Espinosa *Armillita* el 1 de noviembre de 1984. Es de Guadalajara.

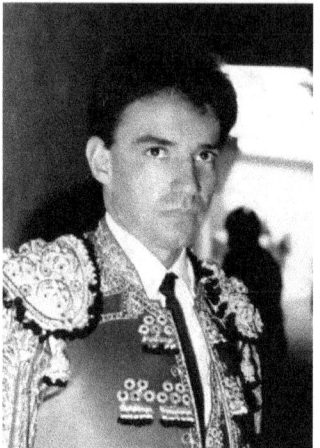

Jorge Gutiérrez Argüelles.-

Nació en Tula, Hidalgo, el 27 de febrero de 1957. Recibió la alternativa, de manos de *Manolo Martínez* y *Curro Rivera* el 11 de febrero de 1978 con el toro "Perla Negra" de don Javier Garfias.

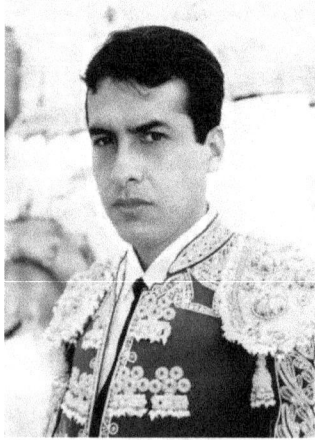

Jorge Mora.-

Aguascalientes, México. 25 de junio de 1972. Recibió la alternativa de manos de Eloy Cavazos y David Silveti en Aguascalientes el 29 de abril de 1995, durante la feria de San Marcos.

llevando como padrino a David Silveti y testigo a Javier Bernaldo.

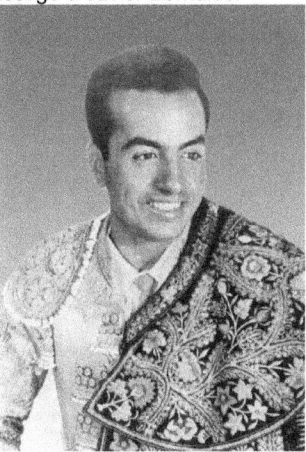

José Huerta Rivera, *Joselito Huerta*.-

Nació en Tetela de Ocampo, Puebla, el 24 de enero de 1934 recibiendo la alternativa, de manos de Antonio Mejías Bienvenida y Antonio Vázquez el 29 de septiembre de 1955 en Sevilla, España con toros de Felipe Bartolomé.

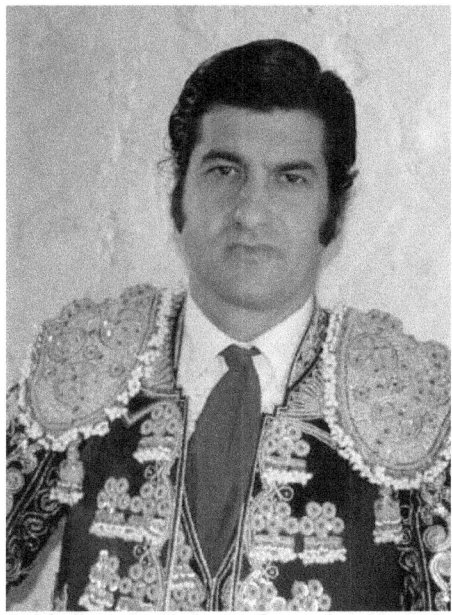

José Antonio Morante Camacho *Morante de la Puebla*.-

Nació en Puebla del Río, Sevilla el 2 de octubre de 1978. Tomó la alternativa el día 29 de junio de 1997 en la plaza "El Plantío" de Burgos. El padrino fue: Cesar Rincón y el testigo: Fernando Cepeda. El toro de la ceremonia se llamó "Guerrero" de Domecq y cortó una oreja. Su terno fue blanco y oro.

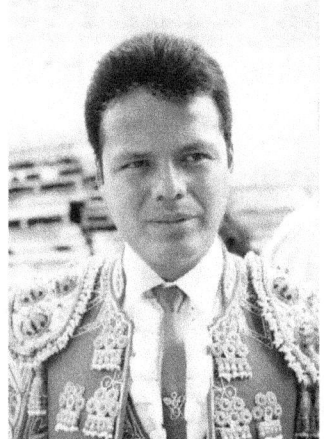

José Luis Mirafuertes Rivera *José Luis Herros*.-

Se doctoró el 11 de diciembre de 1988 en Tlanepantla, Edo de México,

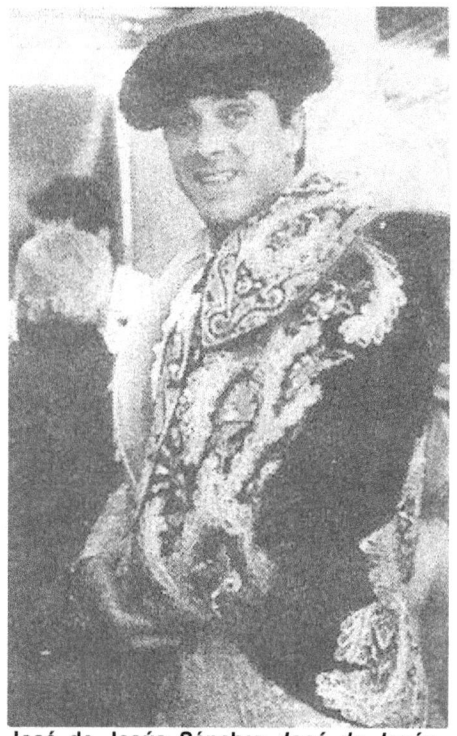

José de Jesús Sánchez *José de Jesús.-*
TOREROS MEXICANOS.
        Se   doctoró   en   Villahermosa,
Tabasco, el 29 de febrero de 1980.

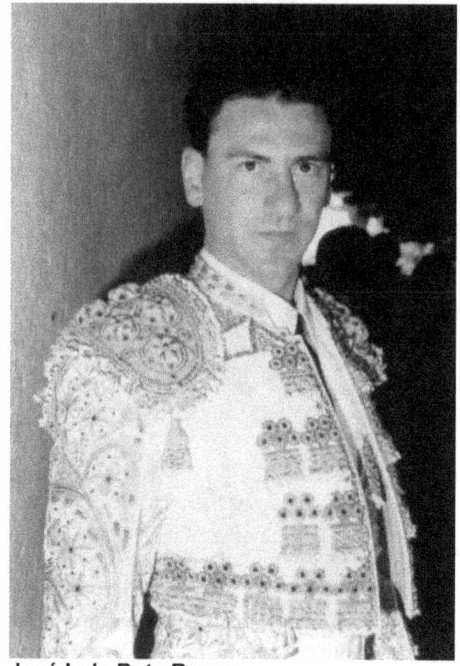

José Luis Bote Romo.-
        Nació en Madrid el 29 de julio de
1967 y recibió la alternativa de manos de
José Miguel Arroyo *Joselito* y de testigo *El
Fundi*. La ceremonia fue en Villaviciosa de
Odón el 22 de septiembre de 1987 y los toros
de don Manuel San Rom

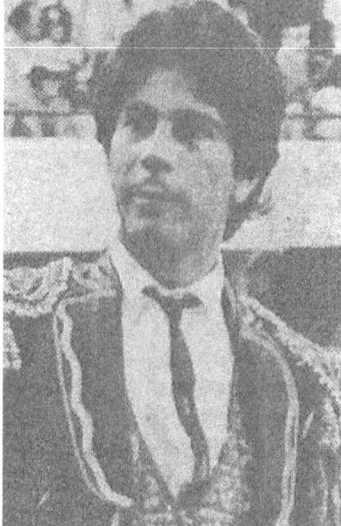

**José   Lorenzo   Garza.-   TOREROS
MEXICANOS MEXICANOS**

Nació en México D.F. en 1956. Hijo de *El Ave de las Tempestades* recibió la alternativa el 17 de enero de 1982 de manos de Antonio Lomelín y como testigo Jorge Gutiérrez en León, lidiando toros de Carranco.

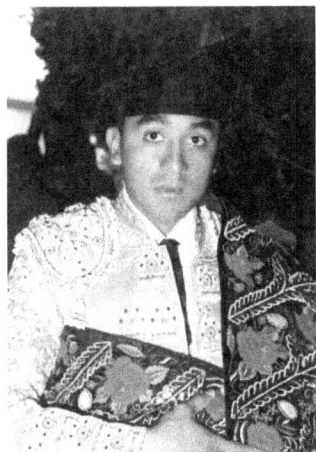

José María Luevano Delgado.-
Nació en Aguascalientes, Ags. El 12 de diciembre de 1973 y recibió la alternativa en León Guanajuato el 20 de enero de 1995 de manos de Miguel Espinosa *Armillita chico* y *Manolo Mejía* con el toro "Don Juan" de Begoña.posteriormente la volvió a tomar en San Luis Río Colorado el 17 de julio de 1957. Es de Guadalajara y desapareció sin dejar rastro de su persona.

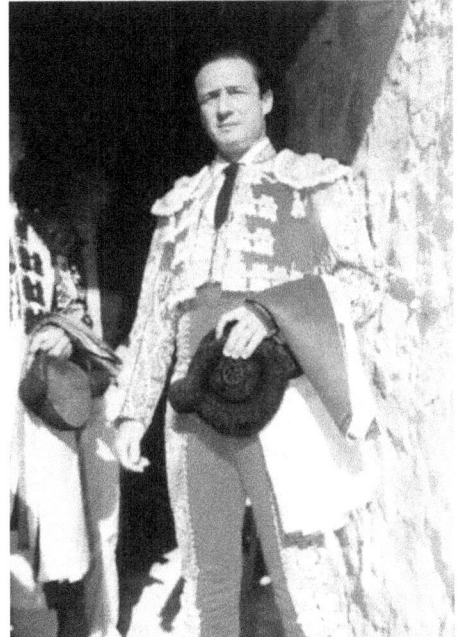

José María Dolls Abellán *José María Manzanares.- Foto. Ernesto Castellón.*
Nació en Alicante, España el 14 de abril de 1953, y recibió los trastos de matar, de manos de Luis Miguel Dominguín y Santiago Martín *El Viti* con un toro de Atanasio Fernández. El 14 de junio de 1971 en Alicante, España.

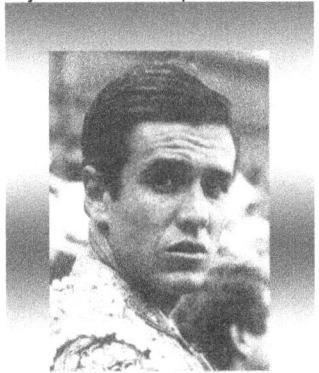

José Miguel Arroyo Delgado *Joselito*.-
Nació en Madrid el 1 de enero de 1969. Recibió la alternativa, de manos de Dámaso González y testigo Juan Mora con toros de Carlos Núñez en Málaga, España. Confirmó en México, de manos de Mariano Ramos y atestiguando la ceremonia, Miguel Espinosa *Armillita chico* con cornudos de De Santiago. La confirmación española, la

obtuvo en Madrid, de manos de Curro
Romero y *Paco Ojeda.*

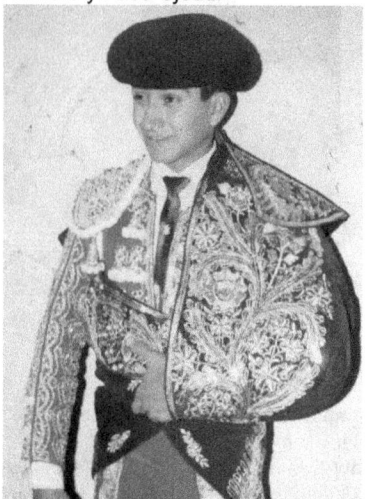

Joselito Adame.-
Nació en Aguascalientes, México el
22 de marzo de 1989. Fue alternativazo el 7
de septiembre de 2007 de manos de Julián
López El Juli y Juan Bautista en la plaza
francesa de Arles con el toro "Magnífico"
negro bragado de Antonio Bañuelos.

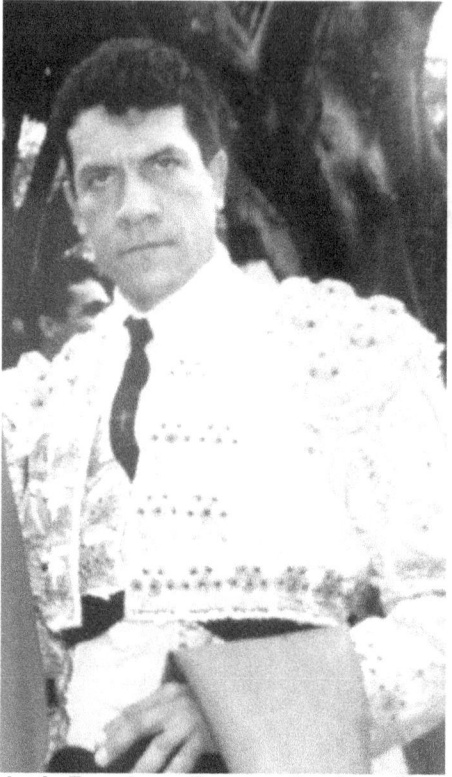

José Francisco Becerra Ramírez *Pepe
Murillo.-*
Nació en Guadalajara y recibió la
alternativa en Guadalajara el 22 de
noviembre de 1986 de manos de Fermín
Espinosa y Alfredo Ferrigno como testigo. El
toro de la ceremonia se llamó "Parrandero" y
pesó 486 kilos marcado con el número 704.

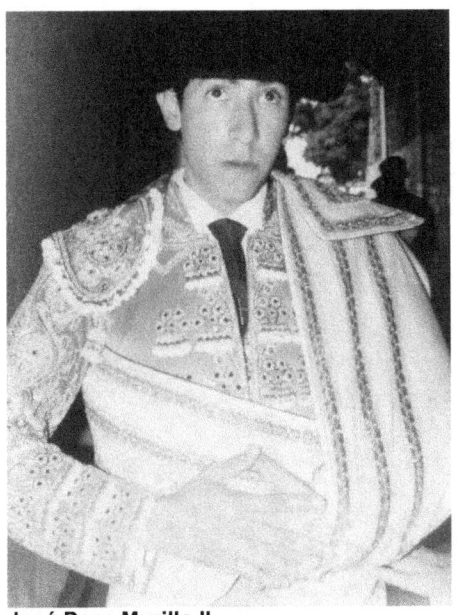

José Pepe Murillo II.-
Nacido en Guadalajara, Jalisco el 5 de enero de 1987. Recibió la borla de matador de toros de manos de Eulalio López El Zotoluco y de testigo Fernando Ochoa en la plaza de toros Fermín Espinosa Armillita de Jalostotitlán, Jalisco. Con el toro "Parrandero" de Teófilo Gómez cortando el rabo.

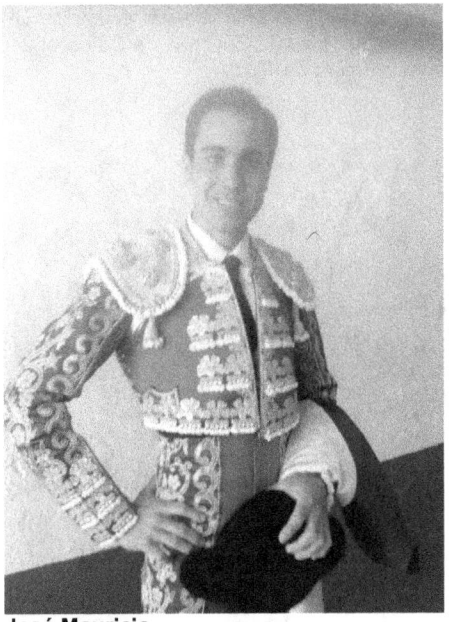

José Mauricio.-
Nació el 8 de octubre de 1984 en la ciudad de México. Tomó la alternativa el 4 de diciembre de 2005. El toro de la ceremonia se llamó "Tres Tordillos" de Teófilo Gómez y llevó como padrino a Jorge Gutiérrez y a Enrique Ponce como testigo.

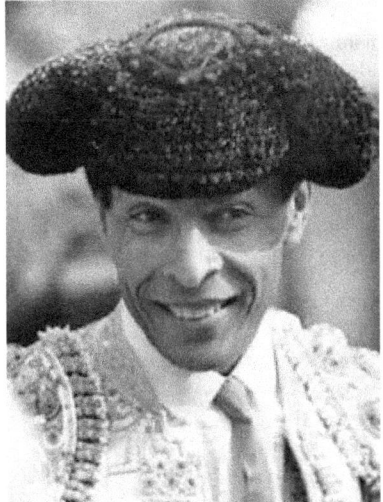

José Nelo *Morenito de Maracay*.- COREALSA blogspot.com
Nació el 23 de agosto de 1955 en Maracay, Venezuela y tomó la alternativa en Barcelona, España, de manos de Dámaso

González y *José Mari Manzanares* con un toro de don Lizardo Sánchez de Botoa el 24 de septiembre de 1978.

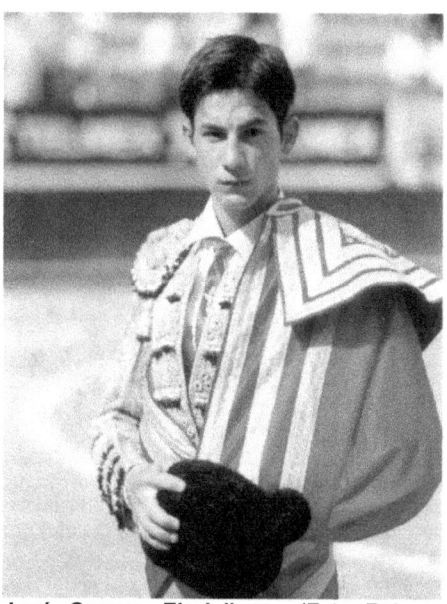

José Orozco *El Jalisco.-* (Foto Roberto Zamora).

José Orozco Hernández, nació en Guadalajara el 27 de abril de 1979. Debutó con picadores el año de 1998 en la placita de Tecozautla. Le cedió los trastos que lo acreditan como matador de toros el diestro Alfredo Gutiérrez, atestiguando la ceremonia Ignacio Garibay. El escenario de la alternativa fue la plaza de toros Nuevo Progreso de Guadalajara y el toro se llamó "Imponente" Nº 54, de pelaje negro y 490 kilogramos de romana. El hierro de precedencia fue San Mateo de don Inganacio García Villaseñor.

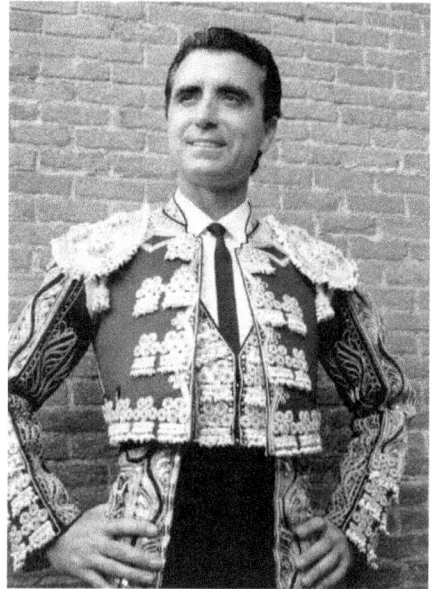

José Ortega Cano.- El Pais.com

Nació en Cartagena, España, el 23 de diciembre de 1953. Se doctoró en Zaragoza, el día del Pilar de 1974 con *Manzanares* de padrino, *Paco Bautista* y toros de Osborne confirmando en Madrid, el 14 de mayo de 1978 con Antonio Rojas y Lorenzo Miguel Villalta y toros de Sotillo Gutiérrez.

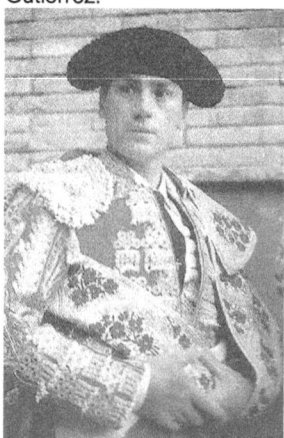

José Luis Palomar.- Torerosespañoles. Blogspot.com

Nació en Soria, España, el 22 de noviembre de 1952. Recibió los trastos de matar de manos de *José Mari Manzanares* y como testigo Pedro Gutiérrez Moya en Castellón con un toro de Baltazar Iban.

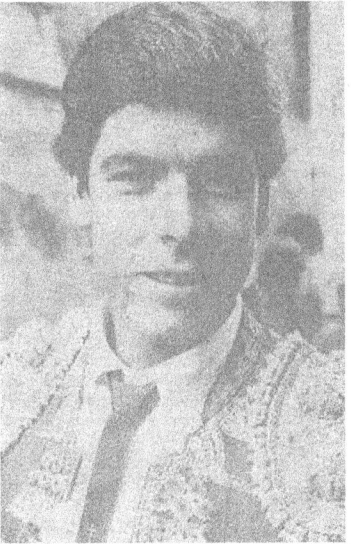

José Ruiz *Joselito Ruiz*.- **TOREROS MEXICANOS.**
Nació en Cadereyta, Nuevo León. Recibió la alternativa, el 23 de octubre de 1988 en Monterrey Nuevo León de manos de Eloy Cavazos.

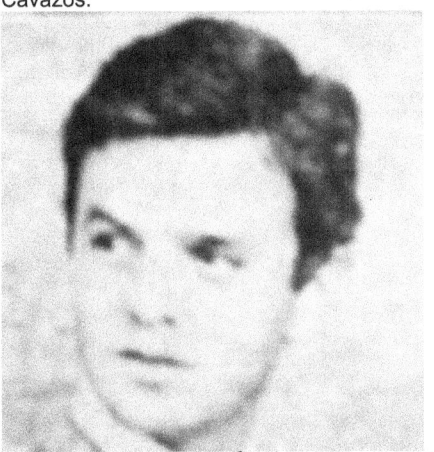

José Luis Vargas Álvarez *Pepe Luis Vargas*.-
Nació en Ecija, Sevilla el 13 de febrero de 1959 y recibió la alternativa en La Real Maestranza de Sevilla el 15 de abril de 1929 yendo como padrino de la ceremonia *Curro Romero* y de testigo *Manili* con reses de Salvador Domecq.

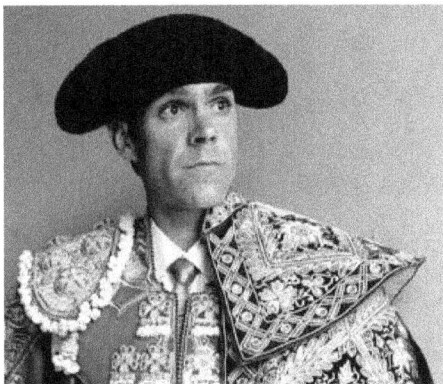

José Tomás.- *Príncipe de Galapagar*. **Torerojosetomas. Blogspot.com**
Nació en Galapagar, provincia de Madrid, España, el 20 de agosto de 1975. Tomó la alternativa de manos de Jorge Gutiérrez y Manolo Mejía como testigo el 10 de diciembre de 1995 en la plaza de toros Monumental de México. Los toros fueron de Xajay y de Teófilo Gómez. Confirmó en Las Ventas de Madrid de manos de José Ortega Cano y Jesulín d Ubrique como testigo el 14 de mayo de 1996 durante la feria isidril.

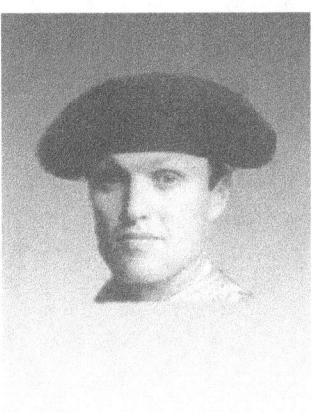

Juan Antonio Ruiz Román *Espartaco*.-
Nació en Espartinas, Sevilla el 3 de octubre de 1962. Recibió la alternativa de manos de Manuel Benítez *El Cordobés* en el coso de La Merced de Huelva el 1 de agosto de 1979, el testigo fue *Manolo Cortés* y las reses de Carlos Núñez.

Ortega Cano y Manuel Caballero y en México, de manos de Miguel Espinosa *Armillita chico* y testigo a Manolo Mejía con ganado de San Martín.

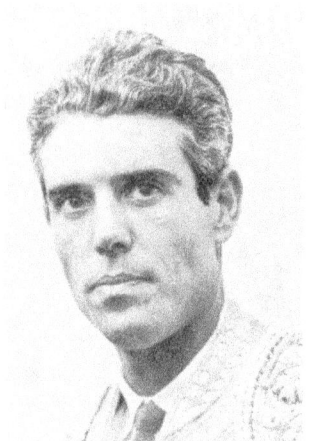

Juan García Jiménez *Mondeño.-*

Nació en Puerto Real, Cádiz, España el 7 de enero de 1934 y recibió la alternativa, de manos de Antonio Ordoñez y Manuel Vázquez el 29 de marzo de 1959 con el toro "Cañamazo" de doña Raymunda Moreno Guerra.

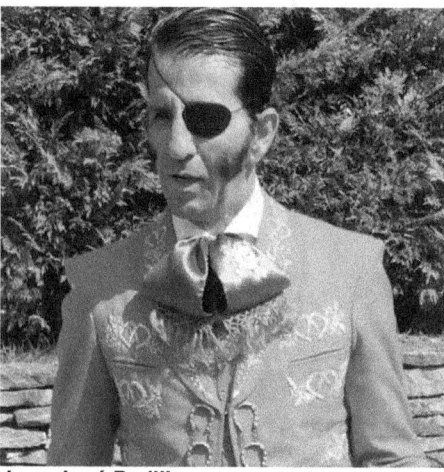

Juan José Padilla.-

Nació en Jerez de la Frontera, España el 23 de mayo de 1973. Se doctoró el 18 de junio de 1994, de manos de Pedro Castillo y llevando de testigo al **Niño de la Taurina**. El toro de la ceremonia se llamó "Saetero" con 498 kilos. Negro de número 38 de la divisa de Benítez Cubero. El terno que vistió ese día fue blanco y plata con remates en rojo. Cortó una oreja.

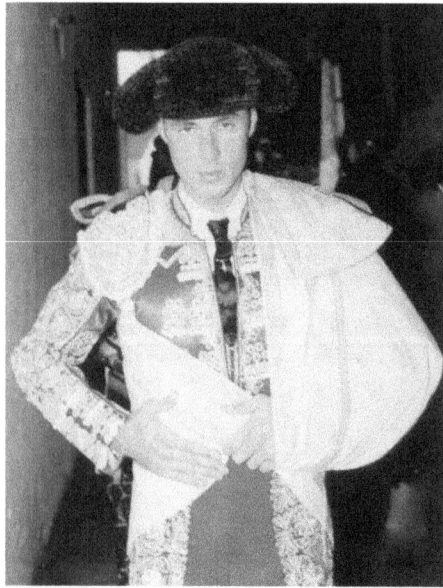

Juan Serrano Pineda, *Finito de Córdoba.-*

Nació en Sabadell, Barcelona el 6 de noviembre de 1971. Tomó la alternativa en Córdoba, España, llevando como padrino a *Paco Ojeda* y de testigo a Fernando Cepeda con toros de Torrestrella. Confirmo en Madrid, el 13 de mayo de 1993. De manos de

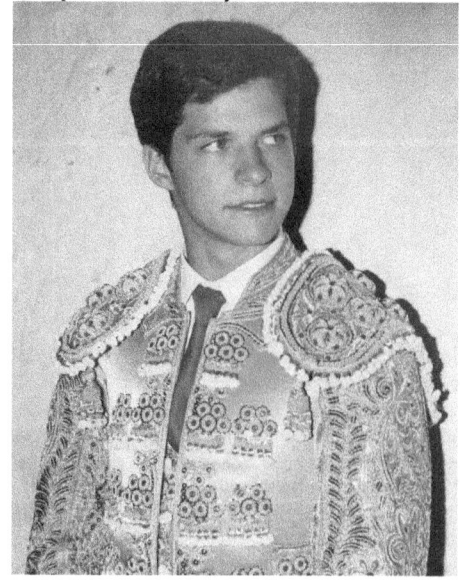

Julián López Escobar .*El Juli*.-

Nació el 3 de octubre de 1982 en Madrid. Recibió la alternativa de manos de *José Mari Manzanares* y llevando de testigo a Ortega Cano y toros de Daniel Ruiz el 18 de septiembre de 1998 en Nimes, Francia.

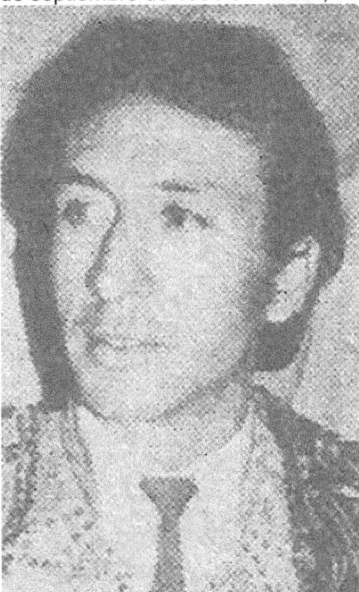

Julián Villela.- TOREROS MEXICANOS.

Tomó la alternativa en San Miguel de Allende, Guanajuato, el 25 de marzo de 1978.

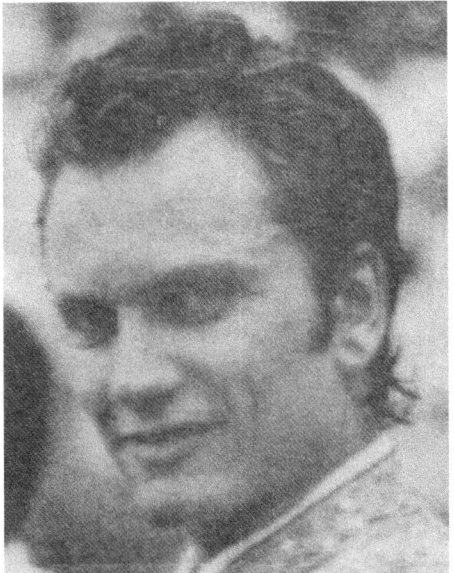

Julio Aparicio Díaz.-

Nació en Sevilla el 4 de enero de 1969 y recibió la alternativa, de manos de *Curro Romero* y *Espartaco* lidiándose toros de Torrestrella. Confirmó de manos de Ortega Cano y Jesulín de Ubrique el 18 de mayo del 94 con toros de *Manolo González.*

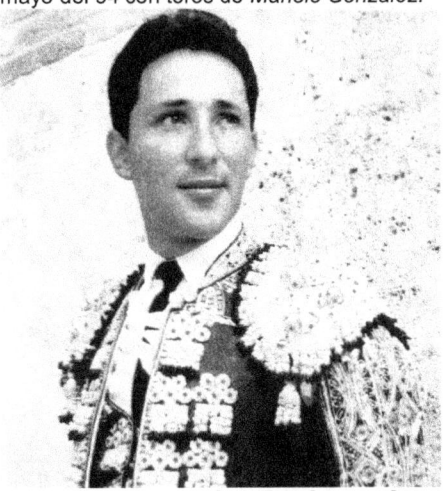

Julio Cesar Rincón Ramírez.- *Cesar Rincón.*

Nació en Bogotá, Colombia, el 5 de octubre de 1965. Recibió la alternativa en Santa María de Bogotá el 8 de diciembre de 1982 llevando como padrino, al diestro Antonio Chenel *Antoñete* y como testigo *José María Manzanares*. Confirmó en México el 31 de julio de 1983, de manos de *César Pastor* y testigo Ricardo Sánchez con reses de Mariano Ramírez y en Madrid, el 2 de octubre de 1984, de manos de Manuel Ruiz *Manili* y *Pepe Luis Vargas* con toros de Leopoldo y Autrora Mamamié de Clairac.
L

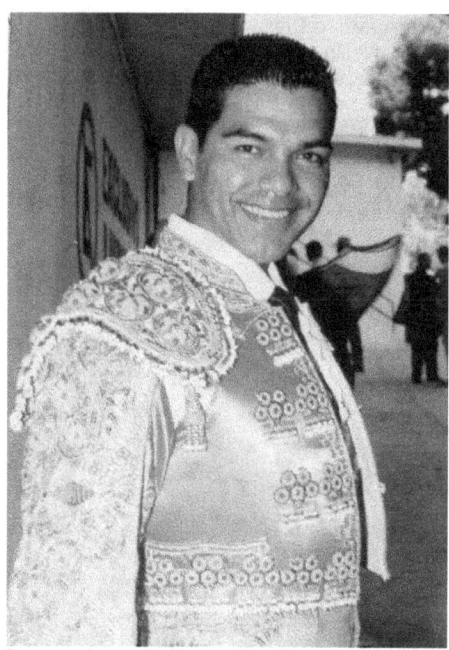

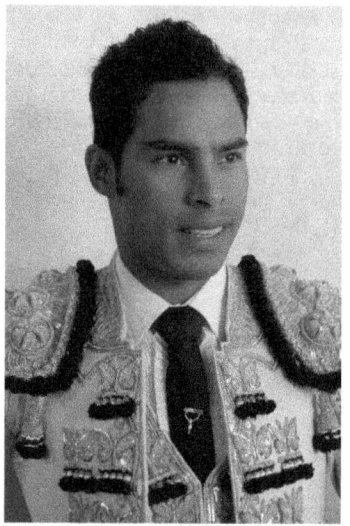

Leonardo Javier Benítez *Leonardo Benítez.-*

Nació en Caracas Venezuela, el 18 de febrero de 1970, recibió la alternativa de manos de Eloy Cavazos y de testigo *Armillita chico* con el toro "Cominito" de Pepe Garfias el 18 de octubre de 1992.

Luis Bolívar.- LuisBolivar Blogspot.com

Fecha de nacimiento: 21/04/1985
Localidad de nacimiento: Cali
Provincia de nacimiento: Valle del Cauca.
País de nacimiento: Colombia. Alternativa en Valencia
Fecha: 24/07/2004
Plaza: Valencia (España)
Padrino: El Juli
Testigo: César Jiménez
Nombre de res: "Navideño", colorado, nº 6, 565 Kilos
Ganadería: Montalvo

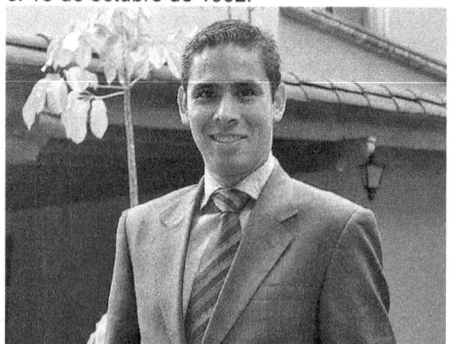

Leopoldo Gabriel Casasola Salcedo
Polo Casasola.- Altoromexico.com

Nació en Texcoco el 27de marzo de 1980 y fue alternativado en Munera, España el 21 de septiembre de 2001.

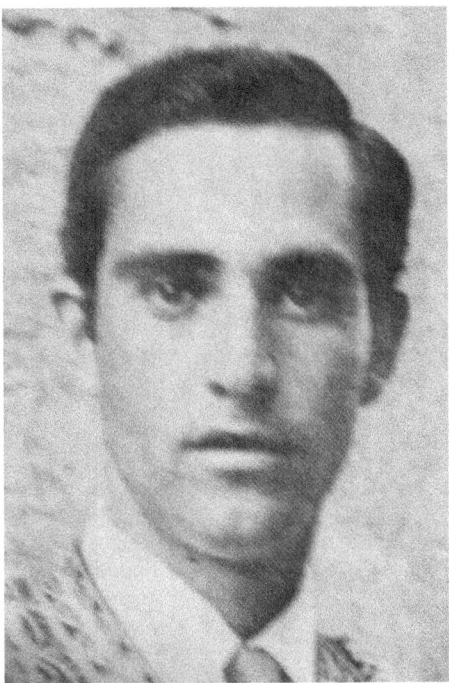

Luis Fernando Sánchez Mier.- *Luis Fernando Sánchez.*

Nació en Aguascalientes el 3 de octubre de 1961. Recibió la alternativa de manos de Antonio Lomelín y Miguel Espinosa *Armillita chico* con el toro "Veintiuno" de Begoña. La ceremonia se realizó en Aguascalientes.

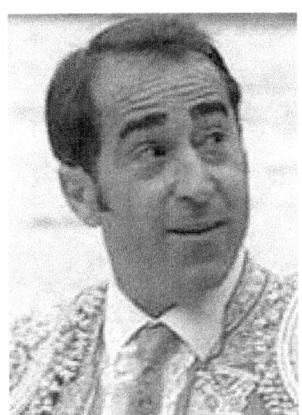

Luis Francisco Splá Mateo.-

Nació en Alicante, el 19 de junio de 1958. Su padre, novillero, poseía una ganadería de toros bravos y una escuela de

tauromaquia. Su hermano, Juan Antonio, también es matador de toros. El 21 de junio de 1974, en Benidorm, se puso por primera vez el traje de luces, y el 22 de diciembre de ese mismo año debutó con picadores en Santa Cruz de Tenerife. Tomó la alternativa, con 17 años, en la plaza de toros de Zaragoza, en mayo de 1976. Al año siguiente la confirmó en la Monumental de Madrid, con Curro Romero como padrino y Paco Alcalde de testigo.

M

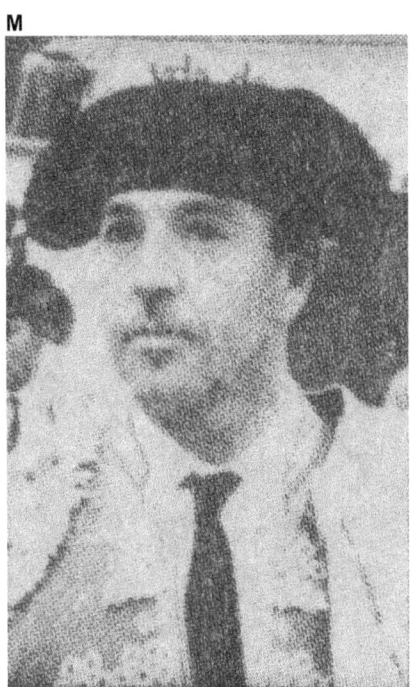

Manuel Antonio Vázquez Ruano, *Curro Vázquez.-*

Nació en Linares, Jaén, el 1 de mayo de 1952. Recibió la borla de matador de toros, de manos de José Fuentes en Vista Alegre el 12 de octubre de 1969 y toros de Barcial. Confirmó en Madrid, el 15 de mayo de 1971 de manos de Antonio Lomelín y testigo José Falcón con reses de Alonso Moreno.

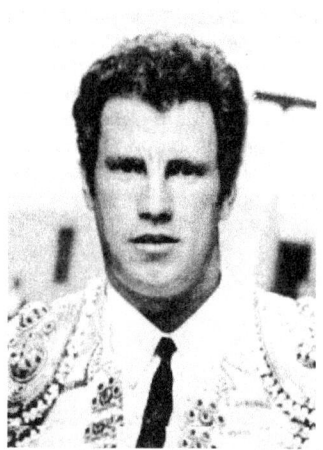

Manuel Arruza Vázquez *Manolo Arruza*.-
Nació en México D.F., el 15 de enero de 1955 recibiendo la alternativa, de manos de Eloy Cavazos y *Curro Leal* en Guadalajara el 22 de octubre de 1973 con un toro de Jesús Cabrera.

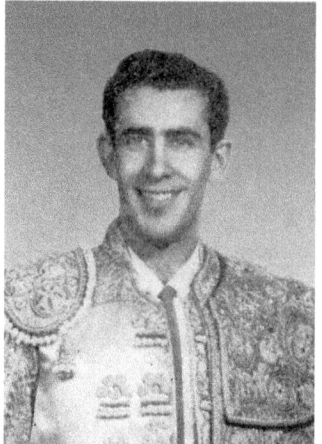

Manuel Capetillo Villaseñor.-
Nació en Guadalajara el 15 de abril de 1926 tomó la alternativa el 24 de diciembre de 1948 de manos de Luis Procuna y testigo Rafael Rodríguez y toros de La Punta en Querétaro.

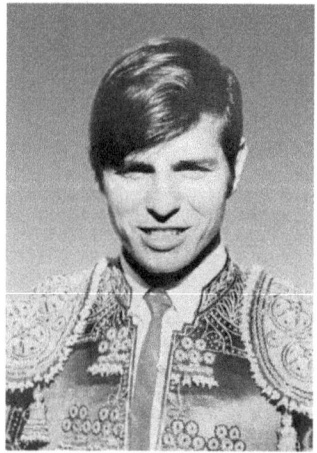

Manuel Benítez Pérez *El Cordobés*.-
Nació en Palma del Río, Córdoba, España, el 4 de mayo de 1936 y recibió la alternativa, en Córdoba, España, el 25 de mayo de 1963 de manos de Antonio Mejías *Bienvenida* y José María Montilla con el toro "Palancar" de don Samuel Flores.

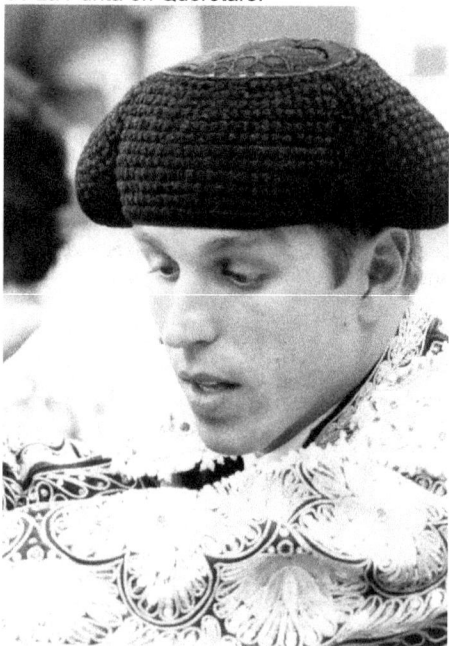

Manuel Díaz González *El Cordobés*.-
Nació en Arganda del Rey el 30 de junio de 1968. Recibió la alternativa de manos de Curro Romero y Antonio Ruiz *Espartaco* el 11 de abril de 1993. Confirmó en Madrid, de manos de *Armillita chico* y Fernando Lozano con toros de Baltazar Iban.

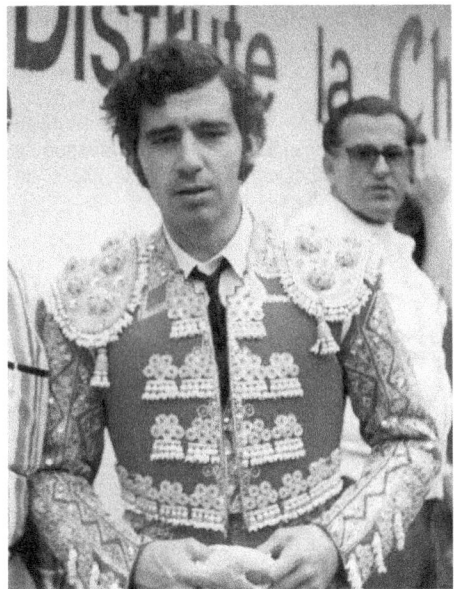

Manuel Martínez Ancira *Manolo Martínez*.-
Nació en Monterrey Nuevo León, el 10 de enero de 1947 y recibió la alternativa, de manos de Lorenzo Garza y Humberto Moro el 7 de noviembre de 1965 en Monterrey, Nuevo León. El toro de la alternativa se llamó "Traficante" de Mimiahuapam.

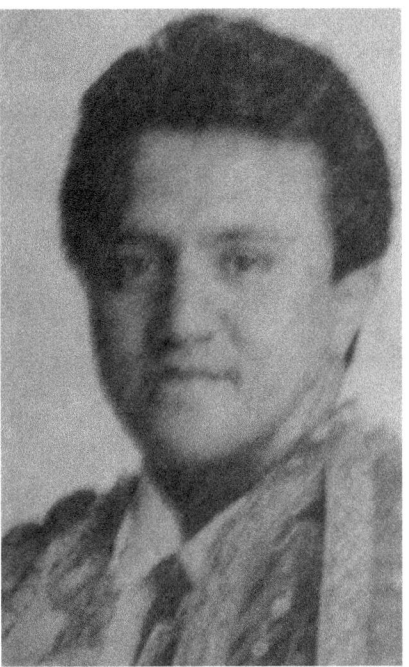

Manuel Mejía *Manolo Mejía*.-
Debutó en la México como novillero el 16/Ago/81. Tomó la alternativa el 22/Ene/83 en León Gto. Padrino: Eloy Cavazos. Testigos: Antonio Lomelín y Miguel Espinosa. Confirmación de alternativa: 27/Ene/85 en la Plaza México. Padrino: Antonio Chenel. Testigo: Eloy Cavazos.

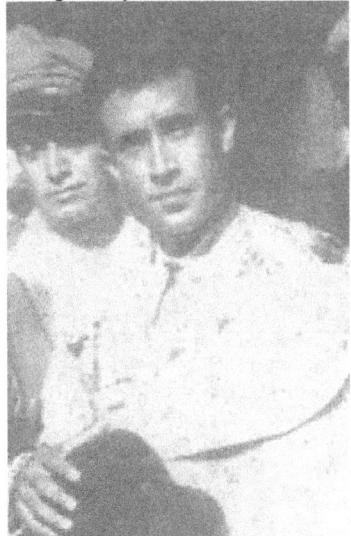

Manuel Rangel, *Manolo Rangel.-*
TOREROS MEXICANOS

Tomó la alternativa el 7 de noviembre de 1971 en Tlaxcala.

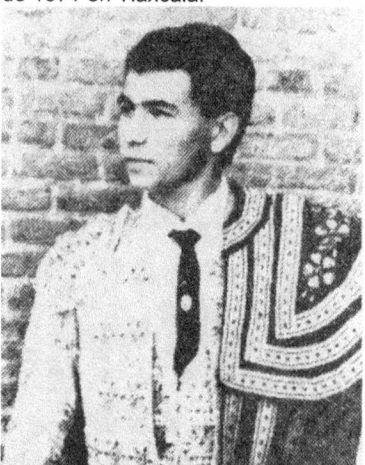

Manuel Tirado García, *Manolo Tirado.-*

Nacido en Ecija, Sevilla, España el 12 de febrero de 1957. Tomó la alternativa en 25 de diciembre de 1984 en Uriangato, Michoacán de manos de Antonio Lomelín y un toro de Santa Marta.

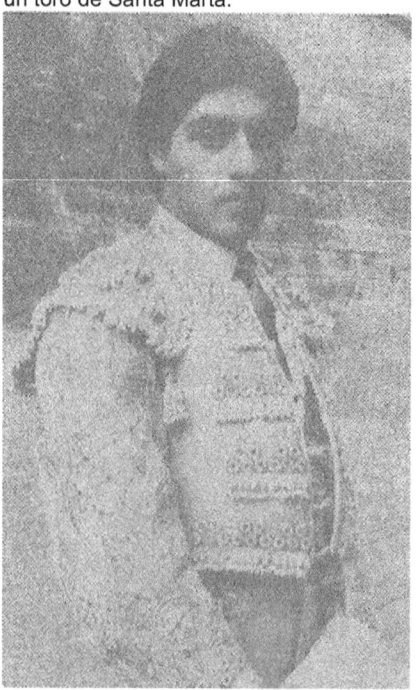

Manuel Sánchez *Manolo Sánchez.-*
TOREROS MEXICANOS

Nació en México D.F. el 21 de enero de 1966.
Tomó la alternativa el 21 de abril de 1990 en Texcoco de manos de Eloy Cavazos y Mariano Ramos con un toro de Real de Saltillo.

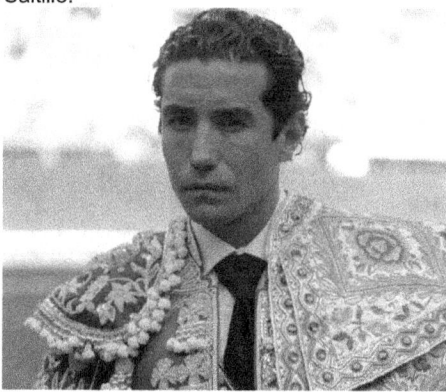

Marcial Herce.- OEM.com.mx

Nació en México, D.F. el 21 de noviembre de 1975. Recibió la alternativa en San Luis Potosí de manos de mariano ramos y Jorge Gutiérrez y toros de Cerro Viejo el 1 de enero de 1997.

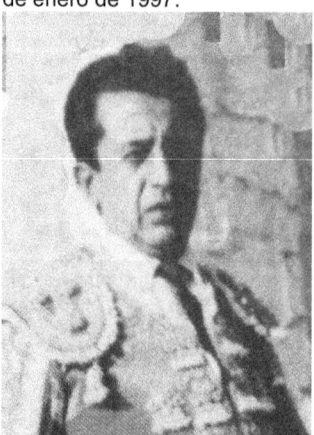

Marcos Ortega García.-

Nació en Morelia, Michoacán, el 29 de mayo de 1956 recibiendo la alternativa de manos de Ángel Teruel y Dámaso González el 3 de agosto de 1975 en Barcelona, España, con un burel de Juan Mari Pérez Tabernero.

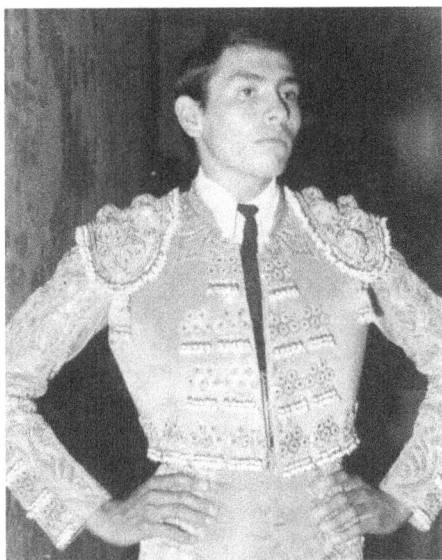

Mariano Ramos Navaiz.-

Nació en México, D.F. el 26 de octubre de 1956 y recibió la alternativa, de manos de *Manolo Martínez* y Francisco Rivera *Paquirri* el 20 de noviembre de 1971 en Irapuato, Gto. Con un toro de Santacilia.

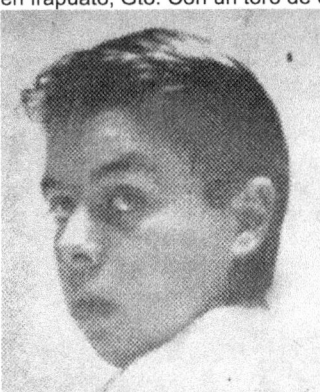

Mario del Olmo González.-

(Apizaco, Tlaxcala, México, 17 de septiembre de 1972).- Alternativa el 4 de abril de 1992 en la plaza Silverio Pérez de Texcoco. Padrino David Silveti testigo Miguel Espinosa, *Armillita chico* , Toros de Fernando de la Mora.

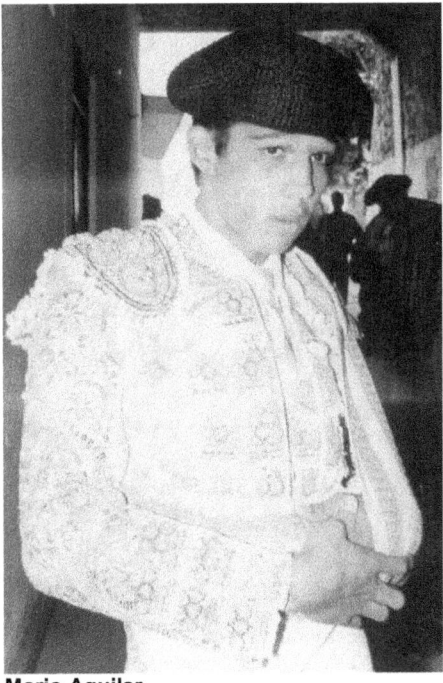

Mario Aguilar.-

Nacido en Aguascalientes el 22 de mayo de 1991. Tomó la alternativa en Aguascalientes el 1 de noviembre de 2009 llevando como padrino a Sebastián castella y como testigo a Joselito Adame. El toro de la ceremonia se llamó "cafetero "de Bernaldo de Quirós.

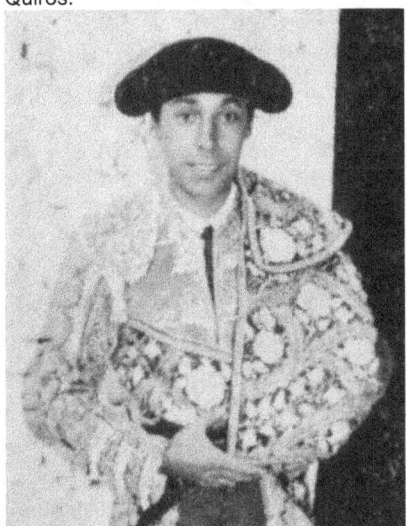

Mauricio Portillo Ambrís.-

Nació en Morelia, Michoacán el 22 de diciembre de 1966, recibió los trastos que lo acreditan como matador de toros, de manos de Eloy Cavazos y David Silveti con un toro de don Reyes Huerta de nombre "Fumador". La ceremonia fue en la Monumental de Morelia.

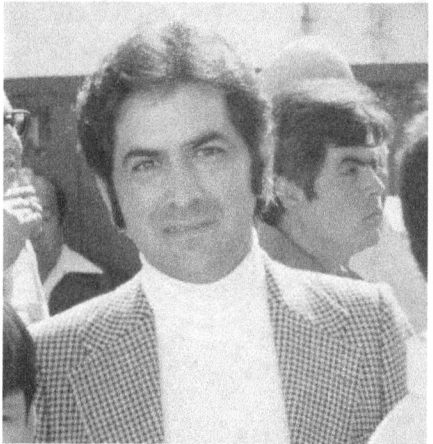

Mauro Liceaga Guevara.-

Nació el 30 de noviembre de 1942 en México, D.F. recibió la alternativa, de manos de Juan Silveti y *Mondeño* el 17 de noviembre de 1963 en Monterrey, Nuevo León, con el toro " Africano" de La Punta.

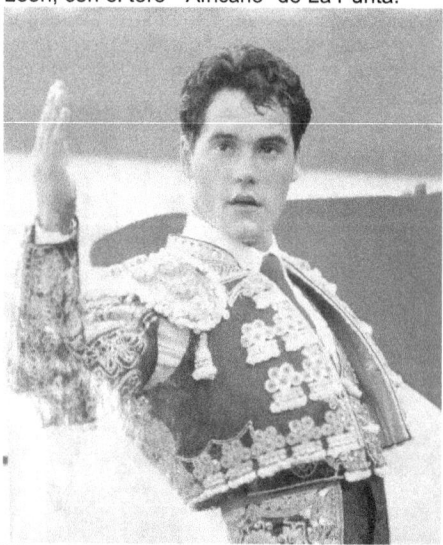

Miguel Abellán.-

Madrileño nacido el 24 de septiembre de 1978. Tomó la alternativa el 24 de junio de 1998 de manos de *José Mari Manzanares* y

de testigo Enrique Ponce con el toro "Guitarra" de Alcurrucen. Cortó dos orejas y la plaza de la ceremonia fue la de Alicante.

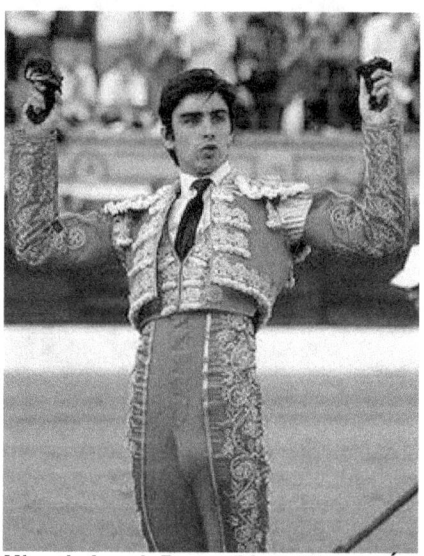

Miguel Angel Perea Díaz. Miguel *Ángel Perera*.-

Nació en Puebla del Prior, Badajoz, España el 27 de noviembre de 1983.

Tomó la alternativa de manos de *El Juli* con Matias Tejela como testigo el 23 de junio de 2004. En Badajoz con el toro "Soldador" de Jandilla.

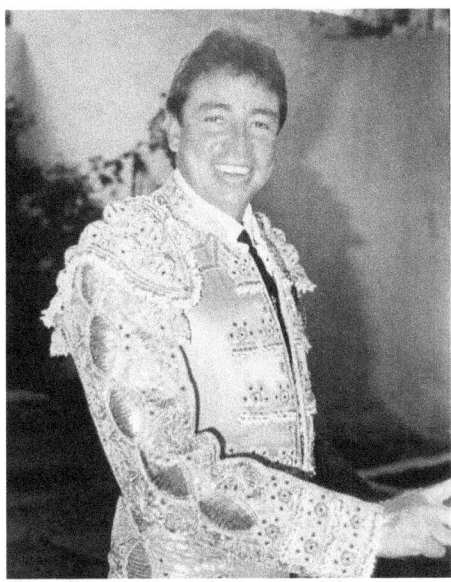

Miguel Espinosa Méndez *Armillita*.-
Nació en Aguascalientes, Ags., el 29 de septiembre de 1959 y recibió la alternativa, de manos de *Manolo Martínez* y Paco Camino con toros de Javier Garfias el 26 de noviembre de 1977 en Querétaro, Querétaro.

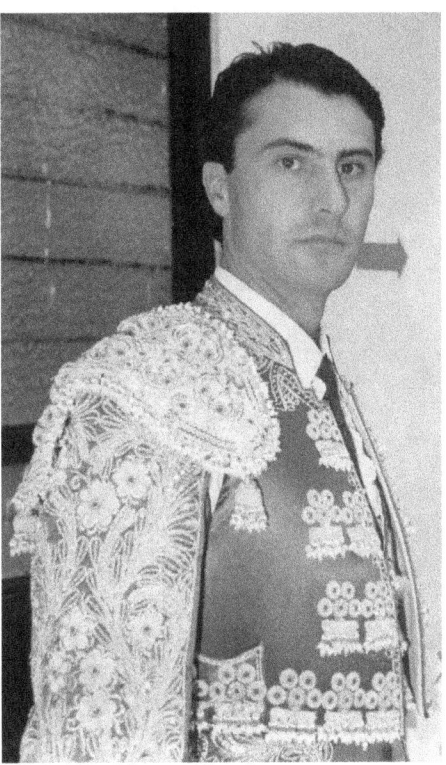

Miguel Rodríguez Alcaniz.-
(Madrid, 16 de agosto de 1969). Recibió la alternativa, de manos de José Miguel Arroyo *Joselito*, llevando como testigos a Rafael Camino y toros de doña Auxilio Holgado en la plaza de Arenas de San Pedro. España.

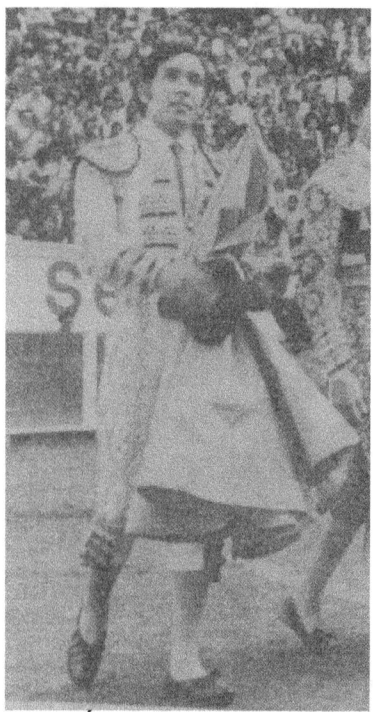

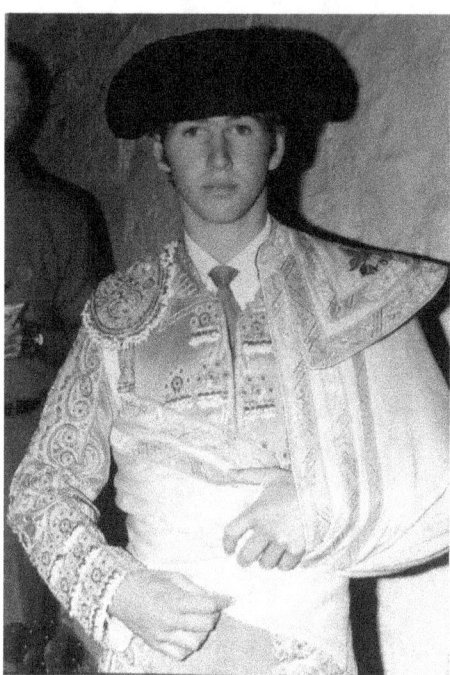

Miguel Ángel Martínez *El Zapopan*.-

Nació en Zapopan, Jalisco. Recibió los trastos de matar, de manos de Joaquín Bernadó y salvador Villalvazo el 9 de enero de 1977 en Guadalajara. El toro de la alternativa se llamó "Caramelo" N° 69 de 450 Kilos de la dehesa de Matancillas.

Octavio García El Payo.-

Nació en Querétaro el 11 de amyo de 1989. Tomó la alternativa en La plaza Vicente Segura de Pachuca, Hidalgo de manos de Morante de La Puebla y como testigos a Ignacio Garibay y Sebastián Castella el 26 de octubre de 2008. Los toros fueron de Fernando de la Mora correspondiéndole el bautizado como: "Tauromagio".

O

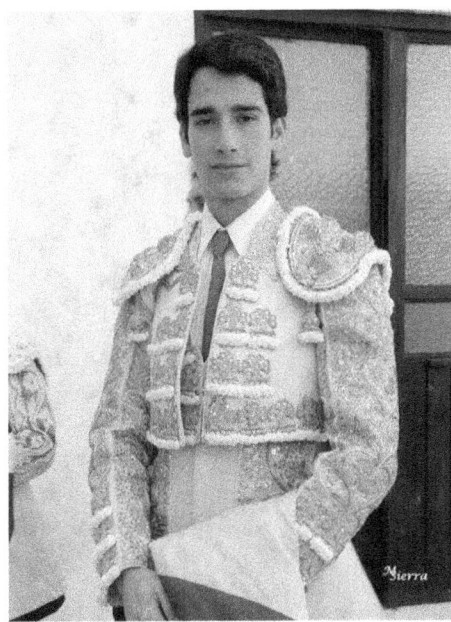

Oliver Godoy.-

Nació en Zapopan, Jalisco el 9 de agosto de 1990. Fue elevado a la categoría de matador de toros el 29 de enero de 2011 en la plaza de toros La Luz de León, Guanajuato. El toro de la ceremonia se llamó "Pardito" de Bernardo de Quiroz el padrino fue Julián López El Juli y el testigo Arturo Macías El Cejas.

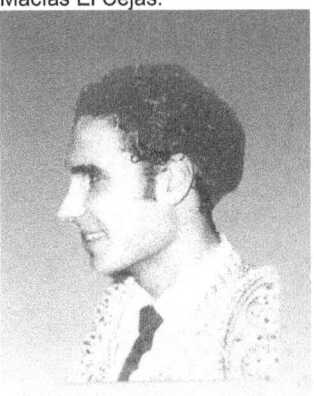

Oscar García Higares.-*Oscar Higares*.-

Nació en Madrid, en el barrio de Usera el 28 de julio de 1971. Es hijo del matador Aurelio García "Higares". Tomó la alternativa, el dia del Pilar de 1992 de manos

de Roberto Domínguez y *Pepe Luis Vázquez* con toros de *Manolo González*.

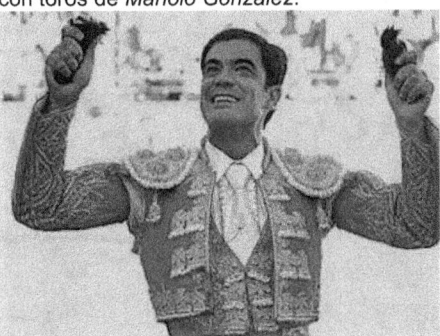

Oscar San Román *El Queretano*.-

Nació en Querétaro, México, el 29 de mayo de 1977 (ó) 26 de agosto de 1970 y recibió la alternativa el 25 de diciembre de 1991 en la plaza Santa María de Querétaro de manos de *Niño de la Capea* y Jorge Gutiérrez con el toro "Asaltante" de Garfias.
P

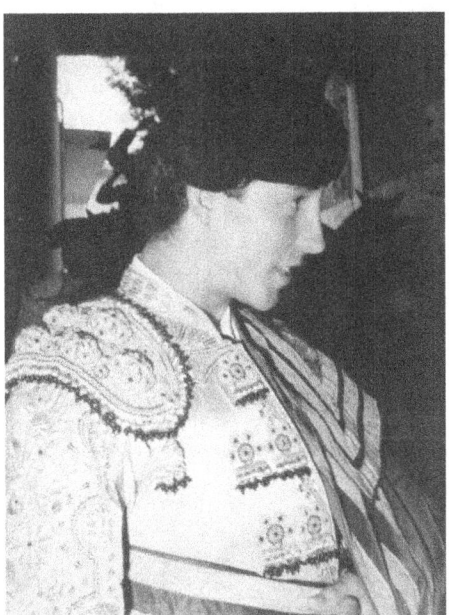

Pedro Alexander Roque Silva. *Pedrito de Portugal*.-

(Lisboa, Portugal, 11 de noviembre de 1975). Recibió la alternativa, en Badajoz el 26 de junio de 1994 siendo su padrino, Paco Ojeda y testigo *Finito de Córdoba* y toros de Mercedes Pérez-Tabernero Montalvo. Esa tarde salió a hombros.

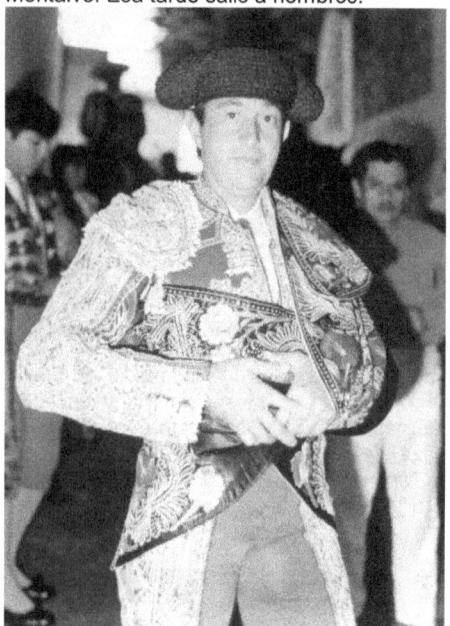

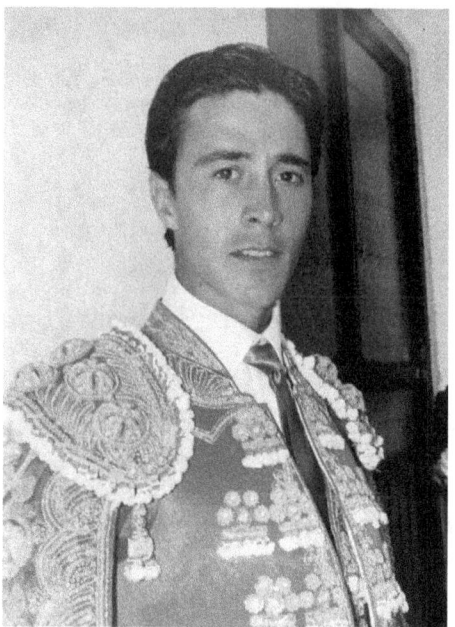

Pedro Gutiérrez Moya *El Niño de la Capea.-*

Nació en Salamanca, España, el 17 de septiembre de 1952 y recibió la alternativa, de manos de Paco Camino y Francisco Rivera *Paquirri* el 19 de junio de 1972 en Bilbao, España con el toro "Mireto" de don Lizardo Sánchez de Botoa.

Pedro Gutiérrez Lorenzo.- *Niño de la Capea* II.-

Nació el 27 de agosto de 1979 en Salamanca, España.

El 16 de agosto de 2004 tomó la alternativa en la Malagueta de Malaga de manos del gitano Javier Conde y testigo Julián López *El Juli* con el toro "Lechón" de Daniel Ruiz.

R

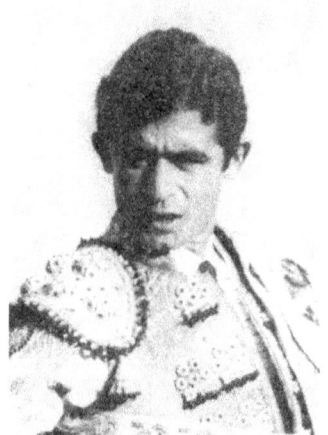

Rafael Gil *Rafaelillo.-*

Nació en Tijuana B.C., México, el 16 de septiembre de 1955 doctorándose en San

Luis Potosí, México, de manos de *Manolo Martínez* y Francisco Rivera *Paquirri* el 25 de diciembre de 1971. El toro de la alternativa, se llamó "Caltenguero" y fue de San Martín.

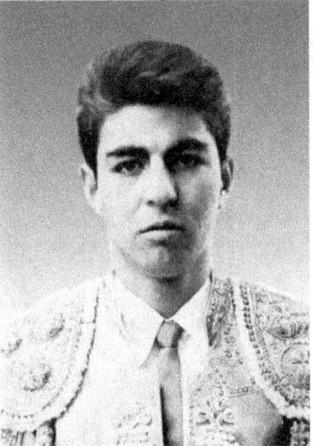

Raúl Contreras Espinosa *Finito*.-
Nació en México D.F. el 6 de enero de 1947. Tomó la alternativa de manos de *Joselito Huerta* y Antonio del Olivar en Chihuahua el 31 de octubre de 1965 con el toro "Coloritos" de La Laguna. Murió a causa de un accidente automovilístico el año de 1974.

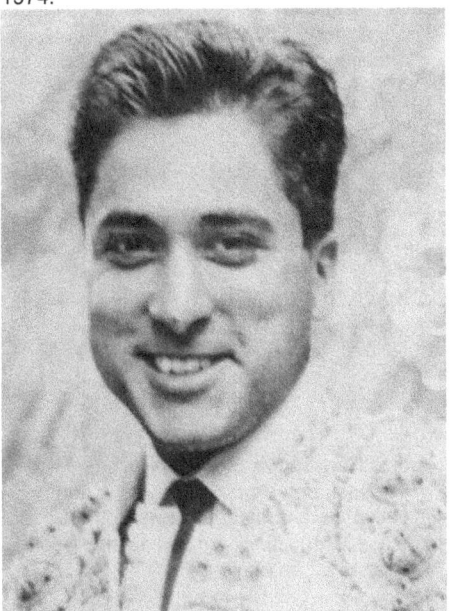

Raúl Gómez *El Campero*.-
Nacido en Guadalajara en 1968, recibió la alternativa de manos Jorge Gutiérrez y como testigo Manuel Díaz *El Cordobés* en Guadalajara el 6 de febrero de 1994. El toro de la alternativa fue de Cerro Viejo.

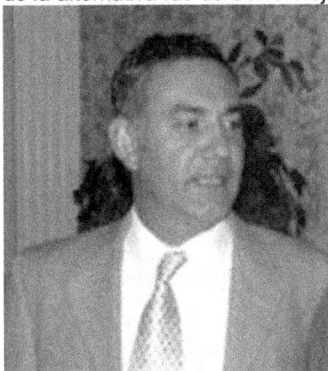

Ricardo Sánchez.-
Nació en Aguascalientes, México y fue doctorado en 1982 el 1 de mayo, de manos de *Manolo Martínez* y un toro de Los Martínez.

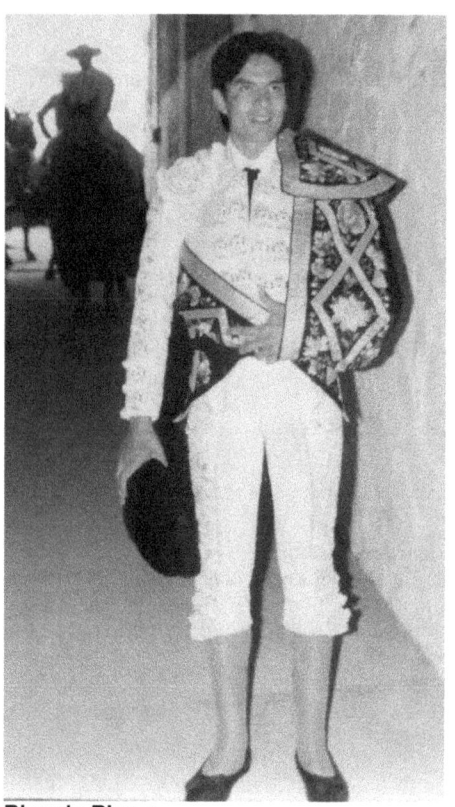

Ricardo Rivera.-

Alternativa. 11 de noviembre de 2007. Cesar Rincón de padrino y los coletas Joselito Adame y Arturo Macías El Cejas con bureles de Begoña. Cortó dos apéndices. El de la alternativa se llamó "Siempre adelante".

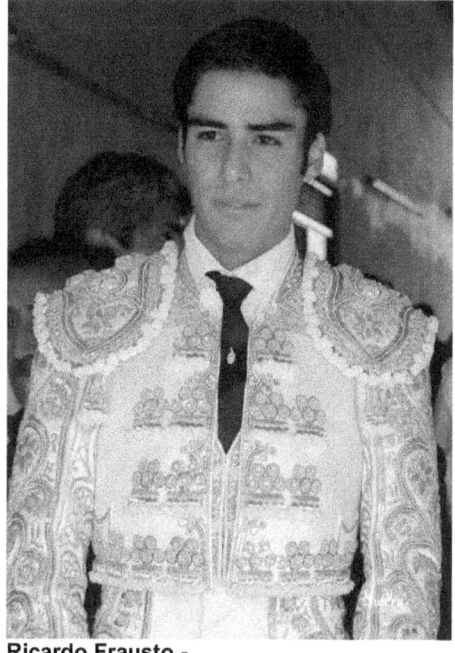

Ricardo Frausto.-

Nacido en Aguascalientes el 24 de junio de 1991 tomó la alternativa el 17 de noviembre de 2013 en la plaza de toros Nuevo Progreso de Guadalajara llevando como padrino a Morante de La Puebla y como testigo a Julián López El Juli. El toro se llamó "Buena Suerte" de Los Encinos.

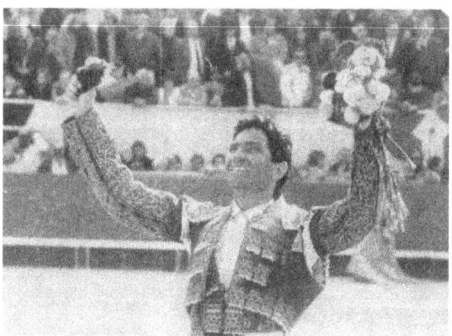

Roberto Fernández *El Quitos*.-

Nació en Aguascalientes y tomó la alternativa en esa ciudad de manos de José Antonio Campuzano y de testigo Jorge Gutiérrez el 22 de abril de 1984.

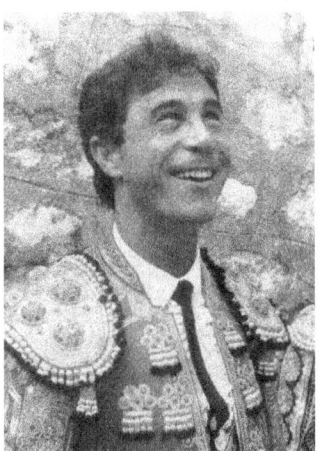

Roberto Domínguez Díaz.-
Nació en Valladolid, España, el 21 de
febrero de 1951. Recibió la alternativa, de
manos de *José Mari Manzanares* y Julio
Robles en Palma de Mallorca, España, el 20
de agosto de 1972 con un toro de José
Cebada Gago.

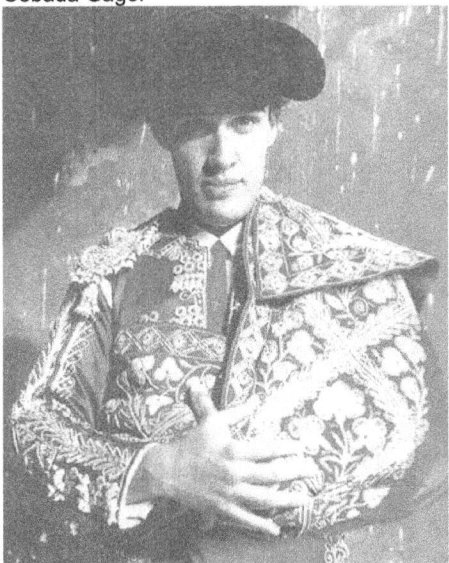

Roberto Miguel Sastré.- Toreros mexicanos
Blogspot.com
Se doctoró en Torreón Coahuila el 16
de noviembre de 1984 de manos de Eloy
Cavazos y Jorge Gutiérrez.. Nació en
Guadalajara.

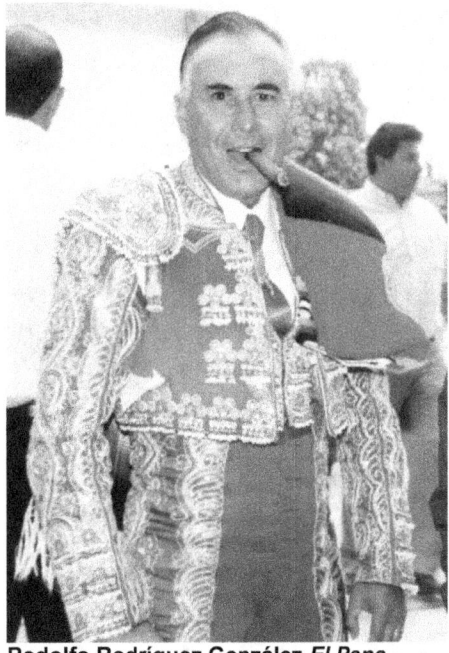

Rodolfo Rodríguez González *El Pana*.-
Nacido en Apizaco, Tlaxcala, en
1952. Tomó la alternativa en México el 18 de
marzo de 1979 llevando como padrino a
Mariano Ramos y reses de Campo Alegre.
Rodríguez antes de ser torero, fue enterrador
y repartidor de pan. Entre sus hazañas, está
el haber indultado al novillo "Cariñoso" de
Begoña. Por esa faena y su campaña triunfal
del año 1978, se develó una placa en la
Plaza México.

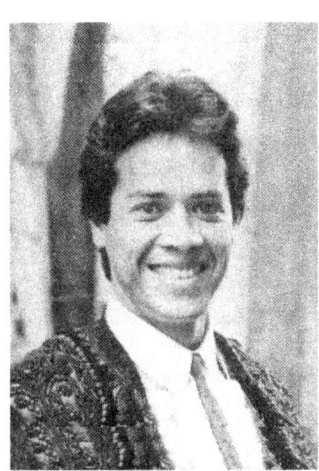

Rogelio Cesar Guedimir Victoria, *Cesar Pastor.-*

Nació el 7 de mayo de 1958 en México, D.F. y se doctoró en Marbella, España de manos de Rafael de Paula y Francisco Rivera *Paquirri* con un toro de don Carlos Núñez el 27 de julio de 1979.
S

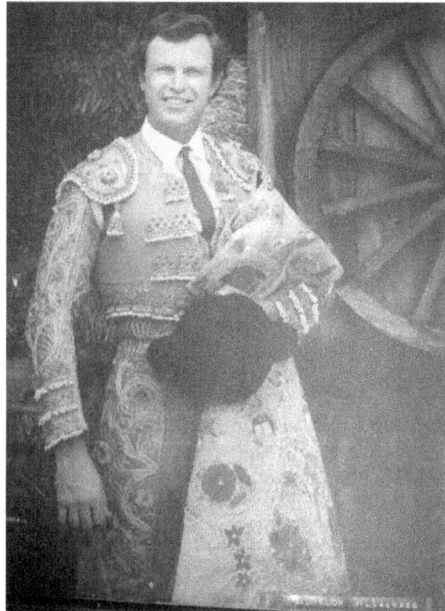

Salvador Villalvazo.- Foto Ruiz Esparza. Cortesía Peña Mal de Montera.

Nació en Guadalajara, Jalisco. Tomó la alternativa el 29 de junio de 1975 en Mazatlán, Sin.

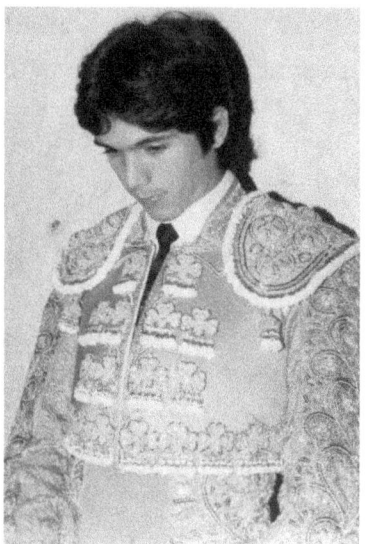

Sebastián Turzack Castella.-

Nació el año de 1983 en Herault, Francia. Tomó la alternativa el 12 de agosto de 2000 en Béziers, Francia siendo su padrino el matador Enrique Ponce y el testigo José Tomás.

El toro de la investidura se llamó "Diligencia" de pelaje negro N° 61 y 519 kilos. Del hierro de Juan Pedro Domecq cortando dos apéndices.

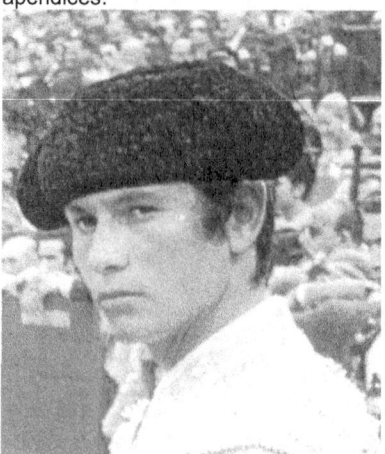

Sebastián Palomo Martínez, *Palomo Linares.-*

Nació el 27 de abril de 1947 en Linares, España y recibió la alternativa de manos de Jaime Ostos y Juan García *Mondeño* el 19 de mayo de 1966 en

Valladolid, España con un toro de don Salaustiano Galache.

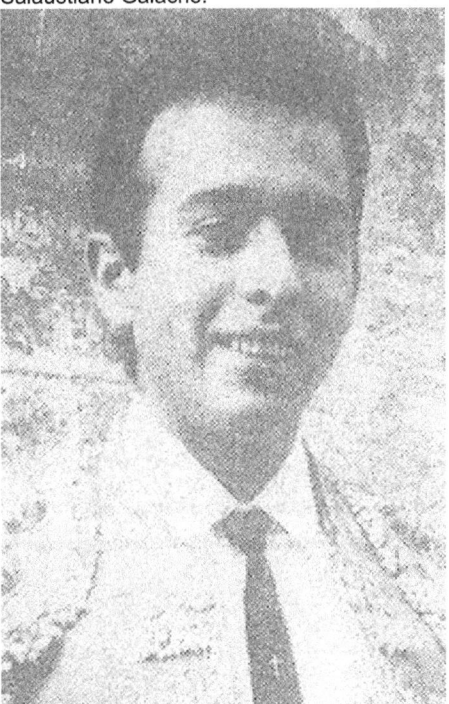

Sergio González.-

Hijo del banderillero Felipe González, *Talismán Poblano*. Recibió la borla de manos de Javier Bernaldo en Guadalajara. El toro de la ceremonia se llamó "Rebocero", pesó 477 kilos y estuvo marcado con el número 28. La ceremonia se efectuó el 30 de noviembre de 1986.

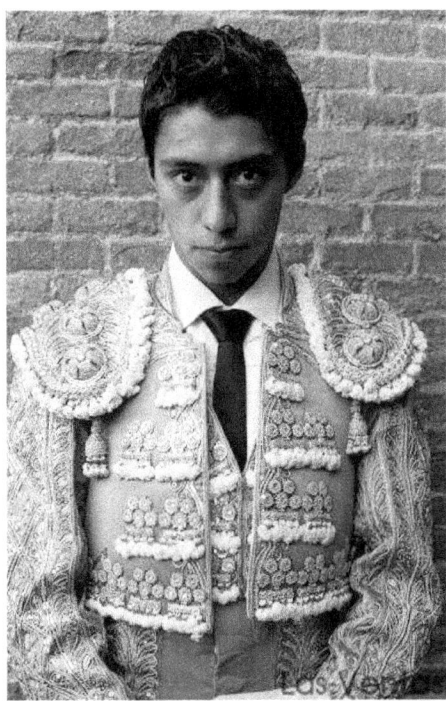

Sergio Flores.- Toreros mexicanos blogspot.com

Nacido en Apizaco, Tlaxcala el 17 de abril de 1991. Fue alternativado el 12 de octubre de 2012. Llevando como padrino a Julián López El Juli y como testigo a Miguel Angel Perera en la plaza de Bayona, Francia. El ganado fue de El Tajo y La Reyna y se llamó "Espejito".

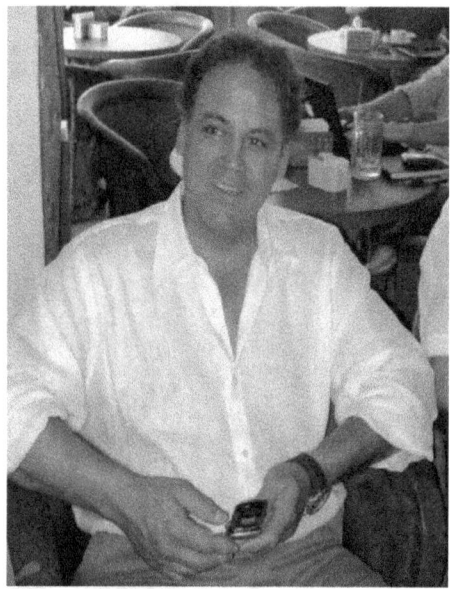

Silvano González *Gallito*.-
Nació en Guadalajara, Jalisco.
Tomó la alternativa en la plaza México en 1979 un 30 de diciembre llevando como padrino a *Manolo Martínez* y como testigo a *Curro Leal* y ganado de Tequisquiapan, el toro de su alternativa se llamó "Pandereto" No. 184 y 540 Kilos y su vestido fue tórtola y oro.

U

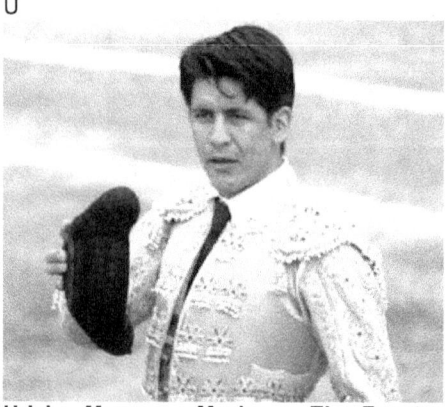

Uriel Moreno Macias. *El Zapata*.-
AnctIdemex.Blogspot.com
Debutó en la México como Novillero...Tomó la alternativa el 11/May/96. Padrino: Eloy Cavazos. Testigo: Miguel Espinosa. Confirmación de alternativa:

26/Dic/99. Padrino: Rafael Ortega, testigo: Uceda Leal.

V

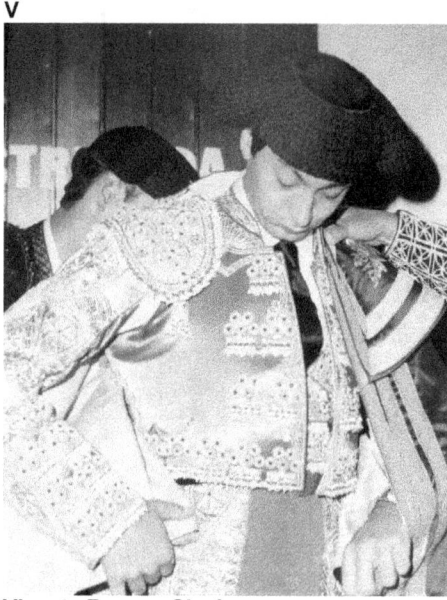

Vicente Barrera Simó.-
Nació en Valencia, España, el 29 de julio de 1968. Es nieto del matador de toros del mismo nombre y antes de ser torero, se licenció de abogado. Recibió la alternativa, de manos de *Curro Romero* y Litri el 24 de julio de 1994 con toros de Moura confirmándola en Madrid, el 22 de mayo de 1996 de manos de *Manzanares* y *Litri* y toros de Domingo Hernández.

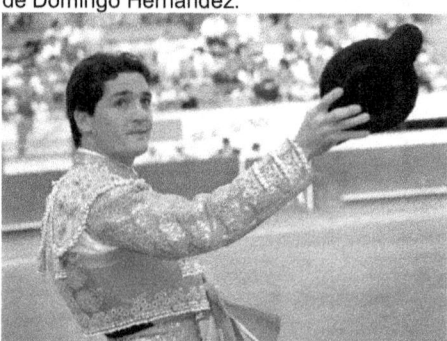

Vicente Ruiz *El Soro*.-
Nació en Fayas, Valencia, España, el día 30 de mayo de 1962. Recibió la alternativa, de manos de *Paco Camino* y como testigo, *Pepe Luis Vázquez* y toros de Torrestrella el día 14 de marzo de 1982.

Único sobreviviente de la terna de Pozoblanco; *Paquirri*, *El Yiyo* y *El Soro*.

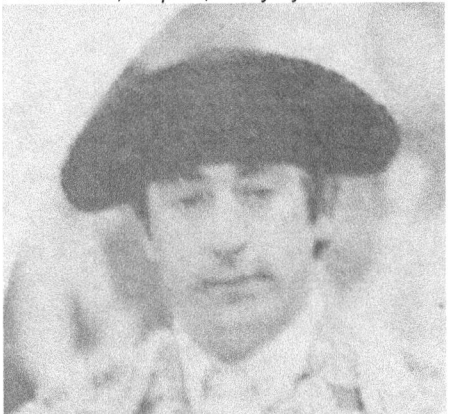

Víctor Leal López *Curro Leal*.-
        Nació en México, D.F. el 3 de diciembre de 1954 y recibió la alternativa, de manos de *Manolo Martínez* y Antonio Lomelín en Guadalajara el 4 de febrero de 1973. Con un toro de San Mateo.

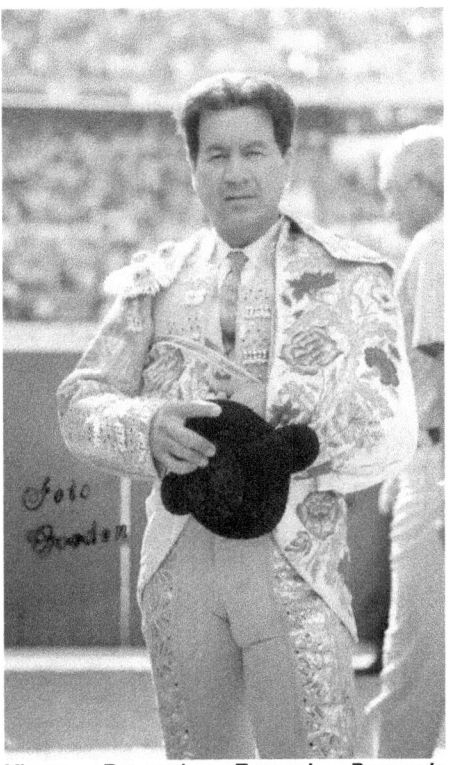

Yimer   Bernardo   Trossel   *Bernardo Valencia*.-
        Nació el 11 de octubre de 1952 en Valencia, Venezuela recibiendo la alternativa, de manos de Miguel Mateo *Miguelín* y toros de José Escobar Barrilaro el 3 de octubre de 1976 en Málaga, España.

Apéndice.

Rabos e indultos conseguidos en la plaza Monumental de Jalisco y Nuevo Progreso. Los indultos se señalan con un *

Plaza Monumental de Jalisco

18/Mar./1968	Alfonso Ramírez			
	Calesero chico	Matador	José Julián Llaguno	Octavo de regalo
18/Oct./1970	Manuel Capetillo	Matador	Mariano Ramírez	7 Leguas Nº 760 470 Kgs.
18/Oct. / 1970	José Huerta	Matador	José Julián Llaguno	Carlitos* Nº 87
15/Nov./1970	José Huerta	Matador	Torrecilla*	Brillantero Nº 55 465 Kgs.
"	" "	"		Valenciano Nº 17 470 Kgs
"	"	"	"	Contador Nº 100 450 Kgs.
"	Manolo Martínez "		"	Talismán Nº 32 445 Kgs.

Plaza Nuevo Progreso de Guadalajara.

2/Nov./1980	Jorge Gutiérrez	Matador	San Mateo*	Gorra Prieta
18/Oct./1981	Manolo Arruza	Matador	San Mateo	Buen Amigo
31/Oct./1982	Manolo Arruza	Matador	San Mateo	Aladino
6/Feb./1983	Jorge Gutiérrez	Matador	Cerro Viejo	Pajarero
17/Abr./1983	Valente Arellano	Novillero	Los Martínez	Pingüino
3/Nov./ 1984	Eloy Cavazos	Matador	Tequisquiapan	Seda Negra
10/Nov./1985	Manolo Arruza	Matador	Tequisquiapan	Sentimientos
15/Dic./1985	Pedro Gutiérrez Moya			
	Niño de la Capea	Matador	Begoña	Cara Sucia
13/Abr./1986	Pepe Murillo	Novillero	San Martín	Gorra Negra
	Alfredo Ferrigno	Novillero	San Martin*	Tepejano
13/Nov./1988	Vicente Ruiz			
	El Soro	Matador	Manuel De Haro	Apreciado
	Vicente Ruiz			
	El Soro	Matador	Manuel De Haro	Mi Tocayo
29/Ene./1989	David Silveti	Matador	Real de Saltillo	Andariego Séptimo de regalo.
29/Ene./1989	Eloy Cavazos	Matador	Real de Saltillo	Montañez
26/Feb./1989	Jorge Gutiérrez	Matador	Martínez Ancira	Tribilín
15/Oct./1989	Pedro GutiérrezMoya			
Niño de la	Capea	Matador	Tequisquiapan	Guitarrero
25/Mar./1990	Jorge Gutiérrez	Matador	Garfias	Pachano
25/Mar./1990	Arturo Díaz			
	El Coyo	Matador	Javier Garfias	Golondrino
22/Ene./1995	Raúl Gómez			
	Campero	Matador	La Alianza*(Festival)	
29/Ene./1995	Pedro Gutiérrez			
	Moya Niño de la Capea	Matador	Teófilo Gómez	Pinturero
19/Nov./95	Jorge Gutiérrez	Matador	Begoña	Que Belleza
13/Oct./1996	Alfredo Lomelí	Matador	Montecristo*	Saltillero Nº 47
11/Oct./ 1998	Alejandro Silveti	Matador	De Santiago*	Mocedades

Fecha	Torero	Categoría	Ganadería	Toro
5/Nov./2000	Rafael Ortega	Matador	Piedras Negras*	Forjador
4/Feb./2001	Julián López *El Juli*	Matador	Fernando de la Mora	Preferido
21/ Oct./ 2001	Alfredo Ríos *El Conde*	Matador	Gonzalo Vega*	Escultor.
21/Nov./2004	Alfredo Ríos *El Conde*	Matador	Barralva*	Gironcillo
6/feb. / 2005	Alfredo Ríos *El Conde*	Matador	Bernaldo de Quiroz*	Chocolate N° 36 550 Kls.
11/Nov./2007	Joselito Adame	Matador	Begoña	Entregado
11/Oct./2009	Juan Francisco Almeida	Novillero	El Vergel*	Flamenco N° 43
17/Oct./2010	Ignacio Garibay	Matador	San Diego De los Padres*	Perlito. Séptimo de regalo.
14/Ags./2011	Salvador López	Novillero	Boquilla del Carmen*	Panamericano N' 529 395Kg
8/Sep./2013	Cristián Verdín	Novillero	Guanamé*	Codorniz 430 Kilos N° 26
13/Oct./2013	Juan Pedro Llaguno	Becerrista	Monteverde	Eral
9/Sep./2014 bien puesto	Daniel Luque	Matador	San Isidro	Tomano Cárdeno bragado N° 336 545 kilos
14/Feb./2016	El Conde	Matador	Los Encinos*	Tapatío [Séptimo de regalo].N° 60 490 kilos
13/marz./2016	J. Pablo Sánchez	Matador	Los Encinos*	Hocicudo N° 28 580 kilos Cárdeno. Bien puesto.